普通高等教育应用型特色教材·国际贸易系列

国际结算

陈 茜◎编 著

北京师范大学出版集团
BEIJING NORMAL UNIVERSITY PUBLISHING GROUP
北京师范大学出版社

图书在版编目(CIP)数据

国际结算/陈茜编著. —北京：北京师范大学出版社，2022.2
(2023.1 重印)
ISBN 978-7-303-25977-9

Ⅰ. ①国… Ⅱ. ①陈… Ⅲ. ①国际结算—高等学校—教材
Ⅳ. ①F830.73

中国版本图书馆 CIP 数据核字(2020)第 124719 号

图 书 意 见 反 馈：gaozhifk@bnupg.com 010-58805079
营 销 中 心 电 话：010-58802181 58805532

GUOJI JIESUAN
出版发行：北京师范大学出版社 www.bnup.com
北京市西城区新街口外大街 12-3 号
邮政编码：100088
印 刷：保定市中画美凯印刷有限公司
经 销：全国新华书店
开 本：787 mm×980 mm 1/16
印 张：21.5
字 数：505 千字
版 次：2022 年 2 月第 1 版
印 次：2023 年 1 月第 2 次印刷
定 价：49.80 元

策划编辑：李红芳 责任编辑：李红芳
美术编辑：李向昕 装帧设计：李向昕
责任校对：陈 民 责任印制：赵 龙

前　言

党的二十大报告明确指出，要推进高水平对外开放，稳步扩大规则、规制、管理、标准等制度型开放，加快建设贸易强国，推动共建“一带一路”高质量发展，维护多元稳定的国际经济格局和经贸关系。

随着全球经济一体化程度的加深，各国之间的贸易交流越来越深入。我国外贸不断发展壮大，越来越多的企业面向国际市场开展业务。国际结算作为涉外经济活动的重要环节，对于进一步开拓国际市场，发展国际贸易有着不可忽视的作用。

互联网的飞速发展促使国际贸易在总量、内容、方式等方面都有了很大的发展和变化，与此相对应，国际结算无论在总量上还是从结构上都发生了巨大的变化。目前，国际结算已呈现业务标准化、方式多元化、技术电子化等新的趋势，而且国际结算中贸易融资的作用越来越大，国际结算中的风险越来越大。如何快速、安全、高效地实现国家间的收付对于国际贸易的进一步发展有着重要意义。

国际结算是一门融理论、政策、法规、实务于一体的应用性学科，它涉及面广，既包括有关金融法规和国际通行的法律准则、国际惯例，又包括相关理论知识和实际业务操作，是一个需要不断实践、不断积累操作技能的学科。本教材根据高校人才培养目标与要求，为适应经济发展对国际结算人才的需求，秉承注重实务性和与国际惯例接轨的编写原则，结合国际结算领域的新发展、新变化，详细介绍了国际结算中的票据、国际结算的基本方式、国际结算中的单据、银行保函、备用信用证、国际保理与福费廷等内容，强调在理论原则指导下办理外汇结算业务，侧重于业务程序和基本操作方面的实践性教学，强化学生国际结算实务处理能力，以期学生通过对这门课程的学习，能够掌握本学科的基本理论、基本知识及基本技能，提高实践应用能力，达到学有所专、学以致用的目的，为今后从事相关工作奠定良好的基础。

本书在编写过程中，力图体现以下特点：

1. 强调知识系统的逻辑性，能够较全面地反映国际结算的有关理论及业务操作，通过每章教学目的、教学重点、教学难点，使学生在了解整章内容的同时，既将所学内容系统化，又重视各章节之间的内在联系，强调各章节知识的相互关系和综合运用。文字阐述通俗易懂，系统详细。

2. 基本概念和基本原理准确、清晰。参阅了大量专业文献和著作，并对现有大量教材进行比较分析，尽可能做到简练、精准，以便学生能够更好地理解与掌握。

3. 能够反映国际结算领域最新发展和有关研究的最新成就。

4. 本教材以学生所需的专业知识和操作技能为基础，每章均配有导入案例，附有实际业务中常用的若干样式与图示，通过案例详细解释规则等，能够帮助学生加深对知识的理解。同时为了强化技能训练，提高学生动手能力，每章均配有相应的本章小结、练习与思考(题型多样，包括单选、多选、判断、案例分析、技能操作、简答等。其中单选、多选、判断均各配10题，题数丰富)，并配有参考答案及案例解析，便于拓展学生对专业及行业的认知，夯实基础知识，提高专业技能；让教师教得轻松，学生学有所得。

本教材共分九章，由福建江夏学院陈茜编著。

该教材同时也是“福建江夏学院——中国农业银行福州鼓楼支行”校级重点校外实践教学基地成果。在本书的编写过程中，借鉴了诸多专家学者的论著和文章，也参考了同行的相关教材和网站资料，并得到了银行业有关专业人员及相关教师的不吝赐教，在此一并表示崇高的敬意与衷心的感谢！

由于编者水平有限，书中的疏漏和错误在所难免，而且随着经济全球化这一历史趋势的加深，国际经贸的实践也日新月异，本学科的知识体系无论在理论还是实务方面都必须不断充实更新，本教材也必然要进行修改和增删，因此恳请专家、同行、读者给予批评指正，并提出宝贵意见。

陈　茜

2023年1月1日

目　录

第　一　章

国际结算概述

【导入案例】

英国A商向澳大利亚B商购买价值10万英镑的羊毛，澳大利亚C商向英国D商购买价值10万英镑的棉纺织品。英国的D商在发出货物或对方收到货物后，开立了一张命令C商支付10万英镑的汇票，D商可将这张汇票售予英国的A商，收回他应得的100000英镑。英国的A商就把汇票寄给澳大利亚的B商，由他持票向澳大利亚的C商要求付款。这样，英国和澳大利亚两国之间的两笔债权债务通过一张汇票的传递和流通，得到了清算，从而避免了在现金结算方式下黄金和白银往返输送，节约了时间和费用，有利于国际商品交易的发展，对促进国际的经济交往起到了一定的推动作用。

【教学目的】

通过本章的学习可以从整体上把握本学科的基本内容。

【教学重点】

掌握国际结算、国际贸易结算、非贸易结算的概念，国际结算研究的主要内容以及国际结算中的银行网络和电子清算系统。

【教学难点】

国际结算研究的主要内容。

第一节 国际结算的概念、基本种类与内容

一、国际结算的概念

国际结算(International Settlement)是指两个不同国家的当事人，不论是个人、单位、企业或政府间因为商品买卖、服务供应、资金调拨、国际借贷而需要通过银行办理的两国间的货币收付业务。

理解国际结算概念的要点在于：①有货币收付；②发生于不同国家；③通过银行办理。凡未能同时满足以上三个条件者，均不能称为国际结算，故可以简单地说：通过银行办理国与国之间的货币收付即国际结算。

当然，要注意一些特殊情况。例如，我国内地/大陆与港、澳、台地区之间的货币收付，尽管不是跨国货币收付，但因处于不同的货币区域，故在实务中仍作为国际结算来处理。另外，易货贸易似乎不需要货币收付，但现代的易货贸易并非传统意义上的物物交换，贸易双方不仅要以同一种货币计价，而且要收付一定比例的外汇，甚至还需要开立信用证(如对开信用证)或保函等，也可以说，是一种将进口与出口业务结合起来的贸易形式，所以，现代易货贸易仍属于国际结算的范畴。

二、国际结算的基本种类

由于引起货币跨国收付的原因很多，因此国际结算的范围非常广泛。为了便于业务操作，在实务中通常按照国家间产生债权债务的不同原因，将国际结算分为国际贸易结算和国际非贸易结算两大类。

(一)国际贸易结算

国际贸易结算是指由有形贸易活动(即由商品的进出口)引起的货币收付活动，是国际贸易的基础和重要组成部分。

(二)国际非贸易结算

国际非贸易结算是指由有形贸易以外的活动(包括国际资本流动、国际资金借贷、技术转让、劳务输出、侨民汇款、捐赠、利润与利息收支、国际旅游、运输、保险、银行业务等活动)引起的货币收付活动。

国际结算是随着国际贸易的出现而产生的，并且国际贸易结算一直在国际结算中占据

着主导地位。直到20世纪80年代初，贸易结算金额都远远高于非贸易结算金额。虽然近二十多年来，随着金融交易量的迅速增加，国际非贸易结算额已远远超过国际贸易结算额，但是，由于国际贸易结算与其他结算业务相比更复杂，几乎包括了目前使用的所有结算手段和方式，因此国际贸易结算的重要地位仍无法替代。基于此，国际贸易结算将是本书的重要介绍内容。

三、国际结算的基本内容

国际结算作为一门课程，主要包括四个方面的内容，即国际结算使用的信用工具(国际结算工具)、国际结算方式、国际结算单据和国际结算融资。

(一)国际结算工具

国际结算工具包括各种支付凭证(如支付授权书、托收委托书等)和信用工具。信用工具也称金融工具，它是以书面形式发行和流通，用以证明债权人权利和债务人义务的契约证书。国际结算中使用的信用工具或金融工具主要是票据，包括汇票、本票和支票三种，其主要功能是确定收付货币的数量等。

(二)国际结算方式

国际结算方式是指收付货币的手段和渠道，这是国际结算最主要的内容，主要包括汇款、托收、信用证、银行保函、备用信用证。前三种是传统的国际结算方式。20世纪60—70年代，全球进出口贸易额85%以上都是采用信用证方式结算，但自20世纪90年代以后，欧美企业的信用证使用比例已降至10%～20%，亚太国家信用证的使用比例也在逐年下降，非信用证支付方式成为国际贸易中主流的支付方式。据估计，目前全球贸易总额有60%以上是以非信用证方式进行结算的。另外，有许多教材把福费廷(包买票据)和国际保理也称为国际结算，但编者认为这两者的功能应该说更多地体现在“融资”方面。近年来，除了传统的汇款、托收外，国际保理、福费廷及银行保函在国际贸易结算中所占的比重越来越大。

(三)国际结算单据

国际结算单据是指国际结算中涉及的、反映货物特征及说明交易情况的一系列证明文件或商业凭证，主要包括运输单据、保险单、商业发票等基本单据。此外还有众多的附属单据，如海关发票、装箱单、商检证明、产地证书等。

(四)国际结算融资

国际结算融资是指进出口商如何应用票据及(或)单据，结合结算方式进行特定方式的融资(或融物)。例如票据贴现、信托收据、进出口押汇、保理、出口信用保险项下融资等。

总而言之，国际结算基本内容大致如图 1-1 所示。

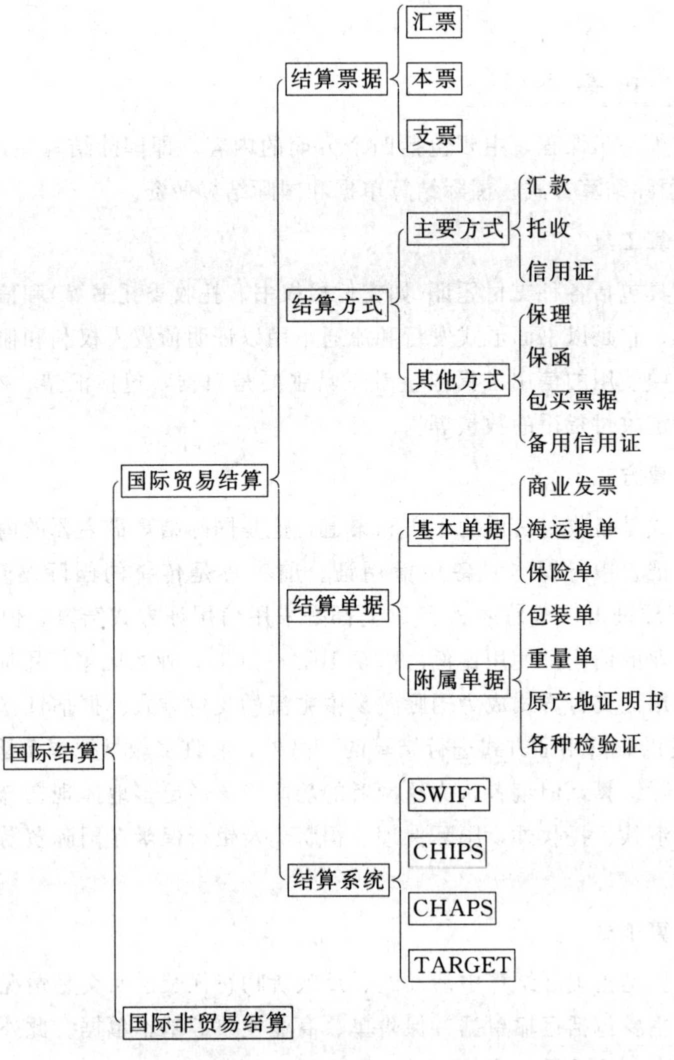

图 1-1　国际结算的内容

第二节　国际结算的历史演变及其涉及的法律与国际惯例

一、国际结算的历史演变

贸易结算的产生以商品贸易的产生和发展为前提。当商品流通跨越国界，形成国际贸易时，国际结算随之产生和发展，并随各个时期的历史条件变化，形成具有各个时期特点的结算方式。同时，国际结算的发展又反过来对国际贸易的发展起着促进作用。其历史演变主要经历以下几个阶段。

(一)从现金结算发展到非现金结算

早期的国际结算是现金交易，如我国古代曾以本国的工艺品和丝绸制品、瓷器换取外国的药材、香料和宝石。除了直接物物交换外，都长期使用金银铸币作为结算手段，买方将金、银或可兑换的铸币运送给卖方，交付货款，清偿债务。这种现金结算具有成本高、风险大、占压资金等局限性。到 15 世纪末 16 世纪初，随着资本主义发展、地理上的大发现以及海外殖民地的开拓，国际贸易不断扩大，逐渐形成区域性的国际商品市场。通过运送金银偿债方式已不能适应当时贸易发展的需要，取而代之以商业票据结算债权债务的方式，这样两国之间的债权债务通过一张票据的传递和流通，得到了清算，从而避免了在现金结算方式下黄金和白银往返输送，节约了时间和费用，有利于国际商品交易的发展，对促进国际的经济交往起到了一定的推动作用。(见导入案例)

但是，使用商业票据在商人之间自行结算债权债务有一定的局限性：①两笔交易的金额和付款期限必须完全一致；②当事双方还要有密切的业务联系和相互了解的信用基础；③任何一方要有垫付资金的能力。任何两笔交易要同时具备这三个条件，实际上是很困难的。这些局限性促使商人之间的直接结算发生了变化。

(二)从买卖双方直接结算发展到通过银行结算

到了 18 世纪 60 年代，一些主要资本主义国家相继完成了工业革命，它直接推动了国际关系的深刻变革，社会分工迅速向国际领域扩展。海运事业、海洋运输保险业应运而生。与此同时，主要资本主义国家银行业亦发生了深刻变化，原来的高利贷金融业逐渐转变为担任信用中介和支付中介的资本主义银行。到 19 世纪末 20 世纪初，银行不仅从事存放兑业务，而且通过国外分支机构和国际代理银行网络，从事国际借贷和国际结算业务。

银行办理国际结算具有如下优越性：第一，银行网络和国际代理行网络普遍建立，使国际结算不受时间和地点限制，可以满足世界各地客户的要求；第二，银行资金雄厚，银行信用优越于商业信用，使国际结算更加安全可靠；第三，银行集中了大量的债权债务关系，可以最大限度地加以抵销，从而缩短了结算的时间、费用及利息的支出，使国际结算更加快捷和经济。在这样的条件下，进出口商就不必自找对象来进行清算，而把所有信用工具或支付工具委托银行代为处理。这样，从商人之间的直接结算就发展到以银行为中介的转账结算。

（三）从凭货付款到凭单付款

早期的结算，卖方一手交货，买方一手交钱，钱货两清，即现金交易方式。到 18 世纪的资本主义时期，同国际贸易有关的金融业、航运业以及保险业也获得了巨大的发展，提单、保险单等相继问世，海运提单从一般性的货物收据发展为可以背书转让的物权凭证，保险单发展成可以转让的单据。

到了 19 世纪末 20 世纪初以后，交易单据化的蓬勃兴起，确立了卖方凭单交货，买方凭单付款的单据交易原则，国际结算逐步从凭货付款到凭单付款，这也为以后银行信用加入到国际贸易结算业务中来创造了条件。

（四）从人工结算发展到电子结算

随着科学技术的发展、电子技术的日新月异，高科技电脑已进入了银行业务，加速了资金与单证的流转过程，使得一些国际业务在瞬间即可完成。快速、安全、高效地实现国际清算已成为当代国际结算的主要课题。目前，世界上已有四大电子清算系统，即CHIPS、CHAPS、TARGET 和 SWIFT 可办理国际结算中的资金调拨。

CHIPS(Clearing House Inter-bank Payment System)是 1970 年在美国纽约建立的一套美元电脑联机收付系统。它是由纽约票据交换所的 12 家会员银行及其联行和特约往来银行组成的协会内部的电脑联机收付系统。通过 CHIPS 庞大复杂的国际资金调拨清算网可以很方便地进行国际资金转账。现在，世界上 90%以上的国际美元交易是通过 CHIPS 完成的。

CHAPS(Clearing House Automated Payment System)是英国伦敦银行自动收付系统的简称。它是 1984 年建立的一套英镑电脑联机收付系统。CHAPS 系统向它的会员和参加者提供一套高效、无风险、可信赖的当天支付运行机制。

TARGET(Trans-European Automated Real Time Gross Settlement Express Transfer System)是欧洲实时全额自动清算系统的英文简称，是欧洲中央银行拥有并运营的、大额款项收付的实时全额清算系统。于 1999 年 1 月开始运行。总部设在欧洲中央银行所在地——法兰克福。它是一种贷记转账支付系统。参与该系统的银行超过 5 300 家。

SWIFT(Society For Worldwide Inter-bank Financial Telecommunication)是环球银行间金融电信协会的英文简称。它成立于1983年5月，总部设在比利时的布鲁塞尔。SWIFT系统是一个专门为全球金融系统提供服务的电信网络系统。SWIFT标准金融信息的传输，为其会员金融机构及其终端客户提供了低成本、高效益、及时准确的信息交换和自动化的业务处理，从而使SWIFT电信系统成为国际金融通信和国际结算的主体网络。现在，包括我国在内的全球外汇交易电文，基本上都是通过SWIFT传输的。

EDI(Electrical Date Interchange)我国内地/大陆译为“电子数据交换”，我国港、澳、台地区及海外华人地区则译为“电子资料联通”或“电子资料交换”。它是指在两个或两个以上用户之间，按照协议将一定结构特征的标准经济信息经数据通信网络在电子计算机系统之间进行交换和自动处理。它是以计算机数据通信网络技术为基础发展起来的现代信息处理和信息通信技术，是“无纸化技术”。它把商务活动中单证和单据流转的相关环节，通过标准化商业文件的联网传输和自动化处理整合在一起，为客户提供快速、准确的国际结算业务，被称为对传统贸易结算方式进行的一次划时代的结构性变革。

EDI为国际贸易和国际结算带来了巨大的经济效益和社会效益，主要表现在以下几个方面：(1)实现无纸贸易；(2)变革贸易和结算方式；(3)降低成本和费用；(4)节省时间，提高工作效率，从而增强竞争能力；(5)用更先进的方式进行资金管理；(6)为企业提供更好的决策支持信息；(7)企业可与贸易伙伴建立更快捷和更密切的关系，增加贸易机会。美国在20世纪60年代末期开始应用EDI。时至今天，世界上大部分国家都认定EDI是经商的唯一途径。澳大利亚、日本和新加坡等国家早在20世纪90年代初期就宣布，所有的商户首选交易方式为EDI，不采用EDI的商户的交易将推迟或不予办理。我国EDI技术在20世纪90年代才刚刚起步，起点也较低，发展速度也较国外慢。但随着我国加入世界贸易组织后融入全球化的进程的加快，这种情况已大为改观。目前，有关EDI的法律问题正在探讨与完善之中，如果能在世界范围内形成EDI的法律法规，国际贸易与结算的无纸化和一体化最终将会实现。

从国际结算的演变发展过程可以看出，现代国际结算是以票据为基础、单据为条件、银行为中介，结算和融资相结合的、电子化的非现金结算体系。

二、国际结算涉及的法律与国际惯例

在当前的国际贸易和国际金融业务中，主要存在着贸易和非贸易两种形式的款项结算方式，要顺利实现这两种形式款项的结算业务，二者都必须经由国际银行间的支付与清算系统才可能进行下去。不过仅仅依靠国际银行支付与清算系统是无法最终完成结算业务的。原因是在国际贸易和政府及民间往来中进行结算和清算业务的双方(即债权方和债务方)分别处在不同国家和地区，这些国家和地区都有自己的关于结算业务的方法、金融制度规定、商业习惯、法律规范与措施，为了避免在国际贸易往来结算中双方之间出现结算程序、手段和方法等方面的歧义、争议甚至纠纷，联合国贸易法律委员会和国际商会等国际组织认为有必要由国际性组织对涉及国际结算的工具、方式、体系作某种形式和程度的制度规范和安排，以便为国际交往和贸易结算的健康而迅速的发展提供良好的国际结算法律系统和有利的国际结算业务的执行环境或支撑条件。当前国际结算法律体系主要由国际成文法律规则和国际惯例两部分构成，涉及金融、贸易往来和货运等各个方面、环节与领域。

(一)与票据相关的法律

(1)《英国票据法》(Bill of Exchange Act，1882)。它是英美法系票据法的典型代表。

(2)《日内瓦统一票据法》。它是大陆法系票据法的典型代表，包含两个文件：《汇票与本票统一法公约》(Convention Providing a Uniform Law for Bills of Exchange and Promissory Notes)和《支票统一法公约》(Convention Providing a Uniform Law for Cheques)。

(二)与结算方式相关的国际惯例

(1)《托收统一规则》(Uniform Rules for Collection，ICC Publication NO. 522)。它于1996年1月1日正式实施，是关于约束托收各当事人权利与义务的国际惯例，简称《URC522》。《URC522》明确规定：除非另有规定，或与一个国家、一个地区或当地的法律、法规相抵触，否则本规则对托收的所有当事人均具有约束力。

(2)《跟单信用证统一惯例》。国际商会为明确信用证有关当事人的权利、责任、付款的定义和术语，减少因解释不同而引起各有关当事人之间的争议和纠纷，调和各有关当事人之间的矛盾，于1930年拟订一套《商业跟单信用证统一惯例》(Uniform Customs and Practice for Commercial Documentary Credits)，并于1933年正式公布。以后随着国际贸易变化，国际商会分别在1951年、1962年、1974年、1978年、1983年、1993年进行了多次修订，称为《跟单信用证统一惯例》(Uniform Customs and Practice for Documentary Credits)，被各国银行和贸易界所广泛采用，已成为信用证业务的国际惯例。现行的是2007年7月起实行的《跟单信用证统一惯例(2007年修订本)》第600号出版物，简称为《UCP600》。

(三)与单据相关的国际公约与国际惯例

涉及单据的国际惯例有《海牙规则》(Hague Rules)、《汉堡规则》(Hamburg Rules)、《国际铁路货物运送公约》(International Convention Concerning the Transport of Goods by Rail)、《国际铁路货物联运协定》(Agreement on International Rail-Road through Transport of Goods)、《联合运输单证统一规则》(Uniform Rules for a Combined Transport Documents)、《伦

敦保险协会货物保险条款》(Institute Cargo Clauses，ICC)、《国际贸易术语解释通则》(International Rules for the Interpretation of Trade Terms，INCOTERMS 2000)、《联合国国际贸易法委员会仲裁规则》(UNCITRAL Arbitration Rules)等。

第三节 国际结算中的银行

一、银行在国际结算中的作用

银行在国际贸易结算中居于中心枢纽的地位，离开银行，国际结算就无法进行，具体而言，银行在国际贸易结算中的作用，可以概括为以下几个方面。

(一)国际汇兑

国际汇兑是指银行应汇款人或债务人的要求把一种货币兑换为另一种货币，并委托收款人所在地银行向收款人或债权人支付一定金额，以结清国际债权债务关系的一种方式。在国际贸易中，银行接受进出口商的委托，为其提供服务，办理国际汇款，代收代付货款和费用等，是银行的一种中间业务。

(二)提供信用保障

国际贸易的开展建立在双方信用的基础上，商业信用起决定性作用。在贸易双方互不了解的情况下，进口商或出口商都不愿先将货款、货物或代表货物所有权的单据交给对方，故纯粹以商业信用来开展业务，很难保证国际贸易的顺利开展。银行资金雄厚，资信优良。若银行介入贸易结算，为其提供信用保障，有利于贸易在新领域的拓展，从而进一步推动国际结算的发展。

(三)融通资金

进出口商取得银行的资金融通是从事国际贸易的重要条件。一个企业的自有资金总是有限的，要经营对外贸易，通常都需要借助银行的资金融通。银行对进出口商的融资除一般贷款外，还可以在具体办理贸易结算过程中，以进出口押汇方式向客户提供融资，向进口商提供信用证开证额度，向出口商提供票据贴现等，从而促进国际贸易的发展。

(四)减少外汇风险

任何一笔国际贸易，从签订买卖合同，到发货、最后收付货款，一般需要两三个月甚至更长时间，这就给货款收付双方带来外汇风险。银行可以通过远期外汇交易、货币期货交易和货币期权交易等手段为进出口商降低甚至消除外汇风险。

二、国际结算中的往来银行

办理国际结算的银行，除了在本国国内有相当的分支机构，以便广泛联系客户，就近服务客户外，还必须要有一个国际性的银行网络。银行网络越广泛，办理国际结算的范围就越大，资金清算就越方便。但是，任何一家银行都无法做到在世界各地设立分支机构，同理，在国际结算业务中任何一家银行都不可能直接把款项付给收款人。所有的收付行为都要通过银行间的清算才能完成，所以建立银行间往来是办理国际结算必不可少的前提条件。

（一）商业银行的分支机构

1. 海外分行、支行（境外联行）(Overseas Sister Bank/Branch，Sub-branch)

海外分行、支行是商业银行在海外设立的营业性机构。它本身不具备独立的法人地位，不但受其总行所在地的金融管理法令和条例的约束，而且受其营业地的管理法令和条例的约束。海外分行、支行的业务范围及经营政策必须与总行保持一致，总行对分行、支行的活动负有完全的责任。

在海外设立分行、支行的主要优点是能直接面向当地客户，可以经营当地政府允许的各种银行业务，还能根据总行资本决定信贷限额。海外分行吸收的存款属于其总行的法定负债业务，可以有效地开拓海外市场，方便贸易双方的国际结算，从而能够快捷地扩大银行业务范围，增加银行的经营利润，增强银行的国际市场竞争能力。

海外分行下属的营业机构就是支行，支行的管辖权直接属于分行，但是其业务、人员的规模比分行要小些，层次比分行要低些。

2. 代表处(Representative Office)

代表处是商业银行在海外设立的不能办理具体银行业务的非营业性机构。其主要职能是：开展公共关系活动，向派驻国所在地的政府机构、贸易商和官方人员提供本国企业和本国的信用状况分析和经济、政治等方面信息；为派驻地国家的客户提供关于总行的海外业务战略和经营活动方针；同时也为本国客户探询在派驻地开展新业务的发展前景，寻找新的贸易机会，开辟更多的当地信息来源或渠道等。代表处是海外分支行机构的最低层级和最简单形式，一般是设立更高级形式银行机构的一种过渡形式。

3. 代理处(Agency Office)

代理处（办事处、经理处）是商业银行设立的能够转移资金和发放贷款，但不能从东道国吸收当地存款的金融机构。代理处是母行的一个组成部分，不具备法人资格，是介于代表处和分行之间的机构。代理处可以从事一系列非存款银行业务，如发放工商贷款、提供贸易融资、签发信用证、办理承兑、票据买卖和票据交换等业务。代理处由于不能吸收当地居民存款，因此其资金主要来源于总行和其他有关机构，或从东道国银行同业(Inter

Bank)市场拆入。

4. 附属银行(子银行)(Subsidiary Banks)

商业银行不能直接在某些国家设置分支行机构的情况下，为了扩大其在海外的业务网络，常常会运用收购外国银行的全部股份或大部分股份的方法，设置各种在国外的附属银行机构。这些附属银行机构的特征是：在东道国登记注册，在法律上是一个完全独立的经营实体；其股权全部或大部分为总行所控制。子银行的经营范围比较广泛，可从事东道国国内银行所能经营的全部金融业务活动。在某些情况下，还能经营东道国银行不能经营的某些特定业务。

此外，这些附属机构的大部分股权虽被收购，但仍可以采用自己原有的名称、营业许可证和工作人员。此外，附属银行还可以经营部分非银行业务，如证券、投资、信托、保险业务等。

5. 联营银行(Affiliated Banks)

联营银行(以下简称联行)指与附属银行或子银行在法律地位、性质和经营特点上类似的银行机构。与附属银行或子银行相比较而言，其独立性表现在：在联营银行中，任何一家外国投资者拥有的股权都只能保持在50%以下，即只拥有少数股权，其余股权可以为东道国投资者所有，或由几家外国投资者所共有，且投资额均不超过50%。联营银行可以是两国或多国投资者合资兴建的，也可以是外国投资者通过购买当地银行部分股权而成立的。它的主要业务依注册要求而定或由参股银行的性质而定。联营银行的最大优势是可以集中两家参股者或多家参股者的优势，克服筹资困难。此外，联营银行在联营后，仍可采用原有的名称、营业许可证和工作人员。

6. 银团银行(Consortium Bank)

银团银行一般是由两个以上不同国籍的跨国银行共同投资注册而组成的具有公司性质的合作经营银行机构。任何一个投资者所持有的股份都不超过50%，作为一个法律实体，银团银行有自己的名称和特殊功能，既接受母银行委托的业务，也同时开展实体本身发展需要的业务活动。其主要业务范围通常包括：对超过母银行能力的或母银行不愿意发放的大额、长期贷款做出全球性辛迪加安排，经营欧洲货币市场业务，承销公司证券，筹划国际的企业合并和兼并业务，提供项目融资和公司财务咨询等。

(二)代理行(Correspondent Banks)

代理银行是指本国银行机构在开展国际业务的过程中主动寻找外国银行，并与之建立起一种在业务上彼此合作与支持的相互委托关系，即代理行关系，以方便和扩展其国际业务，弥补海外分行、支行的业务经营缺陷与不足。在海外建立代理行的最大好处是成本低，同时便于开展较广泛范围的金融业务。

1. 代理关系

代理关系是指两家不同国籍的银行，通过约定的协议相互委托，互为办理国际银行业务所发生的往来关系。

2. 代理关系确定的基本程序

(1)考察和了解对方银行的运营资质和信誉。由于建立代理行关系是国际金融领域内的外交活动，因此必须服从国家的外交政策和国别政策。通常：对没有正式外交关系的国家，不建立代理行关系；对有正式外交关系的国家，可以建立代理行关系，但要调查对方银行的资信等级、经营作风以及财务状况等多项指标，只有在有充分把握的基础上才能建立代理行关系。

(2)签订代理关系协议并互换控制文件。代理协议一般由双方银行的总行签订，它包括双方银行名称、地址、代理机构、业务范围、代理期限、控制文件、使用的货币、委办的事项、授信额度、合作项目、信息的提供与咨询、培训计划、头寸偿付的方法、协议生效的日期、适用的分支行等。

(3)双方银行最终确认控制文件。为了使代理业务真实、准确、快捷、保密，代理行之间要相互发送控制文件(Control Documents)，并在确定无误后，遵照执行。此类控制文件有：

①密押(Test Key)。密押是银行之间事先约定的，在发送电报时，由发电行在电文中加注密码，以证实电报的真实性。

②印鉴样本(Specimen Signature)。印鉴是银行有权签字人的签字式样。银行之间的信函、凭证、票据等，经有权签字人签字后，寄至收件银行，由收件银行将单证上的签名与所留印鉴核对，核对相符即证明此函件的真实性。代理行的印鉴一般由总行互换，分行使用。

③费率表(Terms and Conditions)。费率表是银行在办理代理业务时收费的依据，一般由总行制定并对外发布，各分、支行据此执行。通常：对方银行委托我方银行办理业务，按照我方银行费率表收取费用；我方银行委托国外银行办理业务，则按照对方银行费率表收取费用。必须注意的是代理费率表应订得适当、合理，如果过高会削弱我方竞争力，过低则影响经济效应。

3. 代理行的种类

代理行一般可以划分为账户行和非账户行两类。

(1)账户行(Depository Bank)。它是指代理行之间单方或双方相互在对方银行开立了账户的银行。账户行是在建立代理行关系的基础上，为了解决双方在结算过程中的收付建立的特殊关系。账户行间的支付，大都通过开立的账户进行结算。选择建立账户行，一般应是业务往来较多、资金实力雄厚、支付能力强、经营规范、信誉良好、地理位置优越以及世界主要货币国家的银行。账户行必然是代理行，而代理行不一定是账户行。

账户行的账户分类主要有如下两种：

①按开立的主体不同，账户可分为单开账户和双开账户。其中单开账户是指一方银行在对方银行开立的对方国家货币或第三国货币账户。双开账户则是指代理行双方相互在对方国家开立对方国家货币账户。

②根据开立的性质不同，账户可分为往户账、来户账和清算账户。其中往户账(Nostro Account)指存放国外同业，即国内银行在国外同业开立的账户。如我国国际结算货币主要是美元，而美元清算中心在美国纽约，为便利结算，我国银行在纽约许多大银行都开立了美元账户，出口货款的收回采取请账户行贷记我行账，进口货款的支付请账户行借记我行账的方式。来户账(Vostro Account)指国外同业存款，即外国银行将账户开在我国国内。如其他国家银行在我国开立人民币账户。由于人民币尚不可自由兑换，我国的来户账还不普遍。清算账户(Clearing Account)是两国政府间为办理进出口贸易和其他经济往来所发生的债权债务清算而开设的不必使用现汇的记账账户。

(2)非账户行(Non-depository Bank)。它是指除账户行以外的其他代理银行，或者说是没有建立账户行关系的代理行，非账户行之间的货币收付需要通过第三方银行办理。

三、往来银行的选择

首先，选择联行(联营银行)。联行是最优选择，是因为本行与联行是一个不可分割的整体，同在一个总行的管理下，不仅相互之间非常熟悉和了解，而且从根本上说是利益共享，风险共担的，因此委托海外联行开展有关业务，可靠性最高，服务质量好，风险低。

其次，选择账户行。如果某银行需要在没有联行的地区或国家开展业务时，选择代理行中的账户行就是一个合适的选择。因为与其他银行机构相比，账户行之间进行业务委托十分方便，通过彼此账务往来可以用最快的速度完成委托业务，且能安全、稳妥地进行收汇和付汇流程。

最后的选择是非账户行。在没有设立联行和账户行的少数地区开展业务时，只能委托有代理行关系而无账户关系的银行——非账户行。不过该种方式资金收付并不方便，要通过中间机构即第三家银行代为办理才能完成结算业务。

如果一家银行在某国或某地区，既无联行也无代理行，则几乎无法在那里开展国际结算业务。

目前，在从事国际结算业务的国内银行中，中国银行是办理国际结算历史最悠久、国际结算业务量最大、代理行关系最多的一家外汇指定银行：建立了遍及世界五大洲 160 个国家的 5 000 多家代理行网络，有选择地与一些代理行相互建立账户关系；与全球 200 多家大银行保持着经常性的资金往来关系，根据需要相互进行资金融通。中国银行这个覆盖全球的代理行网络，大大便利了中国与其他国家和地区的贸易和非贸易结算，也促进了中国银行本身国际结算业务的不断发展。

【本章小结】

国际结算分为贸易结算和非贸易结算，贸易结算是本书学习的重点。国际贸易结算的主要内容包括国际结算工具(票据)、国际结算方式(汇款、托收、信用证、银行保函、国际保理等)、国际结算单据(商业发票、运输单据、保险单及其他单据)及进出口贸易融资，这四部分内容是相辅相成、紧密结合的。国际结算从现金结算发展到非现金结算，从买卖双方直接结算发展到通过银行结算，从凭货付款到凭单付款，从人工结算发展到电子结算。它有一个历史的演变过程，而这个过程与国际贸易的发展是紧密联系在一起的。国际惯例、银行、物权单据等极大地促进了国际结算的发展。学习国际结算，必须了解和熟悉国际结算涉及的主要法律和国际惯例。银行在国际结算中起中介作用。银行自身的网络、高速安全的资金转移网络是国际结算坚强的后盾，银行的资金实力能为进出口贸易商提供必要的融资。

【练习与思考】

一、重点名词

国际结算；国际贸易结算；非贸易结算

二、单选题

1. 当前业务覆盖面最大的银行间电信网络是(　　)。

A. CHIPS　　B. CHAPS　　C. SWIFT　　D. CHTPS

2. 银行总行与分行、支行之间，分行与支行之间及其相互之间的关系称之为(　　)。

A. 代理行关系　　B. 联营银行关系　　C. 联行关系　　D. 银团银行关系

3. 在国际结算中选择往来银行机构的优先次序是(　　)。

A. 分行——支行——账户行　　B. 联行——账户行——非账户行

C. 代理行——联行——分行　　D. 账户行——非账户行——子银行

4. 进出口商品的货款结算属于(　　)。

A. 双边结算　　B. 多边结算　　C. 国际贸易结算　D. 国际非贸易结算

5. 我国向日本提供援助救灾款项 5 200 万日元，由此引起的国际结算是(　　)。

A. 国际贸易结算　B. 国际非贸易结算　C. 有形贸易结算　D. 无形贸易结算

6. 国际惯例的制定机构是(　　)。

A. 国际商会　　B. 世界贸易组织　　C. 联合国　　D. 世界银行

7. 下列内容中，(　　)不属于国际结算惯例。

A.《英国票据法》　　B.《托收统一规则》

C.《日内瓦统一法》　　D.《联合国国际汇票和国际本票公约》

8. SWIFT 的意思是(　　)。

A. 环球同业银行金融电信协会　　B. 纽约清算所银行同业支付系统

C. 联邦储备电子转账系统　　D. 伦敦票据交换所银行同业支付系统

9. 在账户行关系下，一笔国际贸易采用出口国货币支付，则由(　　)。

A. 出口国银行借记进口国账户，并向进口国银行发送已借记报单

B. 出口国银行贷记进口国账户，并向进口国银行发送已贷记报单

C. 进口国银行借记出口国账户，并向出口国银行发送已借记报单

D. 进口国银行贷记出口国账户，并向出口国银行发送已贷记报单

10. 代理行关系建立时，双方银行交换的控制文件不包括(　　)。

A. 印鉴　　B. 密押　　C. 费率表　　D. 代理协议

三、多选题

1. 目前的国际贸易结算绝大多数都是(　　)。

A. 现金结算　　B. 非现金结算　　C. 现汇结算　　D. 记账结算

2. 对本课程来说，国际结算的基本内容包括(　　)。

A. 国际结算工具　　B. 国际结算方式　　C. 国际结算银行

D. 国际结算单据　　E. 国际惯例　　F. 国际法律

3. 代理行之间要互相发送控制文件，此类控制文件有(　　)。

A. 密押　　B. 委托协议　　C. 印鉴　　D. 费率表

4. 国际结算方式主要包括(　　)等项目类型。

A. 汇款　　B. 托收　　C. 信用卡　　D. 信用证

E. 银行保函

5. 银行在国际贸易结算中居于中心枢纽的地位，具体而言，银行在国际贸易结算中的作用，可以概括为以下几个方面：(　　)。

A. 国际汇兑　　B. 提供信用保证　　C. 融通资金　　D. 减少外汇风险

6. 国际结算的必备条件之一就是单据的传递和使用，在国际贸易结算中，单据是货物买卖的基础和依据，(　　)对于国际贸易债务的清偿具有至关重要的作用。

A. 单据的种类　　B. 单据的制作　　C. 单据的处理　　D. 单据的产生

7.(　　)所引起的跨国货币收付不属于国际贸易结算范畴。

A. 劳务输出入　　B. 商品贸易　　C. 服务贸易　　D. 对外直接投资

E. 外来投资

8. 国际结算的历史演进过程大致经历了(　　)。

A. 从货物买卖到单据买卖　　B. 从直接结算到间接结算

C. 从现金结算到非现金结算　　D. 从人工结算到电子结算

9. 关于国际结算的惯例主要有(　　)。

A. 与票据相关的惯例　　B. 与结算方式相关的国际惯例

C. 与各国银行相关的惯例　　D. 与运输单据相关的国际惯例

10. 国际结算单据是指国际结算中涉及的反映货物特征及说明交易情况的一系列证明文件或商业凭证，主要包括(　　)等基本单据。

A. 运输单据　　B. 保险单　　C. 商业发票　　D. 海关发票

四、判断题(正确写 T，错误写 F)

(　　)1. 我国内地/大陆与港、澳、台地区之间的货币收付，因属同一个国家，所以属于国内结算。

(　　)2. 目前的国际结算绝大多数都采用记账结算。

(　　)3. 银行间的代理关系，一般由双方银行的总行直接建立，分行不能独立对外建立代理关系。

(　　)4. 账户行一定是建立了代理关系的代理行，而代理行不一定就是账户行。

(　　)5. 至今已经形成了一系列被各国银行、贸易、航运、法律等各界人士公认，并广泛采用的国际惯例，因此国际惯例对贸易的当事人具备强制性。

(　　)6. 某银行如果在某国的某地区，即使没有代理行关系，也能够顺利地开展国际结算业务。

(　　)7. 国际结算中使用的货币必须是可自由兑换的货币，包括美元、英镑、日元、港币、欧元、人民币。

(　　)8. CHIPS 是美元清算系统，CHAPS 是英镑清算系统。

(　　)9. 国际结算又称为国际清算，指的是以银行为中介进行国际资金调拨，以结清位于不同国家和地区之间的两个或两个以上当事人间债权债务的一种活动。

(　　)10. 在账户行关系下，一笔国际结算中使用货币是出口国货币时，可以由出口国银行作为账户行贷记进口国银行账户。

五、案例分析题

2001 年 9 月 11 日上午，在美国世贸大楼被袭击后，美联储十分果断地做出了两个决定：第一，立刻关闭美国的三大金融市场——股市、汇市、债市。第二，立刻停止靠近纽约的新泽西美元支付系统的运行，启动灾难备份系统，将美元系统从纽约新泽西切换到里士满和达拉斯。在整个切换过程中，支付系统没有中断服务，也没有丢失一个数据。这两个决定不仅保卫了美国经济发展的基础设施，更重要的是保证了美国金融系统免遭破坏，保住了美元的地位和美元在全球的支付结算。

问题：结合上述案例，谈谈你对现代电子化国际支付结算系统应具备的条件的看法。

六、简答题

1. 当代国际结算包括哪些方式？

2. 作为一门学科，国际结算主要研究哪些内容？

3. 简介国际结算的历史演变与发展趋势。

参考答案

一、重点名词

略。

二、单选题

1—5：CCBCB；6—10：AAAAD。

三、多选题

1. BC；2. ABDE；3. ACD；4. ABDE；5. ABCD；6. ABC；7. ACDE；8. ABCD；9. ABD；10. ABC。

四、判断题

1. F；2. F；3. T；4. T；5. F；6. F；7. F；8. T；9. F；10. F。

五、案例分析题

略。

六、简答题

略。

第 二 章

国际结算中的票据

【导入案例】

2018年8月，我国某市A公司与新加坡B商签订了一份进口胶合板的合同，合同总金额为700万美元，支付方式为托收项下付款交单。合同写明，允许分批装运胶合板。按照合同规定，第一批价值为60万美元的胶合板准时到货。经检验A公司认为质量良好，对双方合作很满意。但在第二批交货期前，B商向A公司提出，“鉴于A公司资金周转困难，允许A公司对B商开出的汇票远期付款，汇票的支付条款为：见票后一年付款700万美元，但要求该汇票由中国某国有商业银行的某市分行承兑。承兑后，B商保证将700万美元的胶合板在一年内交货。A公司全部收货后，再付B商700万美元货款。”A公司对此建议欣然接受。A公司认为只要承兑了一张远期汇票，就可以得到货物，并在国内市场销售，这是一笔无本生意，而且货款还可以投资。但A公司始料不及的是，B商将这张由中国某国有商业银行某市分行承兑的远期汇票在新加坡美国一家银行贴现了600万美元，从此一张胶合板都不交给A公司了。事实上，B商将这笔巨款骗到手后就无影无踪了。一年后，新加坡美国银行将这张承兑了的远期票据请中国某国有商业银行某市分行付款，尽管B商没有交货，承兑银行却不得以此为理由拒绝向善意持票人美国银行支付票据金额。汇票金额巨大，中国某国有商业银行报请上级批准，由我方承兑银行付给美国银行600万美元而结案。

【教学目的】

票据是国际结算业务中必不可少的结算工具，因此是本课程的一个中心内容。通过本章的学习，要求学生对各种票据从理论和实务两个方面全面领会。

【教学重点】

票据的定义与票据的特性，汇票的概念，汇票的必要项目，汇票当事人及其权责，汇票分类，出票、背书、提示、承兑、保证、追索权等票据行为，贴现的概念、贴现业务中的贴现息计算、贴现费用、再贴现等内容，本票、汇票、支票的异同。

【教学难点】

票据流通性质，汇票的形式要件与汇票的行为，本票、汇票、支票的异同等。

第一节 票据概述

一、票据定义

票据有广义和狭义之分。广义的票据是指商业上的权利单据(Document of Title)，即用来表明某人对不在其实际控制下的资金或物资所有权的书面凭证，如股票、债券、车船票、发票、提单、汇票等。

狭义的票据是出票人委托他人或自己承诺在特定时期向指定人或持票人无条件支付一定款项的书面凭证。它是以支付金钱为目的的特定证券。作为最主要的有价证券，票据被誉为“有价证券之父”。

现在，人们谈起票据都是指狭义的票据，也就是说，票据已是一个专用名词，专指票据法规定的汇票、本票和支票。而将股票、债券等称为证券或有价证券，把发票、提单、保险单等称之为单据。因此，本教材所说的票据，就是专指汇票、本票和支票三种。

二、票据的特性

作为国际结算工具的票据，它能够代替货币(现金)用于结清债权债务，是由于票据具有如下特性。

(一)流通转让性(Negotiability)

(1)票据权利通过交付或背书交付进行转让，这是指票据权利的两种转让方式，根据票据“抬头”的不同，可采用相应的转让方式。

(2)票据转让不必通知债务人。一般的债权转让时，必须经过债务人的同意，但票据的转让仅凭交付或背书后交付即可完成。其权利的转让无须通知债务人，债务人不能以没接到通知为由拒绝承担义务。如：甲承担对乙的债务1万元，同时，丙承担对甲的债务1万元，丙作为债务人签发了一张以甲为债权人的票据，甲通过背书将对丙的债务转让给乙，乙持票提示丙付款，丙不能以未通知为由拒付。

(3)票据的受让人获得票据后，即享有票据规定的全部法律权利。如未能实现票据的权利，其有权以自己的名义对票据上的所有当事人起诉。

(4)善意并付对价取得票据的受让人，其权利可不受前手权利缺陷的影响。票据转让的原则就是使票据受让人(transferee)能得到十足的或完全的票据文义载明的权利，甚至是得到让与人没有的权利。只有这样保证了受让人的票据权利，票据才会得以流通。

如：甲欠乙100元，丙欠甲100元，乙欠丙20元，甲便可将向丙收款100元的债权转让给乙，以清偿100元的债务，这时乙向丙索款，丙就可只付乙80元。如果甲开立一张乙为收款人、丙为受票人的汇票，乙在收取对价后将汇票转让给丁，丙在对丁付款时，不能扣除乙欠丙20元而只付80元，丁完全有权利按照票面的100元要求全额收取，这样尽管前手丙的票据权利有缺陷，却使得票据受让人丁得到十足的票据权利，从而保证了票据的流通转让性。

(二)无因性(Non-causative Nature)

票据是一种无须过问原因的债权凭证，这里所说的原因是指产生票据上的权利义务关系的原因。票据的原因是票据的基本关系，包括两个方面的内容：

(1)出票人与受票人之间的资金关系。如：甲为出票人，发出以乙为受票人的票据。乙之所以同意接受付款的委托，其中必有原因，其原因可能是甲在乙处有存款，或者乙同意给甲信贷等，这种关系即所谓的资金关系。

(2)出票人与收款人、票据的背书人与被背书人之间的对价关系。票据的开立或转让产生收款人或受让人的权利，也不会没有原因。如：甲购买了乙的货物，需要开立以乙为收款人的票据来支付货款，而乙之所以要把该票据转让给丙，可能是因为他欠了丙的债。这种关系就是所谓的对价关系。

票据的无因性并非否认这些关系，而是指票据一旦做成，票据上权利即与其原因关系相分离，成为独立的票据债权债务关系，不再受先前的原因关系存在与否的影响，如果收款人将票据转让给他人，对于票据受让人来说，他无须调查票据原因，只要是合格的票据，他就能享受票据权利。票据上权利的内容，完全据票据上所记载的内容确定，不能进行任意解释或根据票据以外的其他文件来确定，因此，善意持票人可以要求债务人承担完全的票据责任，这种无因性进一步保证了票据得以广泛流通。

(三)要式性(Requisite in Form)

票据的做成，从形式上看必要项目记载必须齐全，各个必要项目又必须符合规定，方可使票据产生法律效力。各国的票据法对这些必要项目都作了详细规定，使票据文义简单明了，根据文义来解释票据，明确当事人的权、责。

票据的要式性，有时也可说成票据是书面形式的要件，指票据从书面形式上包含的必要条件符合票据法规定的，就是有效的票据。它的权利、义务全凭票据上的文义来确定，不需要过问票据基本关系的原因，而且票据本身是独立于基础合约的，这样有利于票据的流通转让，因此我们常说票据是要式不要因。

(四)提示性(Presentment)

票据的持票人要求受票人履行票据义务时，必须在法定期限内向受票人出示票据，始得要求付给票款。如果持票人不提示票据，付款人就没有履行付款的义务。

(五)返还性(Return Ability)

持票人收到款项后，应将票据交还付款人。如不交还票据，债务人可不付款。票据经正当付款即被解除责任并归还至付款人档案。由于票据的返还性，它不能无限期地流通，在到期日被付款后其流通结束。这也说明票据与货币现金不同，其流通是有期限的且不可往复使用。这体现了票据的局限性。

上述票据各种性质中，最重要的是流通转让性，它是票据的基本特性，其次是无因性和要式性，它们是为流通转让性服务的。

三、票据的法律体系

票据法是规定票据种类、票据行为以及票据当事人权利义务等内容的法律规范的总称。票据法包括广义和狭义的票据法。

广义票据法是指调整票据关系的全部法律规范的总称。它既包括票据的专门立法，又包括民法、商法、刑法、诉讼法和破产法中关于票据的法律规定。广义的票据法又被称作实质意义上的票据法。

狭义票据法是指关于票据的专门立法，即政府为了促进商品贸易的发展所制定的关于汇票、本票以及支票的流通规则的法律规范。狭义的票据又被称为是形式意义上的票据法。通常我们所说的票据法是狭义票据法。

目前世界上最具有影响力的是以《英国票据法》为基础的英美法系和以《日内瓦统一法》为代表的欧洲大陆法系。

(一)英美法系

英国于1882年制定公布的《英国票据法》是在历年的习惯做法及多年法院判例的基础

上制定的，其将汇票、本票和支票纳入同一项法律中予以规定。1957 年又制定了《支票法》作为 1882 年票据法的补充。

美国于 1897 年仿效《英国票据法》制定《统一流通证券法》。后经多次修改，于 1952 年被纳入美国《统一商法典》的第三篇。在概念上将汇票、本票和支票称为“商业证券”，而不叫“票据”。

英美法系票据法的结构主体是围绕各当事人的权利义务规定其必备的法律条件。加拿大、澳大利亚、印度等国的票据法均属于英美法系。

(二)欧洲大陆法系

第一次世界大战结束后，成立了国际联盟。1930 年，国际联盟在日内瓦召开了有 31 个国家参加的国际票据法统一会议。在这次会议上，签署了有关汇票和本票的三个公约，即《统一汇票本票法公约》《解决汇票本票法律冲突公约》《汇票本票印花税公约》。这三个公约相互独立，各国可以分别加入。1931 年，国际联盟在日内瓦召开了有 37 个国家参加的第二次国际票据法统一会议。在这次会议上，签署了有关支票的三个公约，即《统一支票法公约》《解决支票法律冲突公约》《支票印花税公约》。这三个公约也是相互独立的，各国可以分别加入。

以 1930 年的《统一汇票本票法公约》和 1931 年的《统一支票法公约》为主体的各公约，通常被称为《日内瓦统一票据法》，有时简称《日内瓦统一法》。参加公约的国家包括德国、法国及其他大多数欧洲国家，日本及部分拉丁美洲国家。参加公约的各国都先后依该公约修订了本国票据法，而逐渐融入《日内瓦统一票据法》体系。由于参加国大部分是欧洲大陆国家，故习惯将其称为大陆法系。

大陆法系票据法的结构主体是围绕各种不同的票据行为规定其必备的法律形式及程序。由于英美两国未加入这一公约，因此它未能成为世界统一的票据法。

(三)两大票据法体系的基本分歧

1. 票据分类不同

日内瓦统一票据法将汇票和本票视为一类，将支票视为另一类，分别订立两个公约；英国 1882 年票据法中则是将支票视为汇票的一种类型，1957 年的《支票法》实际上是对 1882 年票据法中支票内容的补充。

2. 票据持票人的权利不同

日内瓦统一票据法认为，只要票据上的背书是连贯的，持票人就是“合法持票人”(lawful holder)，对票据就拥有合法的权利。而英国票据法则强调票据的流通和信贷，特别照顾到信贷中金融业持票人的利益，把票据持票人分为对价持票人(holder for value)和正当持票人(holder in due course)两种，并赋予不同权利。对价持票人不仅是本人对票据付过对价的持票人，也可以是任何一个持票人，不论他付过对价与否，只要某一前手付过对价即可。对价持票人的权利不优于其前手，而正当持票人的权利优于其前手，不受前手诸当事人中任何权利缺陷影响。

3. 对伪造背书的处理不同

日内瓦统一票据法认为，伪造背书的风险由丧失票据的人承担，持票人只要取得票据合乎要求，并没有与作案者勾结同谋，而且又不知情，就不必承担责任。而英国票据法则认为：背书加签名才能将票据权利转让，假签名的背书根本无效，权利没有让出，以后诸人则根本就未获得权利。

4. 对票据要件的要求不同

日内瓦统一票据法对票据要件有明确规定，如规定汇票的形式要件 8 项，缺任何一项则汇票无效。而英国票据法对票据形式要件的要求不同，如并不要求在票据上写明票据的名称等。

第二次世界大战结束后，票据在国际的流通更加广泛，但在日内瓦统一票据法律体系和英美票据法体系并存的情况下，使得在票据上发生的争议很难获得统一的解释，因此客观现实迫切需要制定一个国际票据的统一法规。自 1972 年起，国际统一票据法进入了第三个阶段，联合国贸易法律委员会(以下简称联合国贸法会)即开始着手进行统一国际票据法的工作，并起草了《国际汇票和国际本票公约》(Convention on International Bills of Exchange and International Promissory Notes)和《国际支票公约》(Convention on International Cheques)，经过十多年的讨论、修改，于 1987 年 8 月在各法系参加国之间达成了统一的意见。1988 年 12 月 9 日在纽约联合国第 43 次大会上正式通过了《国际汇票和国际本票公约》，并向所有国家开放供签署。直到 1990 年 6 月 30 日由 10 个国家完成了本国政府批准手续，该《公约》宣告生效。近些年来，随着电子数据交换技术的发展和电子票据的应用，联合国贸法会的各国代表认为没有必要对支票在全球范围内统一，因此，《国际支票公约》已被联合国贸易法律委员会放弃。

《国际汇票和国际本票公约》是在考虑了日内瓦统一票据法体系与英美票据法体系之间的差异基础上制定的，其目的并不在于直接调和两大票据法体系，而是着眼于解决国际贸易中汇票和本票使用上的不便，因此，该公约的适用范围及法律效力不同于两大票据法体系。

四、我国的票据法

1907 年 7 月，清政府宪政编查馆从日本聘请法学家志田钾太郎起草票据法，1911 年完成了草案。该草案将我国旧有的票据习惯与海牙统一票据规则以及德、日两国票据法结合，共有 94 条，又称“志田案”。同年清政府被推翻，该草案也告终结。

1913 年，民国政府法典编撰会以志田钾太郎为顾问又起草票据法。经过多次草拟，1929 年，我国历史上第一部票据法诞生。现在我国台湾地区的票据法就是它的延续。

中华人民共和国成立后，民国时期的法律全部被废弃。从 1950 年起，国家开始逐步限制票据的使用。由于实行高度集中的计划经济，1952 年，个人使用票据被禁止，结算方面也限制很严格。

1979 年中共十一届三中全会后，我国实行改革开放的政策，经济体制开始朝着社会主义市场经济方向发展。市场经济亦是商品经济，因而不能没有票据。1982 年中国人民银行上海市分行制定了《票据承兑、贴现办法》。我国开始从地方法规起确立了我国的票据制度。1985 年中国人民银行公布施行了《商业汇票承兑、贴现暂行办法》。1987 年，中国人民银行、中国工商银行、中国银行、中国建设银行联合发布《华东三省一市汇票结算试行办法》，在江苏、浙江、安徽、上海推行汇票。1986 年 6 月 8 日，上海市人民政府发布《上海市票据暂行规定》，法学界称赞它是新中国票据立法史上的一个里程碑。

此后，我国开始加紧进行票据立法，1990 年，中国人民银行成立了票据法起草小组。经过多次讨论修改，先后四易其稿。1995 年 5 月 10 日，第八届全国人民代表大会常务委员会第十三次会议通过了《中华人民共和国票据法》，同日公布，1996 年 1 月 1 日起施行，从此我国有了票据的基本法。

我国票据法充分借鉴和吸收了外国票据法立法的经验，尽可能地采用被公认并在国际上通行的规则，力求与国际惯例相一致，但基于我国基本国情，也作了一些与西方国家票据法不同的规定，在某些具体内容上存在明显差异，这就产生了涉外票据在法律上的适用问题。

五、涉外票据的法律适用

(一)概念

涉外票据是指出票、背书、承兑、保证、付款等行为中，既有发生在中华人民共和国境内，又有发生在中华人民共和国境外的票据。国际贸易结算中都是涉外票据。

(二)涉外票据法律适用原则

1. 国际条约优先适用原则

我国《票据法》第九十五条第一款：“中华人民共和国缔结或者参加的国际条约同本法有不同规定的，适用国际条约的规定。但是，中华人民共和国声明保留的条款除外。”

2. 国际惯例补充适用原则

我国《票据法》第九十五条第二款：“本法和中华人民共和国缔结或者参加的国际条约没有规定的，可以适用国际惯例。”

3. 冲突规范缓引准据法原则

根据冲突规范缓引准据法可能是国内法，也可能是国外法，对于应当适用的外国法律，可通过下列途径查明：

①由当事人提供；

②由与我国订立司法协助协定的缔约对方的中央机关提供；

③由我国驻该国使馆提供；

④由该国驻我国使馆提供；

⑤由中外法律专家提供。

通过以上途径仍不能查明的，适用中华人民共和国法律。

(三)涉外票据法律适用的具体规定

(1)适用出票地法律。如汇票、本票和支票出票时的记载事项，票据追索权的行使期限等。

(2)适用行为地法律。如票据债务人的民事行为能力一般适用其本国法，但如果依其本国法为无民事行为能力或限制民事行为能力，而依行为地法律为完全民事行为能力的，适用行为地法律，另外票据的背书、承兑、付款和保证行为也适用行为地法。

(3)适用付款地法律。如票据的提示期限、有关拒绝证明的方式、出具拒绝证书的期限、票据丧失时失票人请求保全票据权利时的程序等。支票出票时的记载事项经当事人协议，也可适用付款地法律。

第二节　汇　　票

一、汇票的定义

《英国票据法》第三条关于汇票的定义是：A bill of exchange is an unconditional order in writing，addressed by one person to another，signed by the person giving it，requiring the person to whom it is addressed to pay on demand or at a fixed or determinable future time a sum certain in money to or to the order of a specified person，or to bearer. 即，汇票是由一人向另一人签发的，要求他在即期或定期或可以确定的将来时间，向某人或某指定人或执票来人，无条件支付一定金额货币的书面命令。

我国《票据法》第十九条关于汇票的定义是：汇票是出票人签发的，委托付款人在见票时或者在指定日期无条件支付确定的金额给收款人或者持票人的票据。

二、汇票的必要项目

汇票要式中所包含的必要项目是指汇票的形式要项，亦即从形式上应具备的必要项目。只要这些项目齐全，符合票据法规定，汇票就成立有效。汇票必要项目包括：①写明“汇票”字样。②无条件的支付命令。③一定金额的货币。④受票人名称(Drawee)和付款地点。⑤出票人名称和签字。⑥出票地点和日期。⑦付款时间(Time of payment 或 Tenor)。⑧收款人名称(Payee)。

兹将上列项目标明在下面汇票附式 2-1 中。

附示 2-1　汇票的式样及要项

Accepted 12 April，2020 Payable at Midland Bank Ltd. London For Bank of Europe， London signed	Due 11 July，2020 ①　　　　　　③　　　　　　　　　　⑥ Exchange for GBP100 000.00　　　　Shanghai，5 April，2020 ⑦　　　　　　　　②　　　　　　　⑧ At 90 days after sight pay to the order of C Co. the sum of one hundred thousand pounds ④ To Bank of Europe， London. ⑤ For A Co. Shanghai Signature

现就必要项目分别说明如下。

(一)“汇票”字样

我国《票据法》和《日内瓦统一票据法》均明确规定，汇票上必须写明“汇票”字样(Bill of exchange、Exchange for 或 Draft)，否则汇票无效。这是为了便于将汇票和本票、支票区别开来。但是《英国票据法》却无此项要求，在实务中，其确定一张票据的本质主要看其具体内容。

(二)无条件支付命令

1. 命令

汇票是一种支付命令，而不是付款请求，因此，必须用祈使句，不能用表示请求的虚拟语句。

Pay to A Co. or order the sum of four thousand US dollars only. ——有效汇票

Please pay to A Co. or order the sum of four thousand US dollars only. ——无效汇票

I will be very pleased if you pay to A Co. or order the sum of four thousand US dollars only. ——无效汇票

2. 无条件

汇票的支付命令是无条件的，即出票人要求受票人的付款必须是无条件的，付款人的支付不能以收款人履行某项行为或事件为前提条件，否则，导致汇票无效。

有效汇票情况：

(1)注明汇票起源交易，即出票条款，不构成支付命令的条件，汇票有效，并且在托收和信用证业务中大多数的汇票都要求有出票条款。

Drawn under L/C No. 123 issued by ×× Bank, New York, dated 12, November, 2020. pay to A Co. or order the sum of four thousand US dollars only. ——有效汇票

(2)注明汇票付款后如何取得偿付的，不构成支付命令的条件，汇票有效。

Pay to A Co. the sum of four thousand US dollars and debit our a/c with you. ——有效汇票

(3)注明“对价收讫”或“对价已收”的汇票不构成支付命令，汇票有效。

Pay to A Co. the sum of four thousand US dollars only for value received. ——有效汇票

无效汇票情况：

(1)注明满足某条件后才付款的命令为有条件命令，汇票无效。

Pay to A Co. the sum of four thousand US dollars only if the goods they supplied are complied with contract No. 123. ——无效汇票

(2)注明从某账户进行付款的汇票为有条件，汇票无效。

Pay to A Co. the sum of four thousand US dollars only from our No. 1 a/c with you. ——无效汇票

(三)确定的金额

1. 以金钱表示

票据上的权利必须以金钱表示，除了金钱以外的任何其他标的，都不能成为票据支付标的。

2. 大、小写

在实际中，为防止涂改，汇票金额必须同时用文字大写(Amount in Words)和数字小写(Amount in Figures)分别记载。一般在“Exchange for”后面填小写金额，在“the sum of”后面填大写金额。我国《票据法》规定，票据金额大小写必须同时体现，并且大小写必须一致，大小写金额不符，票据无效。而《日内瓦统一法》和《英国票据法》都规定票据大小写不一致时，以大写金额为准。

3. 确定的金额

金额必须确定，所谓确定是指无论是出票人、付款人还是持票人，任何人根据票据文义计算出票据的金额必须相等。

(1)选择或浮动的记载导致汇票无效。

USD 1 000 or USD 2 000;

between USD 1 000 and USD 2 000;

about USD 1 000。

(2)利息条款。

《日内瓦统一票据法》第 5 条规定：即期付款汇票或见票后若干天/月付款汇票，可由出票人加列利息记载；如是其他付款期限的汇票，不能带有利息，如果加列利息条款视为无记载，即利息条款无效，汇票本身有效。如票据带有利息记载的，对不注明利率的汇票，利息条款无效，该汇票仍是有效汇票。如果只注明利率，未注明起算日和止算日，从出票日起算，商业习惯以付款日作为止算日，可以接受这样的汇票。

《英国票据法》第 9 条规定凡带有利息记载的，不注明利率的汇票视为无效汇票。

Pay to A Co. the sum of four thousand US dollars plus interest.

按照《日内瓦统一票据法》规定“加上利息”视为无记载，而汇票本身有效；按照《英国票据法》规定该汇票无效。

Pay to A Co. the sum of four thousand US dollars plus interest calculated at the rate of 6% per Annum from the date hereof to the date of payment. ——有效汇票

Pay to the order of A Co. the sum of one thousand US dollars plus interest calculated at the rate of 6% p. a..

按照《日内瓦统一票据法》规定如果只注明利率，未注明起算日和止算日，从出票日起算，商业习惯以付款日作为止算日，可以接受这样的汇票。

(3)分期付款。《日内瓦统一票据法》规定不允许汇票分期付款，我国票据法无此规定，就意味着不允许汇票分期付款。《英国票据法》第 9 条承认汇票分期付款，但是记载必须明确、具体，否则，汇票无效；如果汇票加注违约规定，如任何一期付款违约时，其余未付各期则到期，可以接受。

Pay to A Co. the sum of four thousand US dollars by instalments. ——无效汇票

《日内瓦统一票据法》规定不允许汇票分期付款，《英国票据法》第 9 条承认汇票分期付款，但是此分期记载笼统含蓄，付款人不易履行，故汇票无效。

Pay to A Co. the sum of four thousand US dollars by 4 equal consecutive monthly instalments.

按照《日内瓦统一票据法》规定该汇票无效，《英国票据法》规定该汇票有效。

Pay to the order of A Co. the sum of US dollars four thousand by 10 equal consecutive monthly instalments within two years after the date hereof provided that upon default in payment of any installment the unpaid balance becomes due.

按照《日内瓦统一票据法》规定该汇票无效，《英国票据法》规定该汇票有效。

(4)支付等值的其他货币。该项记载应明确货币的种类和具体汇率或凭以折算的汇率。

Pay to A Co. the sum of four thousand US dollars converted into sterling equivalent. ——无效汇票

Pay to A Co. the sum of four thousand US dollars converted into sterling equivalent at current rate of exchange. ——有效汇票

(四)出票地点和日期

1. 出票地点

汇票的出票地点即汇票签发地点。由于汇票是否成立是以出票地法律来衡量的，因此出票地点对汇票具有重要意义。《英国票据法》认为，出票人未标明出票地点的汇票仍然有效，此时，可以出票人的地址作为出票地。或者将汇票交付给收款人由收款人加列出票地点。

我国票据法第23条规定：汇票上未记载出票地的，以出票人的营业场所、住所或者经常居住地为出票地。

2. 出票日期

汇票的出票日期即汇票签发日期。出票日期有以下重要作用：

(1)确定汇票提示期限。它是付款提示或承兑提示的依据。按照《日内瓦统一票据法》，见票后一固定时期付款汇票，或见票即期付款汇票必须在出票日以后一年内提示要求承兑或提示要求付款，否则，汇票失效，受票人可以拒付。

(2)确定汇票的到期日。对于出票后若干天(月)(At ×× days after date)付款的汇票，付款到期日的确定就取决于出票日。

(3)判定出票人的行为能力。如出票时法人已宣告破产或被清算，表明他丧失相应的行为能力，则票据不能成立。如出票人是出票在先、宣告破产在后，则持票人在受票人拒付后可以持汇票作为一般债权人进入出票人的破产清算。

英美票据法认为出票日期不是必要事项。

为避免混淆，出票日期建议使用月份的名称(如JAN.，FEB.，MAR.等或JANUARY，FEBRUARY，MARCH等)而不要使用数字。

(五)付款期限

付款期限(Tenor)又称付款时间(Time of Payment)，指付款到期日，是付款人履行义务的日期。

1. 即期付款汇票(Bills Payable at sight/on demand，Pay to…/on presentation，Pay to…)

它又称即期汇票(Sight/Demand Bill)，指见票即付，持票人提示汇票的当天即为付款到期日。即期汇票不必“承兑”，两大法系和我国票据法均规定，如果汇票上未注明付款日期的，一般作为即期汇票处理。

2. 定期付款汇票或在可以确定的将来时间付款汇票(Bills payable at a determinable future time)

它俗称远期汇票(Time/Usance/Term Bill)，简称期票。

(1)远期汇票的种类

①见票后若干天/月付款汇票[Bills payable at ×× days/(months)after sight]。此种汇票须由持票人向付款人提示要求承兑，以便从承兑日算确定付款到期日，并承担承兑人的付款责任。

Exchange for GBP5 000.00　　London 15 July 2020

At 30 days after sight pay to the order of ourselves the sum of five thousand pounds only

②出票后若干天/月付款汇票[Bills payable at ×× days/(months)after date]。此种汇票须由持票人向付款人提示要求承兑，以明确承兑人的付款责任。

Exchange for GBP5 000.00　　London 15 July 2020

At 30 days after date pay to the order of ourselves the sum of five thousand pounds only

③提单日期/装运日期后若干天/月付款的汇票[Bills payable at ×× days/(months) after B/L date/shipment date]。此种汇票也须由持票人向付款人提示要求承兑，以明确承兑人的付款责任。

Exchange for GBP5 000.00　　London 15 July 2020

At 30 days after B/L date 14/JUL/2020 pay to the order of ourselves the sum of five thousand pounds only

④说明日期后若干天/月付款的汇票[Bills payable at ×× days/(months)after stated date]。此种汇票也须由持票人向付款人提示要求承兑，以明确承兑人的付款责任。

Exchange for GBP5 000.00　　London 15 July 2020

At 30 days after 16 JUL.，2020 pay to the order of ourselves the sum of five thousand pounds only

⑤固定将来日期付款汇票(Bills payable on a fixed future date)。此种汇票也须由持票人向付款人提示要求承兑，以明确承兑人的付款责任。有时称为板期付款汇票。

Exchange for GBP5 000.00　　London 15 July 2020

on 30 JUL.，2020 fixed pay to the order of ourselves the sum of five thousand pounds only

(2)到期日的计算

①对于以 after 表述的见票后、出票后、说明日期后若干天付款的汇票采取“算尾不算头”的方法，即不包括所述当日，但到期日包括在内。

例： At 90 days after sight Pay to A Co. the sum of four thousand US dollars. 付款人承兑日为 5 月 10 日，则汇票的到期日的计算：

5 月 11 日——5 月 31 日	21 天	所述当日不计算在内
6 月 1 日——6 月 30 日	30 天	
7 月 1 日——7 月 31 日	31 天	到此为 82 天，还有 8 天
8 月 1 日——8 月 8 日	8 天	共 90 天，8 月 8 日为付款到期日

②遇假日顺延。如果到期日当天为法定节假日，则应顺延到下一个营业日。如上例中：如果 8 月 8 日为星期日，则 8 月 9 日为到期日；如果 8 月 8 日为星期六，则到期日为 8 月 10 日。

③月对月原则。汇票规定出票后、见票后、说明日期后若干月付款的汇票，采取月对月原则，其到期日是在应该付款的那个月的相应日期，若没有相应日期，则以该月的最后一天为到期日。

例： At 2 months after sight Pay to A Co. the sum of four thousand US dollars. 付款人承兑日为 12 月 31 日，则汇票的到期日的计算：到期日为 2 月 28 日。

④在实务操作中，《UCP600》没有对使用“从……起(from)”和“在……之后(after)”来确定汇票到期日的做法进行规定。《UCP600》提及的“从……起”和“在……之后”仅用于装运期限。当用“从……起”确定汇票到期时，国际标准银行实务做法是不包括提及的日期在内，除非信用证特别规定包括该日。因此，“从……起”和“在……之后”在用于确定远期汇票到期日时有相同的含义。到期日的计算从单据日期、装运日期或其他事件的次日起算，也就是说，如从 3 月 1 日起 10 天或 3 月 1 日后 10 天均为 3 月 11 日。

(六)收款人名称

汇票的收款人(Payee)是汇票上记名的债权人。汇票上记载的债权人通常称为抬头。汇票的抬头通常有三种表达方式，抬头的表达方式决定了汇票的流通性及流通方式。

(1)来人抬头。也称为空白抬头，这种汇票不记载收款人名称，而只写“付给持票人或来人”。这种汇票可以流通转让，而且是无须背书，仅凭交付就可转让。实务中来人抬头汇票表示方式有：

Pay to bearer;

Pay to A co. or bearer。

来人抬头汇票流通过程中认票不认人，风险相对比较大，《日内瓦统一法》不允许以来人作为收款人，英国则允许，但都不允许留空。我国《票据法》不允许做成“来人抬头”的汇票。

(2)指示性抬头。指可以由收款人或其委托人、指定人提示取款的汇票。这种汇票可以通过背书或交付的方式转让。在日常业务中所签发的汇票大多为指示性抬头的汇票。实务中指示性抬头汇票表示方式有：

Pay to the order of A co. ;

Pay to A co. or order;

Pay to A co. 。(按照《英国票据法》，此种写法可以当作"Pay to A co. or order"看待。)

(3)限制性抬头。此种抬头的汇票只限于付给指定的收款人。限制性抬头的汇票，作为汇票的收款人不能继续转让该汇票，只能由收款人向付款人提示要求付款。由于这种抬头的汇票失去了流通性特点，使用起来很不方便，因此在实务操作中很少使用。实务中限制性抬头汇票表示方式有：

Pay to A co. Only;

Pay to A co. not transferable;

Pay to A co. 在汇票任何一处写有"不可转让"(not transferable)字样。

(七)付款人名称

汇票的付款人(Drawee)也叫受票人，是接受命令的人，他可以拒付，也可以指定担当付款人付款，他不是确定付款之人，当其对汇票做出承兑后，才变成汇票的债务人，具有到期付款的责任。

《英国票据法》允许汇票开给两个付款人，但是不允许开给两个付款人任择其一，因为这样的付款人是不确定的。

(八)汇票的出票人及签名

汇票上要有出票人签名，以确定出票人对汇票的债务责任。我国《票据法》规定票据上的签字为签名或盖章或签名加盖章。《英国票据法》规定必须手签。目前在实务操作中，涉外票据应采用手签方式。

如果出票人是代理其委托人(公司、银行)签字，应在委托人名称前加注 for、on behalf of、for and on behalf of 等字样，并在个人签字后注明职务的名称，例如：

For A Co.

John smith

General Manager

这样，A 公司受个人 John Smith 签名的约束，而 John Smith 不是他个人开出汇票，而是代理公司开出汇票。

如果汇票上没有出票人的签字、伪造签字或代签名的人并未得到授权，则不能认为是出票人的签名，这样的汇票不具备法律上的效力。

三、汇票的其他记载项目

(一)成套汇票条款

商业汇票通常是一式两份的成套汇票(A Set of Bill)。两张汇票的内容完全相同，且具有同等的法律效力。但由于债务只有一笔，因此通常在第一张汇票上记载“Pay this first bill of exchange(second of the same tenor and dated being unpaid)”，在第二张上写明“Pay this second bill of exchange(first of the same tenor and dated being unpaid)”字样。俗称“付一不付二”“付二不付一”。两份中任何一份如果因付款人已履行职责，则另一份自动失效。如果汇票在背书转让或承兑时，背书人或承兑人误在同样两张汇票上签字，而这两张汇票分别被转让给不同的正当持票人，则背书人或承兑人应同时对两张汇票负责。

(二)预备付款人

预备付款人(Referee in Case of Need)相当于汇票的第二付款人。在付款人拒绝承兑或拒绝付款时，持票人就可向预备付款人请求承兑或付款。预备付款人在付款人拒绝承兑后成为票据债务人，到期要履行付款责任。预备付款人的表示方法是在汇票的付款人名称旁边记载其名称和详细地址，如：

To：A Co.，36 Threadneedle Street，London.

in case of need refer to

B Co. 139 Lambart Street，London.

(三)付款地点

持票人必须在付款地点提示票据。可以单独开辟记载付款详细地址的空格。如果没有单独载明付款地点，则以付款人名称旁边的地点为付款地点。

(四)担当付款行

担当付款行(A Banker Designated as Payer)指出票人根据与付款人的约定在出票时记载或者付款人在承兑时指定执行付款的银行，其目的是为了付款方便。担当付款行并不是票据的债务人，只是推定的受委托付款人。持票人应该先向付款人要求承兑，于到期日向担当付款行提示要求付款。

如果出票人根据与付款人的约定在出票时以付款人的开户行为担当付款行，如：

A bill drawn on A Co.，London.

Payable by Bank of Europe，London.

如果汇票出票人未记载担当付款行，付款人在承兑时可以加注担当付款行，如：

ACCEPTED

JUL. 21，2020

Payable at Bank of Europe

For A Co. , London

Signature

（五）利息与利率

汇票上可以记载利息与适用的利率（Interest and its Rate），以便计算。

（六）用其他货币付款

汇票可以记载使用其他货币付款（Payable in other currency），并注明汇率，但这种记载应不与付款地法律相抵触。

（七）提示期限

出票人可以在汇票上规定提示期限（Limit of time for presentment），也可以不规定提示期限，还可规定在指定的日期以前不得提示要求承兑。

（八）免做退票通知或者放弃拒绝证书

出票人或者背书人于出票时在其签名旁记载放弃对持票人的某种要求，如免做退票通知（Notice of Dishonor Excused）或放弃拒绝证书（Protest Waived），如B公司在出票时，可以加列：

Notice of dishonor excused

For B Co.

signature

这表示持票人未获得承兑或者未获得付款时，不必做成退票通知，可以直接向B公司追索。不做退票通知，不影响持票人对该票据的追索权。

（九）无追索权

《英国票据法》认为，出票人或者背书人可以通过免于追索的条款免除汇票被退票后受追索的责任，因此，出票人或者背书人可以在签章前加列无追索权（Without Recourse）条款，这实际上免除了出票人或者背书人对汇票应承担的责任，其一般表示如下：

Without recourse to us

For A Co. Ltd. London

signature

《日内瓦统一法》规定：出票人可以解除其保证承兑的责任，但是任何解除出票人的保证付款责任的规定，均视为无记载。

（十）出票条款(Draw clause)

汇票上的出票条款是表明起源交易的文句。通常行文是注明买卖双方的合约号或银行开出的信用证号。上文曾提到：汇票的性质是无条件的付款命令，汇票上是不允许附加任何先决条件的，而表明起源交易的出票条款应认定不属于附加条件之列。

四、汇票的当事人

汇票的当事人分为汇票进入流通领域前和汇票进入流通领域后。指示性抬头和来人抬头的汇票，可以进入流通领域；限制性抬头的汇票不能进入流通领域。汇票进入流通领域前，有出票人、付款人、收款人三个基本当事人；汇票进入流通领域后，出现背书人、被背书人、承兑人、保证人、参加承兑人或持票人等当事人汇票当事人，如图 2-1 所示。

- 汇票当事人
  - 汇票进入流通领域前（基本当事人）
    - 出票人
    - 付款人
    - 收款人
  - 汇票进入流通领域后（一般当事人）
    - 背书人
    - 被背书人
    - 承兑人
    - 保证人
    - 参加承兑人
    - 持票人

图 2-1　汇票的基本当事人与一般当事人

(一)汇票的基本当事人

1. 出票人(Drawer)

出票人(Drawer)是签发并交付汇票的当事人。出票人在汇票上签章，即负有担保付款人承兑和付款的责任，如果出票人因汇票遭拒付而被追索时，应对持票人承担偿还票款的责任。在即期汇票被付款前，或远期汇票被承兑之前，出票人是汇票的主债务人。

2. 付款人

付款人(Drawee)指接受汇票的人，又称为受票人，也是接受支付命令的人(addressee)。我们通常按其职能称其为付款人。但收款人或持票人不能强迫受票人付款或承担到期付款的责任，以防止出票人无故向他人滥发汇票。受票人未在汇票上签名之前，不是必然的汇票债务人，并不必然承担付款责任。

远期汇票的付款人一旦承兑汇票，就成为汇票的主债务人，即承兑人(Acceptor)。承兑人在汇票上签章，表示他接受出票人发出到期无条件支付一定款项的命令，应当保证按其所承兑的文义于到期日付款。

3. 收款人

收款人(Payee)指持票向付款人收取票款的当事人。他是汇票的主债权人，有权向付款人要求付款或承兑汇票。如遭拒付，有权向出票人追索票款。由于汇票是一项债权凭证，他可以将汇票背书转让他人而成为票据的第一背书人。

(二)其他当事人

1. 背书人

背书人(Endorser)是收款人或持票人通过背书，将汇票的权利转让给他人的人。一切合法持有汇票的人均可成为背书人。收款人背书后成为第一背书人，受让人可依次将汇票背书再转让，相应成为第二背书人、第三背书人等。

背书人必须承担相应的法律责任：

(1)承担票据付款人付款或承兑的保证责任。

(2)如果付款人或承兑人拒付，背书人应偿付票款，再行使追索权。

(3)担保其前手的全部背书都是真实的，票据是有效的。

2. 被背书人

被背书人(Endorsee)即接受背书转让的受让人。被背书人通过受让票据的权利成为汇票的债权人。当他再转让汇票时，就成为另一背书人；若不转让，则将持有汇票，成为第二持票人。最后被背书人必将是持票人(holder)。

3. 承兑人

承兑人(Acceptor)。付款人同意接受出票人的命令并在汇票正面签字，就成为承兑人，承兑人只存在于远期汇票关系中，本票和支票由于没有承兑行为，也就没有承兑人。

承兑人必须保证到期按其所承兑的文义付款。不得以出票人不存在或出票人的签字是伪造的，或出票人没有签发汇票的能力，或未经授权签发汇票为借口拒绝向正式持票人付款。如果承兑人到期拒绝付款，持票人可直接向法院起诉，当然，也可向其前手追索。

付款人承兑汇票而成为承兑人，也就成为票据的主债务人，出票人成为从债务人。

4. 保证人

保证人(Guarantor)是由一个第三者对于出票人、背书人、承兑人或参加承兑人的票据行为做保证的人。保证人必须在汇票上或汇票的粘贴单上记载相应保证事项。保证人的责任与被保证人相同。

5. 参加承兑人

当票据提示被拒绝承兑或无法获得承兑时，由一个第三者参加承兑汇票，并签名于汇票上，其便成为参加承兑人(Acceptor for Honour)，也是汇票债务人。当汇票到期而付款人拒不付款时，参加承兑人负责支付票款。

6. 持票人

持票人(Holder)指现在正在持有汇票的人。持票人可以是汇票的收款人，也可能是汇票流通过程中的被背书人或来人。汇票持票人享有的权利有：

(1)提示要求承兑或付款；

(2)汇票转让权；

(3)向前手当事人行使追索权；

(4)发出退票通知前手当事人；

(5)背书；

(6)用自己名字起诉；

(7)丢失汇票后获得副本。

《英国票据法》对持票人分为对价持票人(Holder for Value)和正当持票人(Holder in Due Course)。对价持票人指不论持票人自己是否付了对价，只要前手付过对价转让到现在持有汇票的人，他就是付过对价持票人。正当持票人是指经过转让而持有汇票的人。不同持票人享有票据的权利不同。对价持票人所获得的票据权利与前手相同，不能超越其前手权利缺陷的限制。而正当持票人取得的票据权利优于前手，不受前手权利缺陷的影响。但是正当持票人必须保证持有的汇票票面完整正常，前手背书真实，且未过期；持票人对于所持有的汇票是否曾被退票而不知情；持票人善意地付过对价而取得的汇票；接受转让时，未发现前手对汇票的权利有任何的缺陷。

请注意，汇票的收款人不能成为正当持票人，因为汇票是被流通转让给正当持票人的，而汇票则总是签发交付给收款人的。

五、汇票的票据行为

所谓票据行为是指一张票据从开立到正当付款而注销，需要经历一定的环节和步骤。票据行为有狭义和广义之分。狭义的票据行为是以负担票据上的债务为目的所做的必要形式的法律行为，包括出票、背书、承兑、保证。其中出票是主票据行为，其他行为都是以出票为基础而衍生的附属票据行为。广义的票据行为除上述行为外，还包括票据处理中有专门规定的行为，如提示、付款、退票、行使追索权等行为。票据行为与票据形式和内容一样具有要式性，必须符合票据法的规定。

(一)出票

出票(Issue)即签发汇票，包括填写汇票并签字和交付收款人两个动作，这样就创设了汇票权利，使收款人持有汇票、拥有债权，即付款请求权和追索权。交付(Delivery)是指实际的或推定的所有权从一个人转移至另一个人的行为。汇票的出票、背书、承兑等票据行为在交付前都是不生效的和可以撤销的。只有将汇票交付给他人后，票据行为才开始生效，并且是不可撤销的。

开立汇票时，出票人签名于上，并对汇票付款承担责任，在汇票被付款或承兑前是汇票的主债务人，而付款人对于汇票付款并不承担必然责任，他可以根据提示判断与出票人的资金关系来决定是否付款或承兑。因为汇票不是领款单，而是出票人担保的信用货币，收款人的债权完全依赖于出票人的信用。

(二)背书

背书(Endorsement)指在汇票背面的签字，以此实现汇票转让的行为。背书作为票据行为包括两个动作：在汇票背面签名和交付给受让人。持票人是收款人或背书人要把票据权利转让给别人时，必须在票据背面签字并经交付，则汇票权利即由背书人转移至被背书人。由于汇票的收款人即抬头的方式不同，决定了汇票的流通性不同：对于限制性抬头的汇票不能流通转让；对于来人抬头的汇票只要交付就实现了转让，只有指示性抬头的汇票，在流通过程中才需要背书。因此，背书行为实际上是针对指示性抬头的汇票而言的。

背书有五种：

(1)特别背书(Special Endorsement)。又称记名背书，需要记载“支付给被背书人的指定人”，并经背书人签字。背书内容必须完整、全面，例如：

Pay to the order of B Co. , London

For A Co. London

(signature)

被背书人可用背书和交付方法继续转让汇票。从一系列的特别背书中可以看出背书的连续性，如图 2-2 所示。一般转让背书都是特别背书。经过特别背书的票据，被背书人可以再作背书转让给他人，这种背书可以是特别背书，也可以是空白背书。

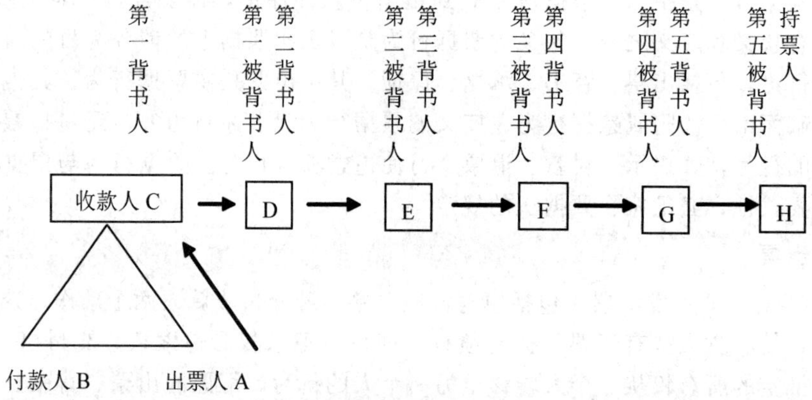

图 2-2 特别背书的连续性

(2)空白背书(Blank Endorsement)。又称为不记名背书，即不记载被背书人名称，仅有背书人的签名，例如：

For A Co.，London

(signature)

经过空白背书的汇票，与来人抬头汇票相同，两者都是仅凭交付就可转让，而且受让人还可以继续转让。转让的方式有：

①继续作空白背书转让。又可分为两种情况：A、不作背书，将受让汇票直接交付他人。B、在空白背书汇票的背面签上自己名字即继续作空白背书转让。

②转作特别背书。也可分为两种情况：A、在空白背书汇票的背面加上被背书人及自己名字即转作特别背书。B、只要在空白背书汇票的背面写明"支付给×××或指定人"实现转让。此后被背书人还可做成空白背书，将其恢复为空白背书的汇票。

请注意：指示性抬头的汇票经空白背书转变成的来人抬头汇票与原来是来人抬头的汇票是有区别的，前者可以继续恢复成特别背书，又将其转变为指示性抬头。而后者即使再做成特别背书也始终是付给来人的，不能转变仅凭交付转让汇票的性质。

(3)限制性背书(Restrictive Endorsement)。指支付给被背书人的指示中带有限制性词语，例如：

Pay to B Co. only(not transferable/not negotiable)

For A Co.，London

(signature)

对于限制背书的受让人能否将票据再转让，各国票据法有不同的规定。根据《英国票据法》，限制背书的被背书人无权再转让票据权利；《日内瓦统一票据法》和我国《票据法》承认不得转让的背书，规定限制背书的汇票仍可由被背书人进一步转让，但原背书人即作限制背书的背书人只对直接后手负责，对其他后手不承担保证责任。

(4)有条件背书(Conditional Endorsement)。指背书的指示是有条件的，例如：

Pay to the order of B Co.

On delivery of B/L No. 022311

For A Co.，London

(signature)

根据汇票背书的无条件性，汇票背书所附的条件不发生汇票上的效力，而只对该次背书的背书人和被背书人有约束力。实际上，也只有条件完成后，背书人才将汇票交付给被背书人。

(5)托收背书(Endorsement for Collection)。是背书人为了委托被背书人代收票款而进行的背书。被背书人虽然持有汇票，但没有获得汇票的所有权，例如：

pay to the order of B bank For collection

For A Co.，shanghai

(signature)

托收背书的特点是：

①仅是接受委托，为了代收票款的目的而在票据上背书并进行转让，不是票据所有权的转让。

②行使由票据产生的一切权利，如提示要求付款权。

③托收的背书人对于票据的任何后手持票人不承担责任。

(三)提示

1. 提示的含义

提示(Presentation)指持票人将汇票提交付款人要求承兑或付款的行为。票据具有提示性特点，作为持票人要实现权利，必须向付款人提示票据，以便要求实现票据权利。

提示的目的有两种，一是提示承兑；二是提示付款。提示承兑是持票人在票据到期前向付款人出示票据，要求其承兑或承诺到期付款的行为。提示承兑只是针对远期汇票而言，即期汇票、本票和支票则没有提示承兑行为。提示付款是指持票人在即期或远期汇票到期日向付款人出示票据要求其付款的行为。汇票、本票和支票都需要有提示付款行为。

2. 提示的法律要求

根据票据法规定，提示必须在规定的时间及地点作出才有效。

(1)在规定的时间内提示。

①《日内瓦统一票据法》规定：即期票据必须在出票日后一年内作付款提示，见票后定期汇票在出票日后一年内作承兑提示，远期票据在到期日及以后的两个营业日内作出付款提示。

②《英国票据法》规定，即期票据必须自出票日起 1 个月、本地支票 10 日内作付款提示，见票后定期付款汇票自出票日起 1 个月作承兑提示，远期汇票、本票自到期日起 10 日内作付款提示。

③我国《票据法》规定：定日或出票日后定期的汇票应在汇票到期日前提示承兑，见票后定期汇票自出票起 1 个月内做出提示承兑，即期汇票自出票日起一个月内做提示付款，远期汇票自到期日起 10 天内提示付款。

(2)提示地点。持票人应在票据指定的付款地点提示票据，如果未规定地点，则将付款人或承兑人的营业地址或居住地视为提示地点。由于目前使用的大部分是以银行为付款人的汇票，因此，持票人可以通过银行票据交换场所向付款人提示汇票，也可以委托自己的往来银行向付款人提示。

提示必须在汇票规定的时限内和规定的付款地点做出才有效，否则持票人将丧失对前手的追索权或丧失票据的权利。

(四)承兑

1. 承兑的含义

承兑(Acceptance)指远期汇票付款人在汇票上签名，同意按出票人指示到期支付款项的行为。付款人承兑后成为承兑人，是汇票的主债务人，出票人则退居为从债务人。假如到期承兑人拒付，持票人可以直接对承兑人起诉。承兑人不得以出票人的签字是伪造的或背书人无行为能力为由来否认票据的效力，即承兑人对签字的真实性起保证作用。

付款人有权决定是否予以承兑，但应尽快决定同意承兑或拒绝。付款人考虑的时间，即承兑时间。《英国票据法》规定考虑时间在提示的次一个营业日营业时间终了之前。《日内瓦统一票据法》规定为第一次提示后的次日到第二次提示的时间，而我国票据法则是收到提示承兑的汇票之日起 3 日内承兑或拒绝。

2. 承兑行为构成

承兑也包含两个动作：写明“已承兑”字样并签字和交付。承兑后的交付有两种情况：一是实际交付，即付款人在承兑后将汇票退还给持票人；二是推定交付，付款人在承兑后将承兑的汇票留下，而以其他方式通知持票人汇票已承兑并告知承兑日期，就算完成“交付”。国际银行业的习惯，180 天以内的远期汇票承兑后，一般不退还持票人，而只是书面通知(发一个“承兑通知”)。

3. 承兑的种类

承兑的种类可分为两种：普通承兑和限制承兑。普通承兑又分为简式承兑和正式承兑。所谓简式承兑指仅有付款人的签字；而正式承兑指除签字外，还注明“承兑”字样。承兑日期填写可视情况而定。见票后远期付款的，必须注明承兑日期。

(1)普通承兑(General Acceptance)。指付款人对出票人的指示毫无保留地予以确认的承兑。在正常情况下的承兑都是普通承兑。

Accepted
10 July，2020
For C Bank，London
(signature)

(2)保留承兑(Qualified Acceptance)。又称限制承兑，指付款人在承兑时对汇票的到期付款加上某些保留条件或对票据文义加以修改的承兑。常见类型有：

①带有条件的承兑(Conditional Acceptance)。即承兑人的付款依赖于承兑时所提条件的完成，例如：

Accepted
10 July，2020
Payable on delivery of B/L

For C Bank，London

(signature)

②部分承兑(Partial Acceptance)。即承兑人仅承诺支付票面金额的一部分，例如，汇票的票面金额为USD10 000.00，而做如下承兑：

Accepted

10 July，2020

Payable for amount of

USD 9 000.00 only

For C Bank，London

(signature)

③限定地点承兑(Local Acceptance)。指加上只能在某一特定地点付款的承兑，例如：

Accepted

10 July，2020

Payable at the B Bank and there only

For C Trading Co.，New York

(signature)

应注意：加注付款的地点承兑仍然是普通承兑，除非它表明仅在某地付款而不是在别处，如上例若没有“and there only”字样的限制，则为普通承兑。

④修改付款期限的承兑(Qualified Acceptance as to time)。即修改了票面上的付款期限的承兑，例如，汇票上记载的付款时间是出票后30天(payable at 30 days after date)，而做如下承兑：

Accepted

10 July，2020

Payable at 60 days after date

For Bank of China，London

(signature)

根据我国《票据法》的规定：“付款人承兑汇票，不得附有条件。承兑附有条件的，视为拒绝承兑。”但国外一些票据法规定，对于保留承兑，持票人有权拒绝，也可以接受。若持票人接受了保留承兑，而出票人或者其前后背书人并未授权，事后也不同意，则持票人以后不能向他们行使追索权。

(五)付款

付款(Payment)指持票人在规定的时间和地点向付款人做付款提示，付款人按票据的命令支付票款的行为。付款是票据流通的最终目的和流通过程的终点。这里的付款指正当付款，即：①在到期日或以后付款；②由付款人或承兑人支付；③票据如果被转让，其背书应连续且真实；④付款人是善意付款，即其已按专业惯例尽了专业职责，利用专业信息均不知道持票人权利有何缺陷而付款。付款人向持票人正当付款后，汇票就被解除责任，不仅解除了付款人的付款义务，而且解除了所有的票据债务人的债务。

付款人应以票据载明的货币支付。如果汇票规定支付等值其他货币，应按规定的汇率折成其他货币支付。如果汇票以外国货币表示，付款人按照当地金融管制法令，可以折成本国货币支付。

(六)退票

退票(Dishonour)也称拒付，指持票人提示汇票要求承兑或要求付款时，遭到拒绝的行为。除了拒绝承兑和拒绝付款外，付款人逃避不见、死亡或宣告破产，使付款事实上已不可能执行时，也称为退票。一旦发生退票，持票人有权行使追索权，向背书人和出票人追索票款。

为了使票据债务人及早知道拒付之事，以便做好准备。持票人将拒付事实以书面形式告知被追索人，即退票通知(Notice Dishonour)。一般情况下，持票人应在退票后一个营业日之内将退票事实通知给前手背书人，前手背书人接到通知后一个营业日之内再通知其前手背书人，一直通知到出票人。接到通知的每个背书人都有向前手行使追索的权利。如果持票人或接到通知的背书人未在规定的时间内将退票通知送达前手背书人或出票人，则该持票人或背书人即对应接受通知的前手丧失追索权，但正当持票人的追索权不因遗漏通知而受到损害。此外，持票人也可将拒付事实通知全体前手，这样每个前手就无须继续向其前手通知了。《英国票据法》规定，持票人若不做成拒付通知并及时发出，就丧失其追索权；而《日内瓦统一票据法》则认为不及时通知拒付并不丧失追索权，因为拒付通知仅是后手对于前手的义务，但如因未及时通知，使前手遭受损失的，应负赔偿责任，其赔偿金额不得超过票据金额。

拒付证书(Protest)是持票人为保全票据权利和行使追索权而委托拒付地点的法定公证人做出证明拒付事实的文件。如拒付地没有法定公证人，拒付证书可由当地知名人士在两个见证人面前做成，我国可请公证处做成拒付证书。

(七)追索

追索(Recourse)是指汇票遭拒付时，持票人要求其前手背书人或出票人请求偿还汇票金额及费用的行为。持票人或背书人必须在法定期限内行使其追索权，否则即行丧失。《英国票据法》规定保留追索权的期限为 6 年；《日内瓦统一票据法》规定持票人对前一背书人行使追索权期限为 1 年，背书人对其前手背书人为半年。

持票人行使追索权必须具备三个条件：①持有合格票据。即票据的记载和背书的连续两方面合格。②持票人尽责。即持票人已在规定的时间和地点内作了提示而遭拒付，并在规定时限内做成退票通知和拒绝证书并通知前手。③发生拒付。

行使追索权时，追索的金额包括汇票金额、利息、做成退票通知和拒绝证书的费用及其他必要的费用。

（八）保证

保证(Guarantee/Aval)是非票据的债务人为票据债务人承担保证的行为。其目的是为了增强票据的可接受性，便于流通与融资。保证人一般是第三者，被保证人可以是汇票的出票人、背书人、承兑人、参加承兑人等。保证人与被保证人负相同责任，例如：

Guarantee

For ________(被保证人名称)

Signed by ________(保证人名称)

Date on ________(日期)

六、汇票的贴现

（一）贴现及贴现息的计算

贴现(Discount)是指银行或贴现公司从持票人那里有追索权地买进已经承兑的但尚未到期的远期汇票的融资行为。具体地，银行或贴现公司从票面金额中扣减按照一定贴现率计算贴现息和手续费用，将余款付给持票人。贴现银行于到期日提示要求承兑人付款，承兑人一旦付款，贴现银行就收回了其贴现垫款，同时赚取了贴现息，因此贴现既是票据买卖业务，也是资金融通业务。贴现对于持票人来说，交出承兑汇票办理贴现，就可以及时收回资金，保证了企业经济活动的正常进行，而且贴现业务手续简单，一般不需抵押。对于办理贴现业务的银行来说，相当于对持票人提供了一笔票面金额的贷款，且预先扣除利息。贴现高于银行同业短期拆借利率，银行可以有较大的收益。为了保障资金的安全，银行一般只贴现经其他银行承兑的汇票或资信较高的大企业的汇票。另外，贴进的汇票，在资金较紧张时可以向中央银行申请再贴现或通过贴现市场予以转让，在资金的运用上有较大的灵活性。

被扣减的贴现息按照下面的公式来计算：

贴现息＝票面金额×[贴现天数/360(365)]×贴现率

其中，贴现天数是指距到期日提早要求付款的天数，贴现率是用年率来表示，英镑按一年 365 天计算，而美元等货币是按一年 360 天计算的。

净款(Net proceeds)又称现值，即持票人所获得的现金数，按以下公式计算：

净款＝票面金额－贴现息

或者

净款＝票面金额×[1－贴现天数/360(365)×贴现率]

例：一张票面为USD10 000的汇票，注明期限是payable at 60 days after sight，于5月10日承兑，持票人于5月15日要求贴现，当时的贴现率为10％，请问持票人应得多少净款？

贴现利息＝10 000×(60－5)/360×10％＝152.78(美元)

净款＝10 000－152.78＝9 847.22(美元)

(二)汇票的再贴现

再贴现(Rediscount)指汇票的贴现人向中央银行售出其所贴进的汇票。贴现人贴进汇票后，占压了资金，如果在汇票到期前需要资金可以提前售出汇票，即向本国中央银行要求再贴现。再贴现率是衡量一国利率水平的主要标志。

汇票贴现时所发生的费用有承兑费、印花税和贴现息三种。

七、汇票的种类

(1)按照流通领域的不同，汇票可分为国内汇票和国际汇票。国内汇票(Domestic Bill of Exchange)指汇票出票人、付款人和收款人的居住地同在一个国家或地区，汇票流通局限在同一国家境内；国际汇票(International Bill of Exchange)指汇票出票人、付款人和收款人的居住地至少涉及两个不同的国家或地区，尤其是前两者不在同一国或地区，汇票流通涉及两个国家或地区。国际结算使用的汇票多为国际汇票。

(2)按照付款时间的不同，汇票可分为即期汇票和远期汇票。即期汇票(Sight Bill)即出票人要求付款人在持票人向其提示汇票时见票即付的汇票，远期汇票(Time Bill)即出票人要求付款人经过一段时间后再向持票人付款的汇票。

远期汇票在付款前需要提示承兑。根据承兑人身份的不同，汇票可分为商业承兑汇票和银行承兑汇票。商业承兑汇票(Commercial Acceptance Bill)指由进口商或其指定的个人承兑的远期汇票，银行承兑汇票(Banker's Acceptance Bill)指由银行承兑的远期汇票。

(3)按照是否附有货运单据，汇票可分为光票和跟单汇票。光票(Clean Bill)即不附带货运单据的汇票，跟单汇票(Documentary Bill)即附带货运单据的汇票。

(4)按照出票人的不同，汇票可分为银行汇票和商业汇票。银行汇票(Banker's Bill)指以银行为出票人委托国外分行或联行付款，出票人和付款人都是银行的汇票，一般为光票；商业汇票(Commercial Bill)指出票人是公司或个人的汇票，可能是光票，也可能是跟单汇票。

(5)按照使用货币的不同，汇票可分为本币汇票和外币汇票。本币汇票(Home Money Bill)指汇票金额为本国货币的汇票，外币汇票(Foreign Money Bill)指汇票金额为外国货币的汇票。外币汇票一般使用于国际结算。

(6)按照收款人的不同，汇票可分为来人汇票和记名汇票。来人汇票(Bearer Bill)指收款人是来人抬头的汇票，记名汇票(Order Bill)指收款人是指示性抬头或限制性抬头的汇票。

第三节 本　票

一、本票的法律定义

《英国票据法》对本票的定义是：A promissory note is an unconditional promise in writing made by one person to another signed by the maker，engaging to pay，on demand or at a fixed or determinable future time，a sum certain in money，to，or to the order，of a specified person or to bearer.

本票是一人(债务人)向另一人(债权人)签发的，保证即期或定期或在可以确定的将来时间向某人或其指示人或执票人无条件支付一定金额的书面承诺。

二、本票的必要项目

根据《日内瓦统一票据法》的规定，本票必须具备以下八项内容，兹将下列项目标明在下面本票附式 2-2 中。

(1)写明“本票(promissory note)”字样；

(2)无条件的付款承诺；

(3)收款人或其指定人；

(4)确定的货币与金额；

(5)出票日期和地点(未载明出票地点者，以出票人名称旁的地点为出票地点)；

(6)付款期限(未载明期限者为见票即付的即期本票。我国的《票据法》只承认即期本票)；

(7)付款地点(未载明地点者，出票地视为付款地)；

(8)制票人签字。

附式 2-2　本票式样及要项

Promissory Note for USD1 000 000.00　　　　New York, 6 Jun., 2008
(1)　　　(4)　　　　　　　　　　　　　(7)　(5)

On the 6th September 2008 we promise to pay A CO. or order the sum of one
(6)　　　　　　(2)　　　　　　(3)

million US dollars only

For Bank of America, New York
Signature　(8)

三、本票的种类

(1)根据出票人的不同，本票可分为商业本票(Trader's Notes)和银行本票(Banker's Notes)。

商业本票是指公司、企业或者个人签发的本票，分交易性的商业本票和融资性的商业本票。商业本票是商业信用。国际结算中使用的本票一般属于交易性的商业本票，目的是为了清偿债权债务。在出口贸易中，只有在出口方提供出口信贷的情况下，才接受进口商签发的分期付款的本票，并必须由进口国银行的背书保证。融资性的商业本票目的在于短期的资金融通，类似公司债券。商业本票与商业信用密切相关，企业信用等级状况良好及资本运作管理制度完善是一国发展商业本票的基础。

银行本票是由银行签发的本票，通常被用于代替现金支付。即期银行本票是支付凭证，而不是信用工具。银行本票多为即期的，而各国为了加强对现金和货币市场的管理，一般对银行发行本票加以限制。

我国《票据法》所称"本票"仅限于银行本票，且为了正常的经济秩序，有利于国家实行有效的金融管理和宏观调控，还特别规定，银行本票的"出票人资格必须由中国人民银行审定"。

(2)根据付款期限的不同，可分为即期本票和远期本票。

(3)根据抬头的不同，可分为记名式本票、指示性本票和无记名式本票。

此外，公债、国库券、信用卡、旅行支票、银行券等也都属于本票。

四、本票与汇票的异同

本票与汇票的异同如表 2-1 所示。

表 2-1　本票与汇票的比较

关系	本票		汇票
相同点	(1)二者都是票据的主要形式，都是必须以货币表示的、金额一定的、以无条件的书面形式做成的； (2)二者付款期限都可采用即期或远期方式； (3)二者收款人都可采用记名或不记名形式； (4)本票的收款人与汇票的收款人相同； (5)本票的出票人类似于汇票的承兑人； (6)本票的第一背书人类似于已承兑汇票的收款人		
不同点	性质上不同	无条件支付承诺	无条件支付命令
	基本当事人不同	制票人、受票人、付款人与收款人	出票人、收款人、受票人
	有无承兑行为	无	有
	提示的形式不同	只有提示付款	提示承兑和提示付款
	主债务人不同	出票人	出票人在承兑前是主债务人，承兑后成为从债务人
	退票时是否做拒绝背书	不需要	需要
	出票人、制票人与收款人能否为同一个人	不允许	允许

第四节　支　　票

一、支票的法律定义

《英国票据法》对支票的定义是：Briefly speaking，a cheque is a bill of exchange drawn on a bank payable on demand. Detailedly speaking，a cheque is an unconditional order in writing addressed by customer to a bank signed by that customer authorizing the bank to pay on demand a sum certain in money to，or to the order of，a specified person or to bearer.

支票是银行存款户对银行签发的授权银行对某人或其指示人或执票来人即期无条件支付一定金额的书面命令。简单地说，支票是以银行为付款人的即期汇票。

二、支票的必要项目

根据《日内瓦统一票据法》的规定，支票必须具备以下几项内容：①写明“支票”字样；②无条件支付命令；③确定的货币与金额；④付款银行的名称和地址；⑤出票人的名称和签字；⑥出票日期和地点(未载明出票地点者，出票人名称旁的地点视为出票地)；⑦写明“即期”字样，未写明即期，仍视为见票即付；⑧收款人或其指定人。

兹将上列项目标明在下面支票附式 2-3 中。

附式 2-3　支票式样及要项

Cheque　　London，31th Jan.，2007 NO. 526845
①　　　　　　⑥
BANK OF EUROPE
LONDON　④
Pay to Tianjin Economic & Development Corp. or order the sum of five thousand pounds
②　⑦　　　　　　⑧

GBP5 000 ③

For Sinn—British Trading Co. London
Signature ⑤

三、支票与汇票的不同

支票是汇票的一种，它与汇票有许多共性，但支票作为现代经济活动中一种重要的支付工具，又具有许多不同于汇票的特殊性，如表 2-2 所示。

表 2-2　支票与汇票的比较

<table>
<tr><th>关系</th><th colspan="2">支票</th><th>汇票</th></tr>
<tr><td>相同点</td><td colspan="3">(1)二者都是无条件的支付命令，是出票人命令他人付款；
(2)二者都各有三个基本当事人：出票人、收款人、受票人；
(3)二者都是支付手段、流通手段和融资手段</td></tr>
<tr><td rowspan="2">不同点</td><td>当事人关系</td><td>在签发时，出票人与付款人之间必须先有资金关系</td><td>出票人与付款人之间没有这方面要求</td></tr>
<tr><td>主债务人</td><td>出票人</td><td>出票人在即期汇票和远期汇票承兑前是主债务人，远期汇票承兑后的主债务人是承兑人</td></tr>
</table>

续表

关系	支票		汇票
不同点	出票人责任	担保付款人一定付款	担保付款人承兑和付款
	期限	见票即付，无到期日的记载	有远期和即期之分，一般应记载到期日
	出票的份数	只开单张	可开成一式多份
	付款人性质	银行	银行或企业或个人
	票据行为	无承兑、参加承兑和参加付款行为	有承兑、参加承兑和参加付款行为

支票和汇票除了有以上性质和内容方面的区别之外，在具体使用方面也有不同。如在作用方面：支票基本上是结算工具，对资金的收付很是方便；汇票则既是国际结算工具，又是可用于进出口企业融资的信贷工具。在使用范围方面：支票主要用于国内结算；而汇票则由于使用安全，便于融资，在国际范围内使用广泛。

四、支票的种类

(1)按照收款人的不同，支票可分为来人支票和记名支票。来人支票(Cheque Payable to Bearer)又称不记名支票或空白抬头支票，指不记载收款人具体名称，只写明“交付来人”(Pay to Bearer)。取款时无须收款人在支票背面签名，可仅凭交付而转让。记名支票(Cheque Payable to Order)指在收款人一栏中记载收款人名称或其指定人，持记名支票取款时，须由载明的收款人在背面签章方可取。这种支票可以背书转让。

(2)按照出票人的不同，支票可分为银行支票和私人支票。银行支票(Banker's Cheque)指出票人是银行的支票，表明出票银行作为客户在另一家银行开立账户而开出的支票。私人支票(Personal Cheque)即出票人是个人的支票。

(3)按照是否保付，支票分为不保付支票和保付支票。不保付支票即普通的未经银行保付的支票，保付支票(Certified Check)即由付款银行在支票正面加盖“保付(CERTIFIED)”戳记并签字的支票。保付支票表明付款行将负责保证这一支票兑付，说明支票的出票人在其存款账户上确有足够余额，本行加以确认，凡是收款人或持票人以该支票向本行提示付款，银行一定照付。

支票保付的做法与汇票的受票人在远期汇票上承兑的行为有些相似。存款银行在对支票做出保付的同时，为了本身的安全，就从出票人的存款账户内取出相应票款，设立一过渡账户以备付款之用，这样，当这张保付支票向付款银行提示时，就不会因为没有余额或余额不足而退票了。因此对于保付支票，一般情况下不会退票，不会有止付通知。美国、日本等国的票据法有支票保付的规定。我国《票据法》和《英国票据法》及《日内瓦统一法》均未规定保付支票的具体做法。

(4)按照使用方式的不同，支票可分为开放式支票和划线支票。开放式支票(Open Check)即未划线支票(Uncrossed Check)，既可用于转账结算，也可用于支取现金；划线支票(Crossed Check)指在支票正面(一般在左上角)划两道平行横线的支票。划线支票只能用于转账结算，不得用于支取现金。划线支票可分为普通划线支票和特殊划线支票。

普通划线支票(General Crossing)即一般划线支票，指不注明收款银行的划线支票，收款人可以通过任何一家银行收款。普通划线支票有四种形式，如图 2-3 所示。

(1)	And Co. (2)
Not Negotiable (3)	Account Payee (4)

图 2-3 普通划线支票的四种形式

①在支票上画两条平行线，不进行任何记载。

②在两条平行线间加上“And Company”的字样；也可简写成“And Co.”，这是早期银行遗传下来的，不表示任何含义。

③在两条平行线之间加上“Not Negotiable”(不可议付)的字样。其出票人只对收款人负责，收款人仍可转让该支票，但受让人的权利不优于收款人。

④在两条平行线之间加上“A/C Payee”或“Account Payee”(入收款人账)的字样。支票的收款银行只可将收到的票款记入收款人账户，而不得直接付现金，以便有案可查。

特别划线支票(Special Crossing)指在平行线中注明了收款银行的支票，如图 2-4 所示。

Bank of China

A/C Payee

图 2-4 特别划线支票

对特别划线支票，付款行只能向划线中指定的银行付款，当付款行为指定银行时，则只能向自己的客户转账付款。如果付款银行将票款付给了非划线中指定银行，应对真正所有人由此发生的损失负赔偿责任，赔偿金额以票面金额为限。

支票上的划线是实质性内容，普通支票可以经划线而成为划线支票，一般划线支票可以经记载指定银行而成为特殊划线支票。但特殊划线支票不能恢复成一般划线支票，一般划线支票不能恢复成普通支票，即一旦划上平行线，写上任何内容都不得涂消，即使涂消，记载仍有效。

第五节 汇票、本票与支票的综合比较

汇票、本票与支票的异同可用表 2-3 表示。

表 2-3 汇票、本票与支票的异同

项目	汇票	本票	支票
性质	书面债券。载有一定的金额，在一定日期，持票人可以向出票人或指定付款人支取一定款项的凭证		
作用	支付手段，流通手段，融资工具(即发挥结算、信用、流通、抵债的作用)		
无条件性	一人向另一人签发的，要求后者付款给第三者的无条件支付命令	一人向另一人签发的，约定自己付款给后者的无条件付款承诺	银行存款户对银行签发的，付给第三人或本人的无条件支付命令
当事人	出票人、付款人、收款人	出票人、收款人	银行客户、付款行、收款人
主债务人	即期汇票：出票人 远期汇票 承兑前：出票人 承兑后：承兑人	出票人	出票人：银行客户
债权人	持票人(收款人、被背书人即接受转让的受让人)		
出票人责任	要保证受票人承兑和付款	自负付款责任	担保付款行一定付款
持票人责任	要求有关方付款、转让及行使追索的权利		
期限	即期与远期	即期与远期	即期
张数	SOLA 或 A FULL SET	SOLA	SOLA

【专题看板一】

关于支票过期的处理

某甲开立100英镑的支票给乙，让乙向丙银行取款，乙拿到支票后拖延很久不去取款，恰在此时，丙银行倒闭，甲在丙银行的账户里的存款分文无着。乙在未获支票款项的情况下，找到了甲，要甲负责。甲以支票已过期为由拒绝对乙负责。

分析

甲可以对乙拒绝负责，但理由并不是因为支票过期。支票不同于即期汇票，即期汇票的持票人如不在合理的时间内向付款人提示付款，出票人和所有背书人均得到解除责任。但支票的持票人如不在合理时间内提示付款，出票人仍必须对支票负责，除非持票人的延迟提示而使出票人受了损失。

在上例中，由于乙的晚提示致使甲受了损失，那么甲就可不对该支票负责，因为乙如果及时去取款，甲就不会受到损失，所以甲可对支票不负责任。如果丙银行倒闭清理时，所有债权人尚能分到一定比例的偿付金，那么，甲作为存户债权人应把所分到的偿付金付还给乙，如甲按30%的比例分到了偿付金，甲应按同样的比例付给乙，而对其余的70%可不负责任。

【专题看板二】

汇票金额大小不一致

A银行向B银行开出不可撤销信用证，受益人交单后B银行通过快递将单据寄交A银行，A银行审单后发现下述不符点，遂对其拒付。

汇票上小写金额为USD905 000.00，大写金额为HONG KONG DOLLARS NINE HUNDRED AND FIVE THOUSAND ONLY，金额不一致。

收到A银行的拒付通知后，B银行认为所述不符点仅是打字手误，非实质性不符点。

分析

1930年6月7日日内瓦《统一汇票本票法公约》第二章第一节第6条规定：“汇票金额同时以文字及数字记载者，于两者有差异时，文字记载之数额为付款数额。”

“汇票金额以文字或数字记载在一次以上，而先后有不符时，其较小数额为付款数额。”

《国际汇票和国际本票公约(草案)》第二章第二节第7条(1)款规定：“票据上以文字表明的金额与以数码表明的金额不符时，应以文字金额为准。”

英国《1882年票据法》第二章第一节第9条(2)款规定：“票面所列数额，如用文字及数字并书时，若两者有不符时，应以文字金额为准。”

本案例中，汇票票面金额同时以文字及数字记载，文字金额即大写金额为 HONG KONG DOLLARS NINE HUNDRED AND FIVE THOUSAND ONLY，数字金额即小写金额为 USD905000.00 两者不一致，根据上述规定，开证行只能按文字金额即大写金额照付。

【本章小结】

票据是出票人委托他人或自己承诺在特定时期向指定人或持票人无条件支付一定款项的书面凭证，分为汇票、本票和支票。票据具有流通转让性、无因性、要式性、提示性、返还性等重要特征；由于票据本身代表一定的经济利益，世界各国基本上都有专门的票据法来调整票据项下债权人、债务人之间的权利与义务关系以及票据行为的法律关系，并最终形成两大票据法系：大陆法系和英美法系。而两大法系之间在某些方面有不可调和的分歧。

汇票是出票人签发的，委托付款人在见票时或者在指定日期无条件支付确定的金额给收款人或者持票人的票据。其必要记载项目包括：①写明“汇票”的字样；②无条件的支付命令；③一定金额的货币；④受票人名称和付款地点；⑤出票人名称和签字；⑥出票地点和日期；⑦付款时间；⑧收款人名称。其他记载项目有：①成套汇票条款；②预备付款人；③付款地点；④担当付款行；⑤利息与利率；⑥用其他货币付款；⑦提示期限；⑧免作退票通知或者放弃拒绝证书；⑨无追索权；⑩出票条款。汇票进入流通领域前有出票人、付款人、收款人三个基本当事人，汇票进入流通领域后有背书人、被背书人、承兑人、保证人、参加承兑人、持票人等一般当事人。票据行为是指一张票据从开立到正当付款而注销，需要经历一定的环节和步骤，包括出票、背书、提示、承兑、付款、退票、追索、保证等。

本票是一人(债务人)向另一人(债权人)签发的，保证即期或定期或在可以确定的将来时间向某人或其指示人或执票人无条件支付一定金额的书面承诺。本票比汇票少了一个必要项目——付款人。除承兑外，关于汇票的其他有关规定和票据行为的规定，均适用于本票。

支票是银行存款户对银行签发的、授权银行对某人或其指示人或执票来人即期无条件支付一定金额的书面命令。简单地说，支票是以银行为付款人的即期汇票。与汇票的内容相比较，支票为见票即付，且支票付款人仅限于银行，支票的出票人必须具备一定条件，即必须是银行的存款户，必须在银行有足够存款，而且出票人与存款银行订有使用支票的协议。

【练习与思考】

一、重点名词

汇票；提示；承兑；追索权；出票；背书；贴现；本票；支票

二、单选题

1. 汇票的受款人是(　　)。

A. 出口商　　B. 进口商　　C. 托收行　　D. 开证行

2. 支票是以(　　)为付款人的即期汇票。

A. 出口商　　B. 收货人　　C. 承运人　　D. 银行

3. 持票人将汇票提交付款人要求承兑或付款的行为，称为(　　)。

A. 出票　　B. 提示　　C. 承兑　　D. 背书

4. 若汇票受款人一栏内写明“Pay to the order of…”，则该汇票(　　)。

A. 不可流通转让　　B. 可以经背书转让

C. 无须背书，即可流通转让　　D. 由出票人决定是否可以转让

5. 不附带商业单据的汇票叫(　　)。

A. 银行汇票　　B. 商业汇票　　C. 光票　　D. 跟单汇票

6. 出票人是商号或个人的汇票叫(　　)。

A. 银行汇票　　B. 商业汇票　　C. 光票　　D. 跟单汇票

7. 在提示或见票时立即付款的汇票是(　　)。

A. 即期汇票　　B. 远期汇票　　C. 银行汇票　　D. 商业汇票

8. (　　)出票人在该票据流通的任何情况下，都是该票据的主债务人。

A. 汇票　　B. 本票　　C. 支票　　D. 旅行支票

9. 某公司签发一张汇票，上面注明“at 90 days after sight”，则这是一张(　　)。

A. 即期汇票　　B. 远期汇票　　C. 跟单汇票　　D. 光票

10. 支票是以银行为付款人的(　　)。

A. 远期汇票　　B. 即期汇票　　C. 即期本票　　D. 远期本票

三、多选题

1. 国际贸易结算中使用的票据主要有(　　)。

A. 汇票　　B. 本票　　C. 支票　　D. 发票

E. 现金

2. 按照付款时间的不同，汇票可分为(　　)。

A. 光票　　B. 即期汇票　　C. 远期汇票　　D. 银行汇票

E. 跟单汇票

3. 本票与支票的最主要区别是(　　)。

A. 本票是无条件支付的书面承诺，而汇票是无条件支付的书面命令

B. 本票只能是即期付款，而汇票则有即期付款与远期付款

C. 本票的付款人只能是银行，而汇票的付款人即可以是银行，也可以是工商企业

D. 本票有两个基本当事人，而汇票则有三个基本当事人

4. 远期汇票的付款时间的规定，除了指定具体付款日期外，还可以规定(　　)。

A. 出票后若干天/月付款　　B. 见票后若干天/月付款

C. 提单签发后若干天/月付款　　D. 货到目的港后若干天/月付款

5. 票据的社会经济功能有(　　)。

A. 汇兑工具　　B. 信用工具　　C. 结算工具　　D. 融资工具

E. 支付工具

6. 属于以银行为出票人的银行票据有(　　)。

A. 银行汇票　　B. 银行本票　　C. 支票　　D. 银行承兑汇票

E. 商业汇票

7. 在支票业务中，不可能发生(　　)行为。

A. 出票　　B. 背书　　C. 承兑　　D. 保证

E. 参加承兑　　F. 追索

8. 拒付是指付款人在持票人按票据法规定作提示时，拒绝承兑或拒绝付款的行为，产生拒付的原因一般有(　　)。

A. 持票人到期不获承兑或付款

B. 承兑人或付款人死亡

C. 非承兑票据的出票人破产使付款人拒付

D. 承兑人或付款人破产或因违法被责令终止业务活动

9. 汇票的出票日期是指汇票签发的具体日期，其重要作用是(　　)。

A. 决定汇票的有效期　　B. 决定到期日

C. 决定出票人的行为能力　　D. 决定付款人付款效力

10. 汇票上关于收款人的记载又称“抬头”，其填写方法主要有(　　)。

A. 限制性抬头　　B. 空白抬头　　C. 指示性抬头

四、判断题(正确写 T，错误写 F)

(　　)1. 提示付款即持票人在合理时间内，向受票人提示并要求即时付款，因此，所提示的汇票应是即期汇票。

(　　)2. 汇票在受票人付款之前，是无条件付款命令；在付款之后，是已付款的凭证。

(　　)3. 汇票是无条件支付命令，若受票人拒付汇票，持票人仍应坚持受票人付款。

(　　)4. 票据的无因性并非否认这种关系，而是指票据一旦做成，票据上权利即与其原因关系相分离，成为独立的票据债权债务关系，不再受先前的原因关系存在与否的影响。

(　　)5. 票据所谓的空白背书即不签名盖章，只有记名背书才在票据上签名盖章。

(　　)6. 票据的付对价持票人的权利不受其前手权利缺陷的影响。

(　　)7. 所谓拒付，就是受票人对向其提示的汇票明确表示拒绝付款。

(　　)8. 支票可以从非划线支票向划线支票转变，从一般划线支票向特别划线支票转变，也可以逆转。这些都无须出票人签名授权，正当持票人即可为之。

(　　)9. 凡有附属单据的汇票，即为跟单汇票。

(　　)10. 汇票的出票人在汇票的受票人承兑汇票后，即解除了对汇票的责任。

五、案例分析题

2018 年 1 月 11 日甲电器公司与乙商贸公司签订了一份价值 25 万元的微波炉购销合同。由于乙商贸公司一时资金周转困难，为付货款，遂向吴某借款，并从 A 银行领到一张以吴某为户名的 20 万元现金汇票交付给甲公司。

甲公司持该汇票到 B 银行要求承兑，但 B 银行拒付票款，并出示了乙公司的电报。原来乙公司在销售时发现微波炉质量有问题，还发现吴某所汇款项是挪用的公款，遂电告 A 银行，A 银行立即通知 B 银行拒绝付款给甲公司，并宣布汇票作废，退回 A 银行。B 银行以此为由，拒付货款。甲公司向法院起诉，要求银行无条件支付票款。

法院经审理认为，甲电器公司与乙商贸公司签订的微波炉购销合同合法有效。现金汇票的签发符合票据法规定的要件，是一张有效的票据，甲公司合法取得该票据，是正当持票人，依法享有要求银行解付的权利。银行对于有效的汇票，应无条件付款，不能以原经济合同产生纠纷为由拒付票款，故判决 B 银行支付甲电器公司人民币 20 万元。

问题：B 银行是否应该承担付款责任？法院的判决是否正确？

六、简答题

1. 试说明票据的特性。
2. 简介汇票的必要项目。
3. 汇票的付款时间有哪几种规定？
4. 行使追索权应具备哪些条件？
5. 简介汇票、本票与支票的异同点。

七、技能操作题

(一)福州市某贸易公司(FZ Trade Co.)向美国某公司(UN Co.)出口价值 500 万美元的商品，于 2008 年 7 月 4 日签发见票后 90 天付款的汇票，以 C Bank 或其指定人为付款人，这家美国公司于 7 月 11 日承兑。请你：

1. 代替出票人出具汇票。

2. 代替付款人做普通承兑。

3. 承兑次日持票人要求贴现，求贴现后的净现值。(假定当日贴现率为 5.1%)

(二)请依据所给条件，完成下列汇票的出票行为。

The requisite items of a bill are as follows:

Drawer: Beijing Art & Craft Trading Co. Drawee : Bank of China, Beijing Branch

Payee: the order of Continental Co. , London. Sum: USD 1 250.00

Date of issue: 01 March, 2004. Tenor: at 90 days after sight

Fill in the following blank form to issue a bill.

Exchange for ______________ Beijing China ______________

At ______________ pay to ______________ the sum of ______________

To ______________

For ______________

(signature)

参考答案

一、重点名词

略。

二、单选题

1—5: ADBBC; 6—10: BABBB。

三、多选题

1. ABC; 2. BC; 3. AD; 4. ABC; 5. ABCDE; 6. AB; 7. CE; 8. ABCD; 9. ABC; 10. ABC。

四、判断题

1. F; 2. T; 3. F; 4. T; 5. F; 6. T; 7. F; 8. F; 9. F; 10. F。

五、案例分析题

分析:

本案例中，B 银行应承担付款责任，人民法院的判决是正确的。

在本案例中，从银行汇票的形式来看，出票人为 A 银行，付款人为 B 银行，收款人为甲公司，其形式符合票据法的要求，票据记载的内容及取得的途径也合法。

我国《票据法》规定，付款人及其代理付款人付款时，应当审查汇票背书的连续，并审查提示付款人的合法身份证明或有效证件。只要付款行审查票据在形式上符合要求，就不必追究票据原因关系的合法性，更不能以经济合同发生纠纷而拒绝履行票据上的付款义务。

因此，在本案例中，B银行作为付款人以合同纠纷为由，拒付票款是违反《票据法》的行为，应负法律责任。人民法院判决B银行支付票款是合法的、正确的。

六、简答题

略。

七、技能操作题

略。

第三章

汇款方式

【导入案例】

浙江A出口公司与俄罗斯B公司签订一份五金产品的CIF合同，两个40'FCL。合同约定分两次等量装运，两次交货的间隔时间为30天，约定付款方式为在装运后30天内T/T付款。出口商收齐货款后将单据用快递邮寄给进口商供其提货。A公司将第一个货柜货物按时装运出口，30天后，A公司催B公司支付货款，B公司先是推脱过几天付款，后又称其为代理商，正催促其委托人付款。A公司继续催B公司付款，但B公司开始回避，并最后索性不再接听A公司的去电或回复任何邮件。货到目的港两个月后，A公司见催收无果，只得联系船公司将货物运回。由于货物在目的港滞港太久，造成大量的滞港费用。加上来回的运费和进出口国家的清关费用，使A公司遭到巨大的损失，而前一个货柜的拒收导致后一个货柜只得转为库存。

【教学目的】

通过本章教学要求学生掌握汇款方式的概念及有关当事人，熟悉汇款方式的种类、三种汇款方式各自的业务流程和优缺点比较、汇款的偿付和退汇以及汇款在国际贸易中的应用。

【教学重点】

顺汇、逆汇的定义、特点，三种汇款方式的业务流程；两地银行间汇款头寸的划拨。

【教学难点】

两地银行间汇款头寸的划拨。

第一节 汇款方式概述

一、结算方式概述

(一)结算方式的概念

国际结算方式又称为国际支付方式，是指分处于两个不同国家的经济交易的当事人在一定的条件下，运用某一种途径和特定货币，结清相互间债权债务关系的一种行为或方式，实际上这也是一种债务人对债权人偿还债务的方式。

随着国际贸易和跨国银行业务的发展，国际结算方式已经从早期的简单的现金结算方式，即交货付款方式，转变成为当代的凭单付款的非现金结算方式。由于进出口商和银行所担负的具体责任不同以及与国际结算载体结合方式不同，国际结算可以形成具体的不同结算方式。

(二)结算方式的分类

1. 从提供信用的角度，可分为以商业信用为基础的结算方式和以银行信用为基础的结算方式

以商业信用为基础的结算方式中均由买卖双方根据贸易合同的规定相互提供信用，银行只是秉承谨慎从事的原则，对国际结算过程中的单据和资金转移进行善意处理，而不对单据和资金收付本身负责，完全依据委托代理合同行事，并以此收取业务费用，如汇款方式和托收方式。

以银行信用为基础的结算方式是指在结算方式中，尽管原进出口商之间的商业信用依然存在，但银行积极参与进出口商之间的债权债务清偿，并由银行向交易中的一方或双方提供信用，如信用证、银行保函和备用信用证等结算方式。

2. 从汇兑方向考察，可分为顺汇法和逆汇法

顺汇法(Remittance)也称汇付法，系指结算工具的传递与资金的流向是同一个方向，即由债务人或付款人主动将款项交给银行，委托银行使用某种结算工具，交付一定金额给债权人或收款人的结算方式，故称顺汇法，如汇款方式。顺汇结算流程如图 3-1 所示。

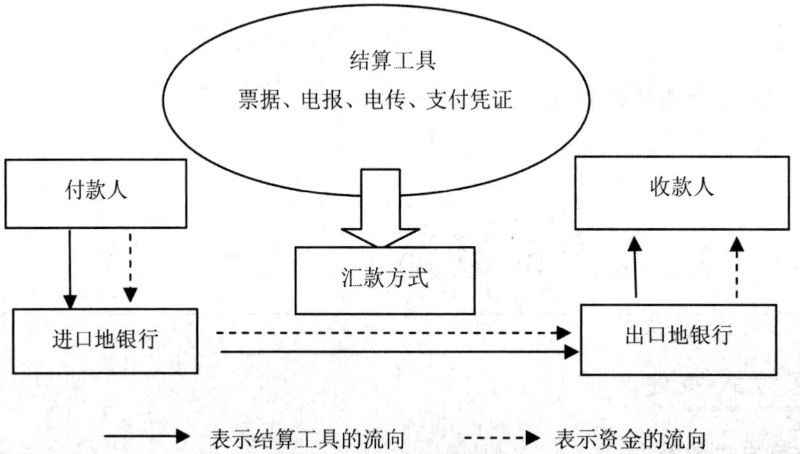

图 3-1 顺汇结算流程

逆汇法(Reverse Remittance)又称出票法，系指结算工具的传递与资金的流向是相反方向，是由债权人以开出汇票的方式，委托银行向国外债务人索取一定金额的结算方式，如托收、信用证方式。逆汇结算流程如图 3-2 所示。

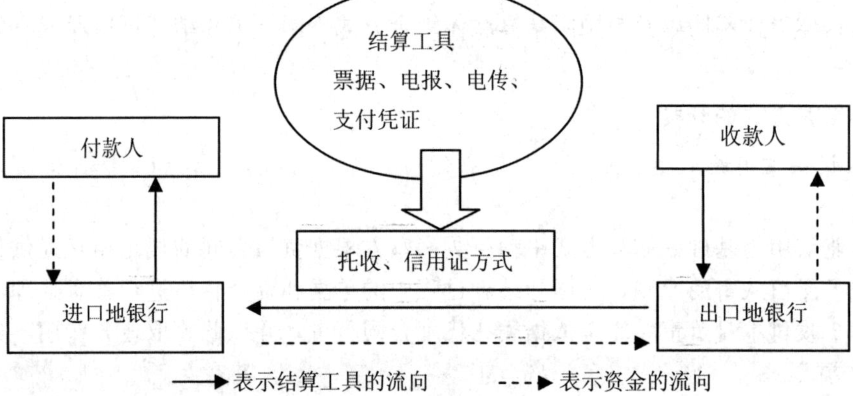

图 3-2 逆汇结算流程

二、汇款方式概述

(一)汇款方式的概念

汇款方式是汇出行应汇款人的要求，以一定的方式将一定的金额，通过其国外的联行或代理行作为汇入行，付给收款人的一种结算方式。

(二)汇款方式的当事人

1. 汇款人

汇款人(Remitter)是委托汇出行向国外收款人支付款项的当事人。在国际贸易中通常为进口商或债务人或委托人。其职责是填写汇款申请书，提供所要汇出的金额并承担有关费用。汇款申请书是汇款人和汇出行之间的契约，也是汇款人的委托指示，必须正确填写，如因填制上的错漏所导致的任何后果由汇款人自行承担。境外汇款申请书式样见附式 3-1。

附式 3-1　境外汇款申请书

APPLICATION FOR FUNDS TRANSERS(OVERSEAS)

致：Deutsche Bank
To：

日期
Date ________

□电汇 T/T　□票汇 D/D □信汇 M/T	发电等级　□普通 Normal □加急 Urgent Priority

<table>
<tr><td colspan="2">申报号码 BOP Reporting No.</td><td colspan="3">□□□□□□　□□□□　□□　□□□□□□　□□□□</td></tr>
<tr><td>20</td><td>银行业务编号
Bank Transac. Ref. No.</td><td></td><td>收电行/付款行
Receiver/Drawn on</td><td></td></tr>
<tr><td>32A</td><td>汇款币种及金额
Currency & Interbank Settlement Amount</td><td></td><td>金额大写
Amount in Words</td><td></td></tr>
<tr><td rowspan="3">其中</td><td>现汇金额
Amount in FX</td><td></td><td>账号 Account No. /
Credit Card No.</td><td></td></tr>
<tr><td>购买金额
Amount of Purchase</td><td></td><td>账号 Account No. /
Credit Card No.</td><td></td></tr>
<tr><td>其他金额
Amount of Others</td><td></td><td>账号 Account No. /
Credit Card No.</td><td></td></tr>
<tr><td>50a</td><td>汇款人名称及地址
Remitter's Name & Address</td><td></td><td colspan="2"></td></tr>
<tr><td colspan="2" rowspan="2">□对公组织机构代码
Unit Code □□□□□□□□□－□</td><td rowspan="2">□对私</td><td colspan="2">个人身份证号码 Individual IO NO.</td></tr>
<tr><td colspan="2">□中国居民个人 Resident Individual□中国非居民个人 Non-Resident Individual</td></tr>
</table>

续

54/56a	收款银行之代理行名称及地址 Correspondent of Beneficiary's Bank Name & Address	
57a	收款人开户银行名称及地址 Beneficiary's Bank Name & Address	收款人开户银行在其代理行账号 Bene's Bank A/C No.
59a	收款人名称及地址 Beneficiary's Name & Address	收款人账号 Bene's A/C No.

70	汇 款 附 言 Remittance Information	只限 140 个字位 Not Exceeding 140 Characters	71A	国内外费用承担 All Bank's Charges If Any ABe Borne By □汇款人 OUR□收款人 BEN□共同 SHA

收款人常驻国家(地区)名称及代码 Resident Country/Region Name & Code □□□

请选择：□预付货款 Advance Payment □货到付款 Payment Against Delivery □退款 Refund □其他 Others	最迟装运日期	

交易编码 BOP Transac. Code	□□□□□□	相应币种及金额 Currency & Amount		交易附言 Transac. Remark	
	□□□□□□				

是否为进口核销项下付款	□是 □否	合同号		发票号	
外汇局批件/备案表号		报关单经营单位代码	□□□□□□□□□□		
报关单号		报关单币种及总金额		本次核注金额	
报关单号		报关单币种及总金额		本次核注金额	

银行专用栏 For Bank Use Only	申请人签章 Applicant's Signature	银行签章 Bank's Signature

续

<table>
<tr><td>购汇汇率@
Rate</td><td></td><td colspan="2" rowspan="6">请按照贵行背页所列条款代办以上汇款并进行申报
Please Effect The Upwards Remittance, Subject To The Conditions Overleaf:

申请人姓名
Name of Applicant
电话
Phone No.</td><td colspan="2" rowspan="6">核准人签字
Authorized Person
日期
Date</td></tr>
<tr><td>等值人民币
RMB Equivalent</td><td></td></tr>
<tr><td>手续费
Commission</td><td></td></tr>
<tr><td>电报费
Cable Charges</td><td></td></tr>
<tr><td>合计
Total Charges</td><td></td></tr>
<tr><td>支付费用方式
In Payment of the Remittance</td><td>□现金
by Cash
□支票
by Check
□账户
from Account</td></tr>
<tr><td>核印 Sig. Ver.</td><td></td><td>经办 Maker</td><td></td><td>复核 Checker</td><td></td></tr>
</table>

填 写 前 请 仔 细 阅 读 各 联 背 面 条 款 及 填 报 说 明。

Please read the conditions and instructions overleaf before filling in this application.

2. 汇出行

汇出行(Remitting)是接受汇款人委托而汇出款项的银行。汇出行通常是汇款人所在地或进口地银行。其基本职责是按汇款人要求将款项通过其在国外的联行或代理行发出支付委托书，委托其向收款人解付汇款。汇出行应完全遵照汇款人的汇款申请书的内容办理汇款业务。汇出行对邮递中的延误、遗失、电信的失误或汇入行的错漏等不负责任。

3. 汇入行

汇入行(Paying Bank)是接受汇出行委托，解付汇款的银行，汇入行通常是收款人所在地或出口地银行，它必须是汇出行的联行或代理行。其职责是证实汇出行委托付款指示的真实性，通知收款人取款并付款，同时也有权在头寸落实后再解付款项。汇入行必须严格按汇出行的支付委托书行事，否则后果由汇入行负责。

4. 收款人

收款人(Payee or Beneficiary)即汇款金额的最终接受者。收款人通常是出口商或债权人，其权利是凭证取款。

上述当事人中，有时汇款人和收款人可能是同一个人。此外，当汇出行和汇入行之间没有直接往来账户关系时，还需有其他代理行参与汇款业务。

第二节 汇款方式种类

一、电汇汇款

(一)电汇汇款的概念及业务流程

电汇汇款(Telegraphic Transfer，简称 T/T)是汇出行应汇款人申请用加押电报、电传或 SWIFT 方式指示汇入行解付一定金额给收款人的汇款方式。电汇业务的基本流程如图 3-3 所示。

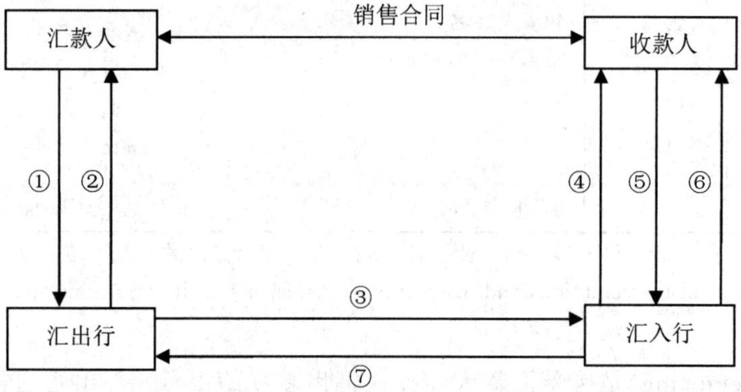

图 3-3 电汇业务流程

①汇款人填写电汇汇款申请书，交款付费给汇出行。
②汇款人取回电汇回执。
③汇出行发出加押电报给汇入行，委托汇入行解付汇款给收款人。
④汇入行收到电报，核对密押无误后，缮制电汇通知书，通知收款人收款。
⑤收款人收到通知书后，在收款联上盖章，交汇入行。
⑥汇入行借记汇出行账户，取出头寸，解付汇款给收款人。
⑦汇入行将借记付讫通知书寄给汇出行，通知其汇款解付完毕。

(二)采用电报或电传的汇款方式

电报或电传方式的汇款应具备下列内容。

FM：(汇出行名称)

TO：(汇入行名称，可用电报挂号)

DATE：(发电日期)

TEST：(密押)

OUR REF NO. ________(汇款编号)

NO ANY CHARGES FOR US(我行不负担费用)

一般在电文后加注：YOUR CHARGES FOR BENEFICIARY(收款人承担你方费用)

PAY(AMT)VALUE(DATE)TO(付款金额、起息日)。

BENEFICIARY(收款人)

收款人依不同情况可按下列方式表示。

1. 收款人的账户行为汇入行

PAY TO YOURSELVES(账户行)FOR CREDIT OF A/C NO. ________ OF MR. ××(OR ________ CO.，LTD.)

2. 收款人的账户行为第三家银行

PAY TO ________ BANK(账户行)FOR CREDIT A/C NO. ________ OF MR. ××(OR ________ CO.，LTD.)，或 PAY TO ________ BANK(账户行)FOR A/C OF NO. ________ FAVOUR ________.

MESSAGE ________(汇款附言)

通常加注：DETAILS OF PAYMENT。

ORDER ________(汇款人)

即 BY ORDER OF 或 B/O

COVER ________(头寸拨付)

通常为汇出行在汇入行开立的账户：PLEASE DEBIT OUR A/C WITH YOU(借记我行账户)，即可拨交头寸。拨交头寸应按照账户设置情况的不同，分别处理，详见本章第二节“汇款的偿付”。

电汇实例：

FM：CITIBANK，BEIJING

TO：CATHAY UNITED BANK HONG KONG BRANCH，HONGKONG

DATE：6TH OCTOBER

TEST 9870 OUR REF. 987TT0765 NO ANY CHARGES FOR US PAY USD 90 000. VALUE 6TH OCTOBER

TO YOUR 47/F CENTRAL PLAZA 18HARBOUR ROAD，WANCHAI HONG KONG FOR ACCOUNT NO. 008－976－234571－003 FAVOUR MACHINE LTD. HONG KONG

MESSAGE CONTRACT NO. H12457 ORDER ABC CO.，LTD. BEIJING COVER DEBIT OUR DC A/C.

(三)采用 SWIFT 的电汇方式

为了保证自动支付系统明确无误地识别会员，SWIFT 系统编制了一套银行识别码(BIC)，现已获得广泛应用。利用它可以精确地识别有关金融交易中的金融机构。目前，中国的多家银行已加入 SWIFT，成为该协会的成员。这些银行及其识别代码分别是：中国银行(BKCHCNBJ)、中国人民银行(PBOCCNBJ)、中国工商银行(ICBKCNBJ)、中国建设银行(PCBCCNBJ)、中国农业银行(ABOCNNBJ)、中国投资银行(IBOCONBJ)、交通银行(COMMCNBJ)、中信实业银行(CIBKCNBJ)等。

SWIFT 还为各种金融信息设计了一整套标准化的统一格式以便安全有效地传递客户信息，清算资金头寸。适用于汇款的 SWIFT 格式如表 3-1 所示。

表 3-1　SWIFT 关于汇付的适用格式

报文格式	MT 格式名称	名称描述
MT103	客户汇款	请求调拨资金
MT200	单笔金融机构头寸调拨至发报行自己的账户	请求将发报行的头寸调拨至其他金融机构的该行账户上
MT201	多笔金融机构头寸调拨至它自己的账户上	多笔 MT200
MT202	单笔普通金融机构头寸调拨	请求在金融机构之间的头寸调拨
MT203	多笔普通金融机构头寸调拨	多笔 MT202
MT204	金融市场直接借记电文	用于向 SWIFT 会员银行索款
MT205	金融机构头寸调拨执行	国内转汇请求
MT210	收款通知	通知收报行，它将收到头寸记在发报行账户上

例如，客户汇款请求调拨资金时，应使用 MT103 报文格式，如表 3-2 所示。

表 3-2　MT103 Single Customer Credit Transfer

Status	Tag	Field Name
M	20	Sender's Reference
O	13C	Time Indication
M	23B	Bank Operation Code
O	23E	Instruction Code
O	26T	Transaction Type Code

续表

Status	Tag	Field Name
M	32A	Value Date/Currency/Interbank Settled Amount
O	33B	Currency/Instructed Amount
O	36	Exchange Rate
M	50a/k	Ordering Customer
O	51A	Sending Institution
O	52a/d	Ordering Institution
O	53a/b/d	Sender's Correspondent
O	54a/b/d	Receiver's Correspondent
O	55a/b/d	Third Reimbursement Institution
O	56a/c/d	Intermediary Institution
O	57a/b/c/d	Account With Institution
M	59a	Beneficiary Customer
O	70	Remittance Information
M	71A	Details of Charges
O	71F	Sender's Charges
O	71G	Receiver's Charges
O	72	Sender to Receiver Information
O	77B	Regulatory Reporting
O	77T	Envelope Contents

注：M=Mandatory field(必选项目)；O=Optional field(可选项目)。

MT103 实例：

2008 年 4 月 7 日，A 公司指示其开户行民生银行上海分行汇出 USD1 958 给荷兰银行阿姆斯特丹分行，作为 B 公司的货款。B 公司在荷兰银行的账号为 5687151。所有的银行费用由汇款人和收款人共同承担。MT103 报文如表 3-3 所示。

表 3-3　MT103 客户汇款实例报文

注　解	报 文 格 式
发报行	MSBCCNBJ002(中国民生银行上海分行)
报文类型	103

续表

注　解	报文格式
收报行	ABNANL2A(荷兰银行阿姆斯特丹分行)
发报行编号	20：0204OR07000005
银行交易代码	23B：CRED
起息日、币种、金额	32A：080407 USD 1 958，
汇款人实际汇款币种、金额	33B：USD 1 958，
汇款人	50K：A COMPANY
收款人及账号	59a：/5687151 B COMPANY
费用承担	SHA
Note：	在上例中发报行与收报行之间由于有直接的美元账户关系，不需要有中间行参与整个清算过程

二、信汇汇款

(一)信汇汇款的概念及业务流程

信汇汇款(Mail Transfer，简称 M/T)是汇出行应汇款人的申请，将信汇委托书(M/T Advice)或支付委托书(Payment Order)邮寄给汇入行，授权其解付一定金额给收款人的一种汇款方式。信汇业务的基本流程如图 3-4 所示。

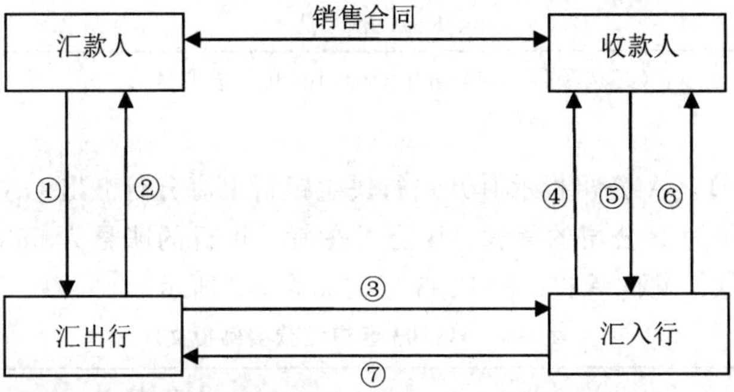

图 3-4　信汇业务流程

①汇款人填写信汇汇款申请书，交款付费给汇出行。

②汇款人取回信汇回执。

③汇出行制作信汇委托书或支付委托书经过两人双签，邮寄汇入行。

④汇入行收到信汇委托书或支付委托书，核对签字无误后，将信汇委托书的第二联及第三四联收据正副本一并通知收款人。

⑤收款人凭收据取款。

⑥汇入行借记汇出行账户，取出头寸，解付汇款给收款人。

⑦汇入行将借记付讫通知书寄给汇出行，通知其汇款解付完毕。

(二)信汇业务的结算工具

信汇业务的结算工具有两种：信汇委托书(Mail Transfer Advice)和支付委托书(Payment Order)。它们是汇出行发出的委托其向收款人解付一定金额的书面通知。其格式通常为下列形式(见附式 3-2 和附式 3-3)。

附式 3-2　信汇委托书

××银行××分行

BANK OF××，×× BRANCH

下列汇款，请即照解，如有费用请内扣。　　日期：

我行已贷记你行账户。　　××(地址)

Please advise and effect the following

Payment less your change if any. In cover，we have

CREDITED your A/C with us.

此致

TO

No. of Mail Transfer 信汇号码	To be paid to 收款人	Amount 金额

大写金额

Amount in Words：

汇款人　　附言

By order of　　Message

××银行××分行

ROR BANK OF××，××BRANCH

附式 3-3 支付委托书

××银行支付委托书

BANK OF××PAYMENT ORDER

××(地址)

致
TO

支付委托书号码 No. of payment order	收款人 To be paid or credited to	金额 Amount
大写金额 Amount in Words：________ 汇款人 附言 By order of Remarks ☐ You are authorized to debit our account with you ☐ We have credited your A/C with us. ××银行××分行		

三、票汇汇款

(一)票汇汇款的概念及业务流程

票汇汇款(Bank's Demand Draft，简称 D/D)是汇出行应汇款人申请，代汇款人开立以汇入行为付款人的银行即期汇票(Bank's Demand Draft)，并交还汇款人，由汇款人自寄或自带给国外收款人，由收款人持票向汇入行取款的一种汇款方式。票汇业务的基本流程如图 3-5 所示。

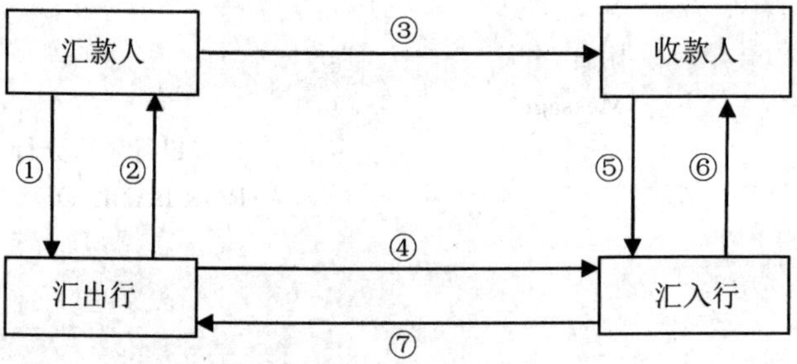

图 3-5 票汇业务流程

①汇款人填写票汇汇款申请书，交款付费给汇出行。

②汇出行开立一张以汇入行为付款人的银行即期汇票交给汇款人。

③汇款人将汇票寄给收款人。

④汇出行将汇款通知书(又称票根，即汇票一式五联中的第二联)寄给汇入行。近年来为简化手续，汇出行已不再寄汇款通知书。汇票改为一式四联。

⑤收款人提示银行即期汇票给汇入行要求付款。

⑥汇入行借记汇出行账户，取出头寸，解付汇款给收款人。

⑦汇入行将借记付讫通知书寄给汇出行，通知其汇款解付完毕。

(二)票汇的特点

(1)银行可无偿占用资金。票据的出票、寄(带)或者转让所占时间较长，银行在此期间可以无偿使用票汇资金。

(2)取款方便，手续简便。汇入行无须通知收款人取款，而是由收款人持票自行到汇入行取款，省却了汇入行通知的环节，简化了手续。

(3)汇款人可以通过背书把票据转让他人，具有一定的灵活性。只要抬头许可汇款人可将汇票带到国外亲自取款，也可以将汇票寄给国外收款人由其取款，还可以背书后转让；票汇可以由汇票持有人向汇入行取款，也可将汇票卖给任何一家汇出行的联行或代理行，后者只要能核对汇票上签字的真伪，就会买入汇票。

(4)可能发生汇票纠纷。汇票有丢失、损毁风险，背书转让又可能带来一系列纠纷，且汇票遗失后，挂失或止付的手续比较复杂。

四、电汇、信汇、票汇三种汇款方式比较

电汇、信汇和票汇三种汇款方式各有利弊。我们从结算工具、成本费用、安全性和速度四方面对三种汇款方式作出简要比较。

(一)使用结算工具的比较

电汇使用电报、电传或 SWIFT，用密押证实。信汇使用信汇委托书或支付授权书，用印鉴或签字证实。票汇使用银行即期汇票，用印鉴或签字证实。

(二)汇款人的成本费用比较

电汇收汇较高，表现为电汇使用现代化通讯的直接成本较高，以及因银行不能占用客户资金而使用的汇率较高。信汇与票汇费用较电汇低，所使用的汇率也较电汇汇率优惠。

(三)安全性的比较

电汇因大多数使用银行间的直接通讯，减少了中间环节，安全性高。信汇必须通过银行和邮政系统来实现，信汇委托书有可能在邮寄途中遗失或延误，从而不能及时收到汇款，因此信汇的安全性比不上电汇。票汇虽有灵活的优点，却有丢失或毁损的风险；背书

转让带来一连串的债权债务关系，容易使当事人陷入汇票纠纷；汇票遗失以后，挂失或止付的手续比较麻烦。

(四)汇款速度的比较

电汇是一种最快捷的汇款方式，因为电汇的优先级别高，一般当天处理，使汇款能短时迅速到达对方，是目前广泛使用的汇款方式，尽管费用较大，但可用缩短资金在途时间的利息抵补。信汇方式由于资金在途时间长，操作手续多，故信汇方式日趋落后，有的银行已很少使用，甚至不用。票汇由汇款人邮寄给收款人，或者自己携带至付款行所在地提示要求付款，比较灵活简便，适合邮购或支付各种费用，其使用量仅次于电汇。

第三节 汇款的偿付、退汇和应用

一、汇款的偿付

汇款的偿付(Reimbursement of Remittance Cover)是指汇出行办理汇出业务时应及时将汇款金额拨交给解付汇款的汇入行的行为，俗称拨头寸。结合汇出行与汇入行开设账户的情况，汇款资金的拨付有以下三种不同方式。

(一)账户行直接划拨头寸

1. 汇出行主动贷记(Credit)汇入行账户

如果汇入行在汇出行开有往来账户，即汇出行是汇入行的账户行，汇出行在委托汇入行解付汇款时，在信汇委托书或支付委托书上注明偿付指示："In cover，we have credited your A/C with us.(作为偿付，我行已经贷记你行在我行开立的账户)"，同时向汇入行发送贷记报单。汇入行接到信汇委托书或支付委托书后，知道汇款头寸已拨入自己的账户，即可使用头寸解付汇款给收款人，如图 3-6 所示。

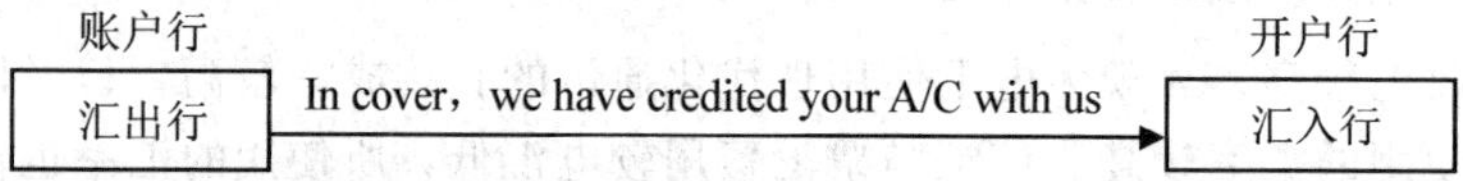

图 3-6 汇款头寸偿付办法一

2. 汇出行授权汇入行借记(Be Authorized to Debit)汇出行账户

如果汇出行在汇入行开有往来账户，即汇入行是汇出行的账户行。汇出行在委托汇入行解付汇款时，在信汇委托书或支付委托书上注明偿付指示："In cover，please debit our

A/C with you.（作为偿付，请借记我行在你行开立的账户）”，汇入行接到信汇委托书或支付委托书后，即被授权凭借记汇出行账户，拨出头寸解付给收款人。同时向汇出行发送借记报单，此笔业务即告完成，如图 3-7 所示。

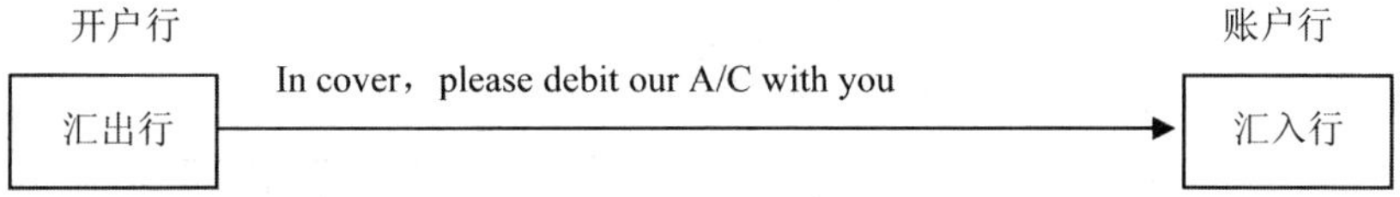

图 3-7 汇款头寸偿付办法二

(二)通过共同账户行拨交头寸

如果汇出行和汇入行之间没有往来账户，头寸可通过双方共同账户行转账完成。为了偿付款项，汇出行一方面主动通知共同的账户行将款项拨付汇入行在该账户行的账户；另一方面汇出行在委托汇入行解付汇款时，在信汇委托书或支付委托书上注明偿付指示："In cover，we have authorized ××Bank to debit our A/C and credit your A/C with them.（作为偿付，我行已授权××银行在借记我行账户同时贷记你行在该行开立的账户）”。汇入行接到汇出行电汇拨头寸指示，同时也收到××银行贷记报单后，即可使用头寸解付汇款给收款人，如图 3-8 所示。

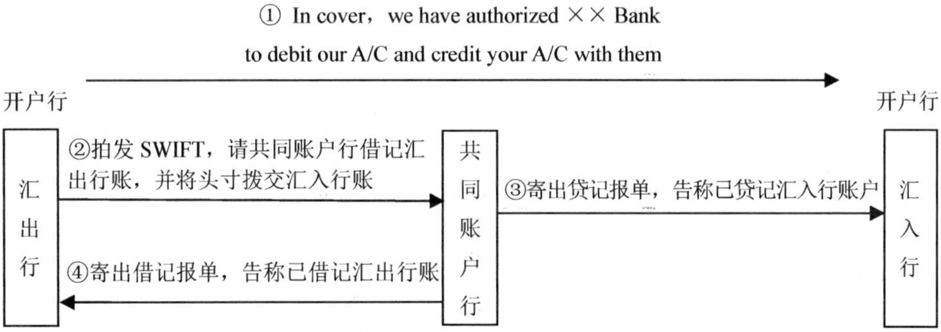

图 3-8 汇款头寸偿付办法三

(三)通过各自账户行之间转账

如果汇出行和汇入行之间既没有往来账户，也没有双方共同账户行，但它们各自的账户行之间有账户往来时，为了偿付，汇出行可在汇款时主动通知其账户行将款项拨给汇入行在其他代理行开立的账户。同时汇出行在委托汇入行解付汇款时，在信汇委托书或支付委托书上注明偿付指示："In cover，we have instructed XX Bank to pay the proceeds to your A/C with YY Bank.（作为偿付，我行已授权 XX 银行支付款项入你行在 YY 银行所开立的账户)”。汇入行接到汇款，即可使用头寸解付汇款给收款人，如图 3-9 所示。

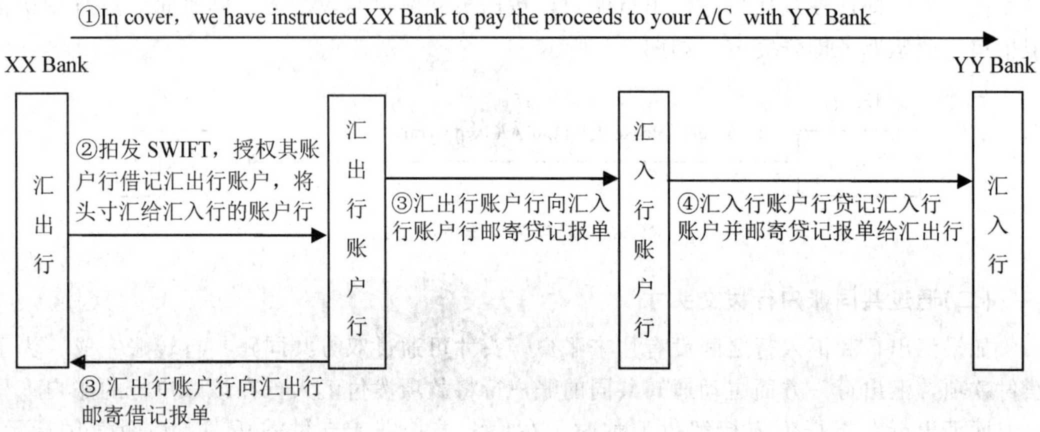

图 3-9　汇款头寸偿付办法四

二、汇款的退汇

退汇是指收款人或汇款人在汇款解付前要求撤销该笔汇款的行为。需要注意的是，汇款的退汇只能是对尚未解付汇款的退汇，一旦汇入行已经解付汇款，则不能退汇。

(一)收款人退汇

信汇和电汇项下，收款人向汇入行明确提出拒收，汇入行将汇款委托书和汇款头寸退回汇出行，汇出行通知汇款人前来办理退汇手续即可。票汇项下，收款人只需将收到的汇票寄回给汇款人，由汇款人持票向汇出行办理退汇即可。

(二)汇款人退汇

退汇通常由汇款人提出。

信汇和电汇项下，汇款人向汇出行提交退汇申请书和汇款回执并说明退汇理由。汇出行审核同意后，应立即用电函通知国外汇入行停止解付，撤销汇款。汇入行接到通知后，若尚未解付款项，则退回汇款委托书及汇款头寸。待汇出行接到汇入行同意退汇的答复并收妥头寸后转告汇款人凭汇款回执前来办理退汇。

票汇项下，汇款人在寄出汇票前，可由汇款人持原汇票到汇出行申请办理退汇手续。汇出行应发函通知汇入行将有关汇票通知书(或票根)注销寄回(现在一般不再寄票根)。如汇款人已将汇票寄出才要求退汇，汇出行为维护银行票据的信誉，一般不予接受。

如汇款人将汇票遗失或汇票被窃，可办理挂失止付手续。由汇款人向汇出行出具认赔保证书，保证万一发生重付，由汇款人负责赔偿银行因此遭受的损失。随后汇出行即可通知汇入行挂失止付。待汇入行书面确认后，汇出行可以办理补发汇票手续。

(三)汇入行退汇

信汇和电汇项下，若汇入行无法找到收款人，或者虽已通知收款人，但收款人迟迟不来取款，过了一定时期，汇入行有权主动通知汇出行注销，办理退汇。

票汇项下，因为汇票的提示期限是按照票据法的规定来办理的，所以，若票据的提示期已过，仍不见收款人前来汇入行取款，则可以判定该票据失效。

三、汇款在国际贸易中的应用

在国际贸易中，使用汇款方式结算买卖双方的债权债务时，根据货款交付和货物交付先后的时间不同，有三种不同的汇款支付方式。

(一)预付货款

预付货款(Payment in Advance)指进口商先将货款的全部或一部分汇交出口商，出口商收到货款后，按合同规定时间将货物发运给进口商的一种汇款结算方式。预付货款是对进口商而言，对出口商则是预收货款，业务中又常常把它称为“前 T/T”。

预付货款的结算方式有利于出口商，而不利于进口商。采用这种方式结算货款，出口商在发货前就得到了货款，不仅无风险，而且利用了他人的款项，资金负担最小，有利于资金的周转。相反，对于进口商而言，预付货款方式让进口商在货物到达前就付出款项，资金被占用时间较长，造成利息损失。另外，进口商在付款后还要承担不能按时、按量、按质收到合同规定的货物的风险。因此，进口商为了保障自身的权益，一般可以规定汇入行解付汇款的条件，即要求出口商取款时，应提供银行保函，由银行担保出口商如期履行交货义务，保证提供全套货运单据，否则汇入行负责退还预收货款，并加付利息等。

预付货款通常只适用于买卖紧俏商品，出口商信誉良好，而且双方关系密切的情况，或货源较紧张，买方为了保证购到货物而不得不答应卖方提出的预付货款的条件。

(二)货到付款

货到付款(Payment after Arrival of Goods)是出口商先发货，进口商收到货物后，立即或在一定期限内将货款汇交出口商的一种汇款结算方式，有时还可称为赊销(Open Account Transaction，简称 O/A)、延期付款交易(Deferred Payment Transaction)，业务中又常常把它称为“后 T/T”。

货到付款的结算方式有利于进口商，而不利于出口商。出口商不仅资金被占用，而且要承担进口商不付款或不按时付足货款的风险，甚至承担“银货两空”的风险，因此出口商一般不愿接受这种汇款结算方式。相反，对于进口商来说，这种结算方式既没有风险，而且资金负担最小，有利于资金的周转。

货到付款在国际贸易中有售定和寄售两种方式。

(1)售定。售定(Goods Sold)指买卖双方就交易条件达成一致，并在成交合同中明确规定了货物售价及付款时间等条款，进口商按实收货物数量将货款汇交出口商的一种汇款结算方式。一般所说的货到付款大多指售定方式。

在我国贸易实践中，广东、广西和福建等省经常有鲜活商品，如牛、羊、猪、鸡、鸭、鱼、鲜花、蔬菜等对港、澳出口，因运输时间短，买方不能在货到前及时收到单据，就会影响到货物的交接，而这些货物的时间性较强，不能积压，且途中损耗大，货物的数量和品质难以确定。出口商先发货，出口单据随货物直接交进口商，待收到货物时，进口商按实收货物数量、规定的价格、期限将货款通过银行汇交出口方，因此售定方式又叫“先出后结”。

(2)寄售。寄售(Sold on Consignment)指出口商先将货物运至进口国，委托进口国的商人按照双方商定的条件在当地市场代为销售，待售出后被委托人(受托人)将货款按规定扣除佣金后全部汇交出口商。

寄售的出口商称为委托人，接受委托寄售的国外商人称为受托人，委托人和受托人之间通常订有委托寄售协议，因此，寄售双方是一种委托关系而不是买卖关系。在委托寄售时，货物价格未定，可在寄售协议中规定最低限价或自由作价或征得委托人同意的售价。寄售的一切运费、保险费、杂费、佣金等均由委托人承担。杂费、佣金等费用一般从销售款项内扣除，受托人汇寄净款给委托人。寄售货物在出售前物权属于委托人。

这种方式下的货价和付款时间均不确定。出口商承担的风险很大，能否收回货款取决于国外受托人的资信、经营能力、作风等。寄售方式一般适用于推销新产品、滞销商品或展销商品。

(三)交单付现

1. 交单付现的概念

交单付现(Cash Against Documents，简称 CAD)指进口商通过银行将款项汇给出口商所在地银行(汇入行)，并指示该行凭出口商提交的货运单据即可付款给出口商的一种结算方式，也就是说，买方汇款后，卖方交单时才能收取货款。

2. 交单付现的特点

(1)有条件的汇款

一般汇款都是无条件的(信汇、电汇都不带付款条件)，而交单付现是有条件的汇款，即买方汇付货款，卖方收取货款以出口商提交的货运单据为前提条件。

(2)承担风险较均衡

对预付货款的买方、货到付款的卖方，一旦付了款或发了货就失去了制约对方的手段。买方付款后能否顺利收到符合合同规定的货物，卖方在发货后能否顺利收回货款，完全取决于对方的信用。而交单付现对买方来说多一层保证，可以防止卖方支取货款后不及时交货；而对卖方来说，只要及时交货，便可立即收取全部货款，因此交单付现对买卖双方都有一定的保障作用，即双方承担风险较均衡。

(3)与跟单托收中的付款交单方式有本质区别

付款交单(Documents against Payment，简称D/P)指委托人在委托银行收款时，指示银行只有在付款人付清货款时，才能向其交出商业单据，即交单以付款为条件的一种托收方式。CAD与D/P比较如表3-4所示。

表3-4　交单付现与付款交单比较表

	CAD	D/P
相同点	商业信用 买方付款在先	
不同点	汇付范畴	托收范畴
	顺汇	逆汇
	不受《URC522》约束	受《URC522》约束
	无须汇票(实务中往往通过银行传递单据提供汇票)	需要汇票
	直接寄单给进口商	通过银行转交单据

3. 对进出口商的影响

由于CAD业务目前尚无国际惯例可循，一旦出现纠纷，对各方都有不可测的风险，因此在实务中进出口商应注意防范风险。

(1)进口商应注意对出口商资信的调查以防止单据伪造、假货及所收货物与合同不符等风险。

(2)对出口商而言应注意防范的风险：其一，出口商应注意汇款是可以撤销的，在汇款尚未被支取前，汇款人随时可以通知汇出行将款项退回，因此出口商在收到银行的汇款通知后，应尽快发货，尽快交单取现。其二，向银行提供的单据一般只要商业发票和运输单据即可，凭以证明汇款通知上所规定的货物已经装运。其他单据则视进口商需要或不同进口国(地区)而定，因此出口商不必等全部单据备全再交单收汇。

近年来，在我国的外资企业增多，它们与国外交往频繁，彼此了解程度逐步加深，在国际贸易中采用汇款方式结算的逐渐增多，改变了过去着重采用信用证的方式，体现了支付方式的灵活性。

四、汇款结算方式的特点

(一)结算基础为商业信用

汇款是以商业信用为基础的结算方式。银行只是按汇款人指示传递有关款项，不涉及单据，更不承担任何付款或担保责任。对预付货款的买方、货到付款的卖方，一旦付了款或发了货就失去了制约对方的手段。买方付款后能否顺利收到符合合同规定的货物，卖方在发货后能否顺利收回货款，完全取决于对方的信用。

(二)资金负担不平衡

对于预付货款的买方或货到付款的卖方来说，资金负担沉重，即整个交易过程中需要的资金，几乎完全由某一方来承担。资金长时间被他人占用，造成利息损失。资金负担极不平衡，而且汇款方式也难以为之提供基于交易的融资手段。

(三)手续简便、费用低廉

汇款方式虽然有上述的缺点，但它手续简便、费用低廉，因此如果交易双方相互信任，或者在跨国公司的不同子公司之间，以及一些贸易从属费用，汇款是十分理想的结算方式。

【本章小结】

国际结算方式从提供信用的角度，可分为以商业信用为基础的结算方式和以银行信用为基础的结算方式两类。国际汇兑按资金流向和结算工具流向的不同分为顺汇和逆汇两大类。国际贸易结算方式中，汇款方式采用顺汇，而托收和信用证则采用逆汇方式。国际贸易结算方式中汇款和托收是以商业信用为基础的结算方式，而信用证和银行保函等是以银行信用为基础的结算方式。

汇款方式是汇出行应汇款人的要求，以一定方式将款项，通过其在国外联行或代理行作为汇入行，付给收款人的一种结算方式。汇款可以分为电汇、信汇和票汇三种。电汇因安全性高，速度快，是广泛使用的一种汇款方式。

汇出行发出汇款委托书后，应及时向汇入行拨交头寸。一般有通过账户行直接划拨、通过共同账户行拨交或通过各自账户行之间转账等三种方式拨交头寸。汇款在解付前是可以撤销的。

汇款在国际贸易中的应用有三种形式：(1)预付货款，即进口商先将货款的全部或一部分汇交出口商，出口商收到货款后，按合同约定时间将货物发运给进口商的一种汇款结算方式。由进口商承担全部资金占用和风险。(2)货到付款，即出口商先发货，待进口商收到货物后，立即或在一定期限内将货款汇交出口商的一种汇款结算方式。由出口商承担全部资金占用和风险。(3)交单付现，即进口商通过银行将款项汇给出口商所在地银行(汇入行)，并指示该行凭出口商提交的货运单据即可付款给出口商的一种结算方式。资金占用和风险承担介于前两者之间，对出口商和进口商均比较公平。

【练习与思考】

一、重点名词

顺汇；逆汇；汇款方式；电汇；票汇；交单付现；预付货款

二、单选题

1. 在汇付方式下，卖方能否按时收回约定的款项，完全取决于(　　)。

A. 买方的信誉　　B. 合同的履行　　C. 卖方的能力　　D. 银行的实力

2. 付款人通过银行或其他途径主动将款项汇交收款人的支付方式是(　　)。

A. 即期付款交单　　B. 汇付　　C. 托收　　D. 信用证支付

3. 在汇付中汇款人和汇出行之间的契约是(　　)。

A. 信用证　　B. 汇款申请书　　C. 委托申请书　　D. 汇票

4. 简称为 M/T 的是(　　)。

A. 汇付　　B. 票汇　　C. 信汇　　D. 托收

5. 简称为 T/T 的是(　　)。

A. 电汇　　B. 票汇　　C. 信汇　　D. 托收

6. 简称为 D/D 的是(　　)。

A. 电汇　　B. 票汇　　C. 信汇　　D. 托收

7. 若汇出款为汇出地货币，而且解付行在汇出行有该货币的账户，则这两地银行间的头寸拨付采取(　　)。

A. 汇出行主动贷记解付行账户　　B. 汇出行把头寸划交解付行的账户

C. 解付行付讫，借记汇出行账户　　D. 解付行要求汇出行的账户划拨

8. (　　)方式下，汇入行不负通知收款人到银行取款之责。

A. 电汇　　B. 信汇　　C. 票汇　　D. 网汇

9. 票汇结算的信用基础是汇款人与收款人之间的商业信用，办理使用的是(　　)汇票。

A. 商业即期　　B. 银行即期　　C. 商业远期　　D. 银行远期

10. 我国的鲜活商品、易碎易损商品的出口往往采用的贸易方式为(　　)。

A. 寄售方式　B. 预付货款　C. 交单付现　D. 售定方式

三、多选题

1. 汇付中涉及的当事人包括(　　)。

A. 托收行　B. 汇款人　C. 收款人　D. 汇出行

E. 汇入行

2. 汇付方式可分为(　　)。

A. 汇款　B. 信汇　C. 电汇　D. 票汇

E. 托收

3. 交单付现是买方汇款后，卖方交单时才能收取货款，其特点有(　　)。

A. 买方付款在先　B. 进口商主动付款

C. 不受《URC522》约束　D. 受《URC522》约束

4. 汇款的偿付也叫头寸的拨交，下列属于头寸拨交方式的是(　　)。

A. 主动贷记或授权借记　B. 通过共同账户行拨交头寸

C. 通过中心汇票拨交头寸　D. 通过账户行的共同账户行转账

5. 在国际贸易中，汇付方式通常适用的业务活动有(　　)。

A. 预付货款　B. 交单付现　C. 赊销　D. 寄售

6. 在下面所列中，适宜于寄售方式的有(　　)。

A. 推销新产品　B. 推销鲜活产品　C. 开拓新市场　D. 推销滞销商品

7. 根据结算工具的传递方式不同，汇款结算方式的种类包括(　　)。

A. D/D　B. D/P　C. M/T　D. D/A

E. T/T

8. 在国际贸易中也可使用货到付款方式，其业务类型主要有(　　)。

A. 预付货款　B. 寄售　C. 赊销　D. 售定

9. 在汇款业务中，英文 Paying Bank 是指(　　)。

A. 汇出行　B. 解付行　C. 付款行　D. 汇入行

10. 对票汇的概念，表述准确的是(　　)。

A. 票汇使用银行汇票，是一种银行信用

B. 票汇使用银行汇票，是一种商业信用

C. 银行开具的汇票由买方径寄卖方

D. 票汇支付方式可以通过背书转让

E. 不通过银行的资金调拨

四、判断题(正确写 T，错误写 F)

(　　)1. 在汇款业务中，汇出行和解付行之间的头寸拨付，只要账户设置许可，可采用汇出行主动贷记解付行账户，也可以采用解付行借记汇出行账户，二者做法的影响是一样的。

(　　)2. 由于汇票是无条件付款命令，是由收款人向付款人提示要求付款的，因此，凡使用汇票的结算方式，必然是逆汇方式。

(　　)3. 与信汇、票汇相比，电汇方式费用较高，因此，进出口商应尽量避免使用。

(　　)4. 所谓商业信用就是卖方给予买方以延期支付货款的形式所提供的信用。

(　　)5. 一般情况下，汇入行可以在未收妥汇出行拨交的头寸时，向收款人解付款项。

(　　)6. 汇票和票汇是同一事物的不同称呼。

(　　)7. 汇付方式是一种对买卖双方均有较大风险的结算方式。

(　　)8. 寄售双方实质上是一种委托关系而不是买卖关系。

(　　)9. 汇款一经解付，汇款人就不能要求银行办理退汇。

(　　)10. 判断结算方式基础的依据是所使用汇票的种类。

五、案例分析题

我国C公司2018年向美国A公司出口工艺品。C公司以前曾多次与A公司交往，业务关系良好。第一笔成交，客户坚持要以T/T付款，称这样节约费用，对双方有利。考虑双方长时间交往，还算了解，C公司就答应了客户的要求。在完成装货收到B/L后即给客户发传真，客户很快将货款USD11 000汇给我方，第一单非常顺利。一个月后，客户要求再次发货并仍以T/T付款，我方同意。3个月内连续4次发货，总值FOB DALIAN USD 44 000，目的港为墨西哥。待4批货物全部出运后，再向客户索款已为时过晚，客户以各种理由拖延，半年以后客户人去楼空。

问题：赊销具有很大风险，本案例中出口商C公司的具体失误有哪些？

六、简答题

1. 分别绘制电汇业务流程图和票汇业务流程图。
2. 汇款的头寸划拨是如何进行的？
3. 试比较电汇、信汇、票汇三种方式的利弊。
4. 汇款在国际贸易中的运用方式有哪几种情况？

七、技能操作题

请根据以下给出的条件，填写一份电传。

汇出行名称：Bank of China，Shenyang

汇入行名称：Midland Bank Ltd.，London

发电日期：29 July

起息日：29 July

密押：23××

汇款编号：208TT××××

付款金额：GBP 3 800.00

收款人：R. H. L College，London，account No. 230642××with Midland Bank Ltd.

附言：Contract No. 20030011

汇款人：Hope Training School，Shenyang

头寸调拨：Debit our H. O. account

以下是一份需填写的电传：

FM：________________

TO：________________

DATE：________________

TEST：________________

OUR REF NO. ________________

NO ANT CHARGES FOR US

PAY ________________ VALUE ________________

TO ________________

FOR CREDIT OF ACCOUNT NO. ________________

MESSAGE ________________

ORDER ________________

COVER ________________

参考答案

一、重点名词

略。

二、单选题

1－5：ABBCA；6－10：BACBD。

三、多选题

1. BCDE； 2. BCD； 3. BC； 4. ABD； 5. ABCD； 6. ACD； 7. ACE； 8. BD； 9. BD； 10. BCDE。

四、判断题

1. F；2. F；3. F；4. F；5. F；6. F；7. T；8. T；9. T；10. F。

五、案例分析题

分析：

本案例是一个以 T/T 方式付款的 O/A(货到付款，也称赊销)结算，出口商本来就面临很大的收款风险，加上出口商的失误，导致最后钱货两空。

出口商的具体失误如下：第一，对进口商并不了解，第一次交易就接受了 O/A 方式；第二，没有及时催收货款，连续发货 4 次后才开始索款；第三，应急措施不及时，在进口商不付款的情况下没有进一步采取有效措施，如仲裁、起诉等。

六、简答题

略。

七、技能操作题

略。

第 四 章

托收方式

【导入案例】

2020 年 5 月上海 A 贸易公司开始与一港商开展贸易活动，并在 7 月成交一笔生意。港商进口一批价值 50 000 美元的纯棉男式衬衫，条款为 L/C AT SIGHT。现港商对该批货物质量反映良好，并发函预定另一批纯棉男式衬衫，条件为 D/P AT SIGHT，原因是做 D/P 比做 L/C 省钱。上海 A 贸易公司因历来没做过 D/P AT SIGHT，怕有风险。那么，什么是 D/P AT SIGHT？它的业务程序如何？如果上海 A 贸易公司同意对方要求，有风险吗？

【教学目的】

通过本章教学，要求学生掌握托收定义和当事人的权利与责任、托收业务的种类及各自业务程序。明确《托收统一规则》的基本内容和常用的业务单据。

【教学重点】

跟单托收的不同交单条件及异同点，不同交单条件下的托收对进出口商影响。

【教学难点】

托收指示中收款指示及托收中汇票的签发与背书；涉及《托收统一规则》相关条款的理解与掌握。

第一节　托收方式概述

一、托收方式的定义

托收(Collection)是国际贸易结算中的重要支付方式之一。《托收统一规则》国际商会第522号出版物(The Uniform Rules for Collections－1995 Revision-ICC Publication No. 522，简称《URC522》)第2条对托收作了如下的定义：

托收是指银行依据从出口商处收到的指示处理金融单据或商业单据，以便于：

①取得付款和/或承兑；或

②凭以付款或承兑交单；或

③按照其他条款和条件交单。(常见的有“以交来本票/信托收据/承诺书等”)

其中单据是指金融单据和/或商业单据。

①金融单据是指汇票、本票、支票或其他类似的可用于取得款项支付的凭证；

②商业单据是指发票、运输单据、所有权文件或其他类似的文件，或者不属于金融单据的任何其他单据。

根据上述定义和国际贸易实务来理解，通俗地说：托收是委托人向银行提交凭以收款的金融单据或商业单据或两者兼有，委托银行(托收行)向付款人收取货款(或款项)的一种结算方式。

二、托收方式的当事人及其相互关系

(一)托收方式的当事人

托收业务有四个基本当事人：委托人、托收行、代收行、付款人。根据业务需要，还可能出现另两个当事人：提示行和需要时的代理。

1. 委托人

委托人(Principal)是委托银行办理托收业务的当事人，通常是出口商(Exporter)。由于委托人常常需要出具汇票委托银行向国外付款人收款，因此其往往也被称为汇票的出票人(Drawer)。委托人也可以是汇票的收款人(Payee)、卖方(Seller)、托运人(Consignor)。

2. 托收行

托收行(Remitting Bank)指接受委托人的委托，并通过国外联行或代理行完成收款业务的银行。在托收业务中，托收行一般是债权人所在地的银行，它还是出口方银行

(Exporter's Bank)、托收汇票收款人(Payee of the Collection Bill)。托收行也可以是托收汇票的被背书人(Endorsee)。

3. 代收行

代收行(Collecting Bank)指接受托收行的委托代向付款人收款的国外联行或代理行。在托收业务中，代收行一般是付款人所在地的银行，它还是进口方银行(Importer's Bank)、托收汇票收款人(Payee of the Collection Bill)。代收行也可以是托收汇票的被背书人(Endorsee)。

4. 付款人

付款人(Drawee)指汇票中指定的付款人，也就是代收行向之提示汇票和单据的债务人，他还是进口方(Importer)、买方(Buyer)。

5. 非基本当事人

除上述当事人外，国际商会《托收统一规则》(Uniform Rules for Collections)增加了提示行和需要时的代理作为托收结算方式的当事人之一。

(1)提示行

提示行(Presenting Bank)指跟单托收项下向付款人提示汇票和单据的银行。在一般情况下，向付款人提示汇票和单据的银行就是代收行本身。如果代收行与付款人无往来关系，为了便利如期收款，代收行也可主动或应付款人要求，委托付款人的往来银行充当提示行。

(2)需要时的代理

在托收业务中，如发生付款人拒付，委托人可指定在付款地的代理人代为料理货物存仓、转售、运回或改变交单条件等事宜，这个代理人叫作“需要时的代理”(Customer's Representative in Case of Need)。委托人在托收指示中应明确完整地规定其权限，否则银行将不接受该代理的任何指示。

(二)托收方式有关当事人之间的关系

在托收业务中，存在着两对代理关系、一对合同关系。两对代理关系分别是委托人与托收行之间的代理关系，托收行与代收行之间的代理关系。一对合同关系是指委托人与付款人之间签订的合同关系。托收当事人之间的关系如图 4-1 所示。

1. 委托人与付款人之间的关系

委托人与付款人在国际贸易买卖交易中，分别为出口商与进口商。他们之间的关系是买卖合同关系。

2. 委托人与托收行之间的关系

委托人与托收行之间的关系是委托代理关系。两者关系的依据是托收申请书(Collection Application)。托收申请书实质是委托人与托收行之间的委托代理合同。

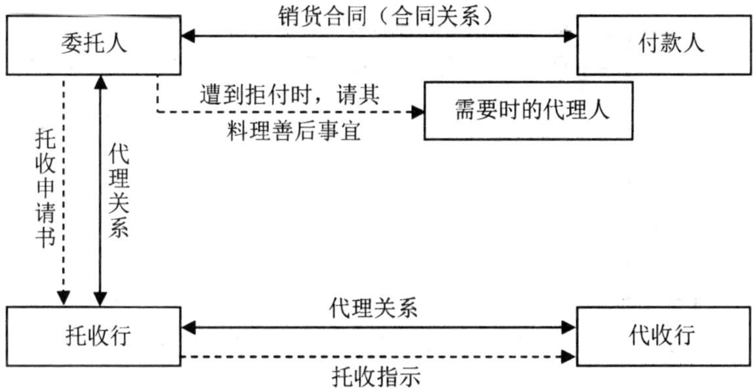

图 4-1　托收当事人之间关系

3. 托收行与代收行之间的关系

托收行与代收行之间的关系是委托代理关系。代收行是托收行的代理人，代收行须严格按照作为委托人的托收行所发出的托收指示行事。

4. 代收行与付款人之间的关系

代收行与付款人之间并不存在契约关系。付款人对代收行应否付款，完全根据他与委托人之间所订立的契约义务而决定，即以委托人提供的单据足以证明委托人已履行了买卖合同义务为前提。

三、托收方式的种类

（一）光票托收

光票托收(Clean Collection)是指仅凭金融票据而不附带有商业单据的托收。这里的金融单据包括汇票、本票、支票、付款收据或其他类似的单据，商业单据是指代表物权的货运单据。即凡仅有金融单据而无货运单据或所附单据为非货运单据(如发票、垫款清单、保费收据等)的托收，都属于光票托收。它由于没有货运单据，不直接涉及货物的转移或处理，银行只需根据票据收款即可，因此，业务处理比较简单，如图 4-2 所示。

光票托收在非贸易结算中使用较多，在进出口贸易中较少使用，一般用于货款尾数、代垫费用、佣金、样品费或其他贸易从属费用。

（二）跟单托收

跟单托收(Documentary Collection)包括两种：金融票据附带有商业单据的托收，商业单据不附带金融票据的托收。

金融票据附带有商业单据的托收，一般是商业汇票附带发票、提单、装箱单、品质证

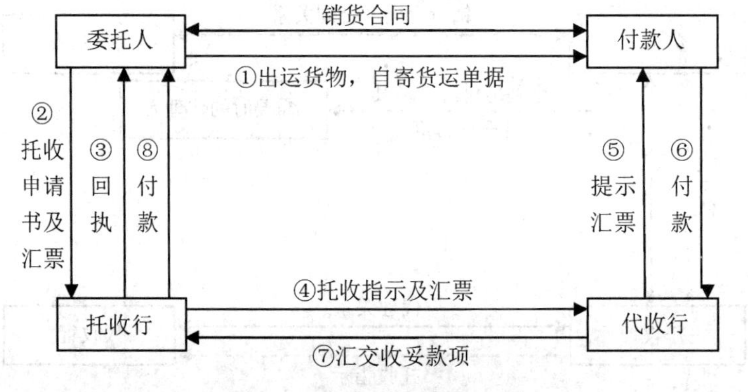

图 4-2　光票托收的业务程序

以及保险单等其他单据。这种托收凭汇票付款，其他单据是汇票的附件，起"支持"汇票的作用。这一业务在托收中较常见。

商业单据不附带金融票据的托收。由于某些国家如日本、德国要征收印花税，为了减免税收负担而在跨国公司内部之间以及相互信任的公司之间采用。

(三)直接托收

直接托收(Direct Collection)是指委托人从托收行处获得托收指示的空白格式，由其自己填写，连同托收单据直接寄给代收行，请其代收货款，并将已经填妥的托收格式副本交托收行，请其将该笔托收视同正常托收业务处理。

直接托收虽然缩短收汇途径，节约了收款时间，但国际商会第 522 号出版物《托收统一规则》未将其列入规则中，其中的风险是显而易见的。

第二节　跟单托收的交单条件及其业务流程

根据国际商会第 522 号出版物《托收统一规则》，跟单托收的交单方式有付款交单、承兑交单和凭其他条件交单。

一、付款交单

付款交单(Documents against Payment，简称 D/P)指委托人在委托银行收款时，指示银行只有在付款人付清货款时，才能向其交出商业单据，即交单以付款为条件。付款交单根据汇票的付款期限不同又分为即期付款交单和远期付款交单。

(一)即期付款交单

即期付款交单(D/P at Sight)简称 D/P 即期，指当代收行向付款人提示汇票、单据要求付款时，付款人审核单据无误后即向代收行支付货款，取回单据。这种货款和单据两讫的手续，就进口商而言，通称付款赎单。由于在即期付款交单方式下，货款的转移和单据的交接在同一时间内完成，因此，即期付款交单可以有汇票，也可以没有汇票。在没有汇票的情况下，托收金额以发票为准。

采用这种托收方式，原则上代收行第一次提示单据时，付款人就应付款。按照国际惯例，给进口商赎单的时间为 24 小时，以便进口商能在第一次提示单据后的下一个工作日内办理付款。

即期付款交单结算程序如图 4-3 所示。

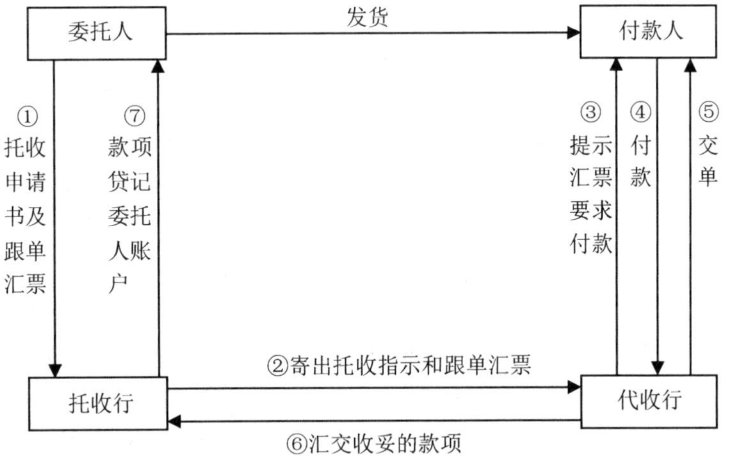

图 4-3 即期付款交单程序

(二)远期付款交单

远期付款交单(D/P at ×× Days after Sight)简称 D/P 远期，指委托人开具远期汇票，连同有关单据交给托收行，由托收行通过代收行向付款人提示，付款人审单后，即在汇票上签字承兑，已承兑汇票及单据仍退回代收行保存，代收行于汇票到期日提示付款，付款人付款赎单的一种交单方式。远期付款交单结算程序如图 4-4 所示。

远期付款交单与即期付款交单相比较而言：即期付款交单出口商开具的是即期汇票，也可以不开立汇票，但远期付款交单必须开汇票，而且是远期汇票；远期付款交单在代收行提示远期汇票和单据时，进口商应先予承兑，承兑后的汇票及单据由代收行收回，即期付款交单无此环节。

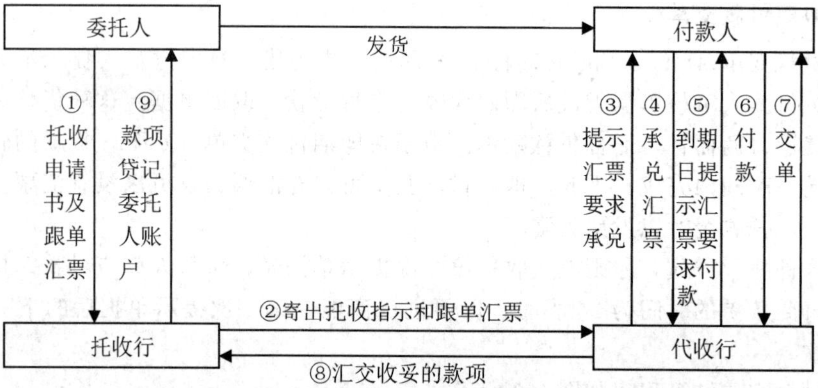

图 4-4　远期付款交单程序

远期付款交单被国际商会视为不规范的做法，其原因是：远期付款交单的进口商在承兑汇票后，受票据法制约，成为汇票的主债务人，但进口商的承兑未能取得物权凭证(即对价)而有欠公平，进口商也没有获得相应的资金融通。远期付款交单的缺点在于：在“远期”的时间间隔之内，如货先到而付款期限未到，进口商因此不能付款赎单；货物在目的港未及时办理进口清关会产生大量的滞港费用，最终导致进口商拒付货款。

当然，远期付款交单有它的存在价值。在具体应用时应注意以下事项：

(1)注意某些国家远期付款交单的习惯做法，在有些国家往往被视同承兑交单。

(2)远期付款交单的付款期限的规定最好是货物抵达目的港之时，进口商的付款期限业已届满，即汇票“远期”的时间掌握应不长于海上航行时间。

(3)注意远期交单凭信托收据借单(Trust Receipt，简称 T/R)贸易融资方式下，可能产生的信贷风险。

(4)为避免风险，委托人往往会授权托收行在托收指示中加列条款以保障自身权益：①列明计息条款，鼓励进口商提前付款；②列明分期付款、分批提货的条款，避免货款全部拒付和大量滞港费用的产生。

二、承兑交单

承兑交单(Documents against Acceptance，简称 D/A)指代收行以进口商的承兑为条件向进口商交单，即代收行向进口商提示远期汇票和单据时，进口商审单无误后签字承兑，代收行留下付款人已承兑的汇票，将全部单据交给付款人，待汇票到期时付款人再履行付款义务的一种交单方式。单据一经交出，代收行就不再对交出的单据承担进一步的责任，因为其已实现托收指示，履行了自己的义务。

承兑交单与远期付款交单业务程序非常相似，所不同的是交单条件：在远期付款交单中，进口商只有在汇票到期并支付货款后才能得到单据；承兑交单中，进口商只要承兑后便可得到单据，这时，汇票未到期，进口商也未付款。

承兑交单程序如图 4-5 所示。

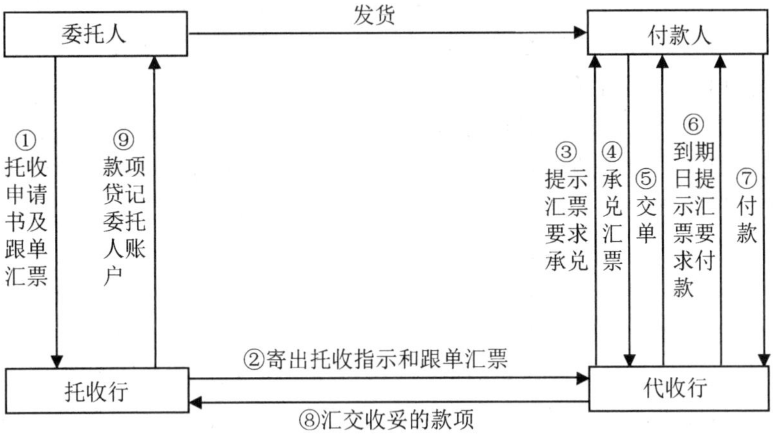

图 4-5　承兑交单程序

综上所述，付款交单与承兑交单的比较如表 4-1 所示。

表 4-1　付款交单与承兑交单的比较

项目		付款交单	承兑交单
不同点	实质不同	货款的收取与单据的转移同时完成	先承兑交单，后收取货款
	交单的依据不同	以付款人的付款为交单依据	以付款人的承兑为交单依据
	收款的时间不同	在即期付款交单方式下是即期收款 在远期期付款交单方式下是远期收款	远期收款
相同点	1. 均以商业信用为基础 2. 均属于逆汇 3. 均属于跟单托收		

三、凭其他条件交单

凭其他条件交单(Deliver Documents on other terms and conditions)指代收行除了凭进口商付款和对汇票承兑之外，还可以凭其他条件交单，如：凭本票交单(Delivery of Documents Against Promissory Note)，凭付款承诺书交单(Delivery of Documents Against

Letters of Undertaking to Pay)，凭签字的信托收据交单(Delivery of Documents Against a Signed Trust Receipt)等。

四、不同交单条件对进出口商的影响

总体上，托收对出口商不利，对进口商有利。不同交单条件对出口商不利的影响程度是不同的。对出口商而言，最理想的是即期付款交单，其次是远期付款交单，最后是承兑交单。对进口商而言，则刚好相反。

即期付款交单方式对出口商不利的影响最小。出口商在进口商付款之前始终控制着单据，从而控制了货物。如果进口商付款，则出口商能迅速收到货款，避免资金积压，有利于提高资金的使用效率。即便是进口商拒付，出口商也可以利用仍控制的货物，通过需要时的代理另选买主，不会出现钱货两空的风险。

远期付款交单与即期付款交单对出口商的影响类似，但出口商要等到汇票到期、进口商付款时，才能收回货款，因此不同程度地存在资金积压的问题，不利于高效使用资金。

承兑交单与远期付款交单对出口商的影响类似，但是承兑交单在交单后出口商已无法约束进口商，进口商可能会破产或无力支付货款、延迟付款甚至无理拒付，因此，无论是在风险，还是在资金使用方面，这种方式都对出口商不利。

第三节 托收指示和托收中的汇票

一、托收指示

(一)定义

根据《URC522》，要求托收的所有单据必须附带托收指示(Collection Instruction)，注明托收受到《托收统一规则》(1995 年修订本)的约束[This collection is subject to Unifomr Rules for Collection(1995 Revision)ICC Publication No. 522]，并作出完全和准确的指示。银行仅被允许根据该项托收指示所作出的各项指示和按照国际商会出版物第 522 号办理。除非托收指示另有授权，代收行将不理会除向其发出托收的一方/银行以外的任何一方/银行的任何指示。

托收指示就是寄送托收单据的托收行寄给代收行的面函(Covering Letter)，它由托收行根据托收申请书制作的。每一银行通常都有自己的格式化托收指示，其形式和内容大致相同。常见的银行托收指示如附式 4-1 所示。

附式 4-1　托收指示

The Industrial & Commercial Bank Of China Collection Instruction

ORIGINAL

To:

Date ________

Dear sirs: ________

Our Ref No. ________

We send you herewith the under-mentioned item(s)/documents for collection.

Drawer:				Draft No. : Date:		Due Date/Tenor			
Goods:				From				To	
By Par				On					
Documents	Draft	Invoice	B/L	Ins. Policy/ Cert.	W/M	C/O			
1st									
2nd									

Please follow instructions marked"×":

□Deliver documents against payment/acceptance.

□Remit the proceeds by airmail/cable.

□Airmail/cable advice of payment/acceptance.

□Collect charges outside ________ from drawer/drawee.

□Collect interest for delay in payment ________ days after sight at ________% P. A.

□Airmail/cable advise of non-payment/non-acceptance with reasons.

□Protest for non-payment/non-acceptance. □

□Protest waived.

□When accepted, please advise us giving due date.

□When collected, please credit our account with ________ .

□Please collect and remit proceeds to ________ Bank for credit of our account with them under their advice to us.

□Please collect proceeds and authorize us by airmail/cable to debit your account with us.

Special Instructions

This collection is subject to

Uniform Rules for Collections

(1995 Revision) ICC Publication No. 522

For The Industrial & Commercial Bank of China

____

Authorized Signature(s)

(二)内容

托收指示的内容必须与托收申请书的内容严格一致，并应包括以下各项适用的内容：

(1)托收银行、委托人、付款人、提示行(如有)的情况，包括全称、邮政地址、电传、电话和传真号码等；

(2)托收的金额和货币种类；

(3)单据清单和每项单据的份数；

(4)取得付款或承兑的条款和条件，交单条款；

(5)要求收取的费用是否可以放弃；

(6)要求收取的利息(如有)是否可以放弃；

(7)付款的方式和付款通知书的形式；

(8)发生不付款、不承兑或未执行其他指示情况时的指示。

托收行在缮制托收指示书时，应将收款指示明确、清楚地表达出来。

(三)重要性

(1)托收业务离不开托收指示，所有的托收业务必须有一个单独的托收指示。

(2)代收行仅被托收指示中载明的指示引导。

(3)代收行不从别处寻找指示，并且没有义务审核单据以获得指示。个别单据上面不载有托收指示，如果有的话，也将不予理会。

托收指示必须包含《URC522》第四条 B 分条第Ⅰ—Ⅱ款表明正当托收业务所必需的详细资料。如果委托人或托收行没有提供所需资料，则代收行对延迟或不符不负责任。代收行对于缺少的资料发出通知，在收到完全资料之前，代收行没有必要采取任何行动去办理托收业务，因此委托人或托收行必须确保所有的、必要的资料已经提供在托收指示中。

二、托收指示中的收款指示

收款指示是托收指示中重要指示之一，即代收行如何将收妥的款项拨付给托收行，这需要结合托收行与代收行的账户开设情况而定。现将常用的三种收款指示简述如下。

(一)托收行在代收行开立账户

出口托收指示中的收款指示应写明：“收妥款项，请贷记我方在你行的账户，并通过电报或航邮通知我行。”当代收行收妥货款后，就要按托收行的指示立即贷记其账户，并发出贷记报单。托收行接到贷记报单，得知货款已收妥，可立即贷记委托人账户，完成此笔托收业务，如图 4-6 所示。

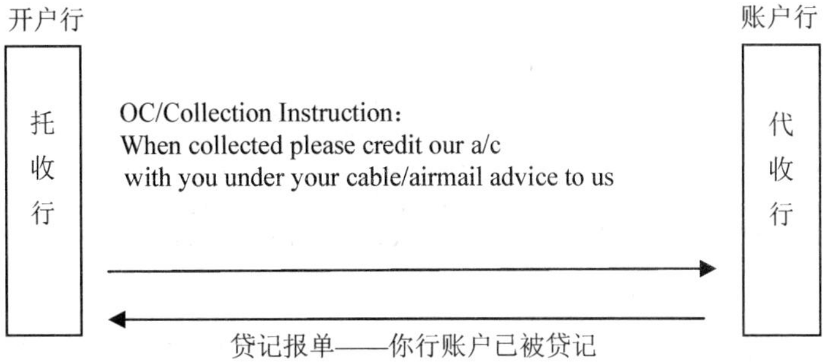

图 4-6 出口托收指示中的收款指示(托收行在代收行开立账户)

(二)代收行在托收行开立账户

出口托收指示中的收款指示应写明："请代收款项并以电报或航邮授权我行借记你方在我行的账户。"当代收行收妥货款后，应发出支付委托书(Payment Order)，授权托收行借记自己的账户。托收行接到支付委托书后，立即借记代收行账户，取出款项，贷记在委托人账户，完成此笔托收业务，如图 4-7 所示。

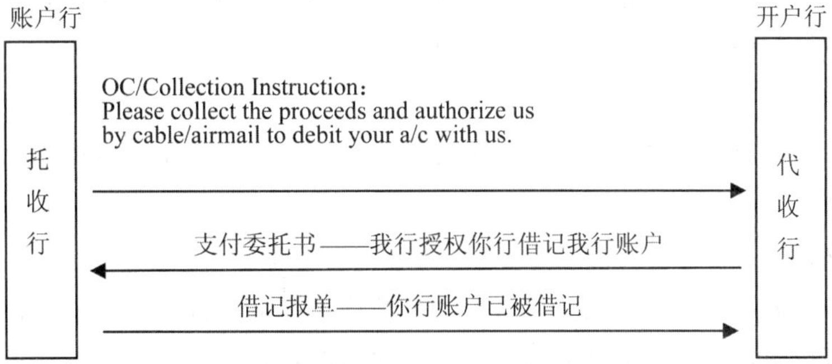

图 4-7 出口托收指示中的收款指示(代收行在托收行开立账户)

(三)托收行与代收行之间没有账户往来

若托收行与代收行之间没有账户往来，托收行在第三家银行国外××银行开立账户时，出口托收指示中的收款指示写明："请代收款项并将款项汇至××银行贷记我行在该行的账户，并请该行以电报或航邮通知我行。"当代收行收妥货款，汇交××银行贷记托收行账户并通知托收行后，托收行得知款项已收妥，可立即贷记委托人账户，完成此笔托收业务，如图 4-8 所示。

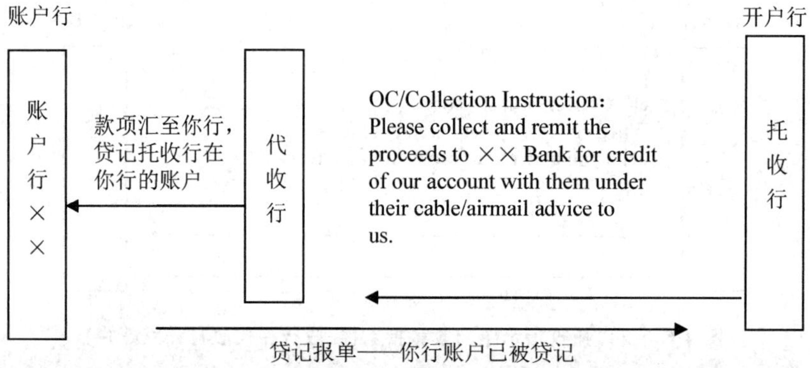

图 4-8　出口托收指示中的收款指示(托收行与代收行之间没有账户往来)

三、托收中的汇票

托收中的汇票在签发时，与前面所述并无太大区别，除了必须具备八个必要项目外，还应加注：①交单条件(在付款期限前注明 D/A 或 D/P)；②出票条款[通常以"Drawn against shipment of(merchandise) for collection"为固定格式]，以表明开立汇票的原因。在某些具体项目上还有其自身的特殊性，具体表现在：

(一)出票人

托收业务中使用的汇票，其出票人为委托人或出口商，委托人主动签发汇票委托银行向进口商收款。

(二)付款人

付款人应当填写进口商，虽然银行参与了结算，但是银行并不承担付款责任。托收中汇票的签发依赖的是进口商的商业信誉，属于商业汇票。

(三)收款人

托收中，汇票的收款人的填写有三种情况：(1)以委托人或出口商为收款人，这是最常见的情况，即出票人和收款人同为委托人或出口商。(2)以托收行为收款人，这时托收行常常要向委托人或出口商提供融资。(3)以代收行为收款人。

(四)付款时间

可以是即期也可以是远期，这完全取决于交单条件。

(五)托收背书

出口商在委托银行收款和交单时要正确背书，否则，可能会影响顺利收款。由于托收汇票的收款人有三种形式，因此托收汇票有三种背书转让情况，现分述如下：

(1)如果汇票上的收款人为委托人或出口商本人，则：①委托人把汇票提示给托收行时应做成空白背书或以托收行为被背书人的记名背书；②当托收行把汇票寄送给代收行时，再限定代收行为被背书人的记名背书，其流通程序可以图 4-9 表示。

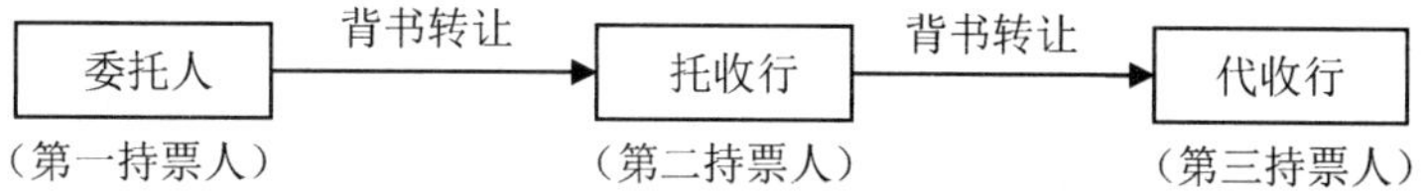

图 4-9　委托人为收款人的汇票的流通

(2)如果汇票上的收款人为托收行，则在托收行向代收行寄单和发出委托书时，只需托收行托收背书给代收行即可，其流通程序可以图 4-10 表示。

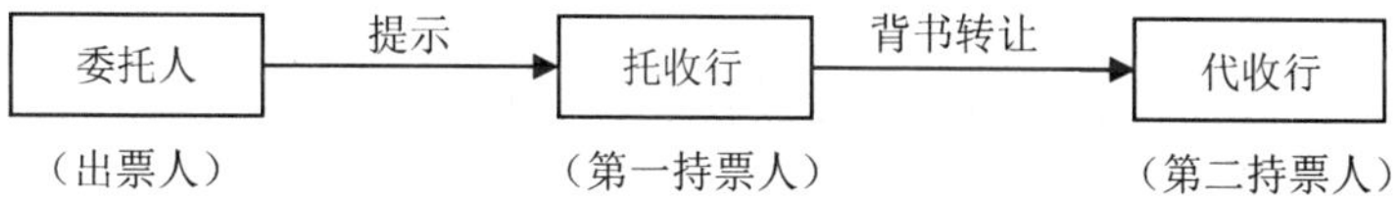

图 4-10　托收行为收款人的汇票的流通

(3)如果汇票上的收款人为代收行，则委托人和托收行不是持票人(收款人)，无权也不需要当事人背书，委托人提示托收行寄给代收行，其流通程序可以图 4-11 表示。

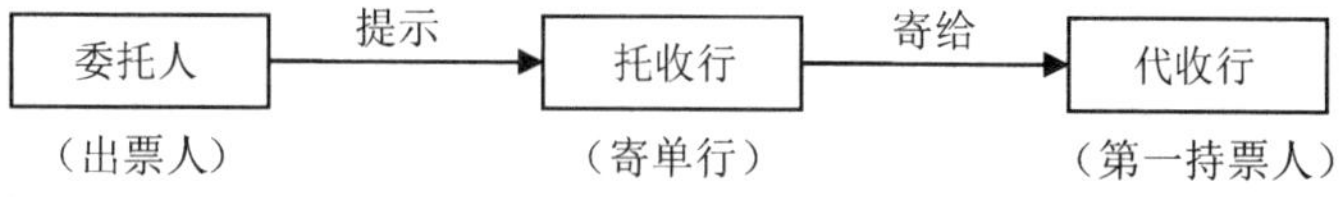

图 4-11　代收行为收款人的汇票的流通

例： 中国天津 A 公司于 2020 年 5 月出口一批货物，货款金额为 10 万美元，委托中国银行天津分行托收，中国银行又委托香港渣打银行向当地进口商 B 公司代收，合同规定的交单条件为 D/P30 天付款，A 公司按约定及时发出货物，取得货运单据，试问：①在正常托收业务中，A 公司应如何签发汇票以及如何背书？②如果中国银行向 A 公司提供融资时，汇票又该如何签发？如何背书？③如果以代收行香港渣打银行为抬头人签发汇票呢？

在①问中，所签发的托收汇票票样和托收汇票背书票样分别如图 4-12 和图 4-13 所示。

Exchange for USD100 000. 00　　　　Tianjin 15 May, 2008

D/P At 30 days after sight pay this bill of exchange(second unpaid)to the order of ourselves the sum of one hundred thousand US dollars only

Drawn against shipment of (merchandise)for collection.

To B Co.

Hong Kong

For A Co.
Tianjin
Signature

图 4-12　①问中托收汇票票样

汇票背面：

Pay to the order of Bank of China，Tianjin Branch for Collection

For A Co.
Tianjin
Signature

Pay to the order of Zhada Bank for Collection

For Bank of China，Tianjin Branch
Signature

图 4-13 ①问中托收汇票背书票样

在②问中，所签发的托收汇票票样和托收汇票背书票样分别如图 4-14 和图 4-15 所示。

Exchange for USD100 000.00 Tianjin 15 May，2008

D/P At 30 days after sight pay this bill of exchange (second unpaid) to the order of Bank of China，Tianjin Branch the sum of one hundred thousand US dollars only

Drawn against shipment of (merchandise) for collection.

To B Co.
Hong Kong

For A Co.
Tianjin
Signature

图 4-14 ②问中托收汇票票样

汇票背面：

Pay to the order of Zhada Bank for Collection

For Bank of China，Tianjin Branch
Signature

图 4-15 ②问中托收汇票背书票样

在③问中，所签发的托收汇票票样如图 4-16 所示。A 公司和天津中行不是持票人(收款人)，无权也不需要当事人背书。

Exchange for USD100 000. 00 Tianjin 15 May, 2008

D/P At 30 days after sight pay this bill of exchange (second unpaid) to the order of Zhada Bank the sum of one hundred thousand US dollars only

Drawn against shipment of (merchandise) for collection.

To B Co.

Hong Kong

For A Co.

Tianjin

Signature

图 4-16 ③问中托收汇票票样

第四节 托收中当事人的责任

一、委托人

委托人的责任主要受到两个合同的约束：首先，作为出口商，应履行与进口商之间签订的贸易合同的责任；其次，作为委托人，应履行与托收行签订的委托代理合同的责任。两方面的责任具体表现为：

(一)作为出口商在贸易合同下的责任

(1)按时、按质、按量交付货物。这是出口商最重要、最基本的合同义务，是履行贸易合同的第一步，也是跟单托收的前提条件。

(2)提供符合合同要求的单据。跟单托收中，单据是进口商得以提货的必要条件，因此，出口商在发货后应缮制有关单据，如商业发票，并将之与履行合同后所得单据，如运输单据、保险单(如 CIF 价格中)等交托收行。这些单据不仅种类和份数上要满足合同要求，而且单据的内容也应符合合同要求。只有提供了符合合同要求的单据，才证明出口商已经履行了贸易合同。

(二)作为委托人在委托代理合同下的责任

(1)托收申请书中的指示必须明确，以便托收行执行。如果因委托人的指示不明确造成托收款项的延误或损失，一概由委托人承担。

托收申请书的主要内容有：

①委托人的名称、地址、有权印鉴；

②付款人的名称、地址或开户行的名称、地址、账号；

③托收随附单据的名称和份数；

④托收交单方式；

⑤托收收妥后收账要求；

⑥托收拒绝付款或承兑应采取的措施，如是否要做成拒绝证书，货物抵港后是否代办存仓、保险等；

⑦托收费用由谁承担；

⑧有关托收的其他要求。

(2)及时指示。当银行将发生的一些意外情况通知委托人时，委托人必须及时指示；否则，因此而发生的损失由委托人自行负责。

(3)负担的费用。委托人不但要向托收行支付手续费，而且应负担托收行为执行托收指示而支出的各种费用，即使托收行没有收到货款，委托人也必须支付这些费用；即使托收指示中规定国外代收行的费用必须由进口商负担并不得豁免，在进口商拒付货款时，国外代收行的费用也必须由委托人承担。

二、托收行

在托收业务中，托收行的基本职责是根据委托人在托收申请书的指示和《托收统一规则》行事，不能擅自超越、修改、疏漏、延误委托人在申请书上的指示，并对自身的过失承担责任。其具体职责如下：

(一)审查委托申请书并核对单据。审查委托人填写的托收申请书的内容是否详尽明确，签章是否有效。如果对委托人的有些要求无法执行，应向委托人解释，由他修改申请书的内容以后，再办理托收。托收行没有审核单据内容的义务。委托人提供的单据是否与买卖合同相符，托收行不负责任。托收行只需将收到单据的种类和份数与托收申请书中所列情况核对。如发现单据遗漏时，应立即通知委托人补交。在具体业务中，托收行一般会对委托人交来的主要单据进行重点核对，但这完全是银行对客户提供的服务，而不是应尽的责任。

(二)缮制托收指示。托收行在托收业务中完全处于代理人的地位，它必须根据委托人的指示办事，因此对于托收行来说，它最主要的责任就是缮制托收指示。它的内容必须与委托人的申请书的指示严格相符，经复核并加签有权人签章后连同委托人提交单据寄给代收行。

(三)负担过失责任。银行在受理托收时，向委托人收取手续费，因此银行必须善意和谨慎地行事，凡因未按照申请书的指示而产生的后果银行应对其自身过失负责。

三、代收行

(一)审查托收指示与核对单据。代收行应将收到的单据与托收指示核对，任何单据的名称或份数不符时，必须立即通知托收行，同时要复核托收指示上的各项要求，考虑能否照办。如果代收行对某些要求由于自身能力或将来可能发生纠纷而不愿照办，必须在收到托收指示时，立即向托收行提出不能照办的理由，或申明对该条款不能照办，要求托收行予以取消或变更，如果既不提出声明，也不照办，代收行将承担因此而造成的损失。

(二)保管好单据。跟单托收是通过银行凭单据取得付款人的承兑和付款，因此，当付款人未履行交单条件时，代收行不能把单据交给付款人，并有义务妥善保管好单据。

(三)及时通知托收情况。代收行应按托收指示规定的方式毫不延迟地将付款通知、承兑通知或拒付通知送交托收行；付款通知中应详细列明收到的金额、已扣除的费用以及处理款项的方法；一旦发生拒付，代收行应尽力查明拒付原因。托收行在收到拒付通知后，必须作出处理单据的相应指示，在发出拒付通知的60天内，代收行仍未接到相应指示的，可将单据退回托收行，代收行不再承担任何责任。

(四)无义务对托收项下货物采取任何行动。根据《URC522》规定，如未事先征得代收行同意，货物直接运交代收行或以代收行/代收行指定人为收货人，则代收行无提货的义务。货物的风险与责任由发货人承担。即使托收指示明确指示代收行应对托收项下货物采取行动，包括存仓与保险，代收行也无义务执行这一指示；如果代收行不同意采取行动，甚至遗漏通知对方，代收行也无责任。代收行只有在同意情况下，且在其同意的范围内才采取这样的行动。为了保护货物，如果银行采取了提货、存仓、保险等行动，则该银行对于货物的处理、货物的状况、对受托保管或保护该项货物的第三者采取的行动或疏漏均不负责；不过代收行必须将这些行动通知托收行。银行对于货物因采取保护行动而发生的费用和支出应由委托人负责。

四、付款人

其基本职责是履行贸易合同的付款义务，不得无故延迟付款或拒付。付款人的义务履行以委托人提供的单据能证明委托人已履行了合同义务为前提。当然，委托人为保证在付款人未承兑/付款情况下对货物的控制，托收项下的运输单据应做成空白抬头、空白背书，而不做成银行/银行指定人或付款人抬头。

第五节 托收方式在国际贸易中的应用

一、托收方式的特点

(一)比汇款结算方式安全

付款及交单方式的变化，使得进出口双方的安全性均有所提高。跟单托收中，出口商以控制货权单据控制货物，以交付货权单据代表交货，而交单又以进口商付款或承兑为前提，因此出口商一般不致“银货两空”，比货到付款安全。对进口商来说，只要付了款或进行承兑，即可得到货权单据，从而得到货物，比预付货款安全。因此，无论是对进口商，还是对出口商来说，跟单托收比汇款安全。

(二)结算基础为商业信用

然而进出口双方仍面临一定风险，托收仍是以商业信用为基础的结算方式。在跟单托收方式中，银行只是按委托人的指示转移款项，负责单据的传递。至于出口商出售货物后能否得到价款，进口商能否取得与合同规定相符的单据和货物，完全取决于进出口双方的资信。银行并不承担付款或担保责任。若进口商由于某些原因拒绝付款赎单，虽出口商还能控制货权单据，但是货物已经出运，出口商将承担货物存仓、保险、转售或回运等费用损失。承兑交单下，进口商付款前出口商已经交出单据，一旦汇票到期进口商拒绝付款，出口商钱货两空，损失更大。当然进口商也面临一定风险，即付款或承兑后，凭单提取的货物可能与合同不符甚至收到的单据完全是一套没有相应货物的伪单。

(三)资金负担不平衡

托收方式中，出口商的资金负担相对较重，因为在进口商尚未付款前，货物占用的资金均由其承担，进口商基本不负担资金，资金负担仍不平衡。当然，出口商可以利用货权单据通过出口押汇从银行处得到资金融通，从而在一定程度上减轻资金负担的压力。同时，进口商也可以通过信托收据和担保提货获得银行的融资。

(四)手续简便、费用低廉

银行凭付款交单或承兑交单，结算程序简便、迅速。虽比汇款方式复杂，费用稍高，但同信用证方式比较而言，托收方式手续简便、费用低廉的优势还是相当明显的。

二、托收统一规则

在国际贸易中由于当事人各方对权利、义务和责任的解释不同，各国银行在办理托收业务时的具体做法也存在差异，因此会导致一些争议和纠纷。为了避免矛盾，便于国际贸易和结算的发展，国际商会于1958拟定了《商业单据托收统一规则》(Uniform Rules for Collection of Commercial Paper)，为托收业务的形式和结构、程序和原则，以及统一的术语和定义奠定了规范的模式。1967年，国际商会第254号出版物公布了这一规则。此后，根据国际贸易的新变化，国际商会于1978年对该规则进行了修订和补充并改名为《托收统一规则》(Uniform Rules for Collection，URC)。作为国际商会第322号出版物(ICC Publication No. 322)公布，于1979年实施。经过十几年的实践，国际商会于1993年起着手对《托收统一规则》进行总结回顾，并对其作了部分修改，于1995年形成《托收统一规则》(国际商会第522号出版物，简称《URC522》)，并从1996年1月1日起实施。它是托收项下各当事人在办理国家间托收业务对应参考的一份重要文件。

《托收统一规则》除前言外，分"总则和定义"与"义务和责任"两部分。其中"义务和责任"部分包括23条具体内容。它对托收各当事人的义务与责任，有关托收项下的提示、付款、承兑的程序，以及利息费用等方面，均做了比较详细和明确的规定。

应该指出的是，《托收统一规则》并不是国际上公认的法律，而是托收业务中国际惯例的统一解释，只有在有关当事人事先约定后，才受其约束，但它在一定程度上解答了托收中的问题。《托收统一规则》自公布以来，已被许多国家银行采用，并据以处理托收业务中各方的纠纷与争议。我国银行在接受托收业务时，原则上也按此规则办理。

第六节 银行在托收业务中提供的资金融通

一、对出口商的融资

(一)托收出口押汇

出口押汇也称议付(Negotiation)，是托收行买入出口商开立的跟单汇票及/或装运单据。当出口商在提示汇票及/或单据委托银行办理托收时，要求托收行叙做押汇。托收行如认为这笔交易的销售情况良好，进、出口商的资信都很可靠，即可叙做托收出口押汇(Collection Bills Purchased)，买入跟单汇票，按照票面金额扣减从付款日到估计收到票款日的利息及银行手续费，将净款付给出口商。托收行成为跟单汇票的持票人，俟代收行收到进口商付款汇回归还托收行的垫款。

由于托收出口押汇是凭进、出口商的资信，特别是进口商的商业信用好坏而确定是否给予资金融通的，因此银行承担的风险很大，即将原来由出口商承担的风险转移到托收行，因此托收行一般不愿做出口押汇，除非前面所说的代收行担保托收汇票的付款，把商业信用付款转为银行信用付款，则可以叙做出口押汇。

(二)贷款

托收项下贷款(Advance against Collection)是指出口商在流动资金不足的情况下可以要求托收行发放低于托收金额的贷款，俟到期日还贷。这相当于以部分贷款做押汇，但与押汇还有不同。

(三)使用融通汇票贴现融资

出口商利用开立带有质押的融通汇票，由托收行承兑后，通过贴现公司贴现融资(Accommodation bill for Discount)。具体地，出口商可事先与托收行或其他银行订立承兑信用额度协议(acceptance credit agreement)，货物出运后，出口商开立一张远期融通汇票，以订立协议的银行(即托收行)作为受票人，以出口商作为出票人和收款人，金额略低于托收汇票，期限略长于托收汇票，并以托收跟单汇票作为融通汇票的质押品，一起交给托收行，托收行在对融通汇票承兑后，送交贴现公司贴现，出口商即可得到净款融资。托收行将托收跟单汇票寄送代收行，收取货款后，向贴现公司付融通汇票到期日应付的票款。其业务流程如图 4-17 所示。

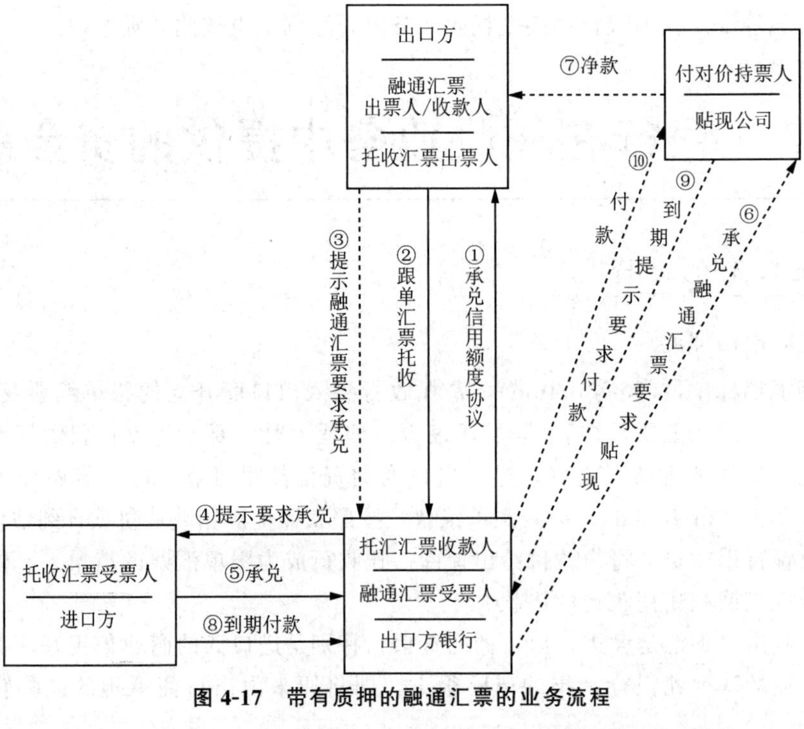

图 4-17　带有质押的融通汇票的业务流程

二、对进口商的融资

(一)信托收据

银行允许进口商在付款前开立信托收据(Trust Receipt，T/R)交给代收行，凭以借出货运单据先行提货，以便出售，待售得货款后偿还代收行，换回信托收据。这种做法是D/P托收的变通，又称为见票后若干天付款交单，以开出信托收据换取单据(D/P at ××days after sight to issue trust receipt in exchange for documents，D/P，T/R)。这是对进口商的资金的融通。

凭信托收据提取的货物产权仍属银行，进口商处于代为保管货物的地位，称为被信托人(Trustee)或代保管人(Bailee)，其义务是：

(1)将信托收据项下货物和其他货物分开保管。

(2)售得的货物应交付银行，或暂代银行保管，但在账目上须与自有资金分别开来。

(3)不得把该项下的货物抵押给他人。

代收银行是信托人(Truster)，其权力是：

(1)可以随时取消信托，收回借出的商品。

(2)如商品已被出售，可随时向进口商收回货款。

(3)如进口商倒闭清理，对该项下的货物或货款有优先债权。

如果出口商主动提出“凭信托收据借单”以对进口商融通资金，并在托收指示上写明“付款交单，凭信托收据借单”(D/P，T/R)字样，代收行可以按照托收指示中的交单条件办理，但一切后果应由出口商负责。如果出口商未曾主动提出而是代收行同意进口商的“凭信托收据借单”要求的话，则一切后果应由代收行负责。

(二)融通汇票融资

进口商利用开立不带有质押的融通汇票，由代收行承兑后，通过贴现公司贴现融资。具体地，进口商可事先与代收行或其他银行订立承兑信用额度协议，当进口商收到代收行的通知书要求他付款时，可开立一张远期融通汇票，以订立协议的银行(即代收行)作为受票人，以进口商作为出票人和收款人，要求代收行在对融通汇票承兑后，送交贴现公司贴现，进口商即可得到净款用来支付给代收行。待融通汇票到期，进口商将提取的进口货物销售所得的货款归还融通汇票到期的票款，其业务流程如图4-18所示。

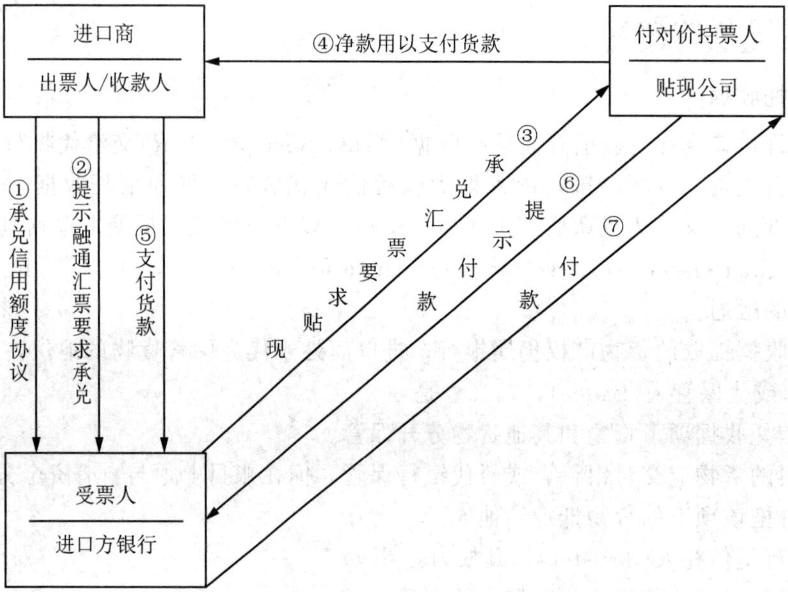

图 4-18　不带有质押的融通汇票的业务流程

【专题看板】

案例：D/P 远期付款方式的掌握

××月××日，我国公司同南美客商 B 公司签订合同，由 A 公司向 B 公司出口一批货物，双方商定采用跟单托收结算方式了结贸易项下款项的结算。我方的托收行是 C 银行，南美代收行是 D 银行，具体付款方式是 D/P 90 天。但是到了规定的付款日，对方毫无付款动静。更有甚者，全部单据已由 B 公司承兑汇票后，由当地代收行 D 银行放单给 B 公司。于是 A 公司在 C 银行的配合下，聘请了当地较有声望的律师对代收行 D 银行，因其将 D/P 远期作为 D/A 方式承兑放单的责任，向法院提出起诉。当地法院以惯例为依据，主动请求我方撤诉，以调解方式解决该案例。经过双方多次谈判，该案终以双方互相让步而得以妥善解决。

分析

托收方式是一种以商业信用为基础的结算方式，这种结算方式显然对一方有利，对另一方不利。鉴于当今世界是买方市场这一情况，作为出口商的我方想通过支付方式给予对方优惠来开拓市场，增加出口，这一做法本无可厚非。问题是在采用此种结算方式时，我们除了要了解客户的资信以外，还应掌握当地的习惯做法。

在这一案例中托收统一规则《URC522》与南美习惯做法是有抵触的。据《URC522》第 7

条a款：托收不应含有凭付款交付商业单据指示的远期汇票；b款：如果托收含有远期付款的汇票，托收指示书应注明商业单据是凭承兑交付款人(D/A)，还是凭付款交付款人(D/P)，如果无此项注明，商业单据仅能凭付款交单，代收行对因迟交单据产生的任何后果不负责任；c款：如果托收含有远期付款汇票，且托收指示书注明凭付款交付商业单据，则单据只能凭付款交付，代收行对于因任何迟交单据引起的后果不负任何责任。

从中不难看出，国际商会托收统一规则，首先不主张使用D/P远期付款方式，但是没有把D/P远期从《URC522》中绝对排除。倘若使用该方式，根据《URC522》规则，D银行必须在B公司90天付款后，才能将全套单据交付给B公司，故D银行在B公司承兑汇票后即行放单的做法是违背《URC522》规则的。

但从南美的习惯做法看，南美客商认为，托收方式既然是一种对进口商有利的结算方式，就应体现其优越性。D/P远期本意是出口商给进口商的资金融通，而现在的情况是货到南美后，若按D/P远期的做法，进口商既不能提货，又要承担因货压港而产生的滞迟费。若进口商想避免此种情况的发生，则必须提早付款从而提早提货，那么D/P远期还有什么意义？故南美的做法是所有的D/P远期均视作D/A对待。在此情况下，D银行在B公司承兑后放单给B公司的做法也就顺理成章了。

此案给我们的启示是：在处理跟单托收业务时，原则上我们应严格遵守《URC522》。托收行在其托收指示中应明确表明按《URC522》办理，这样若遇有当地习惯做法与《URC522》有抵触时，可按《URC522》办理。

当然，我们在具体操作时，也应尊重当地的习惯做法。将来，凡货运南美地区的托收业务，我们可采用D/P即期或D/A的付款方式，避免使用D/P远期，以免引起不必要的纠纷。倘若非用D/P远期不可，则远期的掌握应该从起运地到目的地运输所耗费的时间为准。

【本章小结】

托收是委托人向银行提交凭以收款的金融单据或商业单据或两者兼有，委托银行(托收行)向付款人收取货款(或款项)的一种结算方式。

托收分为光票托收、跟单托收和直接托收，而跟单托收按照交单方式又分为付款交单和承兑交单。付款交单有即期与远期之分。交单方式不同，出口商面临的收汇风险也不一样。承兑交单的风险要远远高于付款交单。但是，在托收业务中，出口商要慎用远期付款交单，远期付款交单被国际商会认定为不规范的结算方式。

根据《URC522》，要求托收的所有单据必须附带托收指示。收款指示是托收指示中重要指示之一。结合托收行与代收行的账户开设情况分为托收行在代收行开立账户、代收行在托收行开立账户、托收行与代收行之间没有账户往来三种。托收中的汇票，在某些具体项目上有其自身的特殊性。出口商在委托银行收款和交单时要正确背书，否则，可能会影响顺利收款。由于托收汇票的收款人有三种形式，因此托收汇票有三种背书转让情况。

作为出口商的委托人，应按时、按质、按量装运货物并提供符合合同要求的单据；在委托代理合同下的责任主要是指示要明确，并对意外情况及时指示和承担委托费用。托收行和代收行作为委托人的代理人，其基本职责是根据委托人的指示和《托收统一规则》行事，按常规处理业务，并承担过失责任。付款人的基本职责是履行贸易合同的付款义务，不得无故延迟付款或拒付。

托收的特点是比汇款结算方式安全，但仍是以商业信用为基础的，且资金负担仍不平衡，与信用证方式比较而言，托收手续简便，费用低廉。

银行在托收业务中，对出口商的融资有：托收出口押汇、贷款，使用融通汇票贴现融资。对进口商的融资有：信托收据、融通汇票融资。

【练习与思考】

一、重点名词

托收；光票托收；跟单托收；即期付款托收；远期付款托收；承兑交单；《URC522》

二、单选题

1. 在以下支付方式中，最有利于进口方的是(　　)。

A. 信用证　B. 预付货款　C. D/P 即期　D. D/A 30 天

2. 托收方式与信用证支付方式的主要区别是(　　)。

A. 前者是顺汇，后者是逆汇　B. 前者使用商业汇票，后者使用银行汇票

C. 前者是商业信用，后者是银行信用　D. 前者对卖方有利，后者对买方有利

3. 简称为 D/A 的是(　　)。

A. 汇付　B. 付款交单　C. 承兑交单　D. 电汇

4. 债权人出具汇票委托银行向债务人收取货款的支付方式是(　　)。

A. 汇付　B. 票汇　C. 信汇　D. 托收

5. 简称为 D/P 的是(　　)。

A. 付款交单　B. 即期付款交单　C. 远期付款交单　D. 承兑交单

6. 简称为 D/P at sight 的是(　　)。

A. 跟单托收　B. 即期付款交单　C. 远期付款交单　D. 承兑交单

7. 简称为 D/P after sight 的是(　　)。

A. 光票托收　B. 即期付款交单　C. 远期付款交单　D. 承兑交单

8. 简称为 D/A 的是（ ）。

A. 汇付　　B. 付款交单　　C. 电汇　　D. 承兑交单

9. 在几种托收方式中，对卖方来说，风险最大的是（ ）。

A. 票汇　　B. 即期付款交单　　C. 远期付款交单　　D. 承兑交单

10. 在托收业务中，（ ）决定代收行向付款人交单的方式。

A. 委托人　　B. 托收行　　C. 代收行　　D. 付款人

11. 在托收业务中遭到拒付，代收行及时发出拒付通知后，（ ）天未接到进一步指示，可将单据退回托收行。

A. 30　　B. 60　　C. 90　　D. 120

12. 在托收业务中遭到拒付，银行尚未交单，委托人不宜采取的处理方式是（ ）。

A. 设法在进口国另找新的买主，就地销售货物

B. 委托承运人将货物运回

C. 委托事先指定的进口地的必要时的代理人，代为以信托收据方式借得提单，销售货物

D. 派专人到进口地找原进口商做进一步协商，要求其付款赎单

三、多选题

1. 托收方式的当事人主要有（ ）。

A. 委托人　　B. 托收行　　C. 汇入行　　D. 代收行

E. 提示行

2. 在跟单托收的情况下，根据交单条件的不同可分为（ ）。

A. 付款交单　　B. 承兑交单　　C. 提示交单　　D. 出票交单

E. 见票交单

3. 下列叙述中属于托收的特点的有（ ）。

A. 有利于调动买方订货的积极性　　B. 它属于一种银行信用

C. 它是一种单证的买卖过程　　D. 存在着收不回货款的风险

E. 它属于商业信用

4. 下列英文中，属于托收的相关术语的有（ ）。

A. Clean Collection　　B. Documentary Collection

C. Remitting Bank　　D. Paying Bank

5. 在托收结算方式下，如果采用承兑交单条件，那么委托人向银行提交的汇票应该是（ ）。

A. 即期汇票　　B. 远期汇票　　C. 商业汇票　　D. 银行汇票

6. 托收项下的国际贸易融资方式主要有(　　)。

A. 出口托收押汇　　B. 进口托收押汇

C. 凭信托收据借单　　D. 付款赎单

7. 托收申请书的主要内容包括(　　)。

A. 托收申请人的名称、地址　　B. 托收付款人的名称、地址

C. 托收所附单据的种类与份数　　D. 托收的交单方式

8. 代收行对信托收据下的货物拥有的所有权包括(　　)。

A. 可随时取消信托，收回借出货物

B. 可以将货物抵押给他人

C. 如进口商倒闭清理，则可对货物或货款有优先权

D. 如货物已出售，可以随时收回货款

9. 在采取托收方式时，进口商为了防范风险，可采用(　　)等措施。

A. 谨慎选择出口商　　B. 了解出口商有关法律法规

C. 争取以承兑交单方式成交　　D. 争取以 FOB 价格条件成交

E. 争取以 CIF 价格条件成交　　F. 认真审核单据

10. 托收业务中，托收行与代收行办理业务的依据是(　　)。

A. 商业合同　　B. 国际商会《托收统一规则》(《URC522》)

C. 托收指示　　D. 代理协议

四、判断题(正确写 T，错误写 F)

(　　)1. 托收业务中，银行负责点交所收到的单据的种类和各自份数，而不负责审查其具体内容和从中获得托收指示。

(　　)2. 以信托收据提取的货物，其所有权并不随货物的转移而转移。

(　　)3. 在当代国际托收业务中，托收指示应注明受到国际商会的《托收统一规则》的约束。

(　　)4. 根据汇款和托收的概念，对于进口商来说，汇款方式总是比托收方式有利。

(　　)5. 对于出口方来说，同是跟单托收，付款交单要比承兑交单有利。

(　　)6. 托收业务中，提示行对汇票承兑的形式，应对表面的完整与正确负有检查责任，但对任何签字的真实性或承兑签字的签字人的权限不负责任。

(　　)7. 对于卖方来说，付款交单托收和承兑交单托收都有风险，而承兑交单托收容易被买方接受，有利于达成交易，因此，应多采用承兑交单托收方式。

(　　)8. 只有远期汇票才需要办理承兑，因此，承兑交单方式只适用于远期汇票的托收。

(　　)9. 凭信托收据向银行借得提单提货出售的做法，只是在远期付款交单的托收

中才使用。

(　　)10. 买卖双方商定按 D/P、T/R 条件成交，若日后汇票到期，买方拒不付款，则应由代收行承担风险。

五、案例分析题

天津天宏出口公司出售一批货物给香港大昌公司，价格条件为 CIF 香港，付款条件为 D/P 见票后 30 天付款，天宏公司同意大昌公司指定香港汇丰银行为代收行。天宏公司在合同规定的装船期限内将货物装船，取得清洁提单，随即出具汇票，连同提单和商业发票等委托中国银行通过香港汇丰银行向香港大昌公司收取货款。货到目的港，大昌公司认为货物与合同规定不符，拒不付款赎单，导致天宏公司的货物滞留码头。

(1)本案中例中，天宏公司采用的是什么结算方式?

(2)在大昌公司不付款赎单的情况下，香港汇丰银行是否应当去码头提货?

(3)在大昌公司不付款赎单的情况下，香港汇丰银行应如何处理?

六、简答题

1. 什么是托收?跟单托收有几种交单条件?对出口商和进口商最有利的交单条件各是什么?

2. 请说明 D/P at sight 的业务程序。

3. 托收汇票的抬头人有几种不同的做法?其各自又是如何背书的?

4. 简述托收结算方式的特点。

七、技能操作题

某公司分别出口三批货物，合同规定付款方式为：D/P at sight、D/P at 30 days after sight、D/A at 30 days after sight，设银行寄单邮程为 7 天，托收日为 8 月 1 日，若不计银行合理工作时间，请问提示日、承兑日、付款日、交单日各为哪一天?

	提示日	承兑日	付款日	交单日
D/P at sight				
D/P at 30 days after sight				
D/A at 30 days after sight				

参考答案

一、重点名词

略。

二、单选题

1—6：DCCDAB；7—12：CDDABB。

三、多选题

1. ABDE； 2. AB； 3. ADE； 4. ABC； 5. BC； 6. ABC； 7. ABCD； 8. ACD； 9. ABCDF；10. BCD。

四、判断题

1. T；2. T；3. T；4. F；5. T；6. T；7. F；8. T；9. T；10. F。

五、案例分析题

分析：

(1)本案例中，天宏公司采取的是跟单托收中的付款交单结算方式。

(2)在大昌公司不付款赎单的情况下，香港汇丰银行没有义务去码头提货。《URC522》第十条明确规定，货物不能发送或托运给银行，除非银行预先同意。此外，还规定：银行对跟单托收项下的货物没有义务采取任何行动，包括对货物的仓储和保险，除非事先征得银行同意，货物不应直接运交银行或以银行为收货人。

(3)在大昌公司不付款赎单的情况下，香港汇丰银行应当通知托收行(中国银行)通知出口商(即收款人)。

六、简答题

略。

七、技能操作题

略。

第 五 章

信用证结算方式

【导入案例】

中国A公司与美国B公司签订了一份国际货物买卖合同，由A公司向B公司销售一批服装，双方在合同中约定采用信用证方式付款。合同订立后，B公司依约开来信用证。该信用证规定，货物最迟装运期至8月30日，提单是受益人A公司应向银行提交的单据之一，信用证到期日为9月15日，信用证未规定交单期。A公司于8月12日将货物装船并取得提单，提单的日期为8月13日。9月4日A公司向银行交单议付，银行以已过交单期为由拒绝付款。请问：银行拒付理由充分吗？本案例的交单期的最后一天是哪一天？银行为什么要规定交单期？

【教学目的】

了解信用证的定义、性质与作用，掌握信用证基本当事人及各自的权利和义务、信用证的基本种类及其业务流程，了解信用证项下出口商和进口商各自有哪些融资手段，掌握跟单信用证结算的特点。

【教学重点】

信用证的基本性质，信用证基本当事人及各自的权利和义务，即期付款信用证、延期付款信用证、承兑信用证和议付信用证的业务流程，信用证有关当事人之间的相互关系，几种特殊的信用证，跟单信用证的格式和基本内容，跟单信用证项下的资金融通，跟单信用证结算方式的特点等。

【教学难点】

信用证的基本性质，信用证的有关当事人及其权利和义务，信用证有关当事人之间的相互关系，可转让信用证和对背信用证，跟单信用证的格式和基本内容，跟单信用证项下的资金融通。

跟单信用证的产生，是19世纪发生的一次国际贸易结算方式上的革命。这种结算方式首次使不在交货现场的买卖双方在履行合同时处于同等地位，在一定程度上为买卖双方重新找回了"一手交钱，一手交货"的现场交易所具有的安全感，解决了买卖双方互相不信任的问题。通过前面内容的学习，我们知道：如果采用汇付中的预付货款方式，会使买方处于不利地位，而采用汇付中的货到付款方式，会使卖方处于不利地位；而采用托收方式，即使是采用风险最小的即期付款的交单方式，对于卖方而言，也是一种延期付款，因为卖方必须在货物装运后，才能获得全套单据，一旦买方拒绝付款，即使货物的所有权还在卖方手中，卖方必须面临运费、银行费用等损失。而信用证的出现，解决了买卖双方支付结算上的矛盾，使买卖双方处于同等地位。信用证结算方式把托收方式由进口商履行跟单汇票的付款责任转移到银行身上，在卖方不愿意先发货或先交单，而买方不愿意先付款的情况下，银行充当了买卖双方的中间人和保证人，凭借其可靠的信用，集单证和货款于一身，一面收单付款，一面提示付款赎单，并为双方融通资金。在实际业务中，对出口商来说，由于有了资金雄厚的银行来保证付款，只要出口商提交了符合信用证要求的单据，就可收回货款，对进口商来说，他可以通过信用证条款控制出口商交货，并在付款后取得货运单据。这样，就把托收下的商业信用转变成为信用证方式的银行信用，从而保证了进出口双方的货款和单据不致落空，也便于双方资金的周转。所以信用证一出现，就立即被贸易界广泛采用。

信用证经过一个多世纪的发展，已逐渐成为国际贸易中普遍采用的一种主要结算方式和重要的融资方式。在信用证产生后不到一个世纪的时间里，国际商会为推动和规范信用证的运作，制定了《跟单信用证统一惯例》(Uniform Customs and Practice for Documentary Credit，UCP)，并经过了多次修订。《跟单信用证统一惯例》是国际商会出台的一套非官方出版物，有效地促进了国际信用证结算业务的发展。2006年11月，国际商会在全球范围内正式发布了有关信用证领域的最新国际惯例——《跟单信用证统一惯例(2007年修订版)》(《UCP600》)，并从2007年7月1日起全面取代了实施长达13年的《跟单信用证统一惯例(UCP500)。

第一节　信用证概述

一、信用证的概念

(一)定义

信用证(letter of credit L/C)是开证行根据申请人(一般是进口商)的要求，向受益人(一般是出口商)开立的一种有条件的书面付款保证，也就是说，开证行在收到受益人交付全部符合信用证规定的单据的条件下，向受益人或其指定人履行付款的责任，因此，信用证结算是一种银行信用。2007 年 7 月 1 日生效的《跟单信用证统一惯例》(Uniform Customs and Practice for Documentary Credit)，即国际商会第 600 号出版物，简称《UCP600》，对信用证的定义是：信用证是指一项不可撤销的安排，无论其名称或描述如何，该项安排构成开证行对相符交单予以承付的确定承诺，其中，承付是指：

(1)如果信用证为即期付款信用证，则即期付款；

(2)如果信用证为延期付款信用证，则承诺延期付款，并在承诺到期日付款；

(3)如果信用证为承兑付款信用证，则承兑受益人开出的汇票，并在汇票到期日付款。

通俗地讲，信用证是由独立于债权人与债务人之外的第三者(开证行)，依照债务人的申请和要求向债权人开立的，在一定期限内，凭符合信用证条款规定的单据，即期或在一个可以确定的将来日期，支付一定金额的书面承诺。如果在国际贸易结算中采用信用证方式结算货款，那么上述债权人就是出口商(卖方)，债务人就是进口商(买方)。

对信用证的定义，应把握以下三点：

(1)开证行承担第一性的付款责任。

信用证是开证行做出的付款承诺，开证行要承担第一性的付款责任，也就是说，在信用证结算方式下，银行取代进口商成为第一付款人。

(2)开证行可以自己付款，也可以委托其他银行代付。

根据国际商会第 600 号出版物《跟单信用证统一惯例》的规定，开证行的付款方式有三种：①开证行直接付款，包括向受益人或其指定人付款，或承兑及支付受益人出具的汇票。②指定另一家银行付款，包括指定另一银行付款，或承兑及支付受益人出具的汇票。③授权其他银行议付，授权其他银行有追索权地买进受益人持有的跟单汇票或信用证规定的单据。不过，从严格意义上说，授权其他银行议付不是一种真正的付款方式，而是跟单汇票或单据的转让，受让人仍需向付款行寄单并要求其付款。

(3)银行付款是有条件的。

即银行只有在符合规定条件的前提下才能够履行付款责任。依据《UCP600》的规定，此条件就是受益人提供的单据符合信用证的规定，即单证相符；反之，开证行有权拒付。

(二)信用证的特点

案例 5-1：我国某出口公司通过通知行收到一份国外不可撤销信用证，该公司按信用证要求将货物装船后，但在尚未交单议付时，突然接到开证行通知，称："开证申请人(进口商)已经倒闭，本开证行不再承担付款责任"，那么开证行做法是否正确呢？

1. 信用证是一种银行信用证，开证行负第一性付款责任

如前所述，信用证是开证行有条件的付款承诺，那么，银行一旦开出信用证，就表明他以自己的信用作了付款保证，并因此处于第一性付款人的地位。《UCP600》第十五条规定，对于各种类型的信用证，当开证行授权另一家银行凭表面上符合信用证条款的单据付款、承担延期付款责任、承兑汇票或议付时，开证行和保兑行(若有的话)有义务：①对已承担付款、承担延期付款责任、承兑汇票或议付的银行进行偿付；②接受单据。可见，信用证是一种银行信用，开证行对受益人的责任是一种独立的付款责任，无论进口商是否付款、是否有能力付款或者是倒闭，开证行仍然要承担付款责任。另一方面，无论受益人(出口商)是否交货、货物质量是否符合合同要求，只要交来的单据符合信用证条款，开证行就必须付款给受益人或指定银行。因此，开证行的资信是非常重要的。

由此可以看出，案例 5-1 中开证行的做法是错误且无理的，因为信用证一旦开立，开证行就要承担第一性的付款责任，即使开证申请人倒闭，开证行仍应履行付款责任，因此该公司应指出开证行的错误之处，且仍按正常程序交单议付，向开证行索取货款。

案例 5-2：我国某公司向美国出口一批货物，合同规定 8 月份装船，后国外开来信用证将装船期定为 8 月 15 日前，但 8 月 15 日前无船去美国，我方立即要求美商将装船期延至 9 月 15 日前装运。美商来电称：同意修改合同，将装船期、有效期顺延 1 个月。该公司于 9 月 10 日装船，15 日持全套单据向指定银行办理议付，但被银行以单证不符拒绝议付。试问议付行的做法合理吗？

2. 信用证是一种自给自足文件，它不依附于贸易合同而独立存在

信用证作为一种结算方式，其依据是买卖双方签订的贸易合同，信用证上的主要内容也是贸易合同上的内容，即信用证的开立以贸易合同为基础，但信用证一经开出，就变成独立于贸易合同之外的契约，不再受贸易合同的约束。《UCP600》第四条阐明了信用证与合同的关系，"信用证按其性质与凭以开立的信用证的销售合同或其他合同，均属不同的业务"。可见，信用证是独立于贸易合同以外的另一契约，是一种自足文件。银行只对信用证负责，对贸易合同没有审查和监督执行的义务。贸易合同的修改、变更甚至失效都丝毫不影响信用证的效力。

由此可以看出，案例 5-2 中议付行的做法是合理的。因为美商来电同意装船期展延，相当于合同的修改而信用证并没有修改，该公司 9 月 10 日的装船提单与信用证规定的 8 月 15 日前的装船日期明显不符，理当拒绝议付。

案例 5-3：某开证行按照自己所开出的信用证的规定，对受益人提交的，经审查符合要求的单据履行了付款责任，但进口商向开证行付款赎单后发现单据是倒签的，于是进口商立即要求开证行退回货款并赔偿其他损失。试问进口商的要求合理吗?

3. 信用证业务是一种纯粹的单据业务，它处理的对象是单据。

《UCP600》第 5 条规定了单据与货物、服务、履约行为的关系："银行处理的是单据，而不是单据可能涉及的货物、服务或履约行为。"《UCP600》第 34 条阐明了当事人对单据的真伪性不负责任："银行对任何单据的格式、完整性、正确性、真实性、伪造或法律效力，或单据上规定的或附加的一般/及或特殊条件，一概不负责任……"从这个意义上说，有关银行的义务是只管单据而不管货物、服务、履约行为。只要受益人提交的单据与信用证条款相符，银行就必须履行付款责任；否则，银行可以不履行付款责任，哪怕货物、服务、履约行为是符合基础合同要求的。即银行对任何单据所代表的货物、服务或其他履约行为的描述、数量、重量、品质、包装、价格或其是否存在，或对买卖各方有无违约等概不负责，只对业已开出的信用证负责。

信用证业务中，银行对于受益人履行契约的审查也仅仅针对受益人交到银行的单据，单据所代表的货物是否完好则不是银行关心的问题。即便货物确实有问题，进口商对出口商提出索赔要求，银行也不会因此改变信用证的任何条款和付款义务。即只要出口商提交的单据符合信用证的条款，受益人便可享受信用证的利益，银行就必须对其付款，因此可以说，信用证方式把合同下的货物买卖变成了单据买卖。

因此，案例 5-3 进口商的要求不合理。就本例来说，进口商于付款赎单后才发现提单日期是倒签的，银行对此没有向受益人追偿货款的责任，也无向开证申请人退回货款的义务。这项损失，作为进口商的申请人只能按买卖合同向出口商、承运人索赔，而与开证行完全无关。

(三)信用证下的契约安排

1. 信用证下的三方契约

在跟单信用证业务中存在着三方的契约安排：

(1)买卖双方(即开证申请人和受益人)间的销售合同；

(2)开证申请人与开证行间的开证申请书，还包括开证协议、担保协议等

(3)开证行与受益人间的信用证，若存在保兑行，则保兑行与受益人间仍存在信用证的契约安排，如图 5-1 所示。

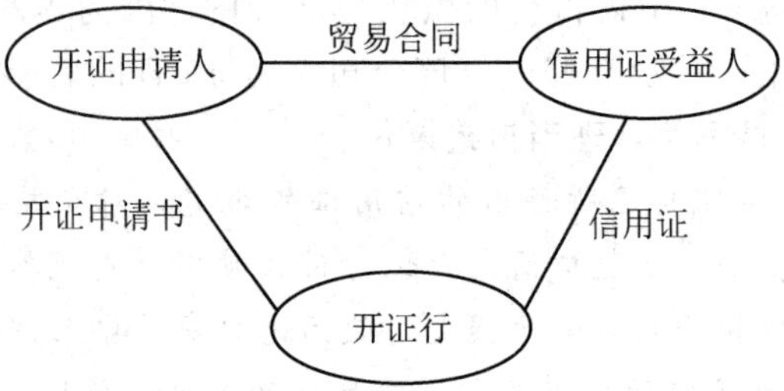

图 5-1　信用证业务中的三种契约关系

2. 三方的契约关系

这三方面契约中的每一项都是独立的。

首先，受益人不得利用银行与银行之间或开证行与申请人之间存在的契约关系。

例如，开证行指定出口地的通知行为保兑行，但该通知行不愿意加具保兑，受益人不能强行要求。又如，因受益人提交的单据有不符点，开证行拒付，虽然此时受益人获悉申请人已通知开证行放弃不符点，受益人仍不能以此为理由要求开证行付款。

其次，申请人因与开证行或与受益人之间的关系而产生的索偿或抗辩不得影响银行的付款承诺。

例如，开证申请书写明货物为“Grade A”，而开证行在信用证中漏掉了此项内容，虽然单证相符，但申请人追究开证行责任，拒绝付款赎单。此时开证行仍应对外付款。又如，虽然单证相符，但申请人由于以前一笔出口货物的索赔尚未解决，要求开证行拒付，用这笔货款来抵偿该索赔款，开证行不能答应开证申请人这一要求，而应及时对外付款。

信用证作为一种合约，必然会与其他合约有联系，如信用证与商贸合同，信用证与银行间的业务代理合约等。信用证项下的各当事人不能引用有联系合约的某项规定、依据，尤其是信用证受益人更不得利用这种有联系的合约以求得某种利益。

二、信用证的作用

跟单信用证具备了一种结算方式被广泛使用的三个条件：能使买卖双方的债权债务得以安全、迅速地清偿；能使买卖双方获得公平对待，为进出口商提供融通的便利。因此，跟单信用证在国际结算中发挥了重要作用。

(一)对开证申请人(进口商)的作用

信用证结算方式下，进口商可以通过信用证条款控制出口商按合同规定交货。进口商在付款后可以取得物权单据。此外，申请银行开证时，进口商只需要缴纳部分押金或提供第三方的保函，而无须付出全部货款，减少了经营资金的占压。

(二)对受益人(出口商)的作用

出口商只要将符合信用证条款规定的单据交给出口地银行，就可以取得货款，有利于加速资金周转。此外，在实行外汇管制的国家里，开证行开出信用证必须符合贸易和外汇管制机构的规定，因此，出口商取得信用证，就可以避免由于进口国禁止进口或限制对外支付外汇而产生的风险。

(三)对开证行(进口地银行)的作用

开证行为进口商开立信用证时，它所贷出的是信用，而不是资金，还可以收取开证手续费。同时，开证行提供信用是有条件的，开证时先要求进口商提交一定数额的押金，并在出口商交来符合信用证条款的货运单据作为保证后才付款，从而减少了提供信用的风险。

(四)对通知行/议付行/出口方银行的作用

在办理了审证和通知信用证的手续后，通知行可以向受益人收取通知费。由于有开证行的信用保证，只要出口商交来的单据符合信用证条款的规定，出口方银行就可办理议付，收取议付费和垫款贴息，然后向开证行或其指定的偿付行要求偿付垫款，风险较小。

第二节 信用证的内容及主要当事人

一、信用证的开证形式

(一)信用证的开证形式

根据信用证开立方式不同，可将信用证分为信开信用证和电开信用证。

1. 信开信用证

信开信用证就是开证行膳制信函格式，并通过邮寄方式送达通知行的信用证。信开信用证是开证的传统形式。信用证的英文名称为 Letter of Credit，就是因为信用证初创时是采用信函形式开立的。信开信用证一般是开立正本一份、副本数份。信用证上必须有开证行有权签字人的签字，通知行收到信开信用证后必须根据和开证行建立代理行关系时预留的签字样本核对签字，以确定信用证表面真实性。这种信用证目前已经很少使用。

2. 电开信用证

电开信用证就是用电信方式开立和通知的信用证，所用的电信方法一般可以是电报、电传或 SWIFT 方式。电开信用证可分为简电开立信用证和全电开立信用证。

(1)简电开立信用证

简电开立信用证(Brief Cable)即将信用证金额、有效期等主要内容用电文预先通知出口商，目的是使出口商早日备货。简电开本后一般会注明"随寄证实书"(Mail Confirmation to Follow)或"详情后告"(Full Details to Follow)等字样。简电不是信用证的有效文本，受益人不能以此作为向银行交单和收款的依据，只有证实书才是受益人交单议付的有效文本。因此，受益人应该注意，在有效的信用证文本未收到之前，不应仓促发货，否则万一有效的信用证文本和简电开立的信用证有出入，受益人有可能无法正常收款。

(2)全电开立信用证

全电开立信用证(Full Cable)即开证行以电文形式开出的内容完整的信用证，开证行一般会在电文中注明"This is the operative instrument no airmail confirmation to follow"，后面不注有"随寄证实书"字样，这样的信用证有效，可以凭以交单议付，但如果电文中注明"Mail Confirmation to Follow"，则应以邮寄证实书为准。

《UCP600》第 11 条"电信传输和预先通知的信用证及修改"做出如下规定：

①以经过证实的电信方式发出的信用证或修改被视为信用证或修改的有效文本，任何后续的邮寄证实书将不予理会。如果电信文本声明"详情后告"(或类似用语)，或声明邮寄证实书是信用证或修改的有效文本，则该电信文本不被视为信用证或修改的有效文本，开证行必须随即开立信用证或修改的有效文本，不得延误，其条款应与电信文本相一致。

②开证行只有在准备开立信用证或修改的有效文本时，才可以发出开立信用证或修改的预通知。开证行发送预通知即不可撤销地承诺开立信用证或修改的有效文本，不得延误，且其条款应与预通知相一致。

二、信用证的内容

见附式 5-1。

附式 5-1　Noted Irrevocable Documentary Credit form

Name of issuing bank:	Irrevocable Number(2) Document Credit(1)
(3)Place and date issue:	Expiry date and place for presentation of documents Expiry date: Place for presentation(4)
(5)Applicant:	

续表

<table>
<tr><td>(7)Advising Bank：Reference No.</td><td>Beneficiary：(6)</td></tr>
<tr><td>(10) Partial shipment □allowed
□not allowed</td><td>Amount：(8)</td></tr>
<tr><td>(11) Transshipment □allowed
□not allowed</td><td rowspan="3">Credit available with Nominated Bank：
□by payment at sight
□by deferred payment at：
□by acceptance of drafts at：
□by negotiation：(9)
Against the documents detailed herein：
□and Beneficiary's drafts drawn on：</td></tr>
<tr><td>(12)□Insurance covered by buyers</td></tr>
<tr><td>(13)Shipment as defined in《UCP600》
From
For transportation to
Not later than</td></tr>
<tr><td colspan="2">(14)～(20)</td></tr>
<tr><td colspan="2">(21)Documents to be presented within □ days after the date of shipment but within the validity of the Credit</td></tr>
<tr><td colspan="2">We hereby issue the Irrevocable Documentary Credit in your favour. It is subject to the Uniform Customs and Practice for Documentary Credits (2007 Revision，International Chamber of Commerce，Paris，France，Publication No. 600)and engages us in accordance with the terms thereof. The number and the date of the date of the Credit and the name of our bank must be quoted on all drafts required. If the Credit is available by negotiation，each presentation must be noted on the reverse side of this advice by th bank where the Credit is available.</td></tr>
<tr><td>(24) This document consists of □ signed page(s)</td><td>______________________________
(25)Name and signature of the Issuing Bank</td></tr>
</table>

信用证的内容主要包括：

1. 信用证的种类(Form of Credit)：表明信用证的种类，这里指的是不可撤销跟单信用证。

2. 信用证号码(L/C Number)：开证行的信用证编号。

3. 开证地点和日期：开证地点是指开证行所在地，开证日期是指信用证开立的日期。信开信用证一般是邮寄信用证的日期；电开信用证中若无日期，则以发电日为开证日期。

4. 信用证有效日期和地点(Expiry Date and Place for Presentment of Documents)：(1)有效日期。即受益人提交单据的最后期限，超过这一期限开证行就不再承担付款责任，也称为到期日。所有信用证都应规定信用证有效期，否则信用证无效。此外，信用证还应规定最迟装运日和最迟交单日。若信用证中未规定最迟交单日，可默认为装运(以运输单据签发日为凭)后21天内交单，但必须是在信用证有效期内。国际商会认为，一份信用证规定的最迟装运日期到信用证有效到期日之间的天数，正好是该信用证规定的最迟交单期，则该信用证是好的信用证。(2)有效地点。即交单地点，也称到期地，它是单据必须在到期日或之前进行提示的地点，一般为开证行指定的银行所在地。最好是出口地银行，以便受益人掌握交单取款的时间。如果有效地点是开证行，受益人应考虑能否接受该规定，因为受益人必须在到期日前使单据到达开证行，但受益人很难控制单据的邮寄时间，也就有可能造成信用证过期失效。

5. 申请人(Applicant)：申请人的名称和地址。

6. 受益人(Beneficiary)：受益人的名称和地点。

7. 通知行(Advising Bank)：其中的"Reference No."是供通知行使用的，不必填注。

8. 信用证的金额(Amount)：金额要用大小两种写法，以防涂改，要有货币名称。如用缩写，则必须使用国际通用标准编写符号。视情况可在金额前用"about""approximately"字样，依惯例该金额可允许有10%的伸缩。

9. 指定银行和信用证可用性(Nominated Bank and Credit Available)：(1)指定银行。填写指定银行名称和地点。每个信用证必须规定指定的银行，以便于受益人对货物、单据作出处理，应明确受益人与银行的关系。指定银行可以是保兑行、付款行、承兑行或议付行。(2)信用证类型。信用证类型是按信用证的使用方式即受益人兑现信用证的方式划分的。所有的信用证必须清清楚楚地表明，该证适用于即期付款、延期付款、承兑或议付的其中一种。方法是在所选中项目的小方格加注"×"来表示。(3)受益人的汇票。如果信用证的条款明确要求出具汇票，在此小方格标上"×"，同时表明汇票的受票人和汇票的到期日。有一点非常重要，即汇票的受票人不应是开证申请人。

10. 分批装运(Partial shipments)：在"允许"或"不允许"的方框中标上"×"。

11. 允许转运(Transshipment)：在"允许"或"不允许"的方框中标上"×"。

12. 买方投保：如果是要买方来投保，在小方格标上"×"。

13. 装运港、目的港和装效期。

Form：	从________
For transportation to：	运至________
Not later than	不得迟于________

14至20是格式中的空白处，包括以下内容：

14. 货物的描述。15. 单据的规定。16. 商业发票。17. 运输单据(普遍的)。18. 运输单据(特定的)。19. 保险单据。20. 其他单据。每一种单据都要准确表明单据的名称、正本或副本以及份数等。

21. 交单期限(Documents to be presented within)：如前所述，信用证除规定有效日

期外，每个要求提交运输单据的信用证还要规定一个运输单据出单日后必须交单付款、承兑或议付的特定期限。如果未规定，则这个期限为运输单据出单日期后 21 天，但不得晚于信用证的有效期。

22. 开证行对通知行的指示：主要是开证行对通知行是否对信用证加具保兑的指示。一般有 3 种情况：(1)不加保兑。(2)加保兑。(3)如果受益人要求时加保兑。

23. 银行间的指示(Bank to Bank Instructions)：开证行在此处规定付款、承兑或议付的银行向何地、如何、何时获得偿付。

24. 页数：此信用证的页数。开证行必须注明所开信用证的页数。

25. 开证行名称及签字(Issuing Bank Name and Signature)：开证行签字表明其按照信用证惯例要求承担相应的责任。

格式中有一些印就的文句，其意思共有三层：开证行开立的信用证按现行的统一规则办理；如信用证要求汇票，则开证行名称、信用证号码、开证日期必须写在汇票中；如是议付信用证，则在议付时要背批。

三、信用证的基本当事人及其权利和义务

信用证业务的当事人分为主要当事人和其他当事人两类。主要当事人有开证行、受益人，在有保兑信用证业务中还有保兑行。

(一)开证银行

开证银行(Issuing bank)是指接受开证申请人要求和指示或根据其自身需要开立信用证的银行。一般是进口商所在地银行。作为信用证的开立者，开证行要受三个方面的约束：一是与申请人的代理合同即开证申请书；二是受信用证约束；三是与通知行或议付行的代理关系。具体表现在：

开证行的责任和义务：

(1)按照开证申请书的内容开立信用证；

(2)承担第一性付款责任；

(3)在开证申请人或受益人提出修改信用证的要求并认为其要求可接受的情况下，出具信用证修改书，并自修改书出具之时就受修改书的约束，除非受益人拒绝了修改书；

(4)在其他被指定银行根据其开立的信用证办理了议付、付款之后，向这些银行偿付；

(5)合理、小心地审核单据。

开证行的权利：

(1)向开证申请人收取开证保证金及手续费；

(2)对不符合信用证条款规定的单据，有权拒付；

(3)开证行付款后，若开证申请人破产或无力付款赎单或拒付，开证行有权处理该信用证项下单据和没收开证保证金和抵押品；

(4)对电信传递中的错误、遗漏或单据邮递损失不负责，对“不可抗力”不负责。

(二)受益人

受益人(Beneficiary)是指信用证上所指定的有权使用该证的人，即出口商或实际供货人。它要受两个方面的约束：一方面是与开证申请人之间贸易合同的约束，另一方面是与开证行之间信用证的约束。

受益人的责任和义务：按合同发货并提交相符单据。

受益人的权利：

(1)有权审查信用证及信用证修改书的内容，并对其中认为不可接受的条款向开证行要求修改或删除；

(2)有权依照信用证条款提交汇票及/或单据要求取得信用证的款项；

(3)受益人交单后，如遇开证行倒闭，受益人有权向进口商提出付款要求，进口商应负责付款。

(三)保兑行

保兑行(Confirming Bank)是指出口国或第三地的某一银行应开证行的请求，在信用证加具保兑，即在开证行的承诺之外对信用证以自己的名义保证付款的银行。

保兑行的责任和义务：

(1)保兑行一旦对信用证加具保兑，就对信用证负独立的确定的付款责任，具有与开证行相同的责任和地位。

(2)保兑行的付款和开证行的付款一样是终局性付款。保兑行付款后只能向开证行索偿，如果开证行拒付或倒闭，也无权向受益人或其他前手银行追索。

保兑行的权利：

(1)有权决定是否对信用证保兑；

(2)有权决定是否对信用证修改部分加以保兑；

(3)付款后有权向开证行索偿；

(4)有权向开证行收取保兑费；

(5)有权审核单据。

四、信用证的其他当事人及其权利和义务

在信用证的开立和随后的业务办理过程中，还有以下一些当事人。各当事人分别享有不同的权利，并承担相应的责任和义务。

(一)开证申请人

开证申请人(Applicant)是向银行申请开立信用证的人，即进口商。它有着两方面的权和责：一方面是跟出口商之间的贸易合同下买方的权利和义务；另一方面是跟开证行之间的开证合同下申请方的权利和义务。

开证申请人的责任和义务：

(1)完整、明确地填写开证申请书。即向开证行明确指示所要开立的信用证的条款内容。

(2)提供开证担保，承担有关手续费用。

(3)及时付款赎单。

①在接到开证行的单到通知后，在单证相符的前提下，申请人应立即向开证行付款赎单。

②开证行万一破产或无力支付时申请人有义务向受益人付款。

开证申请人的权利：

(1)要求开证行严格按信用证审查受益人提交的单据，并仅对符合信用证规定的单据付款。

(2)在接到受益人修改信用证的要求时，可以要求开证行向受益人发出信用证修改书。

(二)通知行

通知行(Advising Bank)是指受开证行的委托将信用证转交受益人的银行。通知行是受益人所在地的银行。

通知行的责任和义务：

(1)验核信用证的真实性并及时澄清疑点，但对信用证的内容不承担责任。

(2)及时向受益人通知或转递信用证。如通知行不能确定信用证表面真实性，即无法核对信用证的印鉴或密押，则应毫不延误地告知开证行，说明其不能确定信用证的真实性。如通知行仍决定通知该信用证，则必须告知受益人它不能核对信用证的真实性；若决定不通知信用证，则必须毫不延误地告知开证行。

通知行的权利：

(1)向受益人收取通知费；

(2)在开证行于信用证或其面函中要求通知行对信用证加具保兑时，可根据自己的考虑，决定是否接受该项要求，并将决定告知开证行。

(三)议付行

议付行(Negotiating Bank)是接受开证行的邀请，并根据受益人的要求，按照信用证的规定对单据进行审核，确定单证相符后向受益人垫付货款，并向信用证指定银行索回垫付款项的银行。这种垫付货款称为“议付”，实务中称为“押汇”，也可以说议付是银行向出口商提供的融资活动，其实质就是议付行通过买入跟单汇票，成为合法持票人。

议付行的责任和义务：

(1)审查受益人提交的全套单据；

(2)确认受益人提交单据符合信用证条款规定后，向受益人办理议付。

议付行的权利：

(1)有权选择是否接受开证行议付委托；

(2)办理议付后，有权向开证行或保兑行或信用证指定银行寄单索偿，在议付行未获准偿付之前，对受益人享有追索权；

(3)有权收取议付费。

(四)付款行

付款行(Paying Bank)是开证行授权进行信用证项下付款或承兑并支付受益人出具的汇票的银行。通常，付款银行就是开证行，也可以是开证行指定的另一家银行。如果开证行资信不佳，付款行有权拒绝代为付款，但是，付款行一旦付款，即不得向受益人追索，而只能向开证行索偿。

(五)偿付行

偿付行(Reimbursing Bank)是开证行指定的对议付行、付款行或承兑行清偿垫款的银行，它是开证行的偿付代理人，相当于开证行的出纳机构。偿付行产生的原因是：进出口商在信用证中规定的支付货币，既不是进口国的货币，也不是出口国的货币，而是第三国的货币，而开证行拥有的第三国货币资金存放在第三国的银行，因此开证行为了结算方便，要求第三国银行代为偿付信用证中的款项。偿付行通常是开证行的存款银行。当受益人提交单据给信用证的被指定银行后，被指定银行如果做出了单证相符的判断并付款，被指定银行可以在向开证行寄送单据的同时，向偿付行发出偿付请求。基于开证行的预先偿付授权，在接到索偿行的请求后，如果开证行存有足够的款项，偿付行应付款给被指定银行，偿付行的费用以及利息损失一般由开证行承担。偿付行不接受和审查单据，因此如事后开证行发现单证不符，只能向索偿行追索而不能向偿付行追索。如果偿付行没有对索偿行履行付款义务，开证行有责任向索偿行支付其向受益人已经支付的款项及有关的利息。

(六)承兑行

远期信用证如要求受益人出具远期汇票的，会指定一家银行作为受票行，由它对远期汇票作出承兑，这就是承兑行(Accepting Bank)。如果承兑行不是开证行，承兑后又最后不能履行付款，开证行应负最后付款的责任。若单证相符，而承兑行不承兑汇票，开证行可指示受益人另开具以开证行为受票人的远期汇票。由开证行承兑并到期付款，承兑行付款后向开证行要求偿付。

五、信用证有关当事人之间的相互关系

上述信用证业务关系人之间存在着不同情况的相互关系，具体内容如下：

(1)开证申请人与受益人之间的关系是建立在销售合同基础上的契约关系。销售合同是约束其在合同项下的基础契约，开证申请人和受益人必须履行合同义务，并享有合同赋予的权利。

(2)开证行与开证申请人之间的关系是建立在开证申请书基础上的契约关系。

(3)开证行与通知行之间是委托代理关系，二者间通常订有业务代理协议。开证行是委托信用证通知的委托人，通知行是接受开证行委托履行信用证通知义务的受托人。

(4)开证行与受益人之间虽然不存在直接的契约关系，但开证行一旦以开出不可撤销信用证的形式，向受益人承担对表面合格单据不可推卸的付款责任后，双方之间即产生了事实上的契约关系，其权利与义务建立的基础即信用证条款。

(5)开证行与保兑行之间是根据业务代理协议产生的委托代理关系，当开证行邀请或委托一家银行以该行的名义保付信用证时，该银行有权接受委托，亦有权拒绝接受委托。若为前者，该行即成为信用证的保兑行，应承担保兑行的全部责任、义务，并享有相应权利。

(6)通知行与受益人之间的关系。若通知行不承担保兑责任，其与受益人则无直接或事实上的契约关系。通知行只是按照开证行的委托，将确认为真实有效的信用证迅速、准确地通知受益人，而不负除此之外的其他责任。受益人不得向通知行主张超越其责任范围之外的任何权利。

(7)开证行与议付行不存在直接的契约关系。两者关系的确立需依据信用证条款的规定，议付行以汇票及/或单据持有人的身份对开证行主张权利。由于议付行根据开证行的邀请与付款承诺向受益人垫付款项，开证行有义务对议付行提交的表面合格的单据付款，有权拒付不合格单据。在开证行拒付的情况下，议付行作为正当持票人并根据其与受益人之间的协议，对受益人享有追索权。

(8)议付行与受益人之间属于票据关系和融资关系。受益人作为汇票的出票人和出让者向议付行转让跟单汇票，议付行以单据为抵押议付垫款后即成为跟单汇票的受让者及正当持票人。因此，开证行不论以何种理由拒绝偿还议付行的垫款，议付行作为正当持票人均享有向受益人追索票款的权利。此外，议付行的议付垫款使受益人获得了资金融通，根据融资协议，当议付行遭开证行拒付时，有权向受益人索回议付垫款。

(9)保兑行和受益人的关系。保兑行对受益人具有与开证行相同的权利与义务，两者之间存在事实上的契约关系，这一关系确立的基础即保兑行在开证行开立的信用证上加注

了“保兑”字样。作为保兑行，一方面它是作为开证行的代理人，另一方面它又以当事人的身份对受益人独立负责。保兑行有对合格单据必须付款的义务；付款后无论因何原因得不到开证行的偿付，均不得向受益人追索票款。受益人应向保兑行提交合格单据，并凭以获得保兑行的支付。

(10)开证行与付款行之间为业务代理关系。付款行是开证行的付款代理人，它根据两行间的义务代理协议承担代理付款责任。付款行代表开证行对受益人提交的单据进行核验，若表面合格，应予付款；若表面不合格，有权拒付。付款行验单付款后有权向开证行索要款项；若开证行偿还垫款后又发现单证不符，有权向付款行追索，付款行应予退款。

在信用证业务中，所有当事人均应根据信用证条款的规定严格履行责任义务，并享有相应权利。若当事人之间发生分歧与纠纷，应以信用证条款、相关的国际惯例及法律为基础，予以处理、裁定和判决。

第三节 跟单信用证业务流程

国际贸易结算中使用的跟单信用证有不同类型，其业务程序也各有特点，但都要经过申请、开证、通知、交单、付款、赎单等环节。信用证的一般业务程序如图 5-2 所示。

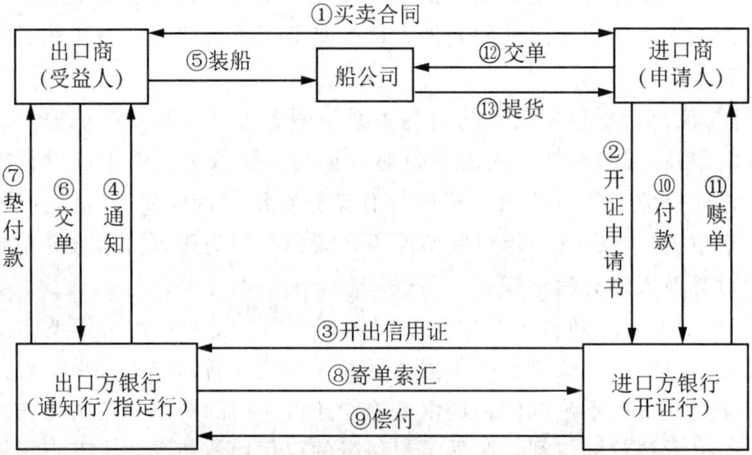

图 5-2 信用证结算方式的业务程序

一、进口商申请开立信用证

贸易合同约定以信用证方式结算时，进口商应当在合同规定的期限内，或者合理期限内，向进口地银行申请开证。申请开证时，进口商应当填写开证申请书及开证担保书。

(一)开证申请书

开证申请书(Application for Issuing Letter of Credit)是开证申请人与开证行之间的法律文书，同时也是开证行开立信用证的依据。其内容的完整、明确非常重要。《UCP600》规定："信用证的开证指示、信用证本身和信用证的修改指示和修改书本身必须完整和准确。"其中，开证指示就是指开证申请书。

(二)开证担保书

开证担保书(Secured Agreement for Letter of Credit)是进口商与开证行之间的法律契约，是开证申请人对开证行作出的保证，其主要内容有：

(1)明确申请人偿还责任及时限；

(2)申请人确认按照国际商会《UCP600》规定开立信用证；

(3)申请人确认开证银行根据《UCP600》第三十四条至第三十七条规定的关于单据的有效性、信息传递和翻译、不可抗力以及被指示方行为的免责；

(4)申请人同意在向开证行付款前，将有关货物的所有权交给开证行；

(5)申请人授权开证行在自己不能按时向开证行付款时，由开证行处理有关货物以补偿开证行在该信用证项下的支付与费用；

(6)申请人承诺支付信用证项下的各项费用。

二、开证行开立信用证

(一)开立信用证前的审查和检验

(1)审查开证申请书与开证担保书。

(2)审查开证申请人的资信状况、申请人目前的经济状况、财务状况以及经济实力，申请人过去有无不良的信用记录等。

(3)查验进口开证应当提供的有效证件。

(4)落实开证保证金：①免收押金；②收取押金；③收取全额押金；④收取部分押金。

(二)开立信用证

开证行完成上述审查和检验后，如接受申请人的开证申请，向申请人按费率标准收取开证手续费、电报费等费用，并遵照申请书的内容以信函(信开)或电信方式(电报、电传、SWIFT)开出信用证。在合理的工作日内开出信用证，信用证交通知行通知受益人。

三、通知行审证并将信用证通知受益人

(一)审核信用证(详见下一节)

(1)核对密押和签字。

(2)鉴别信用证的真伪。

(3)审核信用证的内容:

①政策性条款;

②开证行资信情况;

③信用证审核生效，是否可撤销;

④信用证的到期日和到期地点;

⑤开证行的保证条款。

(二)通知信用证并/或保兑信用证

(1)通知信用证给受益人，通知行必须验核信用证的表面真实性。

(2)如果通知行不能核验信用证的表面真实性，必须毫不延误地告知开证行，并在通知信用证中告知受益人，它不能核验该证。

(3)不通知信用证时，通知行必须毫不延误地告知开证行，不必说明拒绝通知的理由。

(4)如果信用证要求通知行加上保兑，而且通知行愿意加上保兑，就在信用证上注明;如果通知行不愿意保兑，必须毫不延误地通知开证行。

(5)《UCP600》第九条规定，通知信用证指示时，如遇指示不完整或不清楚时，通知行可以对受益人做出仅供参考的预先通知，不负任何责任。

(6)通知行可以被信用证规定为指定银行。

(7)可转让、不可撤销、自由议付的信用证应在信用证中指定一家银行作为转让行，多数情况是指定通知行作为转让行。

四、受益人按信用证的要求向指定银行交单

(一)受益人审证(详见下一节)

(1)信用证是否属于通知行正式通知的有效信用证;

(2)审核信用证的种类;

(3)审核信用证是否加具保兑;

(4)审核开证申请人和受益人;

(5)审核信用证的支付货币和金额;

(6)审核付款期限和有关货物的内容描述;

(7)审核信用证的到期地点；

(8)审核装运期、转船、分批装运条款和信用证的有效期；

(9)审核信用证付款方式和提交的单据；

(10)审核信用证上印就的其他条款和特殊条款。

(二)受益人交单

受益人交单给被指定银行有以下优点：

(1)有效地点在被指定银行，受益人可以充分利用有效日期，即使在有效日期最后一天交单给被指定银行也不会过期；

(2)被指定银行寄单给开证行在路途中可能遗失，开证行仍应承担付款责任，不可使受益人承担单据遗失的风险；

(3)被指定银行审单如发现不符点，受益人就近修改单据方便；

(4)被指定银行审单，如单证相符，向受益人办理各种结算方式，使受益人尽早得到资金融通便利。

受益人也可直接交单给开证行，但存在以下缺点：

(1)开证行必须在有效期内收到单据，为了防止过期，受益人必须提早寄单；

(2)从受益人所在地寄单给开证行，单据在路途中可能丢失，风险要由受益人承担；

(3)开证行寄单如发现不符点，受益人修改单据不方便。

特别需要注意的问题：

(1)审核信用证条款是否与合同条款相符。

(2)若不符，则应立即通知开证申请人，请求修改信用证。

(3)若相符，则接受信用证，按照信用证规定的有关条款发货，并备齐信用证要求的所有单据，连同信用证正本，在信用证的交单期和有效期内交给信用证授权的银行：承兑行、议付行或付款行。

(4)如果单据与信用证有不符点，指定银行会以电提或表提的方式通知开证行，开证行询问申请人是否接受不符点。如果接受，指定银行就尽快兑付受益人；如果不接受，指定银行就会退单给受益人。

五、出口地银行审查受益人提交的单据并向开证行寄单索汇

(一)审单

审单即银行对受益人提交的凭以议付、付款的单据的审查。信用证项下的审单可以指议付行等指定银行的审单，也可以指开证行的审单。前者为议付审单，后者为付款审单。议付审单在出口地审单，付款审单在进口地进行，两者的原理和方法是一样的。

1. 审单方法

审单可以概括为："有序排列、先纵后横。"如图 5-3 所示。"纵"是指以信用证为核心，所有单据都与信用证核对。一般是先阅读信用证的各项内容，再阅读单据的各项内容，从中发现单证之间各项目的内在联系，以及哪些内容不符合规定。"横"是指以单据中的商业发票为中心，所有其他单据与之核对。在"纵""横"审核的同时，将不符点一一列出，填入记录表中，以便作出相应处理。审核应经过初审和复审两个环节。

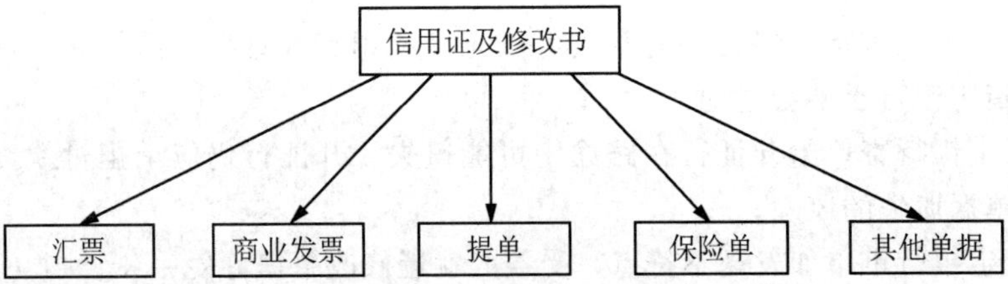

图 5-3 审单排序

2. 审单的原则

(1)单据与信用证条款相符；

(2)单据与跟单信用证统一惯例及国际标准银行实务(ISBP)相符；

(3)单据之间相符；

(4)单据本身内容之间相符；

(5)与情理相符。

3. 信用证本身的审核要点(参阅下一节)

4. 单证不符的处理

若单据与信用证条款不一致或单据之间彼此矛盾，即被认为是单证不符，称为"discrepancy"，开证行对单证不符的单据有权拒绝付款，所以为保证安全及时收汇，应尽量避免。作为议付行，对单据不符的处理有以下几种：

(1)将单据退回受益人修改

若不符点是由于受益人在制单时的疏忽所致，通常由议付行退还让其修改，再交银行议付。可以全部退还，也可以仅仅退还有不符点的单据。注意单据必须在规定的期限内提示。

(2)凭保议付

①要求受益人或其往来银行提供一份保函，银行据此议付，并向开证行声明。如开证行拒付，议付行将要求受益人退还已付款项并加收利益。

②致电开证行要求授权议付。受益人同意或要求议付行通过电传等将不符点告知开证行，征询可否议付，得到开证行的授权后再行议付或者承兑，银行术语称为"电提"。

③改做托收处理。若不符点较多或有实质性的不符点，拒付的可能性较大，如货物装船过期、信用证超过有效期等，可考虑改作托收方式，单寄开证行。

(二)索偿

信用证规定的索偿方式一般分四类：单到付款、主动借记、授权借记和向偿付行索偿。

(1)单到付款是指议付行向开证行寄单、索偿，开证行审单无误后付款。(upon receipt of the documents in compliance with credit terms, we shall credit your account with us or we shall remit the proceeds to the bank named by you)

(2)主动借记是指开证行或其总行在议付行开立账户。信用证规定，议付后可立即借记其账。(you are authorized to debit our account with your bank under advice to us)

(3)授权借记是指开证行在议付行虽然开立账户，但信用证规定，必须在开证行收到正确单据后，再授权议付行借记其账户。(upon receipt of the shipping documents in compliance with the terms of L/C, we shall authorize ×× bank to debit our account with them)

(4)向偿付行索偿是指开证行指定第三家银行为偿付行(偿付行一般是在开证货币的发行国)，信用证议付后，议付行向开证行寄单的同时，向偿付行索偿。(in reimbursement of your negotiation under this credit, please drawn on our account with the ×× bank)

六、开证行或保兑行审单付款

(一)审核议付通知书或索偿通知书

(二)审核单据(详见下一节)

(三)拒付或偿付

开证行在收到议付行等索偿行寄来的单据后应立即审单，如果发现不符点，要么拒付，要么接受。如果决定拒绝接受单据，开证行应发出拒付通知，该过程要注意以下几点：

(1)拒付通知要以电信方式发出，如不能用电信，应以其他快捷的方式通知议付行等；

(2)拒付通知要注明凭以拒付的不符点的具体内容，并说明是退回单据还是暂为代管听候处理；

(3)拒付通知中要将不符点一次提完，未提的不符点，不能在下一次提出；

(4)要在自收到单据的第二天起五个工作日内提出。

开证行若忽视了上述几点，就会丧失拒付的权利，使拒付失效。

索偿行收到开证行的拒付通知后：如果认为拒付理由能够成立，应立即通知出口商联系进口商采取措施；如果认为开证行拒付理由不能成立，有权与之交涉，协商解决。在双方意见分歧过大，不能取得一致时，可将争议提交国际商会仲裁。

七、申请人付款赎单

开证行对外偿付后通知申请人，申请人向开证行付款后得到单据，这一过程称申请人付款赎单。申请人在赎单之前有权审查单据，如果发现不符点，可以提出拒付，而且必须在合理的时间向开证行说明理由，但拒付的理由一定是单单之间或单证之间表面不符的问题，而不是单据的真实性、有效性的问题。申请人因不符点拒付后，损失由开证行自理。

申请人付款后，开证行收回垫付的款项后便将信用证项下的单据交给申请人，开证行不再受开证申请书的约束，一笔信用证业务到此结束。

申请人赎单后就可以安排提货、验货、仓储、运输等。如果申请人发现所收到的货物与合同不符，有权根据买卖合同向出口商索赔，但与信用证业务本身无关，申请人不能根据信用证向开证行要求赔偿。

第四节 信用证的审核与修改

信用证的审核简称“审证”，信用证的修改简称“改证”。开证行根据进口商提交的开证申请书开立信用证。受益人同时受到合同契约和信用证契约的约束。如果信用证的条款与进出口贸易合同不符，而受益人仍按原合同行事，则开证行就可以单证不符为由拒绝付款。通过审证，可以发现信用证与合同的不符之处，从而及时改证。此外，通过审证，特别是对一些“软条款”的识别，可以防止国际上不法商人的欺诈行为。

一、信用证的审核

信用证的审核需要相关业务人员有敏锐的洞察力、丰富的国际贸易知识和有关法律知识，更要求银行(通知行)与出口商(受益人)的密切配合合作。银行和出口商的审证重点各不相同，下面分别介绍。

(一)银行审证

银行(通知行)的审证侧重于保证国内货物出口后能安全收汇。通知行收到国外开来的信用证后，首先应考虑进口国的宏观经济形势与开证行的资信以决定是否通知信用证。如果发现开证行的资信与来证金额不相称，应根据实际情况采取不同的安全措施，如要求由其他资信好的大银行加具保兑等。

银行如决定通知信用证，必须小心仔细地审核信用证的表面合理性，这主要包括对受益人的审查，对信用证使用货币的审查，对信用证生效性审核，对信用证装运期有效到期日和有效到期地的审查，对保兑条款的审查，对信用证项下银行费用的审查，其他对信用证要求的单据、信用证保险条款等的审查。

在审查时，需要注意的是：受益人必须是当地有权办理出口业务的企业。除协定国家按照协定另有规定外，来证应使用可自由兑换的货币。如果信用证列有货到付款，验货合格付款等特殊条款，因不利于收汇，应在了解成交合同情况后，提出修改意见。有些信用证规定必须取得某种条件或某种文件(如进口商取得许可证或当局签发的授权书)后，信用证才能生效，银行通知未生效信用证时，一般应在信用证正本上明显加注“此证暂未生效，应在生效通知到达后再办理出运”字样。此外，银行还应与出口商联系，掌握信用证装运期、有效到期日等期限长短的合理性，并尽可能要求受益人或与其洽商后将国外到期修改为境内到期。如果开证行请求通知行保兑，通知行应根据开证行资信及其所在国政治形势决定是否加具保兑；如果信用证由第三家保兑银行保兑，保兑责任必须明确包括提供保兑行的确认书，而且通知行应对保兑行资信进行评估。信用证应按贸易合同规定声明银行费用的负担者。信用证要求的单据必须是出口国政策许可、出口商能够得到的，信用证条款与条款之间、单据与单据之间不能有矛盾之处。

(二)出口商(受益人)审证

出口商的审证侧重于保证按合同交货使货物顺利出口。出口商审证的依据有三条：一是买卖合同。由于现行的买卖合同大多采用由卖方事先印就的固定格式，不可能把买卖双方对于某种商品的一些特殊要求都填写上去，因此，出口商在审证时需要注意买方在开来的信用证中是否加列了一些合同中没有的条款。二是收证时的政策法令。出口商应审查来证内容有无违反所在国政策法令规定的地方。三是备货和船期等实际情况。出口商应审查来证内容有无其无法办到的地方，有无影响其安全及时地收汇或会增加其费用开支的地方；如果发现，应立即联系申请人要求改证。

具体来说，出口商的审证主要包括：申请人、受益人的名称和地址是否准确；信用证的生效性；信用证金额是否正确；信用证中的货物描述是否与合同一致；实际装运的货物数量、重量是否符合规定；信用证内价格条件是否与合同一致；装运港和目的港是否符合合同规定；信用证是否规定相应的装运期限和有效期限；是否允许分批装运；是否对船只和转船加以限制；是否要求汇票，如要求汇票应审查汇票的金额、付款人与付款期；信用证对发票、货运提单和保险单据等单据的规定是否可以接受等方面。

(三)信用证审核要点

无论银行还是出口商都应在收到信用证的当天对照有关合同认真地按下列各条仔细检

查，以便及早发现错误，并采取相应的补救措施。

(1)检查信用证的付款保证是否有效。

①应该保兑的信用证是否按要求由有关银行进行保兑；

②信用证是否生效；

③是不是有条件生效的信用证，如“待获得进口许可证后才能生效”；

④信用证密押是否相符；

⑤是不是简电或预先通知的信用证；

⑥是不是开证申请人直接寄送的信用证。

(2)检查信用证的付款时间是否与有关合同规定相一致，应特别注意下列情况：

①信用证中规定有关条款项须在向银行交单后若干天内或见票后若干天内付款等情况，对此，应检查此类付款时间是否符合合同规定的要求。

②信用证在国外到期。规定信用证国外到期，有关单据必须寄送国外，由于无法掌握单据到达国外银行所需的时间且容易延误或丢失，故有一定的风险，通常应要求在国内交单付款。在来不及修改的情况下，必须提前一个邮程(邮程的长短应根据地区远近而定)以最快方式寄送。

③如信用证中的装运期和有效期是同一天，即通常所称“双到期”。在实际业务操作中，应将装运期提前一定的时间(一般在有效期前10天)，以便有合理时间来制单结汇。

(3)检查信用证受益人和开证人的名称和地址是否完整和准确。受益人应特别注意信用证的受益人名称和地址是否与其印好的文件上的名称和地址内容相一致，以及进口商公司名称和地址写法是否完全正确，以免给以后的收汇带来不便。

(4)检查装运期的有关规定是否符合要求。过了信用证规定装运期的运输单据将构成不符点，银行有权不付款，因此检查信用证规定的装运期时应注意以下几点：

①能否在信用证规定的装运期内备妥有关货物并按期出运。如来证收到时离装运期太近，无法按期装运，应及时与进口商联系修改。

②实际装运期与交单期时间相距太近。

③信用证中规定了分批出运的时间和数量，应注意能否办到，否则，任何一批未按期出运，以后各期即告失效。

(5)检查能否在信用证规定的交单期交单。

来证中常会规定向银行交单的日期不得迟于提单日期后若干天，过了期限或单据不齐有错漏，银行有权不付款。

交单期通常按下列原则处理：①信用证有规定的，应按信用证规定的交单期向银行交单；②信用证没有规定的，向银行交单的日期不得迟于提单日期后21天。

应充分考虑下列事宜对交单期的影响：①生产及包装所需的时间；②内陆运输或集港

运输所需时间；③进行必要的检验(如法定商检或客检)所需的时间；④申领出口许可证/FA 产地证所需时间(如果需要)；⑤报关检验所需时间；⑥船期安排情况；⑦到商会和/或领事馆办理认证或出具有关证明所需时间(如果需要)；⑧申领检验证明书(如 SGS 验货报告/OMIC LETTER 或其他验货报告)所需时间；⑨制造、整理、审核信用证规定文件所需的时间；⑩单据送交银行所需时间，包括单据送交银行后经审核发现有误退回更正的时间。

(6)检查信用证内容是否完整。如果信用证是以电传或电报拍发给通知行，即“电信送达”，那么应该核实电文内容是否完整；如果电文无另外注明，并写明是根据《UCP600》，那么，该电文可以被当作有效信用证执行。

(7)检查信用证的通知方式是否安全、可靠。信用证一般是通过受益人所在国家或地区的通知/保兑行通知给受益人的，这种方式的信用证通知比较安全。如果不是这样寄交的，遇到下列情况之一的应特别注意：①信用证是直接从海外寄给出口商的，那么出口商应该小心查明它的来历；②信用证是从本地某个地址寄出，要求出口商把货运单据寄往海外，而出口商并不了解其指定的那家银行。对于上述情况，应该首先通过银行调查核实。

(8)检查信用证的金额、币制是否符合合同规定。主要检查的内容有：

①信用证的金额是否正确。

②信用证的金额应该与事先协商的相一致。

③信用证中的单价与总值要准确，大小写一致。

④如数量上可以有一定幅度的伸缩，那么，信用证也应相应规定在支付金额时允许有一定幅度。

⑤如果在金额前使用了“约”或“大约”一词，其意思是允许金额有不超过 10%的增减幅度。

⑥如果信用证规定了货物数量而该数量已全部发运，或信用证规定了单价而该单价又未降低，则即使不允许部分装运，也允许支取的金额有 5%的减幅。若信用证规定有特定的增减幅度或使用“约”或“大约”限定数量，则该减幅不适用。

⑦检查币制是否正确，例如，检查合同与信用证中使用的币制是否一致。

(9)检查信用证的数量是否与合同规定相一致，应注意以下几点：第一，除非信用证规定数量不得有增减，那么，在总支取金额不超过信用证金额的情况下，货物数量容许有 5%的增减；第二，特别注意的是以上提到的货物数量可以有 5%增减的规定一般适用于大宗货物，对于以包装单位件数或以货物自身件数的方式规定货物数量时不适用，例如，交易的货物为 5 000 件全棉衬衫，由于数量单位是“件”，实际交货时只能是 5 000 件，而不能有 5%的增减。

(10)检查价格条款是否符合合同规定。不同的价格条款涉及具体的费用，如运费、保险费由谁分担。

(11)检查货物是否允许分批出运。除信用证另有规定外，货物是允许分批出运的。

特别注意：如信用证规定在指定的时间段内分期付款或分期发运，任何一期未按信用证规定期限支取或发运时，信用证对该期及以后各期均告失效；如不能办到，必须修改信用证。

(12)检查货物是否允许转运。除信用证另有规定外，货物是允许转运的。

(13)检查有关的费用条款。信用证中规定的有关费用(如运费或检验费等)应事先协商一致，否则，对于额外的费用原则上不应承担；银行费用如事先未商定，应以双方共同承担为宜。

(14)检查信用证规定的文件能否提供或及时提供。①一些需要认证的单据，特别是使馆认证等能否及时办理和提供。②由其他机构或部门出具的有关文件(如出口许可证、运费收据、检验证明等)能否提供或及时提供。③信用证中指定船龄、船籍、船公司或不准在某港口转船等条款能否办到等。

(15)检查信用证有无陷阱条款。应特别注意下列信用证条款是有较大陷阱的条款，具有较大的风险：①1/3 正本提单直接寄送进口商的条款。如果接受此条款，将随时面临货、款两空的风险。②将客检证作为议付文件的条款。接受此条款，受益人正常处理信用证业务的主动权很大程度上掌握在对方手里，影响安全收汇。

(16)检查信用证中有无矛盾之处。例如：明明是空运，却要求提供海运提单；明明价格条款是 FOB，保险应是由买方办理，而信用证中却要求卖方提供保险单。

(17)检查有关信用证是否受《UCP600》的约束。明确信用证受《UCP600》的约束可以使银行和出口商在具体处理信用证业务中，对于信用证的有关规定有一个公认的解释和理解，避免因对某一规定的不同理解而产生的争议。

二、信用证的修改

(一)信用证修改的原因

在信用证业务中，时常产生修改信用证的情况，大致有如下三个方面的原因：

(1)出口商(受益人)要求修改信用证。如果出口商发现其收到的信用证内容与合同规定不符或无法履行信用证的某些条款，或不满信用证中某些条款，或通知行告诫其信用证的某些条款有不妥之处等情况时，常会从保护自身利益的角度出发，提出要求修改信用证。

(2)进口商(开证申请人)要求修改信用证。如果进口国新近颁发的法律、法规，使原信用证条款与法律、法规产生抵触，或国内政治、经济、市场行情发生变化，使其销售发生变化，进口商会提出要求修改信用证。

(3)开证行要求修改信用证。如果开证行发现其开出的信用证发生差错或疏漏内容时，会提出要求修改信用证。

(二)信用证修改的有关规定

在开证行开出信用证之后，有关当事人若对信用证内容有异议时，可通过正当程序予以修改。修改信用证内容或取消信用证某项条款，会涉及信用证当事人权利、义务的相应变更，须按有关国际惯例的规定正确处理。

《UCP600》第10条“修改”主要有如下规定：

(1)《UCP600》第10条a款的规定，凡未经开证行、保兑行(如有)以及受益人同意，信用证既不能修改，也不能撤销。

(2)《UCP600》第10条c款的规定，受益人应发出接受或拒绝接受修改的通知。只有当受益人发出接受修改的通知后，才能受到修改了的信用证的约束。如受益人未提供上述通知，但其向开证行或指定银行提交的单据符合该项修改的内容，该修改即已对其生效。

(3)自发出信用证修改书之时起，开证行就不可撤销地受其发出修改的约束。保兑行可将其保兑扩展至修改内容，且自其通知该修改之时起，即不可撤销地受到该修改的约束，但是，保兑行可以选择不延伸其保兑至修改，如果保兑行如此选择，它必须不延误地将此情况通知开证行和受益人。

(4)《UCP600》第10条d款还首次规定，通知修改的银行应当将任何有关接受或拒绝接受修改的通知转告发出修改书的银行。

(5)对于修改的内容要么全部接受，要么全部拒绝，部分接受修改将被视为拒绝接受修改。

(6)受益人对修改中关于除非受益人在某一时间内拒绝修改，否则修改生效的规定应不予理会。

(7)受益人对于需要修改的各项内容，最好一次向开证申请人提出，尽量避免由于受益人考虑不周而多次提出修改要求，否则，不仅会增加双方的手续和费用，而且会对外造成不良影响。

(8)有关信用证修改必须通过原信用证的通知行才是真实、有效的，通过客人直接寄送的修改申请书或修改书复印件不是有效的修改。

(9)受益人和申请人应明确约定修改费用由谁承担，一般按照责任归属来确定修改费用由谁承担。

(10)如果信用证修改中要展延装运期，则要注意议付有效期(如有议付行)也必须随之延期。

(三)修改信用证实务

(1)申请人提交修改申请书。当申请人要求修改信用证，或受益人接洽申请人要求修改时，申请人要向开证行提出修改申请书。修改申请书的内容主要包括以下两个方面：一是被申请修改的信用证的情况，如信用证的号码、受益人的名称及地址、通知行等；二是关于修改的指示。修改申请书须由申请人签章。

(2)开证行审查修改申请书的内容。开证行接到信用证修改申请书后，应根据申请书所列的信用证号码审核：修改后的条款有无相互抵触之处；是否注明修改手续费由申请人还是受益人负担；若修改涉及原证的有效期、金额、商品等超出了原有效凭证规定的范围，须提交符合修改条件的有效凭证。

(3)缮制信用证修改书。银行审核信用证修改申请书后，即可缮制信用证修改书，电修改要加列密押，然后将修改书副本附于信用证上留底备查，同时将另一份修改书副本送交申请人备查。若原证规定向偿付行索汇，当修改涉及延长装运期、有效期，增加金额的，还应通知偿付行。

如果受益人没有通过申请人而是通过通知行要求开证行修改信用证时，开证行接到请求后，通常要与申请人联系。开证行虽然有权决定接受该请求，但若没有申请人的同意，就可能因违背申请人的指示而无法获得偿付。若申请人不同意，开证行则拒绝修改；若同意，就缮制信用证修改书，由原通知行通知受益人，如图 5-4 所示。

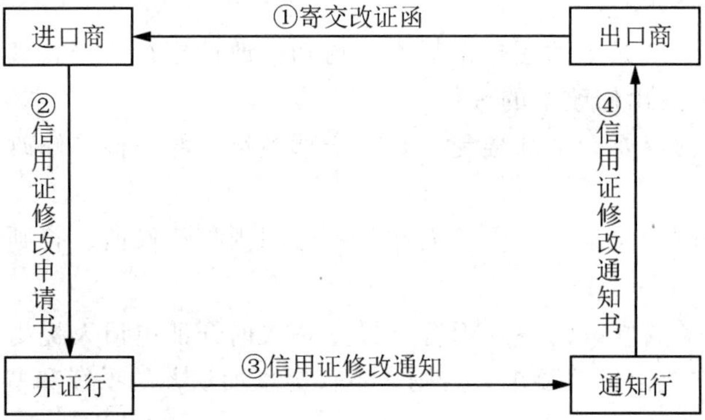

图 5-4 修改信用证的业务流程

三、信用证的撤销

信用证的撤销包括两种情形：其一是信用证过期未用，自动失效；其二是信用证未到期而中途注销。这里我们主要讲第二种情况。对于不可撤销的信用证，在发生必须撤销的某些情况时，符合下面几个条件就可以注销，即不可撤销信用证也具有弹性，只要当事人同意即可。

(1)客户以书面的形式向开证行提出申请，若是出口商则同时退回信用证。

(2)银行审查，作出同意或不同意的决定。

(3)银行利用电信或邮寄方法通过通知行转告受益人关于撤销的事宜。

(4)有关当事人同意有关撤销的内容。

(5)若开证行要求撤销信用证，须先征得受益人同意，并收回全套正本信用证(包括修改)。

信用证注销有全额注销；也有部分注销的，如信用证已出口议付了一部分，其余部分可办理撤销。受益人从通知行处得到撤销的通知后，应尽快决定是否同意注销，其余的做法均与修改一样。

第五节 信用证的种类

一、按信用证项下是否附有单据划分

(一)光票信用证

光票信用证(Clean L/C)是指凭不附带货运单据的汇票(即光票)付款的信用证。有些信用证要求出具汇票并附带一些非货运单据，如发票、垫款清单等，通常也被视为光票信用证。

对于进口商而言，光票信用证下的单据没有货运单据，进口商无法通过各种单据对货物的交付、质量和数量等予以控制，进口商只能依赖出口商的信用，所以风险较大。同时，开证行也无法利用货运单据来防范风险，只能基于进口商的信用或进口商提供的其他担保来付款，因此银行的风险也比较大。所以，光票信用证在国际贸易中的运用比较少，多用于支付货物的从属费用的结算或者非贸易结算。

(二)跟单信用证

跟单信用证(Documentary L/C)是凭附带货运单据的汇票(即跟单汇票)或仅凭货运单据付款的信用证。这里的单据包括代表货物所有权的单据(如海运提单等)，或者是证明货物已经装运的单据(如铁路运单、航空运单等)。跟单信用证的核心即单据，是银行办理信用证业务的基础和依据。在国际贸易结算中所使用的信用证，绝大部分是跟单信用证。

二、按信用证是否有另一家银行加以保兑划分

(一)保兑信用证

根据《UCP600》第 2 条的定义：“保兑意指保兑行在开证行之外对于相符提示作出兑付

的确定承诺”，“保兑行意指应开证行的授权或请求对信用证加具保兑的银行”。保兑信用证(Confirmed Credit)是一家银行(保兑行)接受开证行的邀请，对开证行开出的信用证承担保证兑付的责任，即对受益人提交的符合信用证条款规定的单据必须付款。信用证经保兑后，受益人获得了开证行与保兑行的双重付款保证。保兑行多为通知行、出口地的其他银行或第三国银行。根据《UCP600》的规定，保兑行自为信用证加具保兑之日起，即不可撤销地受兑付责任的约束。被授权加具保兑的银行可以拒绝对信用证保兑，但须及时告知开证行。

信用证加具保兑的做法：

(1)开证行在给通知行的信用证通知书中授权另一家(通知行)在信用证上加保。

□ Without adding your confirmation

□ Adding your confirmation

□ Adding your confirmation, if requested by the beneficiary

(2)通知行以加注批注等方法列入信用证条款，以示该信用证具有保兑功能。

This Credit is confirmation by us.

或：We hereby add our confirmation to this Credit.

或：This Advising Bank is authorized to add its confirmation to this Credit.

另一家银行被授权加具保兑，但其无意照办时，应将此事毫无延迟地通知开证行。

对于信用证的修改，保兑行应将其保兑延伸至修改书并应自其通知修改书时受到该修改书的约束。如果保兑行选择将修改书通知受益人而不延伸其保兑，该行应将此事毫无延迟地通知开证行和受益人。

(二)不保兑信用证

不保兑信用证(Unconfirmed Credit)是没有保兑行对信用证承担保证兑付责任的信用证。开证行独自承担信用证项下有条件的第一性付款责任。在实务中，不保兑信用证使用居多，因为在开证行资信可靠的情况下，受益人只要提交符合信用证规定的单据，即可获得开证行的付款。只有信用证的金额超过开证行的支付能力、进口国政局不稳或有严格的外汇管制、开证行信誉不佳而担心所开信用证不被接受等情况，才要求开证行邀请或授权另一家银行对信用证加具保兑。

资信良好的银行开出的信用证通常是不保兑信用证。

三、按信用证的兑现方式划分

(一)即期付款信用证

1. 即期付款信用证的含义

即期付款信用证(Sight Payment L/C)是指定一家银行凭受益人提交的单证相符的单

据立即付款的信用证。

根据信用证使用货币种类的不同以及有关银行账户开立情况，可指定开证行或通知行或另外一家银行作为付款行。即期付款信用证可以规定需要或不需要提供汇票，如需要提供汇票，则汇票的付款人应是开证行或被指定的付款行。开证行验单后对受益人付款是无追索权的。被指定的付款行凭受益人的汇票付款后，也没有追索权，但可以用快捷的办法向开证行索偿，且应于索偿同日起计息。

即期付款信用证可以要求受益人提交汇票，也可以不要求提交汇票，这是由于一些欧洲大陆国家对汇票征收印花税，为了省却印花税的负担，降低结算成本，这个区域的进口商常常要求银行开立只要求提供相符单据而不要求提供汇票的信用证。受益人只需提交单据或收据，并遵照信用证所列条款，开证行或付款行即可付款。

信用证中常见文句为“THIS CREDIT IS AVAILABLE BY SIGHT PAYMENT WITH ×× BANK.”(此证由××银行即期付款。)

即期付款信用证的表达方式为：

Credit available with Nominated Bank the Advising Bank.

□ By payment at sight

□ By deferred payment at

□ By acceptance of draft at

□ By negotiation

2. 即期付款信用证的特点

(1)在受益人交单时付款；

(2)付款地点一般在通知行或保兑行；

(3)付款行根据信用证偿付指示向开证行索偿，一般是主动借记开证行账户，而不是垫付款项。

3. 即期付款信用证对各当事人的影响

(1)对受益人最有利，可以马上得到货款，并且无追索权。

(2)对开证行和开证申请人的不利之处是在见到单据之前已经付款。

(3)对付款行或保兑行，他们承担了证实“单证相符”的责任。如果开证行提出不符点，付款行要承担付款得不到偿付的风险。

(4)开证行承担了单据邮寄过程中丢失的风险。如果是议付信用证，开证行不见单据不付款，单据丢失的风险由受益人承担。

(二)延期付款信用证

1. 延期付款信用证的含义

延期付款信用证(Deferred payment L/C)是指开证行在信用证上规定货物装运后若干

天付款或交单后若干天付款的信用证。

延期付款信用证中常见文句为“THIS CREDIT IS AVAILABLE BY DEFERRED PAYMENT WITH ×× BANK.”(此证由××银行延期付款。)

延期信用证的表达方式为：

Credit available with Nominated Bank the Advising Bank

□ By payment at sight

□ By deferred payment at

□ By acceptance of draft at

□ By negotiation

2. 延期付款信用证的特点

(1)付款期限为远期；

(2)由指定银行通知信用证；

(3)受益人交单时，只要“单证相符、单单相符”，便可由指定银行寄开证行，并通知受益人付款到期日；

(4)在到期日之前，指定银行根据信用证偿付指示进行索偿，以保证受益人在到期日收到款项；

(5)不需要汇票可减少印花税支出。

3. 延期付款信用证对受益人的影响

(1)在延期付款信用证下，受益人能否获得付款完全取决于付款行的信用。若付款行是开证行或保兑行，则收款有保证；若是未对信用证加具保兑的银行，由于本身没有承诺付款，如果到期日发生意外(开证行破产、进口国无法支付外汇等)，付款行有权拒付，而这时受益人已不掌握单据，无法控制货物，很可能钱货两空。因此，在延期付款信用证项下，受益人最好要求付款银行对信用证加以保兑，以确保到期收款。

(2)延期付款信用证由于不开立汇票，受益人无法在贴现市场上获取资金融资，只能自行垫款或向银行借贷，因此，以延期付款信用证成交的货价比承兑信用证成交的货价要高一些，但作为进口商的申请人在付款前先收到单据并得到货物，实际上获得了资金融通。

(三)承兑信用证

承兑信用证(Acceptance L/C)是指规定出具远期汇票，受益人将远期跟单汇票提交给汇票付款行，经审单相符，该行在汇票上履行承兑行为，并在确定的到期日付款的信用证。显然这种信用证必须要求有一张远期汇票。

《UCP600》第六条规定：“不得开立包含有以申请人为汇票付款人条款的信用证。”在信用证业务中如果要开立汇票，则汇票的受票人必须做成银行，以便承兑后贴现。

在承兑信用证项下，受益人取得银行承兑汇票后可持有已承兑的汇票等待到期收款，也可向当地贴现市场办理贴现即期获得付款，这种情况下虽然受益人损失了一部分贴息，但收款的时间缩短了，相对于延期付款，受益人更愿意使用承兑信用证。

承兑信用证特点是在承兑前，银行对受益人的权利与义务是以信用证为依据的，承兑后单据与汇票脱离。承兑银行成为汇票的承兑人，付款行对汇票承兑后，应按票据法规定，对背书人、善意持票人承担到期付款的责任。如果承兑行不是开证行，承兑行则寄单向开证行索偿，说明汇票承兑及到期日，由开证行于到期日付款。

承兑信用证中常见文句为“THIS CREDIT IS AVAILABLE BY ACCEPTANCE WITH ×× BANK.”(此证由××银行承兑。)

承兑信用证的表达方式为：

Credit available with Nominated Bank the Advising Bank.

□ By payment at sight

□ By deferred payment at

□ By acceptance of draft at

□ By negotiation

(四)议付信用证

1. 议付信用证的含义

《UCP600》第二条规定：“议付意指被指定银行在相符交单下，在其应偿付的银行工作日当日或之前，通过向受益人垫付或者同意垫付款项的方式，购买相符交单项下的汇票(其付款人为被指定银行之外的银行)及/或单据的行为。”也就是银行向受益人买入汇票和单据，向受益人提供资金融通的行为，即议付行在单证相符的条件下，扣除利息后将票款余额付给受益人，且议付行对受益人具有追索权。

议付信用证(Negotiation L/C)是其指定银行对受益人提交的相符单据进行议付的信用证。

议付信用证的表达方式为：

Credit available with Nominated Bank the Advising Bank.

□ By payment at sight

□ By deferred payment at

□ By acceptance of draft at

□ By negotiation

2. 议付信用证的特点

(1)受益人出具的汇票只能以开证行或其他指定银行为付款人，而不能以通知行和申请人为付款人。

(2)开证行承担在见票后对善意持票人支付汇票款项的义务，即单证相符的单据必须寄至开证行，并被开证行认为没有导致拒付的不符点。换句话说，只有开证行是付款的决定者。

(3)通知行对受益人不负责任，如果对受益人议付，则由自己承担风险，待从开证行收到票款后风险解除。如开证行拒付或单据在邮程中丢失，通知行有权向受益人追索已议付的款项及利息损失。

3. 议付信用证对当事人的影响

(1)受益人不得不等待开证行的最终付款。因为议付行的议付款是有追索权的，因此，受益人一般不愿意接受这种条款的信用证，如果接受就可能增加合同价格，以抵补融资利息损失。

(2)开证行和申请人处于有利的地位，在单据到达之前不需付款。

(3)通知行不负任何责任，但如果接受受益人议付请求，就要代受益人审单，以确定是否单证相符。

4. 议付信用证种类

(1)按是否限定由某一家被指定的银行议付划分

①自由议付信用证

自由议付信用证(Freely Negotiation L/C)也叫公开议付信用证(Open Negotiation L/C)，是指任何银行据可按信用证条款议付的信用证。这种信用证对受益人来说非常方便，可以就近向任何一家银行进行议付。

②限制议付信用证

限制议付信用证(Restricted Negotiation L/C)一般是只准许被指定银行议付的信用证。被指定的银行可以是一家也可以是几家。受益人只能向被指定的银行提示单据，并交单议付。开立限制议付信用证是开证行为控制自身风险、减少经济损失的一种做法，但这种做法对受益人十分不利，包括不利于受益人提交单据或修改信用证等。

(2)按议付行向受益人议付信用证规定款项的时间划分

①即期议付信用证

即期议付信用证是指议付信用证规定受益人开立以开证行作为付款人的即期汇票，议付行审单无误后，垫付资金，扣去垫款利息，将净额立即付给受益人的信用证。

②远期议付信用证

远期议付信用证是指议付信用证规定受益人开立以开证行作为付款人的、(见票后)/(提单日期后)若干天付款的远期汇票，议付行将相符单据寄至开证行，在接到它电告承兑汇票后，即可垫付资金，按远期汇票的票面金额扣去垫款利息，将净额立即付给受益人的信用证。

即期付款信用证、延期付款信用证、承兑信用证、议付信用证的比较见表5-1。

表5-1 即期付款信用证、延期付款信用证、承兑信用证、议付信用证的比较

条件	即期付款信用证	延期付款信用证	承兑信用证	议付信用证
汇票	需要或不需要	不需要	需要	即期需要或不需要；远期需要
汇票期限	即期		远期	即期或远期
付款给受益人的时间	即期付款	延期付款	远期付款	即期支付净款扣减垫付利息
可否融资付款	不可以	不可以	不可以	可以
对受益人有无追索权	无	无	无	有

四、假远期信用证

(一)假远期信用证的含义

假远期信用证(Usance Credit Payment at Sight)是指在买卖双方商定以即期信用证付款的交易中，开证申请人出于某种需要，要求受益人开具远期汇票，但受益人可以即期收到足额款项，由开证申请人承担贴现利息和有关费用的信用证，因此，假远期信用证也被称为买方远期信用证。

(二)假远期信用证与普通远期信用证和即期信用证的区别

(1)在假远期信用证项下的买卖合同规定的支付条件一般为即期信用证付款。远期信用证的买卖合同的支付条件则明确规定以远期信用证方式付款。

(2)假远期信用证和远期信用证均要求开立远期汇票，即期信用证则规定开立即期汇票或不使用汇票。

(3)假远期信用证规定汇票的贴现利息及承兑手续费等费用概由开证申请人负担。远期信用证的远期汇票由于收汇而产生利息、贴现息等一般由受益人负担，即期信用证没有贴现利息等问题。

(4)假远期信用证和即期信用证能即期收汇，而远期信用证不能即期收汇。

(5)在即期信用证项下，申请人即期付款赎单；在远期信用证和假远期信用证项下，申请人在到期日付款。

表 5-2 假远期信用证与远期信用证的不同点

不同点	假远期信用证	远期信用证
开证基础	即期付款贸易合同	远期付款贸易合同
信用证条款	信用证规定有买方远期条款，卖方签发以开证行为付款人的远期汇票，由开证行承兑并贴现	信用证没有规定买方远期条款，卖方签发远期汇票，获得银行承兑之后自行办理贴现
贴现费用负担	买方	卖方

(三)假远期信用证的作用

(1)虽然进口商须负担利息，但由于货物买卖合同是以即期付款价格为基础，通常低于以远期信用证结算的货物价格，总体来说，进口商还是划算的。

(2)受益人一旦交单即可立刻收汇，与即期信用证功效相同。

(3)为满足出口商即期收汇的要求，相当于开证行为进口商开立一笔即期信用证，并为进口商办理了一笔进口押汇融资。与正常的开立即期信用证并为进口商办理进口押汇不同的是，在假远期信用证中，开证行通常会指定一家银行作为代付行，由这家银行先行即期付款，待远期汇票到期时，开证行再连本带息偿付该银行，这样做可以让开证行在自身资金紧张时，利用代付行的资金来满足进口商的融资需求。

五、按受益人对信用证的权利是否可转让划分

(一)可转让信用证

1. 可转让信用证含义

可转让信用证(Transferable L/C)是指信用证的受益人(第一受益人)可以请求授权付款、承担延期付款责任、承兑或议付的银行(转让行)，或如果是自由议付信用证时可以要求信用证特别授权的转让行，将信用证全部或部分转让给一个或数个受益人(第二受益人)使用的信用证。

国际贸易中，可转让信用证的第一受益人通常是中间商，他们自己手中并无货物，利用其国际交往关系，将信用证转让给实际供货人(即第二受益人)，由后者直接将货物运交进口商，实现中间交易并从中获利。但是，信用证的转让并不等于销售合同的转让，倘若第二受益人不能交货、货不对路或单据有问题等情况下，第一受益人仍应负销售合同上卖方的责任。

2. 可转让信用证程序

可转让信用证的业务流程如图 5-5 所示(这里假设转让行与议付行是一家银行)。

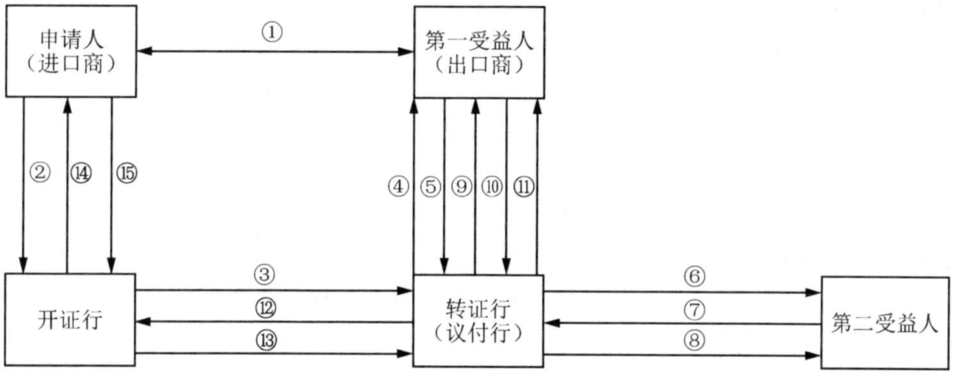

图 5-5　可转让信用证的业务流程

①第一受益人(出口商)与开证申请人(进口商)签订买卖合同，并确定使用可转让的信用证支付方式；
②进口商向开证行申请开立可转让的信用证；
③开证行将可转让的信用证交与转证行；
④转证行将信用证转交第一受益人；
⑤第一受益人向转证行申请转让信用证；
⑥转证行向第二受益人发出转证(新证)通知；
⑦第二受益人根据信用证发货、交单；
⑧转证行审单无误向第二受益人垫付款；
⑨转证行通知第一受益人交单；
⑩第一受益人按原证开发票、汇票交转证行；
⑪转证行将发票差额支付给第一受益人；
⑫转证行将第一受益人提供的发票、汇票和第二受益人提供的其他单据一并寄开证行索偿；
⑬开证行向转证行偿付；
⑭开证行向申请人提示单据；
⑮申请人付款赎单。

3. 可转让信用证转让规则

《UCP600》第三十八条对可转让信用证的规定如下：

①银行无办理信用证转让的义务，除非其明确同意。

②只有开证行在所开立的信用证中明确注明“可转让”(transferable)的信用证才能转让，类似文句有：“This credit is transferable”或“Transfer to be allowed”。可转让信用证可应受益人(第一受益人)的要求通过银行办理转让，转为全部或部分由另一受益人(第二受益人)兑用。

③诸如“divisible”“fractionable”“assignable”、“transmissible”等信用证使用用语，并

不能使信用证可转让，因此银行可不予理会。

④信用证通常只能转让一次，即由第一受益人转让给第二受益人；已转让信用证不得应第二受益人的要求转让给任何其后受益人。第一受益人不视为其后受益人，而且只要信用证不禁止分批装运或分批支款，可转让信用证便可分为若干部分分别转让，这些转让的总和将被视为只构成信用证的一次转让。

⑤可转让信用证必须通过银行办理，而不能由第一受益人自行转让给第二受益人。应第一受益人要求办理可转让信用证转让手续的银行被称为转让行。开证行可以特别授权某银行办理信用证转让，也可以由自己担任转让行。既非开证行也非保兑行的转让行不对该信用证承担付款或议付责任。

⑥信用证只能按原证规定的条款转让，但新证与原证可以在下述方面不同：

第一，申请人可不同。第一受益人可为新证的申请人，以保守商业秘密，使第二受益人无法知道实际买主，以避免其跳过中间商直接与实际买主交易，但若原证要求原证申请人的名称出现在发票以外的其他单据上，第一受益人应照办。

第二，货物单价可以降低(以赚取差价)。

第三，信用证金额可减少(为获取差额)。

第四，有效期、装运期、最后交单日可提前或缩短(留出换票时间)。

第五，投保比例可提高。

因新证的金额比原证低，故只有提高投保比例，才能使保险单的保额达到原证的要求，例如，原证货物金额 30 000 美元，根据通常投保比例 110%的要求，保险金额应该是 33 000 美元；若现在新证的金额为 20 000 美元，故只有把投保比例提高到 165%(33 000/20 000)，才能使保额达到 33 000 美元。

⑦若信用证允许部分支款或部分发运，该信用证可分次转让给数名第二受益人。

⑧在信用证转让后：第一受益人有权以自己的发票替换第二受益人的发票，其金额不得超过信用证规定的原金额；若信用证规定了单价，应按原单价开具发票。经替换发票后，第一受益人可以在信用证项下支取自己的发票与第二受益人的发票之间的可能的差价。第二受益人或代表第二受益人的交单必须交给转让行。

⑨如果第一受益人应提交自己的发票和汇票(若有的话)，但未能在第一次要求时照办，或第一受益人提交的发票导致了第二受益人的交单中本不存在的不符点，而其未能在第一次要求时修正，转让行有权将从第二受益人处收到的单据照交开证行，并不再对第一受益人承担责任。

⑩除非另有约定，第一受益人必须承担转让信用证的有关各项费用，并且在第一受益人未付清这些费用之前，转让行没有办理转让的义务。

⑪可转让信用证转让给多个第二受益人之后，如有修改，则一个或多个第二受益人接

受或拒绝对信用证的修改不影响其他第二受益人拒绝或接受对信用证的修改，换言之，若某一已转让信用证有两个或多个第二受益人，则允许这些第二受益人对该信用证的修改持有不同的态度：接受或拒绝。

(二)不可转让信用证

不可转让信用证(non-transferable L/C)是指信用证项下的权利只能是受益人本人享有，不能以转让形式给他人使用。若受益人不能执行信用证条件，信用证只能作废。凡未注明“可转让”字样的信用证都是不可转让信用证。

六、背对背信用证

(一)背对背信用证的含义

背对背信用证(Back to Back L/C)又称为对背信用证(Counter L/C)，是指中间商收到进口方开来的以其为受益人的原始信用证(Original L/C，又称为主要信用证 Master L/C)后，要求原通知行或其他银行以原始信用证为基础，另外开立的一张内容相似的、以其为开证申请人开给另一受益人的新的信用证。在国际贸易中，主要是在信用证不允许转让的情况下，或者实际供货商不接受买方国家银行信用证作为收款保障时，出口中间商凭以其为受益人、国外开立的信用证作为抵押品，要求其往来银行开立以实际供货人为受益人的信用证。例如，中国香港地区中间商收到一张出口美国的纺织品面料的信用证，但真正的供货商在中国大陆。于是，中国香港地区中间商以美国的信用证做抵押，向中国香港某银行申请要求开立以自己为开证申请人、大陆的供货商为受益人的信用证，新证的内容与美国的来证内容相似，该新证就是背对背信用证，如图 5-6 所示。

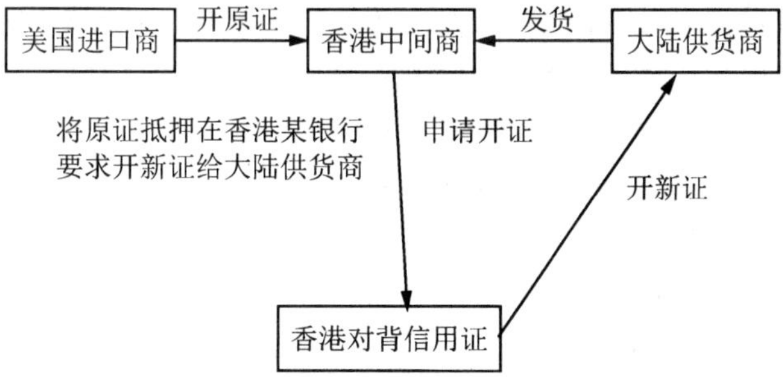

图 5-6　对背信用证原理

(二)背对背信用证的内容

背对背信用证应在原证的基础上开立，新证与原证基本条款相同，便于背对背信用证受益人在规定期限内交来要求的单据后，中间商能在原证期限内更换发票，利用交来的其他单据实现原证受益人的权利。但与可转让信用证的新证一样，背对背信用证(新证)的条款与原证可在以下几方面不同：

(1)原证与新证受益人可不同。因为原证受益人是中间商，而新证受益人是实际供货人。

(2)原证与新证申请人可不同。原证开证申请人是进口商，新证开证申请人是原证的受益人(中间商)。

(3)原证与新证开证行可不同。原证开证行是进口地银行，新证开证行是受益人所在地的通知行或其他银行。

(4)新证较原证金额、单价减少，投保金额提高，到期日、装运期缩短。

(三)背对背信用证与可转让信用证的区别

可转让信用证与背对背信用证都用于中间商贸易，但两者却有本质的区别。

(1)可转让信用证的权利转让要以原证申请人及开证行准许为前提，而背对背信用证的开立与原证的申请人、开证行均无关。

(2)可转让信用证在《UCP600》中有明确规定，而背对背信用证无统一约束。为研究方便称之为背对背信用证，第二受益人往往并不知道信用证是否是背对背信用证，在信用证上没有，也不必写上“Back to Back”字样。

(3)可转让信用证的原证与新证是同一个信用证，由同一个开证行保证付款，背对背信用证与原证是两个独立的信用证，两者并存，由两个不同的银行保证付款。

(4)背对背信用证有两次独立的交单议付，而可转让信用证只有一次交单议付。

(四)处理背对背信用证的注意事项

背对背信用证业务是套在原证业务之中，只有两部分很好地衔接，交易才能顺利完成，所以，开立和使用背对背信用证的风险较大，操作程序复杂，一般商业银行都设有专门的部门负责该业务。作为银行，尤其是背对背信用证的开证行在实务中要注意掌握以下事项：

(1)背对背信用证条款必须与原证相符，并加注特别条款，以保证自己的利益。

(2)最好用于货物由供货商港口直运买方港口的情况，如需在中间商所在地卸货转运的，风险较大，要从严掌握。

(3)作为抵押的原证不能带有软条款。

(4)背对背信用证严格禁止转让。

(5)中间商要求开立背对背信用证时，需提交开证申请书和原证的正本，并签署有关法律文件。

(6)比一般信用证业务多收一笔背对背信用证安排费。作为背对背信用证的受益人(实际供货商)，则务必小心谨慎，确保单证严格相符，不为中间商和背对背信用证的开证行提供拒付的借口。

七、对开信用证

对开信用证(Reciprocal L/C)是两张信用证的开证申请人互以对方为受益人而开立的信用证。开立这种信用证是为了达到贸易平衡，以防止对方只出不进或只进不出。第一张信用证的受益人就是第二张信用证(也称回头证)的开证申请人；同时，第一张信用证的开证申请人就是回头证的受益人；其信用证的通知行也往往就是回头证的开证行。

这种信用证一般用于易货贸易、来料加工和补偿贸易。当对开信用证用于易货贸易时，两张信用证的金额相等或大体相等，而且两证的种类一样，两份信用证的有效期、最迟装运期和最迟交单期一样或相近，以督促双方同时或在相近时间内出运货物和向银行交单，通过相互对抵完成结算。若对开信用证用于来料加工贸易，则两证金额必然有一定差距，这差距就是受委托加工方的加工费的毛收入。两证要求规定对方受益人出运商品的最迟装运期和交单期必然有先有后，而信用证本身又要同时到期，以便对抵后由委托方向加工方支付加工费，即两份信用证金额的差额。因此，这两份信用证规定的期限种类必然不同，如加工方通过银行向委托方开出的是远期信用证，而委托方开出的则是即期信用证。对开信用证两证可同时互开，也可先后开立。

对开信用证的生效方法是：(1)两张信用证同时生效。第一张先开出暂不生效，俟对方开来回头证，经受益人接受后，通知对方银行，两证同时生效。(2)两张信用证分别生效。第一证开立后立即生效，回头证以后另开，或第一证的受益人在交单议付时附一份担保书，保证在若干时间内开出以第一证开证申请人为受益人的回头证。分别生效的对开信用证只有在易货双方互相信任的情况下才会开立，否则先开证的一方要承担对方不开证的风险。对开信用证的流程如图 5-7 所示。

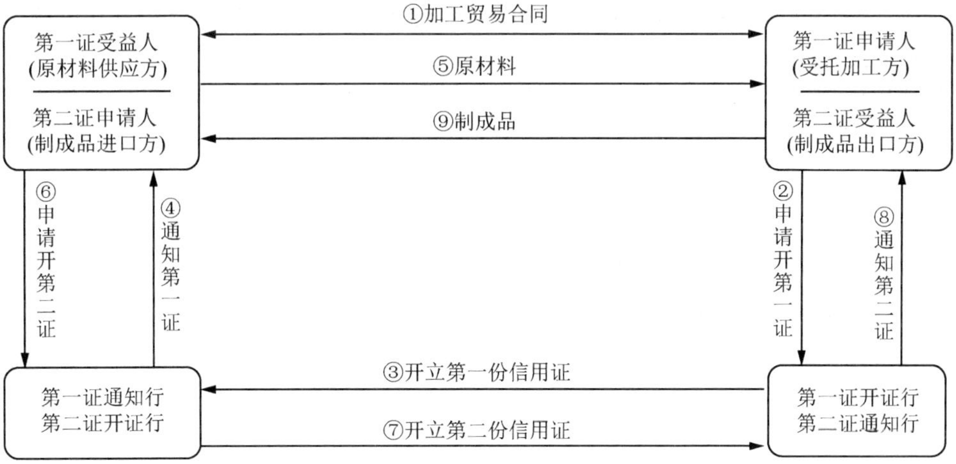

图 5-7　对开信用证开立、传递流程

八、循环信用证

(一)循环信用证的概念

循环信用证(revolving credit)是在信用证的部分金额或全部金额被使用之后能恢复被利用的信用证。循环信用证与一般信用证的根本区别就在于，后者一旦使用即告失效，而前者可以循环多次使用，直到规定的循环次数届满或规定总金额用完为止。因此，它比一般信用证多一个循环条款，用于说明循环方法、循环次数、循环金额及总金额等，例如：This is a monthly revolving credit which is available for up to the amount of USD150 000 per month, and full amount will be automatically renewed on the 1st of each succeeding calendar month. Our maximum liability under this revolving credit does not exceed USD900 000 being the aggregate value of six months. The unused balance of each month is non-cumulative to the succeeding month.(该按月循环的信用证每月可支金额 150 000 美元，于每个日历月的第一天自动恢复。本行再次循环信用证项下的最大责任不超过六个月的总值 900 000 美元。每个月末使用的余额不能移至下个月合并使用。)

循环信用证适用于大额的、长期合同下的分批交货。这样的进口商可以节省手续费和保证金，出口方也可省去等待开证和催证的麻烦，但由于通讯的发达和开证费用的降低，循环信用证已不多见。

(二)信用证循环的条件

循环信用证可分为按时间循环的信用证与按金额循环的信用证。

1. 按时间循环的信用证

按时间循环的信用证是指受益人在一定时间内支取信用证金额后，仍可在下次一定时间内支取规定金额的信用证。

如信用证规定 4、5、6 三个月按月循环，那么 4 月份信用证金额用完后，到 5 月 1 日信用证金额可以被复原再利用。

2. 按金额循环的信用证

按金额循环的信用证是指在信用证规定的金额使用完之后，可以恢复使用的信用证，此种循环方式因对用款次数无法控制而不多用。

(三)信用证循环的金额

根据每期信用证金额的余额处理方式不同，信用证可以分为积累循环信用证和非积累循环信用证。

1. 积累循环信用证

积累循环信用证是指上一循环期未用完的信用证余额，可以在本循环期累加使用的信用证。因此，在积累循环信用证下，可使用的信用证金额可能超过每期信用证提供的金额。

2. 非积累循环信用证

非积累循环信用证指上一循环期未用完的信用证余额，本循环期不可累加使用的信用证，未用完部分过期作废。非积累循环信用证中，每期可使用的最高金额不超过当期信用证规定的金额。

(四)信用证循环的方式

按金额循环信用证在信用证金额使用完后，其恢复生效、重新启用的方式有：

1. 自动循环

自动循环是指每期用完一定金额后，不需要等开证行通知，信用证自动恢复到原金额。

2. 半自动循环

半自动循环是指每次支款后若干天内，开证行未提出停止循环使用的通知，自第××天(上述若干天的次日)起即可恢复至原金额。

3. 被动循环

被动循环是指每期用完一定金额后，必须等开证行通知到达后，才能使信用证恢复到原金额再次使用。

九、预支信用证

预支信用证(Anticipatory Credit)是指允许出口商在装货交单前可以支取部分或全部货款。由于预支款是出口商购买及包装货物所用，预支信用证又叫打包放款信用证。申请开立预支信用证的进口商往往需要开证行在信用证中加列预支条款。根据允许预支货款的条件的不同，部分预支信用证可分为红条款信用证和绿条款信用证。其有关允许受益人预支信用证部分金额的条款分别以红色或绿色书写或打印，使之更醒目。红条款信用证提供预支款项的方式可以是以货款垫付或以议付方式预先购买受益人单据，待受益人向垫款的银行提交信用证规定的单据时，垫款的银行可从正式议付金额中扣回原先垫款及垫款期间的利息，将所余的净额付给受益人；若受益人届时不能向垫款的银行提交信用证规定的单据，垫款的银行可向开证行追索垫付款项。绿条款信用证要求受益人在货物装运前以提供预支款项银行的名义将货物存入仓库，并将存仓单据交给垫款银行，以支取预支款项，银行则凭受益人开立的汇票(或收据)及货物存仓单向受益人垫款；若受益人届时不能向垫款行交单，则银行可以通过处理上述的存仓单，收回所垫付的款项。

预支条款通常包括以下几方面内容：允许受益人预支的最高额度(一般为信用证金额的30%—40%)；预支时受益人必须保证按时发货交单；受益人必须向预支货款的银行交

单，预支银行从中扣除预支款及利息；如在信用证有效期内受益人未能交单，预支银行可向开证行索偿，开证行保证立即偿还预支银行垫款本息及各项费用。

银行按信用证规定应受益人请求预支款项后，往往要求受益人把信用证正本交出，以控制受益人向该行交单，如果受益人预支了款项却未发货交单，预支行可以要求开证行偿付，开证行偿付后，再向开证申请人追索。由于有上述风险，进口商只有对出口商资信十分了解或在出口商是可靠、稳定的贸易伙伴时，才会向开证行提出开立预支信用证的要求。

第六节 银行在信用证业务中提供的资金融通

一、对出口商的融资

(一)打包放款

打包放款(Parking Credit/Parking Loan)是出口地银行为鼓励出口，向出口商提供的一种短期(最长 6 个月，一般为 3 个月)资金融通。最初的打包放款是以包装好的等待装运的货物作抵押申请贷款，这里一般是出口商以国外开来的正本信用证做抵押向银行借入资金，用于购买、包装、装运信用证内所规定的货物。

银行办理打包放款时，通常要求借款企业具有一定的条件：①企业向银行提交有效的信用证正本或合同；②不违反本国出口许可制度；③信用证规定的条款能保证履行；④出口商提供的抵押品要求能在银行的有效控制下。银行审查借款企业申请同意后，方可放款，放款金额一般在信用证金额的 80%左右，商品出口交单议付后，扣除放款金额以偿还货款。

预支信用证与打包放款都是出口商融资，但它们也有不同，主要区别如表 5-3 所示。

表 5-3 预支信用证与打包放款的区别

	预支信用证	打包放款
性质	信用证的一种	流动资金贷款的一种
授信人	买方	卖方银行
风险	有开证行、买方双重保证，风险较小	与开证行、买方无关，议付行自担风险，风险较大
费用负担	买方	卖方
使用范围	用于特定交易，使用较少	不限定交易，使用较多

(二)出口押汇

在信用证项下的出口押汇(Outward Documentary Bill Purchased)是指银行对出口商提供的一种保留追索权的融资方式，国外又称买单(Bill Purchased)或议付。实质上是受益人(一般为出口商)以出口单据做抵押，要求出口地银行在收到国外开证行支付的货款之前，向其提供的短期流动资金贷款。银行(押汇行)按票面金额扣减利息，把净额交给出口商，然后将作为抵押的汇票和单据寄给开证行收取货款，以归还贷款。授信银行有货物作押，有追索权，风险较小，还可收押汇利息。

出口押汇的主要业务程序如下：

(1)出口装运货物，备齐单据后，向银行申请，填出口押汇申请书。一般不必每笔业务都申请，而是事先与银行签订一个总质押书(General Letter of Hypothecation)。

(2)银行进行资信调查，要求开证行、进口商、出口商等资信可靠，特别要审查进口国家外汇管制情况及开证行的经营作风、经营能力等。如果开证行倒闭，那么就要追索出口商，所以对出口商资信也要考察。

(3)银行严格审单，单据与信用证严格相符。

(4)押汇付款，扣除押汇利息的贷款。押汇天数按银行工作日加邮程计算，等于出口地银行工作日加邮程加开证行工作日。

(三)贴现

承兑信用证项下的远期汇票经指定承兑行(在出口地)审单相符，承兑汇票后，要求该行自己贴现，提早把汇票净款垫付给受益人，对其融资，承兑行寄单给开证行并通知汇票到期日，俟到期日即获得开证行的偿付，以归还垫款。

二、对进口商的融资

(一)授信开证

授信开证(Issuing of L/C with Credit Limits)又称减免保证金开证，是指开证行对于资信状况有充足偿债能力、业务往来频繁的进口商，在未向客户收取全额保证金的情况下，为其开立进口信用证的业务。授信开证是开证行提供给进口商的一种资金融通形式，开证行通常会对具有进口业务经营资格，业务情况及收付情况良好，资信可靠，具备一定经济实力，而且能够提供银行接受的可靠担保、抵押、质押的进口商提供开证授信额度，即在授信额度范围内，根据有关规定，进口商可要求银行免收或减收开立信用证的保证金。

银行在每次为客户开证时都要审查证下货物的性质和变现能力、货物保险、对物权单据的控制等以防范风险。除此之外，还要审查申请人的开证额度是否足够，是否在开证额度内开证。开证授信额度的基本类型有两种：

(1)普通开证额度(General L/C Limit)。在订立额度后，客户(进口商)可以无限次地在额度内委托银行对外开出信用证，额度可循环使用。银行根据客户的资信变化和业务需求变化随时对额度做必要的调整。

(2)一次性开证额度(One time L/C Limit)。这种额度是为客户的某个或几个贸易合同核定的一次性开证额度，不得循环使用。如客户成交了一笔大额生意，普通开证额度不能满足需要或普通额度的大量占用会影响其正常经营，银行可根据其资信状况和抵押品情况核定一次性开证额度，供此份合同项下开证使用。再如银行对客户批准的项目贷款，对贷款项下的进口也采取核定一次性开证额度的方式在该项目下对外开证使用。

(二)进口押汇

信用证项下的进口押汇(Import Bill Advance)是指开证行收到出口方银行寄来的单据后，经审核若单证相符，或虽有不符点，但进口商和开证行都接受，应进口商要求以进口货物做抵押，在付款到期日开证行代进口商向议付行偿付货款，进口商在一定期限内偿还银行垫款、押汇利息及费用。

通常开证行收到符合信用证的单据后，应立即向受益人付款或向指定银行偿付，再由进口商付款赎单提货，完成信用证交易，但当进口商资金周转困难，无力向开证行付款赎单时，可通过进口押汇的方式，将进口货物的所有权或其他财产抵押给银行，或提供第三人担保，与银行签订进口押汇协议，由银行代其垫付货款。在此基础上，开证行在收到信用证项下的单据后先行付款，然后根据与进口商之间的进口押汇协议及进口商签发的信托收据(Trust Receipt，T/R)，将单据交进口商，进口商凭单提货并销售货物后，将货款及利息交还开证行，这样，进口商就可以取得信用证项下的单据，减少资金占用时间，因此，当进口商流动资金不足，无法按时付款赎单，且进口商品处于上升行情时，或当进口商有其他投资机会，且该投资的预期收益率高于押汇利率时，都可以通过进口押汇获得资金融通。

信托收据(Trust Receipt，T/R)实质上是将货物抵押给银行的确认书，这一性质和托收项下的信托收据一样。在信用证项下，一般开证申请人在向银行洽谈开证额度的同时，也向银行申请相应的信托收据额度。在核定额度后，开证行对相符单据付款的同时，即凭申请人签发的信托收据将证下单据以信用托管方式释放给申请人。申请人收到单据后，凭此提货进行加工、销售或转卖，并于一定的时间内将收回的货款归还银行的垫款。

在信托收据下，申请人只是作为银行的受托人代为保管进口货物：其必须以银行的名义办理货物存仓；或以银行的名义进行货物加工并将加工后的货物重新存仓；或安排出售货物并在规定的期限内用销售收入归还全部银行贷款，这一规定期限一般不超过半年。

进口押汇的融资比例通常为货物金额的100%，押汇币种可以是人民币或者信用证结算币种，押汇利率参照银行同期流动资金贷款利率，采取后付利息的方式，即在还款到期后，押汇银行从进口商的账户上扣收利息。押汇期限为开证行付款日起至进口押汇合同到期日止，通常视进口商筹措资金的时间而定，大多是60天、90天，原则上不超过90天。

(三)提货担保

如果货物已到达目的港，货权单据(提单)尚未到达，而进口商急于提货，所以向开证行申请，由进口商与银行共同或由银行单独向船公司出具书面担保，请求其凭担保先行放货，保证日后补交正本提单，这种方式称为提货担保(Shipping Guarantee)。

在信用证结算方式中，银行给客户出具提货担保让客户提货是常有的事，其在近洋贸易中更为常见。这是由于进出口双方国家距离较近，货物到达进口地港口后，提单、发票等信用证所要求的单据却还仍未寄到开证行，进口方不能及时提货，会产生压港费用等，为避免这种支出，进口商要求凭担保提货。

银行应收货人之要求签发提货担保前，必须查明该批货物确系本行所开立的信用证项下来货，并确定收货人申报的货值无误。此外，还要落实反担保，即收货人对银行的担保。在一般情况下，银行收取全额保证金，或对有信托收据额度者，在额度内凭信托收据签发提货担保书。待收到单据后，收货人付款赎单，然后持正本提单换回提货担保，银行的担保责任即告解除。

银行出具或加签提货担保后，对随后收到的信用证下的单据，无论单证是否相符，均必须立即偿付议付行或交单行，因此，在受理提货担保申请时，必须要求收货人放弃拒付的权利。

表5-4 信托收据与担保提货的比较

信托收据	担保提货
是进口商向银行的担保	是银行和进口商向船公司担保
单据已到	单据未到
需第三者担保	通常只需银行的担保
质押权属银行	质押权属船公司
可以退单，交涉好后再用信托收据提货	日后到达单据不符合合作规定，也不能退单

【本章小结】

信用证是开证行根据申请人的要求，向受益人开立的一种有条件的书面付款保证，是一种建立在银行信用基础上的结算方式。为了减少信用证业务的纠纷，国际商会颁发了

《跟单信用证统一惯例》，用以规范信用证业务。

信用证具有保证出口商安全收款、进口商安全收货、银行为进出口商提供资金融通等作用。信用证有三方面的特点：信用证是一种银行信用证，开证行负第一性付款责任；信用证是一种自给自足文件，它不依附于贸易合同而独立存在；信用证业务是一种纯粹的单据业务，它处理的对象是单据。

信用证的内容就是买卖合同的各项条款和要求受益人提交的单据以及银行保证。信用证业务的当事人应分为主要当事人和其他当事人两类：主要当事人包括开证申请人、开证行和受益人，其他当事人包括通知行、议付行、保兑行、付款行等。各当事人依据《跟单信用证统一惯例》享有权利并承担义务。

信用证的业务流程主要包括进口商申请开立信用证、开证行开立信用证、通知行审证并将信用证通知受益人、受益人按信用证的要求向指定银行交单、出口地银行审查受益人提交的单据并向开证行寄单索汇、开证行或保兑行审单付款、申请人付款赎单等环节。

通过审证，可以发现信用证与合同的不符之处，从而及时改证。银行和出口商的审证重点各不相同。在信用证业务中，受益人、开证申请人、开证行时常产生修改信用证的情况，修改信用证必须符合一定修改原则。

信用证的种类很多。常见的信用证按其是否附有单据分为光票信用证与跟单信用证，按信用证有否另一家银行加以保兑分为保兑信用证与不保兑信用证，按信用证的兑现方式分为即期付款信用证、延期付款信用证、承兑信用证、议付信用证，按受益人对信用证的权利是否可转让分为可转让信用证与不可转让信用证，此外还有假远期信用证、背对背信用证、对开信用证、循环信用证及预支信用证等。·

银行在信用证业务中对出口商提供的资金融通有打包放款、出口押汇、贴现；对进口商提供的资金融通有授信开证、进口押汇、提货担保。

【练习与思考】

一、重点名词

跟单信用证；不可撤销信用证；保兑信用证；远期信用证；可转让信用证；出口押汇；预支信用证；开证申请人；受益人；开证行；议付行；提货担保；循环信用证

二、单选题

1. 信用证付款方式属(　　)。

A. 商业信用　B. 银行信用　C. 消费信用　D. 国家信用

2. (　　)是卖方正常履约的前提。

A. 交付货物　B. 缴纳款项　C. 生产货物　D. 买方按时开证

3. (　　)适用于在常年定期、定量供货的情况下使用。

A. 可转让信用证　B. 保兑信用证　C. 循环信用证　D. 议付信用证

4.(　　)的情况一般是单、证不符情况并不严重。

A. 跟单托收　　B. 委托收款　　C. 表提　　D. 电提

5. 加工贸易合同在采用信用证支付时，最好采用下列哪种信用证(　　)。

A. 背对背信用证　　B. 对开信用证　　C. 循环信用证　　D. 预支信用证

6. 在单、证不符的情况下，议付行先向国外开证行拍发电报或电传，列明不符点，待开证行复电同意后再将单据寄出的方法是(　　)。

A. 跟单托收　　B. 凭保议付　　C. 表提　　D. 电提

7. 信用证和货物合同的关系是(　　)。

A. 信用证是货物合同的一部分　　B. 货物合同是信用证的一部分

C. 信用证从属于货物合同　　D. 信用证独立于货物合同

8. 易货贸易或补偿贸易中通常使用的信用证是(　　)。

A. 对开信用证　　B. 备用信用证　　C. 对背信用证　　D. 循环信用证

9. 称为“红条款”信用证属于(　　)。

A. 预支信用证　　B. 备用信用证　　C. 对背信用证　　D. 循环信用证

10. 信用证业务中，银行的办理(　　)。

A. 只看货物，不看单据　　B. 既看货物，也看单据

C. 审核单据与货物是否相符　　D. 只看单据，不看货物

11. 可转让信用证只能转让(　　)。

A. 4 次　　B. 3 次　　C. 2 次　　D. 1 次

12. 属于银行信用的支付方式是(　　)。

A. 汇付　　B. 承兑交单　　C. 即期付款交单　D. 信用证

13. 信用证支付中的第一付款人是(　　)。

A. 通知行　　B. 开证行　　C. 议付行　　D. 付款行

14. 具有双重保证的信用证指的是(　　)。

A. 可转让信用证　　B. 可撤销信用证　　C. 保兑信用证　　D. 对开信用证

15. 保兑行对保兑信用证承担的付款责任是(　　)。

A. 第一性的　　B. 第二性的　　C. 第三性的　　D. 第四性的

三、多选题

1. 信用证付款方式具有以下特点(　　)。

A. 开证行在进口商不履行付款义务时向受益人付款

B. 银行信用

C. 开证行只受信用证的约束而与贸易合同完全无关

D. 一种纯单据的业务

E. 银行保证向进口方交合格的货物

2. 用于议付信用证项下结算的汇票可以是(　　)。

A. 即期汇票　B. 远期汇票　C. 商业汇票　D. 跟单汇票

E. 银行汇票

3. 关于信用证的说法，正确的有(　　)。

A. 它是一种独立的文件　B. 它是一种银行信用

C. 它是一种商业信用　D. 它是一种实物的买卖

E. 它是一种单据的买卖

4. 信用证结算方式涉及的主要当事人有(　　)。

A. 委托人　B. 开证行　C. 通知行　D. 议付行

E. 受益人

5. 对受益人收款有较大保障的信用证是(　　)。

A. 不可撤销的信用证　B. 可撤销信用证

C. 保兑信用证　D. 不保兑信用证

E. 对开信用证

6. 由中间商为中介达成的交易，在估算时一般用(　　)。

A. 可转让信用证　B. 背对背信用证　C. 对开信用证　D. 预支信用证

E. 备用信用证

7. 保兑信用证支付方式中负第一性付款责任的是(　　)。

A. 议付行　B. 通知行　C. 付款行　D. 保兑行

E. 开证行

8. 可转让信用证中，中间商可以替换实际供货人提交的(　　)。

A. 发票　B. 汇票　C. 提单　D. 保险单

9. 转让给实际供货人的信用证条款与原信用证相比，(　　)可以改变。

A. 信用证金额　B. 单价　C. 信用证有效期　D. 投保比例

10. 开证申请人的义务有(　　)。

A. 应及时偿还开证行　B. 向开证行提供开证担保

C. 提供合理明确的开证指示　D. 提交符合信用证规定的单据

四、判断题(正确写 T，错误写 F)

(　　)1. 信用证规定分批装运商品，若其中某一批未能按期装运，则信用证对该批及随后各批均失效。

(　　)2. 银行开立信用证是以自己的信用为申请人向受益人做出的有条件的付款保证，但是资信越良好的银行，其开立的信用证就越容易被受益人接受。

(　　)3. 为了确保开证申请人的利益，信用证的有效到期地点应在申请人所在地。

(　　)4. 开证行指定一家银行对信用证加具保兑，如该银行决定不加保兑，必须毫无延迟地通知开证行。

(　　)5. 通知行有权拒绝通知信用证的指定，但是，如果通知行选择通知信用证，就必须合理谨慎地核验信用证表面真实性。

(　　)6. 保兑行仅在开证行未能如约履行付款责任时，才承担付款责任。

(　　)7. 根据《UCP600》规定，信用证必须有一个最迟交单期的规定，即要求受益人在货物装运后的若干天内向银行交单。假如信用证上没有这一项规定，则银行可按 21 天掌握。

(　　)8. 对于同一修改书中的内容，受益人可以对能做到的修改接受，对不能做到的修改不接受。

(　　)9. 保兑行对其所保兑的信用证的责任随信用证的修改而自动延展到修改的条款。

(　　)10. 开证行必须在收到单据后的 5 个营业日内表示拒付，否则拒付无效。

(　　)11. 信用证是开证行保证对交来的符合信用证规定的全套单据必定承兑和付款的书面文件，因此，信用证项下汇票的付款人必然只能是开证行。

(　　)12. 如果信用证转让给数名第二受益人，其中一名或多名第二受益人拒绝接受信用证的修改，并不影响其他第二受益人接受对信用证的修改。

五、案例分析题

我国青岛某出口公司收到一份国外开来的信用证，在审核信用证无误后，青岛出口公司按信用证规定将 2 500 吨钢材装船出运，就在其将单据送交当地银行议付之际，突然接到开证行通知，称开证申请人已经破产倒闭，因此开证行不再承担付款责任。

问题：出口公司应如何处理？为什么？

六、简答题

1. 如何理解信用证的特性与作用？
2. 信用证有哪些主要当事人？其权责是什么？
3. 说明跟单信用证结算的业务流程。
4. 什么是可转让信用证？《UCP600》对其有何规定？
5. 什么是背对背信用证？它与可转让信用证有何不同点？
6. 假远期信用证与普通远期信用证以及即期信用证的区别有哪些？
7. 信用证修改有哪些有关规定？
8. 信用证方式下，银行对进出口商的融资方式分别有哪些？

参考答案

一、重点名词

略。

二、单选题

1—5：BDCCB；6—10：DDAAD；11—15：DDBCA。

三、多选题

1. BCD； 2. ABCD； 3. ABE； 4. BCDE； 5. AC； 6. AB； 7. DE； 8. AB； 9. ABCD；10. ABC。

四、判断题

1. T；2. T；3. F；4. T；5. T；6. F；7. T；8. F；9. F；10. T；11. F；12. T。

五、案例分析题

分析：

该出口公司应继续交单并要求银行对合格的单据履行付款之责。按照《UCP600》的相关规定，信用证属于银行信用，由开证行承担第一性付款责任。开证行的付款责任独立于开证申请人之外，不因开证申请人的破产倒闭或拒付而免责。该案例中，开证申请人虽已破产倒闭，但只要开证行依然存在，就必须根据信用证的约定凭受益人提交的相符单据付款，而不能免责。

六、简答题

略。

第六章

国际贸易中的商业单据

【导入案例】

某日，我议付行收到国内受益人交来的全套单据，审单员审单后认为全套单据已做到“表面相符”，于是，毫不犹豫地对客户付了款，但当此单据寄对方开证行索偿时，却遭到了拒付。开证行认为：我方提交的单据中含有一张海运提单，该海运提单上原先与货物描述一起打上的“洁净已装船”批注中的“洁净”字样被删除，这样就不符合信用证提供“已装船洁净提单”的要求，由此推定提单是不洁净的。根据《UCP600》相关规定，银行不能接受此类不洁净提单。我方收到开证行拒付电后即刻回复道：根据《UCP600》规定：所谓的洁净提单是指对货物或/及包装没有不良或缺陷情况的条文或批注的提单，既然我方提供的提单无此描述，就应认为提单是洁净的，故你方的拒付是不成立的。最后，开证行终于如数支付了信用证款项。

【教学目的】

了解并掌握商业发票、保险单、海运提单、商品检验证书以及其他商业单据的概念、作用及主要内容。

【教学重点】

商业发票、海运提单、保险单的制作和审核。

【教学难点】

商业发票、海运提单、保险单的制作和审核。

第一节 单据概述

一、单据的含义

在国际结算中，单据(Documents)是办理货物的交付和货款支付的一系列证明文件，是贸易中物权凭证和附属凭证的总和。常见的单据包括汇票、发票、装箱单、重量单、数量单、产地证明书、质量证明书、商检证书、受益人证明、各种运输单据和保险单据等。

二、单据的作用

国际贸易是国与国之间的商品买卖，但是在实际业务当中主要表现为单据的买卖。国际商会制定的《跟单信用证统一惯例》(《UCP600》)中有很多的条款都是有关单据的，单据的重要性可见一斑。单据主要有如下三个方面的重要作用。

(一)单据可以代表货物的物权

单据中往往代表着货物的物权，货运单据的转移也就意味着物权发生了变化。在国际结算业务中，卖方交付单据代表交付了货物，买方取得单据代表收到了货物。这样，通过单据的转移就达到了货物转移的目的，同时也使货物的转移合法化。

(二)单据是一种履约的证明

从法律上来讲，单据是卖方用来表示已经履行了合约义务的证明。单据中有详细的货物描述及卖方履约情况的相关证明，出口商只有在履行了合同义务后，才能取得相应的证据或单据，例如，只有在货物交承运人后才能取得运输单据，只有办理了投保手续才能取得保险单等。

(三)单据是付款的依据

在信用证业务中，开证行的付款是以信用证中规定的相符单据为依据的。在汇款(如交单付现)、托收等非信用证结算方式中，进口商履行付款义务，一般应在收到货物或单据后，在规定时间内支付货款，至于货款支付的金额、时间、币种等均以汇票、发票等为依据。

此外，单据还是进口商提货、进出口商报关和纳税的重要凭证。

三、单据的种类

随着国际贸易的发展，国际结算中的单据种类越来越多。常见的单据有跟单汇票、发票、保险单、运输单据、装箱单、重量单、产地证明书、商检证等，根据不同的标准可将单据分成不同的类型。

(一)根据单据的作用划分

1. 基本单据

基本单据(Basic Documents)是交易中不可缺少的，也是出口商必须提供的单据。基本单据是出口商履约的主要证明，是进口商提取货物的物权凭证(物权单据)，也是银行在单据业务中审查的重点。

基本单据主要有3类：商业发票、运输单据和保险单。跟单信用证汇票也通常被看作基本单据。其中，运输单据又分为海洋运输单据、铁路(公路、内河)运输单据、航空运输单据、邮包收据以及多式联运单据5种类型。

2. 附属单据

附属单据(Additional Documents)是指除基本单据以外的其他单据，由出口商根据进口商的要求而特别提供。附属单据又可分为两类：

(1)进口国官方要求的单据，如领事发票、海关发票、检疫证、黑名单证明、出口许可证、航行证明、产地证明等，这类单据在进口报关时应向海关提供。

(2)进口商自己需要的单据，即进口商要求的说明货物情况的单据，如装箱单、重量单、品质证等。

基本单据是结汇单据的重点，附属单据是结汇单据的补充。

(二)根据单据的签发单位不同划分

1. 出口商自制单据

出口商自制单据是指由出口商自行缮制签发的单据，如跟单汇票、商业发票、装箱单、重量单等。

2. 其他企业签发的单据

这是指与贸易有关的商业性服务企业签发的单据，如由承运人(运输公司)签发的各种运输单据、由保险人(保险公司)签发的保险单等。

3. 政府机关和社会团体签发的单据

政府机关和社会团体签发的单据主要是一些公务证明文件，如有关部门签发的出口许可证、贸促会签发的产地证明、商检局签发的商检证书等。

此外，有些交易还需要通过国外有关单位提供必要的单据，如由国外轮船公司或其代理提供的船龄证明等。

第二节 发票

出口贸易中，发票(Invoice)是卖方向买方发送货物或提供服务的凭证，是买卖双方收付货款和记账的凭证，是买卖双方报关、纳税的凭证，也是卖方缮制其他出口单据的依据。买方一般通过信用证规定卖方提供某种类型的发票，未明确发票类型的，则一般指商业发票。

一、商业发票

(一)商业发票的概念

商业发票是货物出口商向进口商开立的装运货物及凭以向进口商收取货款的价目清单，是装运货物的总说明。

(二)商业发票的作用

(1)商业发票是全部票据的中心，其他单据如运输单据、保险单据、包装单等都是支持商业发票的货物而开立的。它是出口商装运货物并表明是否履约的总说明。由于商业发票是出口商自己制作的，全面表述所装运的货物及交货条件而起中心单据的作用，其他单据内容应与商业发票一致或不相矛盾，特别是信用证方式的商业发票，应根据信用证规定和条款制作，它是出口商收汇的基本单据之一。

(2)商业发票全面反映一笔交易，详细列明货物名称、数量、重量、规格、包装、价格条件、单价及总值等内容，方便进口商凭以核查出口商是否履约，按质、按量装运货物，以维护自己的利益。

(3)商业发票是售货凭证，进、出口商均需根据商业发票的内容逐笔登记入账，可以作为核算盈亏的根据。

(4)商业发票是进、出口双方在当地报关和交税的计算依据。装运货物前，出口商递交商业发票凭以报关，商业发票上的货物说明及金额是海关定税的依据，也是验关放行的主要凭证。同时，商业发票也是进口商当地海关核定税金，并使进口商得以清关提货的主要凭证。

(5)商业发票还作为保险等索赔时的价值证明。

（6）托收或信用证业务中，由于有时不要求出具汇票，商业发票替代汇票进行结算。

（三）商业发票的基本内容

目前，正式商业发票的格式并不固定，不同国家的不同企业各有自己的格式，商业发票内容则更是随贸易内容的不同而各不相同，但其基本内容却大同小异。一般来说，正式商业发票的内容分为首文、本文和结文三个组成部分，如附式 6-1 所示。

附式 6-1 COMMERCIAL INVOICE

1）SELLER

<table>
<tr><td rowspan="3">Shanghai United Import & Export Co.，Ltd
Room 705E，668，Beijing（E）Road，
Shanghai，China</td><td>3）INVOICE NO.
BD2007－1</td><td>4）INVOICE DATE
Sep. 15，2007</td></tr>
<tr><td>5）L/C NO.</td><td>6）DATE</td></tr>
<tr><td colspan="2">7）ISSUED BY</td></tr>
<tr><td rowspan="3">2）BUYER
HOME PRODUCT CENTER PCL
P. O. BOX 18，THAILAND</td><td>8）CONTRACT NO.</td><td>9）DATE</td></tr>
<tr><td>10）FROM
Shanghai</td><td>11）TO
Thailand</td></tr>
<tr><td>12）SHIPPED BY
Dingyuan V. 380</td><td>13）PRICE TERM
FOB SHANGHAI</td></tr>
<tr><td colspan="3">14）MARKS 15）DESCRIPTION OF GOODS 16）QTY. 17）UNIT PRICE 18）AMOUNT</td></tr>
</table>

MAIL BOX

AS PER PORFORMA INVOICE NO. SH070822 DD AUG. 01，2007

N/M	WMB－03 WHITE	252PCS	USD15.60	USD3 931.20
	WMB－04 BROWN	252PCS	USD14.30	USD3 603.60
	SMB－01 RED	752PCS	USD7.80	USD5 865.60
	SMB－06B BLACK	752PCS	USD9.60	USD7 219.20

TOTAL： USD20619.60〗SAY US DOLLARS TWENTY THOUSAND SIX HUNDRED NINETEEN AND 60/100 ONLY.

ISSUED BY：

SHANGHAI UNITED IMPORT & EXPORTCo.，Ltd

SIGNATURE：陈鸿

1. 首文

首文（Heading）主要是对于该商业发票自身及其当事人的说明部分，其基本内容包括：

（1）“发票”字样，通常是用“Invoice（发票）”字样，个别也有用“Commercial Invoice（发票）”字样的，一般是事先印在空白发票上的。

（2）商业发票开立人的名称与地址。即出口商（贸易合同卖方）的名称与地址，一般也是事先印就在空白商业发票上的，有时还带有该出口商的电传、电挂、电话号码甚至Email地址。但要注意，在信用证项下的商业发票，除非信用证另有规定，这一名称必须与信用证受益人的严格一致；而商业发票开立人的地址无须与信用证中所载相同，但必须与信用证中规定的相应地址同在一国；出口商的电传、电挂、电话号码和Email等可不予理会。(见《UCP600第十四条J款》)

(3)商业发票号码与开立日期。出口商对于自己开立的每一份商业发票都应有一个特别编号和开立日期，以便检索，可以即时填写(发票号码也可以事先印制在发票上)。在信用证项下的商业发票，允许其开立日期早于信用证的开证日期，但不允许其开立日期迟于信用证的有效期。

(4)商业发票抬头人的名称与地址。即进口商(贸易合同买方)的名称与地址，可根据具体的贸易合同即时填写。在信用证项下的商业发票，除非信用证另有规定，这一名称必须与信用证申请人的严格一致；地址无须与信用证中所载相同，但必须与信用证中规定的相应地址同在一国。

(5)有关贸易合同的号码。在买卖双方各有编号的情况下，应将双方的编号分别注明，以便核对，这也需要即时填写。

(6)有关信用证的号码、开证日期和开证行。在信用证项下的商业发票，必须根据具体的信用证即时填写此项内容。非信用证项下的商业发票上可以无此项内容或无须填写此项内容。

(7)装运基本情况。包括运输方式、船名、装运港和卸货港等记载。如涉及转运，则应加注转运地，所有这些都应与提单保持一致。

2. 本文

本文(Body)是对履约情况的说明部分，主要是说明货物和货价，均须根据具体情况即时填写，其基本内容如下：

(1)货物的唛头(Mark)与货号(Numbers)。即货物的“装运标志(Shipping Mark)”与装运编号。如系散装货而无唛头，则应填写“N/M”(即No Marks的简写)。信用证如规定有唛头，则发票必须符合信用证规定，并与提单、装箱单等单据上的唛头一致。

(2)货物描述。即有关货名、品质、规格等。在信用证项下的发票，这一记载必须与信用证上的记载严格一致，做到一字不差，而其他单据上对货物的描述则可以只记载其统称(general terms)，但也不得与商业发票和信用证上的相应记载发生矛盾。

(3)货物的数量。在信用证项下的商业发票，除非信用证另有规定，则以度量衡单位来计量的货物，允许其发票上记载的数量比信用证有5%的增减，而以个体或包装等件数来计量的货物，与信用证相比，不允许其商业发票上记载的数量有任何增减。但如果信用证上的货物数量记载有“about(大约)”、“circa(大约)”或其他类似词语，则无论以何种计量单位来计量的货物，均允许其发票上记载的数量比信用证有10%的增减。另外，如果信用证规定有不允许分批装运条款时，商业发票上记载的货物数量必须同一批发运。

(4)货物的包装与重量。当装运的货物经过包装时，商业发票上还应记载包装的性质(如箱、袋、桶等)，包装件数和包装物的毛、净重；当装运的货物未经过包装时，商业发票上可以无此项内容或不填写此项内容。但是，信用证项下的商业发票，其包装记载必须符合信用证上对包装的要求。

(5)货物的单价与总金额。

①价格条件。比如，“CIF　SYDNEY”“FOB　SHANGHAI”等。

②货物单价。在信用证项下的发票，除非信用证另有规定，则商业发票上记载的货物单价必须与信用证严格一致；如果信用证上的货物单价记载有“about(大约)”“circa(大约)”或其他类似词语，则允许其商业发票上记载的单价比信用证有10%的增减。

③发票金额。在信用证项下的商业发票，其发票金额一般不得超过信用证规定的金额，因为除非信用证另有规定，信用证的指定兑现银行可以拒绝接受其金额超过信用证允许金额的商业发票。但是，《UCP600》第十八条也指出：按照指定行事的被指定银行、保兑行(如有)或开证行可以接受金额超过信用证所允许金额的商业发票，倘若有关银行已兑付或已议付的金额没有超过信用证允许的金额，则该银行的决定对各有关方均具有约束力。

④佣金或折扣。如果贸易合同规定有“明佣(commission)”或“明扣(discount)”，则商业发票上应予以记载；如果没有明佣和明扣，则发票上就无须记载(即使有暗佣或暗扣，亦不应记载)。在信用证项下的发票，还应注意此项记载必须符合信用证的要求。佣金(无论明佣还是暗佣)及暗扣与明扣相比在性质上是有区别的，前者被视为货价或收入的一个组成部分，而后者则不是。比如，在计算保险费或税金时，要事先从商业发票金额中扣除明扣，而佣金和暗扣则不能扣除。

此外，对于信用证项下的商业发票来说，如果信用证要求分别列出运费、保险费和FOB价的话，亦应在商业发票上分别加以记载。

(6)其他内容。如信用证要求有进口许可证号码、外汇使用许可证号码等内容，商业发票上应照样填制。在进口商要求出口商不要开立汇票的情况下，商业发票将作为要求进口商或开证行付款的单据，因此，商业发票上可以加注“收到货款”的文句。

3. 结文

结文(Complementary Clause)部分主要是出口商的签字/签章。

在信用证项下的商业发票，除非信用证另有规定，一般可以不签字/签章，但若信用证要求发票签字/签章的话，则签字/签章必须是信用证的受益人。对于正本发票必须加注“正本”字样。另外，如果信用证规定了发票份数，则应足够，不得短少。

(四)商业发票审核要点

商业发票审核要点如表 6-1 所示。

表 6-1　商业发票审核要点

项目	审核要点	常见不符点
开立日期	银行将接受出单日期早于信用证日期的单据，但该单据必须在信用证和本惯例规定的期限内提交	商业发票的货物描述与信用证不符
签发人签字	商业发票必须系由信用证中指定的受益人出具且无须签字	商业发票的贸易条件不正确
抬头人	商业发票必须做成以申请人的名称为抬头人	
金额	银行可拒绝接受金额超过信用证所允许金额的商业发票，但若信用证项下银行接受此类发票，只要该银行作出的付款、承担延期付款责任、已承兑汇票或已议付的金额没有超过信用证所允许的金额，则此项决定对各有关方面均具有约束力	商业发票的参考号与信用证不一致
金额数量单价增减幅度	(1)“约”“大概”“大约”或类似的词语，用于信用证金额、数量和单价时，应解释为有关金额、数量、单价有不超过 10%的增减幅度。 (2)除非信用证规定货物的数量不得增减外，在所支付款项不超过信用证金额的条件下，货物数量允许有 5%的增减幅度。但是，当信用证规定数量以包装单位或个数计数时，此项增减幅度则不适用。 (3)当信用证对货物的数量有规定，且货物已全数装运，以及当信用证对单价有规定，而此单价又未降低的条件下，允许支取的金额有 5%的减幅	商业发票没有做成信用证申请人名称的抬头人
货物描述	商业发票中的货物描述，必须与信用证规定相同	

二、海关发票

海关发票(Customs Invoice)是进口国海关制定的一种固定的发票格式，要求出口方填制，供进口商凭以报关纳税之用。通常有三种名称，即：

(1)海关发票(Customs Invoice)。

(2)估价和原产地联合证明书(Combined Certificate of Value and Origin)。

(3)按照某国海关法令签发的证明发票(Certified　Invoice in Accordance with … Customs Regulations)。

以上三种我们习惯上统称为海关发票。

海关发票主要是作为估价完税，或征收差别待遇关税，或征收反倾销税的依据，还可作为统计之用。

海关发票制作或审核时的注意要点：

(1)各个国家或地区使用的海关发票，必须提供现在适用的正确格式，不能混用，并应注意格式变动的通知。

(2)凡是商业发票上和海关发票上共有的项目和内容必须与商业发票保持一致，不得互相矛盾。海关发票各项内容必须填全，如某一项没有发生，则标明“无”(NIL)。

(3)如信用证要求填写“Fair market value(公平市场价格)”，即国内市场价格。应注意以出口国货币填写，即将外币折成本币，并注明汇价。其价格的高低是进口国海关作为是否征收反倾销税的重要依据。在填写这项内容时，公平市场价格不得高于 FOB 价，以免被进口国怀疑为低价倾销。

(4)成交价格为 CIF 贸易条件，应分别列明 FOB 价、运费、保险费，而这三项的总和应与 CIF 货值相等。

(5)签字人和见证人(Witness)(如有的话)应以个人身份手签(个人签名上面不能有企业名称)，两者不能为同一人，见证人不能与其他单据上面签字人同为一人。海关发票内容如有修改，不可盖校对章，而应由制单人在修改处用钢笔加注小签。

(6)有的信用证既要求商业发票，又要求海关发票。还有的信用证只要求海关发票，不要求商业发票，因此海关发票就起到商业发票和海关发票的双重作用。

三、形式发票

形式发票(Proforma　Invoice)又叫预开发票，是出口商在收到正式定单之前或在货物出运前向进口商开立的供其申请进口许可证和外汇的发票，如附式 6-2 所示。

附式 6-2　形式发票

<table>
<tr><td rowspan="2">SELLER/SHIPPER (Name, Full Address, Country)</td><td>Invoice Date and</td><td>Customer Order</td></tr>
<tr><td colspan="2">Bill of Lading/Air Waybill Number</td></tr>
<tr><td rowspan="2">CONSIGNEE(Name, Full Address, Country)</td><td>Air/Ocean Port of</td><td>Final</td></tr>
<tr><td>Marks and Numbers</td><td>Exporting</td></tr>
<tr><td rowspan="2">Notify Party(Intermediate Consignee)</td><td colspan="2">Datc of Export</td></tr>
<tr><td colspan="2">Terms and Conditions of Delivery and Payment(incoterms)</td></tr>
</table>

续表

<table>
<tr><td>Currency of Sale</td><td>Total Number of</td><td colspan="3">Total Gross</td></tr>
<tr><td>Complete And Accurate Commodity Description，Country of Manufacture，and HTS Code</td><td>Net</td><td>Quantity</td><td>Unit</td><td>Amount</td></tr>
<tr><td></td><td></td><td></td><td></td><td></td></tr>
<tr><td colspan="2" rowspan="9">These commodities，technology，or software were exported from the United States of America in accordance with the Export Administration Regulations. Diversion contrary to U. S. law is Prohibited.
It is hereby certified that this invoice shows the actual price of the goods described，that no other invoice has been or will be issued，and that all particuliars are true and correct.
____
Signature and Status of Date Place
Authorized Person</td><td colspan="3">Packing Costs</td></tr>
<tr><td colspan="3">Freight Costs</td></tr>
<tr><td colspan="3">Other Transportation Costs</td></tr>
<tr><td colspan="3">Handing</td></tr>
<tr><td colspan="3">Insurance Costs</td></tr>
<tr><td colspan="3">Assists</td></tr>
<tr><td colspan="3">Additional Fees</td></tr>
<tr><td colspan="3">Duties and Taxes</td></tr>
<tr><td colspan="3">Total Invoice Value</td></tr>
</table>

它是出口商发给进口商列有出售货物名称、规格包装、价格等内容的参考性单据，供进口商参考并可凭以办理有关手续。形式发票不是正式发票，不能用于托收或信用证下议付，其所列的单价、金额等仅仅是事先估算而成，所以，有时称为估价发票，正式成交后结算时还要重制正式商业发票。形式发票虽非正式，但与商业发票又有密切关联。如信用证在货物描述栏内有提及或要求加注形式发票号码时，则应照加。如来证附有形式发票，则制单时应注意发票与形式发票内容的一致性。

四、领事发票

领事发票(Consular Invoice)是出口商根据某些进口国驻出口国领事馆所提供的特定格式填制并需经该领事馆签证的一种发票。此领事发票需在货物清关之前提交给进口当局，其主要作用是：审核是否有向进口国倾销的情况，充当进口许可证，增加领事馆收入。在获取领事发票时，出口商必须支付一定费用。

出口商可向进口国驻本国大使馆或当地领事馆索取或购买领事发票的空白格式，依照商业发票的内容，严格按格式填写，然后送交大使馆或领事馆签证并支付其签证费用。

有时信用证不要求领事发票，而规定发票或产地证等单据需经领事签证，这时，出口商必须将有关单据送交领事部门签证并支付签证费。这种签证发票(Visaed 或 Consular Legalized Invoice)作用同于领事发票。

目前，要求领事发票的国家不多。如果进口国在出口国或本地无大使馆、领事馆或代表机构，但进口国有此类要求，出口商应在收到信用证要求修改或取消该要求。我国除在北京的出口商可以接受外，其他各地出口商不宜接受领事发票，如要求领事签证发票，可请删除或修改为由中国国际贸易促进委员会或中国商品检验局签证代替。

获得领事发票，还必须注意时限问题。如有些国家规定只有在货物所装船舶起航后7天内可以签发领事发票，过了期限将无法获得，从而造成单据不齐全的后果。

第三节　运输单据

运输单据(Transport　Document)是指货物承运人或其代理人签发的证明货物已收妥待运，或已装上运输工具，或已由承运人监管的单据。运输单据是货物运输业务中最重要的证明文件。运输单据按运输方式的不同，可以分为海运提单、航空运单、铁路运输单据、公路运单、邮政或速递收据、不可转让海运单、多式运输单据等。

一、海运提单

海运提单(Marine/Ocean Bill of Lading，B/L)，简称提单。它是一种运输单据，被承运人或其代理人签字，承认货物已经收妥，等待运至一个特殊的目的港，并说明货物承运条款。此外，除表明货物收据和运输合约以外，海运提单还是一项物权单据，承运人只能用交出货物来换取交来的正本提单，如附式6-3所示。

附式6-3　海运提单

SEA-LAND
SERVICE，INC.

INTERNATIONAL BILL OF LADING
NOT NEGOTIABLE UNLESS CONSIGNED "TO ORDER"
(SPACES IMMEDIATELY BELOW FOR SHIPPER'S MEMORANDA)

<table>
<tr><td rowspan="2">SHIPPER/EXPORTER(COMPLETE NAME AND ADDRESS)
DELING TRADE BV
P. O. BOX 100
3700 GC BUNSEN
HOLLAND</td><td>BOOKING NO.
HLS410700</td><td>BILL OF LADING NO.
SEAU871107100</td></tr>
<tr><td colspan="2">EXPORT REFERENCES</td></tr>
</table>

续表

<table>
<tr><td colspan="3" rowspan="2">CONSIGNEE(COMPLETE NAME AND ADDRESS)
TO ORDER</td><td colspan="2">FORWARDING AGENT/F M C NO.
ESPOO FINLAND</td></tr>
<tr><td colspan="2">POINT AND COUNTRY OF ORIGINFINLAND</td></tr>
<tr><td colspan="3" rowspan="2">NOTIFY PARTY (COMPLETE NAME AND ADDRESS)</td><td colspan="2">ALSO NOTIFY-ROUTING & INSTRUCTIONS</td></tr>
<tr><td colspan="2">FINAL DESTINATION (OF THE GOODS NOT THE SHIP)</td></tr>
<tr><td colspan="2">VESSEL VOY FLAG
LINDOE MAERSK
711E DE</td><td>PORT OF
TRANSHIPMENT
ROTTERDAM, HOLLAND</td><td>LOADING PIER/
TERMINAL</td><td>ORIGINAL(S)
TO BE RELEASED AT
HELSINKI, FINLAND</td></tr>
<tr><td colspan="2">PORT OF DISCHARGE
DALIAN</td><td>PLACE OF DELIVERY
BY ON-CARRIER</td><td colspan="2">TYPE OF MOVE(IF MIXED, USE BLOCK 20 AS APPROPRIATE)
CONTAINER YARD TO CONTAINER YARD</td></tr>
<tr><td colspan="5">PERTICULARS FURNISHED BY SHIPPER</td></tr>
<tr><td>MKS. & NOS/CONT. NOS</td><td>NO. OF PKGS.</td><td colspan="2">DESCRIPTION OF PACKAGES AND GOODS</td><td>GROSS WEIGHT | MEASU-REMENT</td></tr>
<tr><td>CH/99/
66. 908
—
DALIAN
CHINA</td><td>4760</td><td colspan="2">7 X 20'DC CONTAINERS S. T. C.
BAGS DEMINERALIZED WHEY POWDER
AS PER CONTRACT NO. CH/99/66. 908
AS PER SPECIFICATION
SHIPPER ON BOARD SEA NORDICA
15. 09. 1999 FROM HELSINKI
SHIPPER LOAD STOWAGE & COUNT
FREIGHT PREPAID</td><td>121 380. 00K |</td></tr>
<tr><td>DECLARED VALUE</td><td colspan="2">IF SHIPPER ENTERS A VALUE. CARRIERS PACKAGE LIMITATIONS OF LIABILITY DOES NOT APPLY AND THE AD VALOREM RATE WILL BE CHARGED.</td><td colspan="2">FREIGHT PAYABLE AT/BY</td></tr>
</table>

续表

<table>
<tr><td>FREIGHT CHARGES</td><td>RATED AS PER</td><td>RATE</td><td>PREPAID</td><td>COLLECT</td><td>CURRENCY</td><td>RATE OF EXCHANGE</td></tr>
<tr><td></td><td></td><td></td><td></td><td></td><td></td><td></td></tr>
<tr><td colspan="3">TOTALS</td><td></td><td colspan="2"></td><td></td></tr>
<tr><td colspan="4">THE RECEIPT CUSTODY, CARRIAGE AND DELIVERY OF THE GOODS ARE SUBJECT TO THE TERMS APPEARING ON THE FACE AND BACK HEREOF AND TO CARRIER'S APPLICABLE TARIFF.</td><td colspan="3" rowspan="2">* APPLICABLE ONLY WHEN USED FOR MULTIMODEL OR THROUGH TRANSPORTATION
* INDICATE WHETHER ANY OF THE CARGO IS HAZARDOUS MATERIAL UNDER DOT. IMCO OF OTHER REGULATIONS AND INDICATE CORRECT COMMODITY NUMBER IN BOX 20.</td></tr>
<tr><td colspan="4">In witness where of 3 original bills of lading all the same tenor and date one of which being accomplished the others to stand void, have been issued by Sea-land Service. Inc. or its designated agent on behalf of itself, other participating carriers, the vessel, her master and owners or charters.</td></tr>
<tr><td colspan="2">SEAU871107110</td><td colspan="2">15/09/99</td><td colspan="3" rowspan="2">AT ___________ HELSINKI ___________
BY _______________
FOR SE-LAND SERVICE, INC. AS CARRIER.</td></tr>
<tr><td colspan="2">BILL OF LADING NO.</td><td colspan="2">DATE</td></tr>
</table>

(一)作用

(1)货物收据(Receipt for Goods Shipped)。海运提单是承运人签发给托运人的收据，确认已按提单上所记载的有关商品的标志、数量以及商品的表面状况接管或收到商品，并且货物已经装船或准备装船；托运人持有单据，表明其已将货物交付给承运人。根据海运传统，承运人要对装船提单上描述的货物负责，并在目的地将提单上描述的货物交提单持有人。

(2)运输契约证明(Evidence of the Contract of Carriage)。托运人向承运人办妥订舱或租船手续时即表明双方运输合约关系的建立。依照双方的约定，托运人按时向承运人提交货物，承运人向托运人出具海运提单，这份提单就成为双方运输合约的证据。提单背面印就的条款即视为双方共同接受的运输合约条款，承运人和托运人分别对此承担合约规定的各自责任。承运人保证船只处于适航状态，以及在托运人履约和未出现不可抗力的情况下，将货物运抵目的港，并完好地交付收货人；托运人则保证货物的内在状态完好，以及包装符合规定的运输条件。

(3)物权凭证(Document of Title)。海运提单代表了货物所有权的凭证，也就是说提单代表了货物。谁拥有和控制了提单，谁就拥有和控制了货物，因此承运人通常只是将货物交给提单持有人。不具有物权凭证性质的运输单据不能叫提单。

此外，海运提单还可作为收取运费的证明，以及在运输过程中起到办理货物的装卸、托运和交付等方面证明的作用。若运输货物在途中受到损失，海运提单是货主向船公司或保险公司提出索赔的依据之一。

(二)海运提单的基本当事人

海运提单涉及的基本当事人主要有承运人和托运人。由于提单有时出现交接、背书、转让等情况，还会出现收货人、受让人、被通知人。

(1)承运人(Carrier)，即船方。它是接受托运人委托，将货物运往目的港的一方。承运人一般是实际拥有运输工具的运输公司，承运人对按时、安全地将货物运至指定目的港负责，因此如货物在运送过程中发生损坏与灭失，应由承运人负责。承运人的主要权利是要求托运人或收货人按约定支付运费。如果托运人或收货人不付应付运费，承运人可以行使留置权，扣押货物或出卖货物以抵偿欠款。

(2)托运人(Shipper/Consignor)。它是委托承运人将特定货物运往目的港一方，即货方。依交易情况的不同，托运人可能是发货人，也可能是收货人。托运人有权指定收货人。如果提单未经托运人授权而转让，托运人可以对抗凭提单主张物权的善意受让人。

(3)收货人(Consignee)。收货人一般都在提单的抬头人一栏内列明，所以收货人又叫抬头人，可以是托运人本身，也可以是第三者。第三者通过提单的背书转让，有权在目的港凭提单向承运人提取货物。实际收货人则是提单的受让人(Transferee)或持单人(Holder)。目前国际贸易中，海运提单上的收货人经常是做成可转让形式的，即做成凭指示形式。在信用证结算方式中，开证行往往要求海运提单上的收货人做成开证行的指示人形式。

(4)被通知人(Notify Party)。被通知人不是提单的当事人，只是收货人的代理人，是被承运人通知货物已运抵目的地的人。信用证结算方式下，提单的收货人通常是开证行的指示人，而开证申请人则通常是提单上的被通知人。货到目的港后，承运人要通知被通知人，以便其及时联系有关银行，付款赎单，而成为收货人的指示人就凭所赎得的海运提单报关提货。

(5)受让人(Transferee)或持单人(Holder)。海运提单是物权凭证，可以通过背书转让流通。提单若被转让，就出现了转让人与受让人。受让人接受了被转让的提单，也就意味着他承担了托运人在运输契约中的义务，但由此他也获得了凭提单提取货物的权利。持单人是经过正当交接手续而持有提单的人。在提单交接的不同阶段，持单人可能是托运人，也可能是提单中指定的收货人，还可能是提单背书转让过程中的受让人。

(三)海运提单内容

海运提单由各船公司自己设计制作，其内容虽不完全相同，但提单的主要条款基本上是一致的。从总体上讲，海运提单的内容包括正面内容和背面条款两大部分。

1. 提单的正面内容

海运提单的正面一般记载的是运输货物的状况以及有关当事人的情况。

(1)当事人名称和地址。在提单的当事人中，承运人与托运人的名称地址必须明确写出。如果是记名收货人，则名称地址都应写明，而被通知人可空白不填；如果是指定人作为收货人，则被通知人名称必须写明。

(2)货物的描述。货物的描述包括：①货物的品名、规格、性质等。托运人必须如实反映这些信息、承运人对此不负责任，但是，如果托运人故意隐瞒或描述错误，并因此而使承运人受到损失或产生作用，则托运人应负赔偿之责。②运输标志与号码。托运人应负责在货物外包装上印刷清晰、准确、易于识别的标志与号码。③货物的数量、重量及体积。数量应与标志中的件数相吻合，重量应标明毛重、皮重、净重等。这些信息一般由托运人提供，但承运人可以对此做出检查，如果不符合良好标准，则应做出相应的批注。

(3)船名、航次及开航日期。这是提单上不可缺少的一项重要内容，其意义不只是提供船名、航次等表面信息，更重要的是为托运人或收货人进一步了解承运的具体状况提供极有用的线索。

(4)有关港口的名称。提单必须明确写明装货港与卸货港的名称；如果允许转运，并已安排了转运，则需要标明转运港名称。此外，在采用集装箱运输时：承运人可能在不同于装货港的地点收到货物，则应注明接受监管地；如果另有不同于卸货港的最终目的地，则同样应标明。

(5)签发日期与地点。一般情况下提单是在托运的货物全部装上承载船舶后签发，因此若无相反的批注或注明，提单的签发日期应视为装船完毕之日，这对于事先标明或印就“已装船”(“on board”)这样的提单更是如此。但是，有些提单是在承运人收到货物时签发的，而货物尚未装船，只是收妥待运，则该提单的签发日期只是承运人对货物接受监管的日期，真正的装船日期需另外批注说明。装船批注应包括装船日期、船名，以及承运人或其代理人的签字或盖章。提单签发地点应是装货地或承运人接受监管地。

(6)运费。运费是承运人运送货物收取的报酬。承运人可以不写明具体金额，而只写“应按契约规定的条件照付”或“运费预付”或“货到目的地支付”等字样。

(7)正本提单份数。正本提单一般一式多份，因此提单应标明正本的份数。

(8)契约文字。提单正面一般都印有契约文字，其内容大致有：①装船条款。它说明承运人收到外表状况良好的货物(另有说明者除外)，并已装船，将运往目的地卸货。②内容不知悉条款。它说明承运人只对货物的表面状况进行核实，而对包装物内的数量、品质、重量等概不负责。③签署条款。它说明签发正本提单一式几份，凭其中一张提货后其余均失效。之所以签发多份，是为了防止一份提单在转递过程中可能遗失而发生无法提货的情况。承运人为防止货物关系人一物二卖进行诈骗，在提单上明确规定：仅凭一份完成交货责任后，其余无效。如果有两个以上的提单持有人同时向承运人或其代理公司要求提取同一批货物时，他们应当将这批货物暂时扣留不交，依法确定谁是提货权利人，然后再进行交货。④承认接受条款。它说明只要托运人接受了提单就意味着接受了提单上的一切记载，包括提单的背面条款。

(9)承运人或其代理人或船长或其代理人签字。

2. 提单的背面条款

提单背面印定的条款，规定了承运人和托运人的各自的权利、义务和承运人的免责条款，是承运人与托运人双方处理争议的依据(依据《UCP600》的规定，银行不负责审核这些条款)主要有下述几点：

(1)首要条款。这项条款说明提单的法律依据，如发生有关货物运输的法律纠纷，应按何国法律解决，由何国法院审理。

(2)承运人责任条款。该条款说明承运人从装船开始到卸船为止，对货物承担什么责任。归纳起来，承运人的责任就是适航和适货。适航就是承运人在船舶开航前和开航时，应使船舶处于适航状态，做到装配合理。人员得当，从而保证船舶顺利航行。适货就是承运人应使货舱、冷藏舱和该船其他装载货物的部位能适宜和安全地收受、运输和保存货物。如承运人对上述规定尽职尽责，谨慎处理，但仍未能防止损害发生，则承运人可不负责任，但承运人应对其已谨慎处理的事实提供详细的证明。对于因海上风险、政治风险以及其他以外事故而造成的货物灭失或损害，承运人可以免责。

(3)运费条款。该条款包含下述事项：运费和其他费用应在承运人收到货物时即视为由承运人实现的收入，因此不得减扣和退回；如果系运费到付，则运费及其他费用应在目的港交货前结清；为准确计费，承运人有权对托运货物进行检查，以便核实货物的重量、体积、价值或性质。

(4)留置权条款。该条款规定，在运费及其他费用以及共同海损分摊额未付清之前，承运人对货物及有关单据享有留置权。如果货方未能支付这些费用，则承运人可以不经事先通知，处理货物以弥补上述所欠费用，如所得款项仍不足支付上述欠款，则承运人仍有权要求货方赔偿差额。

(5)转运条款。该条款规定承运人如有需要，可以将获取用其他船只替换原定船只运送货物，或者在中途安排转船运输，或安排其他运输方式完成运输任务，上述安排产生的费用由承运人支付，但风险由货方承担，而且承运人只对在由其管理的船舶承运期间内发生的事项承担责任。

(6)赔偿条款。货物到达时如遭受损坏：损坏明显的，收货人应立即向承运人提出书面通知；如不明显，应在提货后 3 日内发出书面通知。关于货物灭失或损坏赔偿的要求，应自交货之日起 1 年内提出，否则承运人可解除责任。承运人的赔偿金额应以发票金额外加运费和保费为基础来计算，但承运人可以规定每件货物的赔偿限额。如有部分货损，则根据该申报金额按比例赔偿。

提单背面还列有其他各种条款，如对特殊商品(舱面货、植物和鲜活货、冷藏货、危险品和违禁品等)特别规定的条款，以及有关碰撞、共同海损、货主所付分摊损失的条款。

(四)海运提单的主要种类

1. 按是否已装船划分

(1)已装船提单(Shipped/on Board Bill of Lading)。它是指承运人签发的注明货物已装船或已装具名船只的提单。一般情况下，信用证都要求已装船提单。

①已装船或已装具名船只，可由提单上印就的“货物已装上具名船只”(Shipped on board the Vessel)来表示，此时提单的出具日期即为装船日期。

②在提单上印就“Received the Goods…”时，已装船或已装上具名船只可以以提单上注明货物装船日期的批注来证实，此时装船批注的日期即装船日期。装船批注应包括三部分：“Shipped on Board”字样、日期及承运人签字。

③当提单含有“预期船”字样或类似词语时，装船批注除注明已装船的日期外，还应包括实际装货的船名，即使实际装货船只的名称就是“预期船”时，也是如此。

(2)收妥备运提单(Received for Shippment Bill of Lading)。它是指承运人应托运人的要求，在收到货物等待装船期间先行签发的一种提单，特点是先签单后发运。由于它没有确定的装运日期，货物能否出运没有保障，故实际上只是一张收据，并不是运输契约。信用证一般规定提交已装船提单，因此银行不接受备运提单。但如货物确实已经装上预定船只，经在原备运提单上加注“On Board Notation”，并加打船名、航班、装运港、批注日期和批注人签字或签章，则此备运提单即和已装船提单具有同等效力，银行可以接受。

2. 按货物能否转运划分

(1)直达提单(Direct B/L)。它是指承运人或代理人签发的用同一船只将货物在启运港装船后直接运抵目的港卸货的提单。直达提单内只有装运港和目的港，没有“途中转船”等批语。

信用证内若明确表明不准转船，则受益人要求议付时必须提供直达提单。

(2)转船提单(Transhipment B/L)。它是指船舶在装运港载货后，不直接驶往目的港，而在中途港口转船，把货物转运目的港的提单。转船提单由第一承运人签发，还要注明

“转船”或“在××港转船”字样，一般在提单正面货名栏下端或目的港栏加注：“With Transshipment at… into…”。

对于转运和转船提单，《UCP600》第20条规定：“转运系指在信用证规定的装货港到卸货港之间的运输过程中，将货物从一船卸下并再装上另一船的行为。”“提单可以表明货物将要或可能被转运，只要全程运输由同一提单涵盖。”

即使信用证禁止转运，银行也将接受下列单据：

①注明了将发生转运的提单，条件为提单证实有关货物已由集装箱、拖车或子母船运输，并且同一提单包括海运全程运输。

②含有承运人保留转运权利条款的提单。

(3)联运提单(Through B/L)。它是指经过海运和其他运输方式才能抵达目的地，而由第一程海运承运人签发的，包括运输全程并能在目的地凭此提货的提单。

3. 按对货物外表状况有无不良批注划分

(1)清洁提单(Clean B/L)。它是指承运人签发的、未载有明确宣称货物及/或包装状况有缺陷的条文或批注的提单。一般提单上都印有“在提单内所列表面状况良好的货物已装船”之类词句，清洁提单上未加其他批注。

(2)不清洁提单(Unclean B/L)。它是指承运人签发的、对货物或包装状况不良或存在缺陷等批注的提单。除非信用证明确规定可以接受含有上述缺陷批注的提单，否则银行将不接受载有此类批注的提单。但按国际航运公司公会规定，下列三种内容的批注不能视为“不清洁”：一是，没有说明货物或包装不能令人满意，只是批注“旧包装”“旧箱”等；二是，强调承运人对货物或包装性质所引起的风险不负责任；三是，否认承运人知悉货物内容、重量、容积、质量或技术规格等。

4. 按提单可否转让及如何转让划分

(1)记名提单(Straight B/L)。又称“收货人抬头提单”，是指提单收货人一栏内填写某人或某法人名称，如收货人一栏填“A Co. Only”。非提单特定收货人不能持单提货，且不能转让。记名提单的抬头人可以是进口商、开证行或托收业务中的代收行。但在某些国家，允许记名提单的收货人可不凭提单，仅需出具公司或个人的担保即可提货，记名提单因此失去了货物所有权凭证的作用。故国际贸易实务中较少采用。目前记名提单一般用于高价商品或特定商品如原油、矿砂等。

(2)不记名提单(Blank B/L)，又称空白提单(Open B/L)或来人提单(Bearer B/L)。它是指提单收货人栏内留空不填，没有指明任何收货人，或仅填“to the bearer”字样的提单。此类提单不需要背书即可转让，风险较大，在贸易实务中也很少使用。有的国家甚至明令禁止。

(3)指示性提单(Order B/L)。它是指提单收货人栏内填写“凭指示”(to order)或“凭发货人指示"(to order of shipped)字样的提单。此类提单在发货人背书转让之前，物权归属发货人，但经过背书可以转让。指示抬头又可分为两类：①记名指示，如"Order of A Co."或"Order of A Bank"。记名人可以是发货人、议付行、开证行、代收行等。②不记名指示。提单收货人一栏填"To order"，没有具体记名人。在实务中这种抬头称"空白抬头"。空白抬头与托运人指示抬头效力相同，均由托运人背书后转让。托收、信用证业务中常用"空白抬头"，有利于控制货物。

指示性提单可以通过背书转让，背书可分为空白背书和记名背书。①记名背书。其指背书人除在提单背面签字盖章外，还需列明被背书人的名称。②空白背书。其指仅由背书人在提单背面签字盖章。目前在国际贸易业务中以"凭指示"并经空白背书的提单居多，称为"空白抬头""空白背书"提单。

5. 根据提单的格式和条款是否全面划分

(1)全式提单(Long form B/L)全式提单。又称繁式提单，是指不仅有齐全的正面内容，而且在背面详细记载船方与货方的权利、责任及豁免事项的提单。在国际贸易中，目前使用的大多数是全式提单。

(2)简式提单(Short form B/L)。简式提单又称略式提单，是指仅保留正面必要项目而无背面详细运输条款的提单。简式提单在美国使用较多，它对货方并无不利影响。因此，银行一般接受简式提单。

6. 根据使用船只的不同划分

(1)班轮提单(Liner B/L)。它是指由班轮公司承运货物后签发给托运人的提单。班轮运输时，货物由航线固定、停靠港口固定、船期固定和费率固定的班轮来运输。因为班轮提单的运费及其他规定是分开的，并且班轮具有稳定性和预期性，对收货人比较有利，所以银行一般都接受班轮提单。

(2)租船提单(Charter Party B/L)。它是指货物以租船方式运送并根据租船合约签发的提单。托运人在大宗货物交易的情况下，为了减少运费，与船方签订租船契约，包租整船进行运输。由于租船提单是根据租船契约出具的，要受租船契约的约束，因此该提单只列有货名、数量、船名、装运港、目的港等主要条件，不列详细条款。由于租船提单不是一个独立而完整的文件，仅从提单上银行无法看出它受租船契约约束的情况，加上租船契约条款复杂，因此，除非信用证另有规定，否则银行不接受租船提单。但是，《UCP600》第二十二条增加了租船主或租船主具名代理(或代表)可以签发提单的条款。

7. 根据提单签发日与交单日、装船日的关系划分

(1)正常提单(Current B/L，Fresh B/L)。对于出口商而言，正常提单是指在信用证规定的有效期内交单的提单；对于进口商而言，正常提单是指早于载货船舶到达目的港收

货人手中的提单；对于银行而言，正常提单是指可以早于载货船舶到达目的港交于对方银行的提单。根据《UCP600》的规定，如果信用证未规定最迟交单日，银行将默认为装运(以运输单据签发日为凭)后21天内交单。所以，提单只有在信用证规定的有效期及最迟交单期内提交银行议付，才是正常提单。

(2)过期提单(stale B/L)。对于出口商而言，过期提单是指未能在信用证规定的有效期内交单的提单；对于进口商而言，过期提单是指凡是在载货船舶到达目的港后收货人才收到的提单；对于银行而言，过期提单是指预计晚于载货船舶到达目的港才能交于对方银行的提单。过期提单产生的原因有两个：一是由于托运人在交单结汇前有过不应有的延误；二是由于近洋短途运输，很难避免过期提单的出现。由于过期提单不能使收货人于船到后及时提货，易于导致货物变质、保险过期或增加仓储费用，银行一般不接受过期提单。但是，对于近洋运输难免出现的过期提单现象，出口商可以要求进口商通过信用证的开证申请书要求开证行在信用证中加列"过期提单可以接受"的条款或确保足够的交单期，以免随后发生争议。事实上，自从《UCP600》生效后，由于明确了受益人向银行交单的期限，过期提单的争议就不再出现了。

(3)倒签提单(Anti-dated B/L)。它是指承运人或其代理人应托运人的要求，在货物装船后，以早于该批货物实际装船完毕的日期作为签发日期所签发的已装船提单。倒签提单属于伪造单据行为，收货人一旦发现可拒绝提货，并诉诸法庭，扣留船货，直至取得赔偿。

(4)预借提单(Advanced B/L)。它是指承运人应托运人要求，在货物尚未装船或装船尚未完毕的情况下预先签发的"货已装船"提单。托运人可以借此在信用证有效期结束前交单结汇。这种提单具有欺骗性质，可能会遭受收货人起诉索赔的风险。

二、其他运输单据

(一)铁路运单

铁路运输和其他运输方式相比，具有运量大、速度快、运输准确性和连续性强、受气候自然条件影响小、安全可靠、运输成本相对低廉等优点，在国际货运中的地位仅次于海运。

1. 国际铁路货物运输

国际铁路业务集中在欧亚大陆，经营业务分为两片。一片是由《国际铁路货物联运协定》(简称《国际货协》)参加国组成，包括波兰、匈牙利、保加利亚、罗马尼亚、蒙古、朝鲜、越南、中国等国；另一片由《国际铁路货物运输公约》(简称《国际货约》)参加国组成，成员国有法国、德国、比利时、卢森堡、荷兰、意大利、英国、丹麦、西班牙、葡萄牙、希腊、挪威、瑞典、芬兰、瑞士、奥地利、南斯拉夫、土耳其等国。《国际货协》和《国际货约》都规定片内可办理同一运单的联运，即把货物发往片内任何一个车站，只需在发货站办理一次手续。由于不同片的接壤国家之间订立了双边协定，因此可以办理跨片联运，但在货物出片时需要再办理一次手续。

2. 铁路运单

我国国际铁路运输中使用的是《国际货协》统一的铁路运单(Railway Bill)。铁路运单一式两份，正本随货同行直至目的地交收货人作提货通知，副本交托运人作为收据。在托收或信用证方式下，托运人凭副本运单收款。在货物到达目的地前，只要托运人仍持有副本运单，就可以指示承运人停运，或将货物运给另一收货人。铁路运单由发运站加日戳签发，只是运输合约和货物收据，而不是物权凭证。铁路运单一律作记名抬头，货物到达目的地后承运人就通知该指定人，凭有效身份证明提货。

3. 承运货物收据

承运货物收据(Cargo Receipt，简称"C/R")是以运输行身份签发的运输单据。它既是承运人的货物收据，又是承运人与托运人的运输契约。例如，中国内地对港澳地区陆运出口的货物，由中国对外贸易运输公司承运，并签发承运货物收据给托运人，供结汇用。承运货物收据性质相当于海运提单或国际联运运单副本，代表货权，是收货人提货凭证，属有价证券，签发单位要对货物全程运输负责。

(二)公路运单

按照《国际公路货物运输合同公约》(简称 CMR)所签发的公路运单(Roadway Bill)，是为国际上接受和认可的不可转让的运输单据，适用于由公路运送货物经过或到达《国际公路货物运输合同公约》的参加国家。它是由公路承运人签发的，作为收到货物的收据和对货物按 CMR 条款运送的书面证明。

对于铁路、公路及内陆水运的运输单据，要求注明起运地和目的地及货物收妥待运。若运单上有收货印戳，则收货日就是发货日；否则签发日就是装运日。这些运单可以不注明正本份数，以受益人提交的份数为准。

(三)航空运单

航空运单(Airway Bill，简称 AWB)是承运人或其代理人承认收到货物并负责空运至目的地交收货人的证明。

国际航空运输协会(International Air Transport Association，简称 IATA)是由世界上100 多家民航公司组成的机构。由它制定和发出的整套航空运单包括正本一式三份和副本一式九份，用于商业上的主要有三份，其余副本由航空公司按规定和需要分发。三份正本分别给：

(1)航空公司。　　Original—For the Issuing Carrier.

(2)收货人。　　Original—For the Consignee.

(3)托运人。　　Original—For the Shipper.

航空运单仅是一张收据，不是物权证明，一律作记名抬头。当通过海关清关后，指名的收货人就可以凭通知和有关的证明提货，而不再需要办理进一步的手续。该项单据由托运人填写并签字，还须加盖航空公司的带有发行日期的印章，并注明飞行航次，由代表航空公司者签字。

空运的最大优点是快，适合于鲜活、易变质的货物的运送。第二次世界大战前，主要用于价值高、体积小的商品，如钻石、黄金、工艺品等。第二次世界大战后，空运费逐渐降低，空运的商品越来越多。

空运单上要表明货物收妥待运(Accepted for Carriage)。如信用证要求实际起运日，应另作批注；否则该批注日就是装运日。空运单上"for carrier use only"一栏中注明的飞行日期和航班号不能作为实际起运日的批注；但不要求实际起运日时，则空运单上的签发日就是起运日，不必再批注。空运单还要表明信用证规定的起运机场和目的地机场。

空运单上表明的转运是指在信用证规定的起飞机场到目的地机场运输过程中将货物从一架飞机卸下再装上另一架飞机上的运输。如果卸货和再装不是发生在起飞机场和目的地机场之间，则不视为转运。即使信用证禁止转运，银行也将接受注明货物将要或可能发生转运的空运单据，条件是同一空运单包括运输全程；因为从起飞机场至目的地机场不可能经常都有直航，实际上转运是必需的。

(四)邮政收据或快递收据

国际贸易实务中，小件包裹(尤其是货样)可以通过邮局或快递公司寄往国外，并由邮局或快递公司出具邮政收据或快递收据。通过邮局或快递公司运输比较简单，不需要办理复杂的手续。卖方按合同或信用证规定，将商品、包裹交付邮局或快递公司就算完成了交货任务，邮政收据或快递收据即可交出口地有关银行议付，是运送少量、小件、急需、零星商品或货物的理想方式。

邮政收据(Post Receipt)是邮局出具的承认收到货件并负责将货件送至目的地交收货人的证明。邮政收据不是物权凭证，不可流通转让，直接交货给收货人，因此一律做成记名抬头。信用证项下的邮政收据，既可做成申请人为收件人，也可征得开证行同意做成开证行为收件人，使开证行能够控制申请人的偿付。

快递收据(Courier Receipt)由空运公司或快递公司签发给托运人，表明收到货物并将按约定向指定的收货人交付货物的运输单据。快递是比一般邮包航寄更为快捷的运送方式，它实行的是桌至桌服务，迅速、方便、安全、准确。快递收据同邮政收据一样，也不是物权凭证。

《UCP600》规定，证明货物收讫待运的快递收据、邮政收据，无论名称如何，必须在信用证规定的货物发运地点盖章或签署并注明日期；该日期将被视为发运日期，因此该日期不能晚于规定的装运日期。

(五)不可转让海运单

不可转让海运单(Non-negotiable Sea Waybill)是一种新兴的海运提单，是一种不可转让的钩至钩或港至港海洋运输货物单据，是承运人收到托运人交来货物而签发的、用于证明海洋运输合同和货物已由承运人接管或装运并负责将货物送交指定收货人领取的证明单据。由于它可以解决信用证下因海运提单晚于货物到达而给进口商带来的额外费用问题，并且与电子数据交换(EDI)相适应，因此国际上越来越倾向使用不可转让海运单。

不可转让海运单与海运提单的异同如表 6-2 所示。

表 6-2　不可转让海运单与海运提单的比较

	不可转让海运单	海运提单
不同点	不是物权凭证，不能背书转让	是物权凭证，可以背书转让
	除单据上写明的收货人外，其他人不能提货	可以转让给任何一个收货人凭以提货
	承运人不凭运单而凭收货人的提货或收货凭条交货，只要该凭条能证实其为运单上指明收货人	海运提单必须交给承运人或其代理人换取货物
	尚未纳入国际法范畴	受国际法(如《海牙规则》等)制约
相同点	1.《UCP600》第 20 条关于提单的具体规定与第 21 条关于不可转让海运单的具体规定相同； 2. 银行都是根据信用证的规定，决定是否接受提单或不可转让海运单； 3. 提单与海运单都是货物收据和运输契约证明	

(六)多式运输单据

多式运输(Multimodal Transport)又称联合运输(Combined Transport)，是在集装箱运输的基础上产生和发展起来的一种新的运输方式。它是指由多式联运的经营人根据多式运输合同，以至少两种不同的运输方式将货物从接管地运至交货地的一种运输方式。而多式联运的经营人签发此单据即多式运输单据(Multimodal Transport Document)，其特点是：

(1)表示至少有两个不同运输方式的运输，即至少包含海运、空运、公路、铁路、内河运输中的两种；但同一种运输方式，不同运输工具的联结，例如海/海、空/空等联合运输，不能视为多式运输。

(2)多式联运经营人的责任是从接受货物起至交付货物止，因此多式联运单据正面有货物已经收妥待运的表述，是备运提单。也有船公司将它用于港至港单一海运，则须加上已装船批注后，方可转为已装运或已装船提单。

(3)多式运输单据的运输事项记载有收货地至装运港所使用的运输工具、承运人收货地、海运段的装货港、船名、卸货港、内陆交货地等运输事项。

(4)单据只需多式联运经营人一人签发，而不需要每个承运人签发。

(5)多式运输单据可分为可转让的和不可转让两种。可转让的多式联运单据与提单一样，可做成指示，通过交付或背书后交付完成转让手续。可转让的多式运输单据可以签发一套一份以上的正本，经营人凭其中一份交付货物后，其责任就告解除。不可转让的多式运输单据，必须列明收货人，收货人不能转让单据；经营人把货物交给收货人或凭收货人的通知交给他授权的收货人后，经营人的责任即告解除。

多式运输单据与海运提单、联运提单的异同如表6-3所示。

表6-3 多式运输单据与海运提单、联运提单的比较

单据种类 比较内容	海运提单	联运提单	多式运输单据
运输方式	单一的海洋运输	两种以上运输方式且必须包括海运	任意两种以上运输方式
单据签发人	由承运人或船长或其代理人签发	由承运人或船长或其代理人签发	由多式联运经营人签发，信用证下可由承运人或多式联运经营人签发
运输责任范围	从港口至港口，或从吊钩至吊钩	运输责任比较灵活，由收货地或装运地或装运港开始，卸货港或交货地终止。其第一程承运人或其代理人虽签发包括全程运输在内的提单，但仅对自身运输段负责	从收货地至交货地，其签发人必须对全程运输负责，而不论它实际承担运输的是哪一段
单据性质	可以背书转让，属于可转让单据性质	可以背书转让，属于可转让单据性质	不具有确定的可转让单据性质

各种运输单据的比较如表 6-4 所示。

表 6-4　各种运输单据的比较

比较项目＼单据种类	海运提单	铁路运单（公路运单）	航空运单	邮包收据	多式运输单据
物权凭证	是	否	否	否	是(指示性、来人式)
货物收据	是	是	是	是	是
运输契约	是	是	是	是	是
收货人的形式	指示性、来人式和记名式	记名式	记名式	记名式	指示性、来人式和记名式
可否流通转让	指示性、来人式可以	不可以	不可以	不可以	指示性、来人式可以
发给发货人的正本单据的份数	全套正本交发货人	正本交收货人，副本交发货人	第一份正本交承运人，第二份交收货人，第三份交发货人	一份收据交寄件人	全套正本交发货人
出单人	承运人或船长或他们的代理人	铁路局（公路局）	承运人或机长或他们的代理人	邮政局	承运人或多式联运经营人
出单人表明货物情况	已装船	收到/发运	接收/收到/发运	收到/发运	收到/已装船/发运
适合运输方式	单一海洋运输	铁路或公路运输方式	航空运输方式	邮政传递	两种或两种以上运输方式，可以不包括海洋运输方式
证实方式	出单人签字或其他证实方式	日戳	出单人签字	日戳	出单人签字或其他证实方式

三、审核运输单据的要点

(1)运输单据种类必须符合信用证的规定。

(2)必须包括全套正本单据以及副本的份数(若有)必须符合信用证规定，正本单据上有承运人或其代理人的签章，并盖有其印章。

(3)运输单据上显示的装运地、运输目的地、转运地(若有)必须符合信用证规定。

(4)装运日期/运输单据签发日期必须符合信用证规定，即不晚于信用证规定的最迟装运日期。

(5)海运提单上的收货人应做成开证行的指定人或者如信用证所规定的，如"To order"或"To order of Shipper"，而开证申请人则做成被通知人，同时应有被通知人的详细地址，该地址应与信用证上开证申请人的地址一致，以便卸货港口当局在货物到港后及时通知被通知人；航空运单、铁路运单和公路运单等都不是物权凭证，这些运单上的收货人应是信用证的开证申请人，其名称和地址等都必须与信用证上的记载一致。

(6)商品名称可以使用统称，但必须与商业发票上的表述一致或不矛盾。

(7)"运费已付"或"运费待收"的表述应与信用证的价格条件相吻合，如CFR或CIF等价格条件下，出口商向进口商收取的款项中包括了运费，因此，在海运提单上应显示"运费已收(freight prepaid)"或类似文句；若信用证显示交易双方以FAS或FOB等价格条件成交，则该由进口商负责联系船公司办理到装运港接货，海运提单上应记载"运费待收(freight to be collected)"或类似文句。

(8)运输单据上无对商品外包装的不良批注。

(9)运输单据上对商品包装件数的描述应与发票及其他单据上关于商品包装件数的描述一致。

(10)唛头应与信用证规定的一致。

(11)应加背书的运输单据是否都正确地加上了背书，在信用证未另作规定的情况下，通常为空白背书。

第四节 保险单据

一、保险单据的含义和作用

(一)保险单据的含义

保险单据是保险人对被保险人的承保证明，是双方之间权利、义务的契约。在被保险货物遭到损失时，它是被保险人索赔的主要依据，也是保险人理赔的主要依据。在货物出险后，掌握了提单又掌握了保险单据，就真正掌握了货权。

(二)保险单据的作用

1. 保险合同的证明

保险单据是保险人与被保险人之间所签订的保险合同的证明。按保险业的惯例，只要保险人在被保险人填写的保险单据上签字，保险合同即告成立，它具体规定了保险人和被保险人的权利和义务。

2. 赔偿证明

保险合同是一种赔偿性合同，而非买卖性合同。被保险人支付保险费后，保险人即对货物在遭受合同责任范围内的损失负赔偿责任，被保险人即可凭保险单据向保险人索赔，因此保险单据也是赔偿权的证明文件。作为一种权利凭证，货物运输保险单像提单一样可背书转让，但赔偿不是必然发生，而只是偶然发生的，因此保险单据只是潜在的利益凭证。

二、保险单据的当事人

(1)保险人(Insurer)。保险人是与被保险人签订保险合同的一方，有取得保险费的权利，也有按照保险合同的规定负责赔偿损失的义务。国际上作为保险人的或与保险人有关的行为主体主要有：保险公司和保险商。前者一般指国家有关部门批准专门经营保险业务的组织，是法人，以股份有限公司为最常见的形式；后者是以个人身份来经营保险业务的。

(2)被保险人(Insured)。被保险人是指与保险人相对应的当事人，包括投保人(同保险人订立保险合同并交付保险费的人，即订约者)、被保险人(出险时受损者)、受益人(出险后索赔者)。

在货运保险中，这三者的界限难以划分。办理出口保险时，投保人是出口商，在保险单据未提交前，被保险人与受益人都是出口商；银行在购进单据后而未得到偿付前成为被保险人与受益人；进口商付款赎单后，又成为被保险人与受益人。在办理进口保险时，投保人、被保险人、受益人都是进口商；银行所接受的保险单据，是出口商所提供的，因而表现为CIF、CIP条件成交下保险人与出口商订立的保险合同。

在保险标的物遭受损失时，被保险人有权向保险人索赔。依照保险惯例，被保险人在满足以下两个条件时方有资格取得赔偿：第一，在索赔时，只有证明自己拥有保险利益才能取得赔款，即证明货物的损失对自己造成了损失。在货物运输保险时，持有提单就是有保险利益的证明。第二，持有善意。在投保时被保险人要如实介绍货物、运输工具、运输路线等情况，以利于保险人作出准确的判断，并且还必须保证货物还未出险，至少在投保时不知道货物已出险，因为保险人并不调查事实。如果被保险人没有达到这样“善意”的标准，保险人在货物出险时就有权拒绝赔偿。

(3)保险代理人(Insurance Agent)。保险代理人是接受保险人委托，在规定的范围内代保险人招揽保险业务，出立暂保单或保险单，查勘损失及理算损失的中间商人。其代理行为所产生的权利义务的后果直接由保险公司(保险人)承担。

(4)保险经纪人(Insurance Broker)。保险经纪人是指以代办保险人身份与投保人订立代办保险合同，为保险人承揽保险业务，向保险人收取佣金的保险中介人。保险经纪人在受理保险业务时，签发的是暂保单，然后再向保险人投保。保险经纪人虽是向保险人收取佣金，但实质只能将其视为投保人的代理人，而非保险代理人。根据《UCP600》规定，保险经纪人签发的暂保单银行不予接受。

三、海运保险单据的适用对象与范围

按运输方式的不同，保险单据可分为海洋货物运输保险单、陆运货物保险单、航空运输货物保险单、邮政包裹运输保险单和多式运输货物保险单等。在各种运输货物保险中，起源最早、历史最久的是海洋运输保险。不同运输方式的货物保险，虽然保险公司承保的责任有所不同，但其基本原则、格式内容、所保障的范围等都是类似的。而且，由于海洋运输具有许多优点，比如，运输距离不受限制，海运运费相对低廉，适用货物的范围广泛，特别是集装箱运输方式数十年来得到了越来越广泛的采用，过去的数个世纪以来，国际贸易货物大都是通过海洋运输方式进行的。所以海洋运输货物保险是最主要的保险险别，其他各种运输保险多以它为范本。

(一)海运保险中可能涉及的风险

国际贸易货物在海上运输，装卸和储存过程中，可能会遭到各种不同风险，而海上货物运输保险人主要承保的风险有海上风险和外来风险。

1. 海上风险

海上风险在保险界又称为海难，包括海上发生的自然灾害和意外事故对运输货物可能造成的损害。其中，自然灾害是指由于自然界的变异引起破坏力量所造成的灾害。海运保险中，自然灾害仅指恶劣气候、雷电、海啸、地震、洪水、火山爆发等人力不可抗拒的灾害。意外事故是指由于意料不到的原因所造成的事故损害。海运保险中，意外事故仅指搁浅、触礁、沉没、碰撞、火灾、爆炸和失踪等。

(1)搁浅。船舶与海底、浅滩、堤岸在事先无法预料到的意外情况下发生触碰，并搁置一段时间，使船舶无法继续行进以完成运输任务。但规律性的潮汛涨落所造成的搁浅则不属于保险搁浅的范畴。

(2)触礁。载货船舶触及水中岩礁或其他阻碍物(包括沉船)。

(3)沉没。船体全部或大部分已经没入水面以下，并已失去继续航行能力。若船体部分入水，但仍具航行能力，则不视作沉没。

(4)碰撞。船舶与船或其他固定的(或流动的)固定物猛力接触，如船舶与冰山、桥梁、码头、灯标等相撞。

(5)火灾。船舶本身、船上设备以及载运的货物失火燃烧。

(6)爆炸。船上锅炉或其他机器设备发生爆炸，或船上货物因气候条件(如温度)影响产生化学反应引起爆炸。

(7)失踪。船舶在航行中失去联络、音讯全无，并且超过了一定期限后，仍无下落和消息，即被认为是失踪。

2. 外来风险

外来风险一般是指由于外来原因引起的风险，可分为一般外来风险和特殊外来风险。

(1)一般外来风险是指货物在运输途中由于偷窃、下雨、短路、渗漏、破碎、受潮受热、霉变、串味、玷污、钩损、生锈、碰损等原因所导致的风险。

(2)特殊外来风险是指由于战争、罢工、拒绝交付货物等政治、军事、国家禁令及管制措施所造成的风险与损失。如：因政治或战争因素，运送货物的船只被敌对国家扣留而造成交货不到；某些国家颁布的新政策或新的管制措施以及国际组织的某些禁令，都可能造成货物无法出口或进口而造成损失。

(二)海运保险中可能的损失范围

由于是海上货物运输保险，因此保险人承保的损失是海损。被保险货物因遭受海洋运输中的风险所导致的损失称为海损或海上损失。海损按损失程度的不同，可分为全部损失和部分损失。

1. 全部损失

全部损失(Total Loss)简称全损，指被保险货物在海洋运输中遭受全部损失。从损失的性质看，全损又可分为实际全损和推定全损两种。

(1)实际全损(Actual Total Loss)，又称绝对全损，是指保险标的物在运输途中全部灭失或等同于全部灭失。在保险业务上构成实际全损主要有以下几种：

①保险标的物全部灭失。例如，载货船舶遭遇海难后沉入海底，保险标的物实体完全灭失。

②保险标的物的物权完全丧失，已无法挽回。例如，载货船舶被海盗抢劫，或船货被敌对国扣押等。虽然标的物仍然存在，但被保险人已失去标的物的物权。

③保险标的物已丧失原有商业价值或用途。例如，水泥受海水浸泡后变硬，烟叶受潮发霉后已失去原有价值。

④载货船舶失踪，无音讯已达相当一段时间。在国际贸易实务中，一般根据航程的远近和航行的区域来决定时间的长短。

(2)推定全损(Constructive Total Loss)是指保险货物的实际全损已经不可避免，而进行施救、复原的费用已超过将货物运抵目的港的费用或已超出保险补偿的价值。这种损失即为推定全损。构成被保险货物推定全损的情况有以下几种：

①保险标的物受损后，其修理费用超过货物修复后的价值。

②保险标的物受损后，其整理和继续运往目的港的费用，超过货物到达目的港的价值。

③保险标的物的实际全损已经无法避免，为避免全损所需的施救费用将超过获救后标的物的价值。

④保险标的物遭受保险责任范围内的事故，使被保险人失去标的物的所有权，而收回标的物的所有权，其费用已超过收回标的物的价值。

2. 部分损失

部分损失(Partial Loss)是指被保险货物的损失没有达到全部损失的程度。按其性质，可分为共同海损和单独海损。

(1)共同海损(General Average)。根据1974年国际海事委员会制定的《约克安特卫普规则》的规定：载货船舶在海上遇难时，船方为了共同安全，以使同一航程中的船货脱离危险，有意而合理地作出的牺牲或引起的特殊费用，这些损失和费用被称为共同海损。构成共同海损的条件是：

①共同海损的危险必须是实际存在的，或者是不可避免的，而非主观臆测的。因为不是所有的海上灾难、事故都会引起共同海损的。

②必须是自愿地和有意识地采取合理措施所造成的损失或发生的费用。

③必须是为船货共同安全采取的谨慎行为或措施时所作的牺牲或引起的特殊费用。

④必须是属于非常性质的牺牲或发生的费用，并且是以脱险为目的的。

共同海损行为所作出的牺牲或引起的特殊费用，都是为使船主、货主和承运方不遭受损失而支出的，因此，不管其大小如何，都应由船主、货主和承运各方按获救的价值，以一定的比例分摊。这种分摊叫共同海损的分摊。在分摊共同海损费用时，不仅要包括未受损失的利害关系人，而且还须包括受到损失的利害关系人。

(2)单独海损(Particular Average)。是指保险标的物在海上遭受承保范围内的风险所造成的部分灭失或损害，即指除共同海损以外的部分损失。这种损失只能由标的物所有人单独负担。与共同海损相比较，单独海损的特点是：

①它不是人为有意造成的部分损失。

②它是保险标的物本身的损失。

③单独海损由受损失的被保险人单独承担，但其可根据损失情况从保险人那里获得赔偿。根据英国海上法，货物发生单独海损时，保险人应赔金额的计算，为受损价值与完好价值之比乘以保险金。

(三)海运保险的险种

1. 基本险

海洋运输保险的基本险别分为：平安险、水渍险、一切险。

(1)平安险(Free from Particular Average，FPA)

保险公司对平安险的责任范围如下：

①被保险货物在运输途中由于恶劣天气、自然灾害造成整批货物的全损或推定全损。

②由于运输工具遭受意外事故造成货物的全损或部分损失。

③在运输工具遭受意外事故的情况下，货物在此前后又在海上遭受自然灾害所造成的部分损失。

④在装卸或转运时由于一件、数件或整批货物落海造成的全损或部分损失。

⑤被保险人对遭受承保责任内危险的货物采取抢救、防止或减少货损的措施而支付的合理费用，但以不超过该批被救货物的保险金额为限。

⑥运输工具遭遇海难后，在避难港由于卸货所引起的损失以及在中途港、避难港由于卸货、存仓及运送货物所产生的特别费用。

⑦共同海损的牺牲、分摊和救助费用。

⑧运输契约订有“船舶互撞责任条款”，根据该条款规定应由货方偿还船方的损失。

(2)水渍险(With Particular Average，WPA 或 WA)

保险公司对水渍险的责任范围除包括上述平安险的各项责任外，还负责被保险货物由于自然灾害所造成的部分损失。

(3)一切险(All Risks，AR)

除包括平安险、水渍险的各项责任外，还负责被保险货物在运输途中由于一般外来风险(偷窃、雨淋、破碎、串味、钩损、锈损、渗漏、玷污、受潮受热、短量、包装破裂等)所致的全部或部分损失。

《UCP600》第二十八条第 h 款规定：当信用证规定投保“一切险”时，如保险单据载有任何“一切险”批注或条款，无论是否有“一切险”标题，均将被接受，即使其声明任何风险除外。

2. 附加险

附加险是基本险的补充和扩大，它是不能独立投保的险别，只能在投保某一种基本险的基础上才能投保附加险。投保人只能投保一种基本险，但是可以根据需要投保若干种附加险。根据损失原因，附加险分为一般附加险和特别附加险。

(1)一般附加险

一般附加险承保一般外来险。一般有偷窃险、提货不着险、淡水雨淋险、短量险、混杂沾污险、渗漏险、碰损破碎险、串味险、受潮受热险、钩损险、包装破裂险、锈损险。

由于保险公司对一般附加险的承保责任范围均已包括在一切险的承保责任范围内，因此，如投保人在投保基本险时选择一切险，就不需要再加保一般附加险。

(2)特殊附加险

特殊附加险承保特别外来风险。常见的有战争险、罢工险、舱面险、进口关税险、拒收险、黄曲霉素险、交货不到险、货物出口到香港(含九龙)或澳门存仓火险责任扩展条款。由于特殊附加险的保险责任范围不包括在一切险的责任范围内，因此，被保险人如欲取得属于特殊附加险各险别责任范围内的风险保障，不论已投保何种基本险，均需另行加保有关的特殊附加险。

《UCP600》第二十八条第 g 款规定：信用证应规定所需投保的险别及附加险(如有的话)。如果信用证使用诸如“通常风险”或“惯常风险”等含义不确切的用语，则无论是否有漏保风险，保险单据将被照样接受。此外，其第 i 款还增加了保险单据可以缓引任何除外责任条款的规定。

四、保险单据的种类

(1)保险单(Insurance Policy 或 Policy)。保险单俗称“大保单”，是保险人向被保险人签发的单独保险单，包括保险契约的全部内容，是完整的承保形式。它对保险公司和被保险人的权利、义务须详尽描述，故而又称为正式保险单。在实务中，主要采取保险单的形式，如附式 6-4 所示。

(2)保险凭证(Insurance Certificate)。保险凭证俗称“小保单”，是一种简化的保险单据，包括保险单据的基本内容，但不附有保险条款的全文。保险凭证与保险单具有相同的法律效力，但保险条款仍以保险单的保险条款为准。

当信用证要求正式保险单时，不得以保险凭证代替；但当信用证要求保险凭证时，提交保险单或保险凭证均可。

(3)承保证明(Combined Insurance Certificate 或 Risk Note)。承保证明是一种我国保险公司特别使用的比保险凭证更简化的单据。它只在出口商的商业发票上以加盖印戳方式注明承保金额、险别、保险期限、保险编号、保险和理赔代理人名称及地点等事项，而不另出具单独的保险单，又称为“联合发票”。

(4)暂保单(Cover Note)。暂保单又称临时保险单，是保险人签发正式保险单前所开立出的临时证明，相当于简化的预约保险单。被保险人接到国外出口商装船通知前，先将保险货物的大概情况通知保险公司，预定保险契约，保险人先行开立暂保单，待接到被保险人货物起运通知后再签发正式保险单。暂保单不是保险契约的证明，不为银行所接受。

附式 6-4　保险单据

中国人民保险公司
THE PEOPLE'S INSURANCE COMPANY OF CHINA
总公司设于北京　　一九四九年创立
Head Office: BEIJING　Established in 1949

保 险 单
INSURANCE POLICY

保险单次号次
POLICY No.

中国人民保险公司(以下简称本公司)
THIS POLICY OF INSURANCE WITNESSES THAT PEOPLE'S INSURANCE OF CHINA (HEREIN AFTER CALLED THE COMPANY
根据
AT THE REQUEST OF ______
(以下简称被保险人)的要求,由被保险人向本公司缴付约
(HEREIN AFTER CALLED "THE INSURED") AND IN CONSIDERATION OF THE AGREED PREMIUM PAID TO THE COMPANY BY THE
定的保险费,按照本保险单承保险别和背面所载条款与下列
INSURED UNDERTAKES TO INSURE THE UNDERMENTIONED GOODS IN TRANSPORTATION SUBJECT TO THE CONDITIONS OF THIS POLICY
特款承保下述货物运输保险,特立本保险单。
AS PER THE CLAUSES PRINTED OVERLEAF AND OTHER SPECIAL CLAUSES ATTACHED HEREON.

标　记 MARKS & NOS.	保险及数量 QUANTITY	保险货物项目 DESCRIPTION OF GOODS	保险金额 AMOUNT INSURED

保险金额:
TOTAL AMOUNT INSURED: ______

保费　PREMIUM AS ARRANGED
费率　RATE AS ARRANGED
装载运输工具　PER CONVEYANCE S. S. ______

开航日期　SLG. IN OR ABT. ______
自　FROM ______
至　TO ______

承保险别:
CONDITIONS:

所保货物,如遇出险,本公司凭本保险单及其他有关证件给付赔偿。
CLAIMS IF ANY PAYABLE ON SURRENDER OF THIS POLICY TOGETHER WITH OTHER RELEVANT DOCUMENTS
所保货物,如果发生本保险单项下负责赔偿的损失或事故,
IN THE EVENT OF ACCIDENT WHEREBY LOSS OR DAMAGE MAY RESULT IN A CLAIM UNDER THIS POLICY IMMEDIATE NOTICE
应立即通知本公司下属代理人查勘。
APPLYING FOR SURVEY MUST BE GIVEN TO THE COMPANY'S AGENT AS MENTIONED HEREUNDER

中国人民保险公司上海分公司
THE PEOPLE'S INSURANCE SHANGHAI BRANCH

赔款偿付地点
CLAIM PAYABLE AT ______

日期
DATE ______

地址:中国上海中山东一路 23 号　TEL: 32340532　TELEX: 33128　PICCS SN.
Address: 23 Zhongshan Dong Yi Road Shanghai, China Cable 42001 Shanghai

General manager

五、保险单据的内容

一般说来，保险单据由保险人事先拟订，印制成专用文件，内容包括正面和背面两部分。保险单据正面主要是有关保险人、被保险货物、保险险别等情况的记载。背面则是合同条款，主要包括保险责任、除外责任等。

(1)保险人名称。《UCP600》第二十八条第 a 款规定：保险单据，如保险单或预约保险项下的保险证明书或者声明书，必须由保险公司或承保人或其代理人或代表出具并签署。代理人或代表的签字必须标明其系代表保险公司或承保人签字。

(2)被保险人名称。在信用证有明确规定的情况下，应按信用证规定办理。在 FOB、CFR 贸易条件下，由买方投保，被保险人填写买方名称。在 CIF 贸易条件下，由卖方投保，被保险人一般是卖方即信用证的受益人，然后由受益人做成空白背书。

(3)保险金额。《UCP600》第二十八条第 f 款规定：保险单据必须表明投保金额并以与信用证相同的货币表示。信用证对于投保金额为货物价值、发票金额或类似金额的某一比例的要求，将被视为对最低保额的要求。如果信用证对投保金额未做规定，投保金额需至少为货物的 CIF 或 CIP 价格的 110%。如果从单据中不能确定 CIF 或 CIP 价格，投保金额必须基于要求承付或议付的金额，或者基于发票上显示的货物总值来计算，两者之中取金额较高者。

(4)保险编号。

(5)保险标的物。一般包括货物名称、唛头、包装及件数，这些均应与发票一致。

(6)运输工具名称、开航日期、航线起讫地点，这些均应与提单一致。

(7)保险费和费率。除非信用证另有规定，保险单据上一般无须用具体数字金额表示保险费额，只列明“As arranged”(按约定)。

(8)承保险别。承保险别内容必须与信用证有关条款保持一致。《UCP600》第二十八条第 f 款规定：保险单据需标明承保的风险区间至少涵盖从信用证规定的货物监管地或发运地开始到卸货地或最终目的地为止。

(9)检验代理。保险单据上列明保险人在目的港的代理检验人，以便当货物受损、被保险人索赔时能及时就近检查，分析原因与受损程度，以确定赔偿责任。

(10)赔偿赔付地点。赔偿赔付地点应符合信用证规定，一般为保险单所载明的目的港，即在进口国境内。

(11)签发日期和地点。签发日期即保险人责任的起算点，保险单据的签发日期不应晚于提单签发日期，否则银行将不接受。

(12)保险人签字或盖章。一般都由保险人或其代表签字或以其他方式证实，但是，英国保险法允许保险公司在出具海运保险单据时用盖章代替签名。

六、审核保险单据的要点

(1)保险单据从表面上看，必须是保险公司或承运人或其代理人或代表出具并签署的。若是代理人或代表签署的，则该签署必须表明其系保险公司或承保人签字。

(2)无论信用证有无明确规定受益人要提交全套正本保险单据，受益人都必须按保险单据上所注明的正本单据的份数提交全套正本保险单据。若信用证未规定要提交全套正本保险单据，而保险单据上也没有说明全套正本保险单据的份数，则受益人可以只提交一份正本保险单据，其余各份为副本。

(3)保险单据的签发日期或保险单据上记载的承保的保险公司的保险责任生效日期应不晚于货物装运日期。

(4)保险单据上的被保险人如果不是开证行或保兑行或买方，则应有出口商的适当背书表明过户。

(5)保险单据上记载的货物名称、唛头、装运地点、运输目的地、装运日期、运输工具名称等应与运输单据上的记载保持一致。由于事实上保险单据签发在先，货物装运发生在后，签发保险单据时未必能准确填写上随后实际的装运日期和运输工具等事项，因此，为了能够满足上述要求，保险单据上往往对上述事项的记载采取“As per B/L”方式解决。

(6)保险单据上记载的保险金额以及投保加成均应当符合信用证的规定，并使用与信用证相同的货币。若信用证未具体规定，则应按照《UCP600》第二十八条 f 款的规定执行。

(7)保险单据上记载的承保的险别应当符合信用证的规定。如果信用证使用了“通常风险”或“惯常风险”等含义不确切的用语，则无论保险单据上记载承保的是什么险种，银行均可接受。若信用证规定投保一切险，则保险单据上有关一切险的批注或条款均可接受。

(8)保险单据表明的承保的风险区间应至少涵盖了从信用证规定的货物接管地或发运地开始到卸货地或最终目的地为止。

(9)保险单据上注明的赔款偿付地点应符合信用证的规定，若信用证未明确对此的规定，则应当以货物运输的目的地或卸货地点为准。

(10)保险单据上注明的赔款偿付的代理人应是承保的保险公司在运输目的地的代理人，保险单据上应有代理人的完整名称和详细的地址。

第五节 其他单据

一、原产地证明书

原产地证明书(Certificate of Origin)是证明商品原产地，即货物的生产或制造地的一种证明文件，是商品进入国际贸易领域的“经济国籍”，是进口国对货物确定税率待遇，进行贸易统计，实行数量限制(如配额、许可证等)和控制从特定国家进口(如反倾销税、反补贴税)的主要依据之一。

签发产地证明书的机构，应依照信用证具体指定出具。如无指定，一般可由政府有关商品检验机构或出口地其他有权检验机构签发。目前，我国则是由中国国际贸易促进会出具或由中国进出口商品检验局出具原产地证明书。

一般原产地证明书的申请：出口企业应最迟于货物装运前 3 天向签证机构申请，签证机构审核无误即予签发。申请时应提交：一般原产地证书/加工装配证明申请书、中华人民共和国原产地证书、商业发票、箱单、合同等其他证明文件。

二、商品检验证书

(一)商品检验证书的含义和作用

商品检验证书(Inspection Certificate)，简称商检证书，是指出口商提交的由出口方商品检验检疫部门或进口商认可的公证机构出具的证明货物品质、数量、卫生条件等内容的一种证书。

在国际贸易中，商检证书的作用有：

(1)作为议付货款的单据。如果检验证明中所列的项目或检验结果与信用证规定不符或与出口商提交的其他单据不符，有关银行可以拒绝议付货款。

(2)衡量交货是否与合同相符的依据。商检证书可以作为证明交货的品质、数量、包装以及卫生条件是否符合合同规定的依据。

(3)处理争议的依据。如交货品质、数量、包装以及卫生条件等不符合合同规定时，商品检验证书是买卖双方作为处理争议的具体法律效力的有效依据。

(4)作为海关通关验放、征收关税和优惠减免关税的必要证明。

(二)商品检验证书的内容

我国商品检验证书由 5 个部分组成：

(1)局名头。这部分包括商检局名、标志、地址、电话和电报挂号。

(2)证书种类名称。这部分包括商检正、副本字样，证书号码和签证日期。

(3)商品识别部分。该部分内容表明证书证明批次商品的各有关项目，如发货人、受货人、商品名称、报检重量/数量、标记号码、运输工具、发货港、目的港等。

(4)证明内容。即检验、鉴定结果和评定结论部分。

(5)签署部分。该部分内容包括检验日期和地点、签证机构印章和签署人的签字，只有经过签署人签字和盖有商检机构印章并加盖钢印的证书才是有效的。

出口商品检验证明一般用英文签发，如合同、信用证均为中文或客商要求使用中文本的，也可用中文签发，如进口国有法令规定或客商要求使用其他文种的，也可使用其他文种证书。

商检机构对外签发证书，一般只签发一份正本，并根据报验人需要签发若干份副本。

(三)商品检验证书的种类

在实际中根据不同的检验鉴定，将国家商检机构制作的商检证书分别填上标题后就成了不同种类的商检证书。

(1)品质证书。品质证书(Inspection Certificate of Quality)是证明进口商品品质、规格、等级等实际情况的书面证件。出口商品品质证书是卖方履行合同条款的具体证明，它是进口国通关输入的证件和银行议付的重要单据。

根据对外贸易关系人的申请，商检机构出具的“分析”“规格”等检验证书，也属于品质证书的范畴。

(2)重量/数量证书。重量/数量证书(Inspection Certificate of Weight or Quantity)是证明进出口商品的重量或数量的证件。

(3)兽医证书。兽医证书(Veterinary Inspection Certificate)是证明出口动物产品经过检疫合格的证书。它适用于冻畜肉、冻禽、禽畜肉罐头、皮张、肠衣等出口商品，必须由主任兽医签署。

兽医证书的内容通常按照贸易合同，信用证，国家间的协定、协议以及进出口卫生检疫法令的要求办理。证书上一般要列明所采用的畜、禽等来自安全非疫区，经过宰前宰后检验，未发现检疫对象等内容，有时还加上卫生检疫内容，称为兽医卫生检验证书。

(4)卫生证书。卫生证书(Sanitary Inspection Certificate or Inspection Certificate of Health)，也称健康检验证书，是证明可供人类食用的出口动物产品、食品等经过卫生检疫或检验合格的证书，该证书适用于肠衣、罐头、蛋制品、乳制品、蜂蜜等产品，证书上要说明产品符合卫生要求，适合人类食用或使用。

(5)消毒证书。消毒证书(Disinfection Inspection Certificate)是证明出口动物产品经过消毒处理，保证安全卫生的证书，适用于猪鬃、皮张、山羊毛、羽绒制品等商品，证书的内容是证明商品经过高压蒸汽消毒等方法消毒处理，有时这些内容也可列入品质证书和卫生证书内，不另发消毒证书。

(6)熏蒸证书。熏蒸证书(Inspection Certificate of Fumigation)是用于证明出口粮谷、油籽、豆类、皮张等商品以及包装用的木材与植物性填充物等已经过熏蒸灭虫的证书。它主要证明使用何种药物、经过多少时间熏蒸等具体情况，有些商品只在品质证书中加列有关熏蒸的内容，不再单独签发熏蒸证书。

(7)包装证书。包装证书(Inspection Certificate of Packing)是用于证明进口商品包装情况的证书，出口商品的包装检验，一般在品质证书或重量证书中加以证明；如进口商要求单独证明包装情况，商检机构可以单独出具包装证书。

(8)验舱证书。验舱证书(Inspection Certificate on Hold/Tack)是证明运输工具装运技术条件的证书。

(9)货物衡量证书。货物衡量证书(Inspection Certificate on Cargo Weight &Measurement)是证明进出口商品的重量、体积吨位的证书。

(10)集装箱鉴定证书。集装箱鉴定证书是证明有关集装箱情况的证书，根据不同的要求对出口商品进行装箱鉴定和集装箱的清洁、测温等项目鉴定。

(11)测温鉴定。测温鉴定(Inspection Certificate of Temperature)是证明出口冷冻商品温度的证书。商检机构根据信用证要求，对出口冷冻商品再装运前进行测温，签发测温证书。测温结果一般列入品质证书中，也可按要求单独出具测温证书。

(12)生丝品级及公量检验证书。生丝品级及公量检验证书(Inspection Certificate for Raw Silk Classification & Conditioned Weight)是出口生丝的专用证书，其作用相当于品质检验证书和重量检验证书。

出口商品的商检证书签证日期必须在提单日之前。在信用证项下，商检证书的内容要与信用证中完全相同。商检证书签发并已寄往国外后，如需要补充或更正内容，经同意可签发更正证书和补充证书。更正、补充证书仍用原发证书编号，但在号码前加“R”(Revision)和“S”(Supplement)，并在证书中注明“本证书系第××号证书的更正(补充)”。商检证书的内容还须与发票、提单等单据内容一致。

三、装箱单、重量单

根据不同商品及不同客户的要求，包装单据有不同的种类，主要的有两种：

(一)装箱单

装箱单(Packing List/Packing Slip)是包装单据中最常见的一种，一般都详细列明货物包装即每个包装单位内的详细内容，如每件货物的规格、花色、样式等，因此，装箱单也被称为内容明细表。

装箱单的内容一般包括发票号码和合同号、日期、唛头和号码、品名、规格、包装单位，每件包装单位的毛重、净重、尺码，总合计件数、重量和尺码，目的地、船名，进口商或收货人的名称、地址等。

(二)重量单

重量单(Weight List/Weight Note)是用以说明每个包装单位中重量情况的单据。重量单也是重要的附属单据。

重量单的签发人可以是出口商、商品检验机构、公证行、重量鉴定人等。其中，商品检验机构出具的重量单即重量检验证明书(Weight Certificate)，作用是证明装货重量与合同相符。

实务中，经常把重量单和装箱单合并为装箱/重量单(Packing/Weight List)，以简化单据。此外，包装单据还包括尺码单(Measurement List)、装箱明细单(Packing Details)、磅码单(Weight Memo)和花色搭配单(Assortment List)等。

四、其他单据

其他单据是根据合同及信用证有关条款规定而提供的。为保证收汇安全，这些单据必须注意保持本身的完整性以及与其他单据的一致性，常见的主要有如下几种：

(一)出口许可证

出口许可证(Export License)是国家批准某些商品出口的证明文件。

出口许可证所填制的内容必须与报关单一致，不能有相互矛盾的地方。出口许可证所允许出口的数量，在实际出运时，不能超出；同时，出口许可证的任何更改，都要经过原发证机关办理，任何涂改和伪报，都要追究责任。

(二)受益人声明

受益人声明(Beneficiary's Statement)是信用证结算方式下，出口商按进口商要求出具的说明其已履行信用证规定的某种义务或办理某项工作的声明，实务中常见的有：

(1)关于商品品质的声明。例如，声明商品属于一流品质(quality of first class)等。

(2)关于商品包装的声明。例如，包装未使用木材的声明(We declare that no wooden packing has been used in packing of goods)。

(3)关于商品原产地的声明。例如，声明出口货物原产地为中国(We declare that the goods are of Chinese origin)。

(4)关于已发装船通知、已寄样品或已寄副本单据的声明。例如，有些信用证规定出口商装船后寄一套副本单据给开证申请人并出具已寄出副本单据的证明(We certify that we have airmailed one set of non-negotiable documents to the applicant)。

受益人声明可以是一份单独的文件，也可以与商业发票合并，在商业发票上加注声明即可。

(三)有关运输方面的证明

为遵守政府规定或根据信用证的要求，出口商有时还要提供一些有关运输方面的证明，例如，装船通知、船籍及航程证明、船龄证明、船级证明以及班轮公会船只证明等。

1. 装船通知

装船通知(Shipping Advice)也称装运通知，是出口商在装运前预先通知进口商装船情况或装运后告知进口商货物已装船的书面文件。装船通知主要是为了方便进口商做好接货准备，例如，进行投保，预定仓库，办理进口许可证手续，办理外汇手续等。装船通知的内容主要包括装运港、目的港、买方名称或买方指定的保险公司名称、装船的具体时间、装载船名和航次、转运港及预计抵达目的港的日期等。

2. 船籍证明

船籍证明(Certificate of Registry)是载货船舶的国籍、船籍港及船舶所有权的一种证明。这往往和政治因素有关，有时船籍证明中还会规定不得悬挂某国国旗。船籍证明在一般商品贸易中不常使用，多用于船舶贸易中。

3. 船龄证明

有些地区的信用证，因保险费率问题，规定装载船舶的船龄不得超过 15 年，受益人必须要求船公司或船代理出具装载船龄证明(Certificate of Vessel's Age)。

4. 航程航线证明

航程航线证明(Certificate of Itinerary)是载货船舶在航行途中所经过的港口和停靠的港口的一种证明。这是进口商因为考虑货物运输的安全问题(如某一海域正发生战乱)而要求船公司证明船舶不得经过某特定地区或不得在某特定港口停靠。

此外，根据信用证及进口商的不同需要，其他附属单据还包括运费账单、保险通知书、保费收据、借记通知单等。

在实务中，虽然附属单据处于次要位置，但这并不意味着我们可以加以轻视。我们对所有的单据都应该认真缮制，细致审核。事实上，任何细小的不符点都有可能对安全收汇造成不可弥补的损失。

【专题看板】

信用证项下提单的作用

案情：

某年 4 月国内某公司与美国一代理商签订了一份金额约 USD155 000 的纺织品出口合同，6 月初收到直接买家开出的不可撤销信用证，信用证要求出具记名某某公司的提单，并指定货物由美国某船公司装运。货物装运后全套单据经通知行寄到开证行索汇。正常的偿付结汇时间已过而货款却一直未到账，此时收到开证行的不符点电报，称单据有一处不符点，申请人拒绝赎单，全套单据由开证行保留。与此同时，我公司向船公司查询货物下落，被告知货物已被收货人提走。鉴于全套正本提单仍在开证行处，我方亦未有任何放货指令，我公司要求船公司对此作出解释。船公司答复说，托运人要求出具的是记名提单，记名提单项下可以不需正本提单，仅凭收货人的身份证明即可放货，船公司并无责任。我公司要求申请人赎单及船公司赔偿都未果，不久全套索汇单据被退回。出于无奈，我公司将美国船公司告上法庭。被告以此案适用美国 1936 年海上运输法作为辩护依据，提出提单背面条款中已约定，记名提单项下承运人可以不凭正本提单放货，只要收货人提供证明自己合法身份的有关文件即可。国内海事法院一审认定，由于被告未能提供完整的美国法律文本，故本案适用中国海商法，提单无论记名与否都是物权凭证，裁定承运人必须凭作为物权凭证的正本提单放货，被告无单放货已严重侵权，应赔偿原告全部货款和利息损失。被告不服，提出上诉。在法庭的严正要求下，被告方提供了完整的美国 1936 年海上运输法文本。经仔细研读，此法只适用于往来美国港口的运输业务，本案恰恰未涉及美国港口。终审判决驳回上诉维持原判。终审判决书下达七天内，我公司即收到了被告赔偿的全部货款与利息。

分析

本案涉及的核心问题是信用证项下货物运输单据的物权凭证属性。尽管一般说来海运提单具有物权凭证的作用，但是在某些国家和地区，按照当地的法律规定和某种业界惯例，往往把记名提单和不可转让海运单等同对待，记名提单项下承运人可以不凭正本提单放货，只要收货人提供证明自己合法身份的有关文件即可。由此可能导致信用证项下凭单提货出现纠纷。本案中，如果货物是运往美国港口，我方就可能难以胜诉。

启示：

在信用证项下，使用记名提单须十分谨慎。一般来说提单宜做成指示式抬头，若进口方坚持使用记名式抬头，则有必要弄清原委，并了解运输业务所涉及国家对记名提单物权凭证属性的法律规定，设法确保我出口企业对货物的控制权，保证贸易的安全性，避免欺诈的产生和损失。

【本章小结】

在国际结算中，单据是办理货物的交付和货款支付的一系列证明文件，是贸易中物权凭证和附属凭证的总和。单据可以代表货物的物权，是一种履约的证明，是付款的依据。根据单据的作用，单据可分为基本单据和附属单据。基本单据有商业发票、运输单据和保险单。

商业发票是全部单据的中心，是出口商装运货物并表明是否履约的总说明，是进、出口商双方在当地报关和交税的计算依据，是售货凭证，可以作为核算盈亏的根据，还作为保险等索赔时的价值证明。进、出口商均需根据发票的内容逐笔登记入账。在信用证不需要汇票的情况下，发票可代替汇票作为付款的依据。

海运提单是一种运输单据，它被承运人或其代理人签字，承认货物已经收妥，等待运至一个特殊的目的港，并说明货物承运条款。它是货物收据，是运输契约证明，是物权凭证。其种类较多。

保险险别是保险单的核心内容。它由保障的危险、保障的损失确定。保障的危险有海上风险(海难)和外来风险两类。保障的损失分为全损和部分损失。部分损失按其性质分为共同海损和单独海损。

保险险别分为基本险与附加险。基本险包括平安险(FPA)、水渍险(WPA)、一切险(AR)。附加险分为一般附加险、特别附加险。

保险单一般指内容完整、规范的大保单。但内容简单的小保单——保险凭证，也是合格保单。另外，还有承保证明、暂保单等。

其他附属单据主要有海关发票、领事发票、原产地证明书、商检证明书、装箱单、重量单、出口许可证、受益人声明及有关运输方面的证明等。

【练习与思考】

一、重点名词

商业发票；海运提单；清洁提单；已装船提单；共同海损；单独海损；保险单据；普遍优惠制；普遍优惠制产地证；商品检验证书

二、单选题

1. 海运提单和航空运单(　　)。

A. 均为物权凭证

B. 均为可转让物权凭证

C. 前者是代表货物所有权的凭证，后者则不是物权凭证

D. 前者不可转让，后者可转让

2. 国外来证均要求提供(　　)海运提单。

A. 清洁，已装船　　B. 不清洁，已装船

C. 清洁，备运　　D. 不清洁，备运

3. 所谓空白抬头、空白背书的提单是指(　　)。

A. 提单的收货人一栏什么也不填，也不背书

B. 提单的收货人一栏填上“TO ORDER”，在提单背面由托运人签字
C. 提单的收货人一栏填上“TO ORDER”，在提单背面由承运人签字
D. 提单的收货人一栏填上“空白”二字，在提单背面也写上“空白”二字
4.(　　)不能通过背书方式转让，故也称作“不可转让提单”。
A. 记名提单　　B. 不记名提单　　C. 指示提单　　D. 直达提单
5. 在下列提单中，可以通过背书转让的是(　　)。
A. 记名提单　　B. 直达提单　　C. 指示提单　　D. 清洁提单
6. 审单时，正常情况下，签发时间最晚的单据是(　　)。
A. 商品检验证书　　B. 货运单据　　C. 汇票　　D. 发票
7. 信用证上所称的“唛头”，是指(　　)。
A. 货物标志　　B. 货物销售标志
C. 货物商标　　D. 货物运输标志
8. 国际结算中由于(　　)不是保险公司出具的，故银行不能接受。
A. 保险单　　B. 暂保单　　C. 保险凭证　　D. 承保证明
9. 信用证方式下，商业发票的出票人是(　　)。
A. 受益人　　B. 开证申请人　　C. 议付行　　D. 通知行
10. 全套单据的中心单据是(　　)，它是银行单单相符审核中的标准。
A. 汇票　　B. 提单　　C. 商业发票　　D. 保险单据
11. 信用证方式下，商业发票的抬头人是(　　)。
A. 受益人　　B. 开证申请人　　C. 议付行　　D. 开证行
12. 在下列单据中，(　　)是物权凭证。
A. 记名抬头提单　　B. 空白抬头提单
C. 商业发票　　D. 保险单据

三、多选题

1. 单据的作用包括(　　)。
A. 单据是货物所有权的证明　　B. 单据是出口商履约的证明
C. 单据是银行付款的依据　　D. 单据是国际仲裁的依据
2. 商业发票的作用是(　　)。
A. 某银行横向审核中的标准　　B. 进口报关纳税的依据
C. 买卖双方交易的证明文件　　D. 记账的凭证
3. 在 CIF 价格条件和信用证业务中，受益人提交的单据应有(　　)。
A. 商业发票　　B. 保险单　　C. 海运提单　　D. 商品检验证书
E. 产地证书

4. 必须经过背书才能转让的提单是(　　)。

A. 记名提单　　B. 不记名提单　　C. 指示提单　　D. 电子提单

5. 在国际贸易结算中，结汇单证的种类繁多，主要有许可证、装箱单、产地证书和检验证书，此外，还有(　　)等。

A. 商业发票　　B. 汇票　　C. 运输单据　　D. 保险单

6. 在信用证项下，可用于议付的单据有(　　)。

A. 海运提单　　B. 商业发票　　C. 保险单　　D. 汇票

E. 商品检验证书

7. 下列哪些属于金融单据(　　)。

A. 汇票　　B. 本票　　C. 支票　　D. 发票

E. 运输单据

8. 我国海洋运输货物保险的基本险有(　　)。

A. 平安险　　B. 水渍险　　C. 外来险　　D. 一切险

9. 下列(　　)单证属于出口报关的基本单证。

A. 商业发票　　B. 出口货物报关单　C. 装箱单　　D. 出境货物报检单

10. 海运提单的作用是(　　)。

A. 承运人给予托运人的有关货物的收据

B. 承运人与托运人之间运输契约的证明

C. 全套商品单据的中心单据

D. 所运输货物的所有权的凭证

四、判断题(正确写 T，错误写 F)

(　　)1. 严格相符指单据中的每个字母、标点符号都必须与信用证中的写法相同，否则即构成不符点。

(　　)2. 开证申请人应将对受益人的要求转化为对应的单据，开证申请书和信用证上不要出现非单据化的条款。

(　　)3. 清洁提单即要求提单本身纸张完好整洁，所填写的内容无任何涂改或不洁之处。

(　　)4. 运输单据上“运费可预付”或“运费将预付”之类的记载不能构成运费已付的证据。

(　　)5. 银行只能接受注明有”on deck“字样的提单。

(　　)6. 海运提单上对货物的描述只要不与信用证上对货物的描述相抵触，可以使用货物统称。

(　　)7. 信用证若规定提交单据为保险单时，则银行不能接受保险凭证。

(　　)8. 受益人提交单据的出具日期绝不能早于信用证开立日，也绝不能晚于信用证到期日和交单日。

(　　)9. 保险单据开立日期不得晚于提单上货物的装运日期，提单上的装运日期不得晚于信用证中规定的最迟装运期。

(　　)10. 信用证规定最迟装运期为5月20日，货物装运后21天内交单，信用证有效期为6月10日。受益人取得备运提单签发日为5月15日，备运提单上“on board”日期为5月19日，则受益人于6月5日交单可以被接受。

五、案例分析题

我国A公司向加拿大B公司以CIF术语出口一批货物，合同规定4月份装运。B公司于4月10日开来不可撤销信用证。此证按《UCP600》的规定办理。证内规定：装运期不得晚于4月15日。此时，A公司已来不及办理租船订舱，立即要求B公司将装运期延至5月15日。随后B公司来电称：同意延展船期，有效期也顺延一个月。我国A公司于5月10日装船，提单签发日为5月10日，并于5月14日将全套符合信用证规定的单据交银行办理议付。

问题：我国A公司能否顺利结汇？为什么？

六、简答题

1. 什么是商业发票？有哪些作用？

2. 商业发票有哪些主要内容？

3. 什么是海运提单？有何作用？

4. 从不同角度出发，海运提单有哪些种类？

5. 与海运提单相比，航空运单、铁路运输单据、公路运输单据、邮政或快递收据、不可转让海运单、多式运输单据有何特点？

6. 多式运输单据与海运提单、联运单据相比有何异同？

7. 什么是保险单据？保险单据有哪些基本类别？在实际使用中应如何掌握？

8. 普遍优惠制的三项基本原则是什么？实行普遍优惠制的目的是什么？

七、技能操作题

1. 有三张海运提单，它们的收货人抬头分别是：“凭指定(to order)”、“凭××银行指定(to order of ×× Bank)”、“限××公司收(×× Co. Only)”，它们是否可以转让？如何转让？

2. 案例分析

某银行开出的信用证规定的运输条款：

货运至：韩国仁川

发货：新西兰港口

运输单据：全套清洁已装船提单

信用证受益人提交的提单显示：

装货港：NAPIER，NZ

卸货港：釜山

最终目的地：仁川

开证行收到提示的单据后，认为单证不符，理由是提单中的卸货港与信用证规定的不一样，而出口地银行(议付行)认为，符合信用证要求，由此，开证行提请国际商会银行委员会对该争议予以解释。你认为应该如何解释？

参考答案

一、重点名词

略。

二、单选题

1—6：CACACC；7—12：DBACBA。

三、多选题

1. ABC；2. ABCD；3. ABCDE；4. BC；5. ABCD；6. ABCDE；7. ABC；8. ABD；9. ABC；10. ABD。

四、判断题

1. T；2. T；3. F；4. T；5. F；6. T；7. T；8. T；9. T；10. T。

五、案例分析题

分析：

A公司不能结汇。根据《UCP600》的规定，不可撤销信用证一经开出，在有效期内，未经受益人及有关当事人的同意，开证行不得片面修改和撤销，只要受益人提供的单据符合信用证规定，开证行必须履行付款义务。本案例中，A公司同意修改信用证是无效的，此外，信用证规定装运期“不晚于4月15日”，而A公司所交提单的签发日为5月10日，与信用证规定不符，即单证不符，银行可以拒付。

六、简答题

略。

七、技能操作题

略。

第七章

银行保函与备用信用证

【导入案例】

大陆某出口公司与香港某进口公司签订了金额为100万美元的服装合同。合同规定我方必须向当地银行申请出具不可撤销银行保函，金额为100万美元，用于保证服装按时、按质装船出口。我公司向中国银行天津分行申请开立有关保函，该行在办理业务中发现合同中检验条款订立不合理，即以外方确认的服装样品作为验货标准，未阐明发生争议时由谁复检，于是提请我公司修改，但该公司称时间紧，表示愿意承担由此引起的一切后果。

该公司在收到香港公司材料的第三天即寄出第一批样品，香港公司拖延多日才回复说样品不合格，其后我公司四次寄出样品，香港公司均以各种理由拒绝确认，致使我公司无法安排生产交货，对方想以此达到向担保行索赔的目的。最后，在担保行积极争取下，货物降价20%，对方才最终确认货样，并在我方生产交货后付款。

请问：申请人在银行保函业务中会面临哪些风险，应如何控制这些风险？

【教学目的】

通过本章教学学习，学生应理解并掌握：银行保函和备用信用证的定义、性质、当事人及其权责；掌握银行保函和备用信用证的业务流程；理解银行保函的种类以及银行保函与跟单信用证的区别；熟悉备用信用证的种类及用途；能够区分备用信用证与银行保函，备用信用证与跟单信用证的异同。

【教学重点】

银行保函涵义、种类、当事人及其权利责任、业务流程；备用信用证的性质；备用信用证与银行保函，银行保函与跟单信用证的异同。

【教学难点】

银行保函涵义、种类、当事人及其权利责任、业务流程；备用信用证的性质；备用信用证与银行保函，银行保函与跟单信用证的异同。

第一节 银行保函的概述

进入 21 世纪，全球经济相互依赖，相互补充，联系日益紧密，各国间货物、劳务、技术和资金的相互流通越来越频繁，交易往来所涉及金额也愈来愈大，交易的内涵与成交的方式日益灵活与多样。在国际经济交易与合作中，处于不同的国家或地区的交易双方，相互间对于对方的资信等信息缺乏必要的了解和信任，各类交易变得更为复杂，潜在风险可能更大。为了消除因彼此之间的不信任感而产生的各种纠纷，交易当事人往往在合同之外，要求第三方对合同的履行及其他有关事项提供额外的保证，这种提供担保的书面文件就是保函。出具保函的第三方即担保人既可以是工商企业和个人，也可以是商业银行、保险公司、担保公司、商业团队或其他金融机构。目前，由于国际商务活动的双方越来越多地依赖银行等金融机构所提供的信用来达成合同并保证交易的顺利进行，因此，新的以银行信用为基础的国际辅助结算方式——银行保函，已经并将继续在国际经贸活动中发挥积极作用。

一、银行保函的内涵与用途

(一)银行保函的含义

保函(Letter of Guarantee，简称 L/G)是银行等金融中介机构应交易(即某一贸易项下或某一合约关系或经济关系下)一方当事人的要求，向交易的另一方开出的、为保证该当事人交易项下责任或义务的履行而做出的在一定期限内承担一定金额支付责任或经济赔偿责任的书面付款保证承诺。其中，由银行所开立的保函，即称为银行保函。

银行保函(Bank's Letter of Guarantee，简称 L/G)又称银行保证书，是指银行机构根据申请人的请求向受益人开立的，担保在申请人未能按双方协议履行其责任或义务时，担保人代其履行在一定金额、一定期限范围内的某种支付责任或经济赔偿责任。

根据保函与基础业务合同的关系不同，通常有从属性保函与独立性保函两大类。

从属性保函(Accessory, L/G)的银行信用是备用的、属于第二性付款责任，担保人的偿付责任从属于或依附于申请人在交易合同项下的义务，其法律效力随基础合同的存在而存在，随基础合同的改变而发生相应变化，即如果保函申请人没有履行某项合同义务，则由银行作为担保人向保证受益人进行偿付。如果保函申请人正常履行了合同或申请人被解除了合同项下的义务，则银行也随之免除了对受益人的偿付责任。由于在该种保函中，申请人是否违约要根据基础合同的规定以及实际履行情况来做出判断，这常常会使银行卷入贸易双方的纠纷而进退维谷。

独立性保函(Independent, L/G)担保人必须承担第一性的偿付责任，即担保人的偿付责任独立于申请人在交易合同项下的义务，是具有独立法律效力的文件。只要保函规定的偿付条件(一般规定为提交某种单据或声明)已经具备，担保人应偿付受益人的索偿。至于申请人是否确实未履行合同项下的责任义务，或者是否已被合法地解除了该项责任义务，担保银行概不负责。与从属性保函相比，当今国际结算业务中使用的大多是此种保函。独立性保函的优点在于受益人不至于因基础合同的纠纷而陷入未获得付款的风险。开立保函的银行也不至于卷入复杂的商业合同纠纷中去。

(二)银行保函的特点

1. 银行保函开立的目的是担保申请人履行合同

银行开出保函是以自身的信用向受益人担保申请人履行合同，主要目的在于担保而不是付款。只有在申请人违约或具备索偿条件的情况下，受益人才能依据保函要求开立保函的银行支付。

2. 银行会因为保函性质不同而分别承担不同的付款责任

在从属性保函中，银行的付款责任是第二性的，即当申请人违约后，担保银行才负责赔付，也就是说，申请人履行基础合同(如支付货款或偿付借款等)是第一性的责任，只有在申请人未能履行其责任时，担保行才负赔偿责任。而在独立性保函下，银行的付款责任是第一性的，即只要受益人提出的索赔要求符合包含规定的条件，担保行就必须付款，而不管申请人是否同意支付，也不必理会基础合同是否真的得以履行。

3. 银行保函下其付款的依据是单据及其他证明文件

银行保函业务中，担保行付款的依据是受益人提出的符合保函规定的索赔条件，包括受益人证明、申请人违约的声明和有关单据的副本及其他证明文件。

4. 银行保函具有广泛的使用范围

除了可以用于一般贸易结算之外，银行保函还可应用于国际工程投标、预付款、维修、补偿贸易、来料加工、工程承包等多种国际经济活动中的履约担保。信用证一般只适用于货物贸易的结算。

(三)银行保函的用途

银行保函作为一种银行信用工具在现代国际经济交往中发挥着非常重要的作用，有着广泛的用途。银行保函的主要功能之一就在于以银行信用为手段来保证申请人履行某种合约义务，维护受益人的合法经济利益，促使交易活动的顺利进行，保证货款和货物正常交换。其次，保函还具有用来保证合约的正常履行、预付款项的归还、贷款及利息的偿还、合同标的物的质量的完好、被扣财务的保释等其他作用与功能。

具体而言，保函作为一种银行信用工具，具有两大用途：一是对合同价款支付的保证作用，如付款保函和租赁保函；二是对合同义务履行的担保作用，即发生合同违约时，对受害方进行补偿并对违约责任人进行相应的仲裁，如投标保函、质量保函和维修保函等。依据保函的这两项基本职能，人们既可以用它来充当各种商务支付的手段以解决交易中合同价款及费用的支付问题，又可以利用它来作为对履约责任人必须按期履行其合同义务的制约手段和对违约受害方的补偿保证工具。

二、银行保函的基本内容

银行保函的基本内容见表 7-1。

表 7-1　银行保函的基本内容

基本内容	解释及应注意的问题
保函当事人的完整名称和详细地址	担保行的地址涉及保函的法律适应性问题，以及受益人的交单地点和保函本身的到期地点。另外，受益人的名称、地址不得有误，否则，通知行或转开行无法及时通知或转开
保函的性质	即保函的种类，不同保函有不同的职责和义务
合同的主要内容	交易双方的责任义务是根据交易合同来确定的，交易合同是保函担保的标的物，保函中说明交易合同的内容、合同编号、开立日期、签约双方、有无修改等
保函的编号和开立日期	便于银行内部管理。开立日期一般为保函生效日期，以确定银行担保责任
保函金额	它是银行担保限额，通常也是受益人的最高索偿金额。保函金额可以是具体金额，也可用交易金额百分比表示，大小金额一致，币种一致
保函的有效期限和终止到期日	前者是受益人索偿要求送达担保行的最后期限，后者是担保行解除担保责任的最后期限

续表

基本内容	解释及应注意的问题
当事人的权利义务	如规定担保行在受益人证明申请人违约、提出索偿时，有责任支付受益人合理索赔，并有权向申请人或反担保人索偿等
索偿条件	判断是否违约和凭以索偿条件。①以担保行调查意见作为付款依据；②凭申请人的违约证明付款；③凭受益人提交的符合保函规定的单据或证明文件付款。目前，保函多采取第三种情况为索赔条件
其他条款	包括与保函有关的转让、保兑、修改、撤销和仲裁等内容

三、银行保函的种类

银行保函应用范围广泛，因而种类繁多。按其功能划分银行保函，可分为出口类保函、进口类保函、其他类保函三种常见类型。

(一)出口类保函

出口类保函是指银行应出口方(或工程承包方)的申请，向进口方(或工程业主)开立的，保证前者履行贸易合同或招投标合同的某项义务的各种信用保函。出口类保函主要有以下四种。

1. 投标保函

投标保函(tender guarantee/bid bond)又称投标保证书或投标担保，它是银行根据投标人(保函申请人)的要求向投标方(保函受益人)开立的一种书面保证文件，以保证投标人在投标有效期内不撤回投标或修改原报价，中标后保证与招标方签订合同，在招标方规定的期限内提交履约保函，否则，担保行按保函的金额向招标方赔偿。

投标保函的担保金额一般为合同金额的1%～5%(具体比例视招标文件规定而定)，但有时投标人为防止过早暴露标底，往往会要求银行开出略高于投标金额比例的保函，投标保函自开出之日起生效，其有效期至开标日后几天为止。若投标人中标，则保函有效期自动延长至投标人与招标人签订合同并提交规定的履约保函为止。若投标人落选，也没有违约事件，则招标人将退还投标保函，以供银行注销并解除担保责任。

2. 履约保函

履约保函(performance guarantee)是银行应委托人的请求，向受益人开立的保证委托人履行某项合同项下义务的书面保证文件，保证委托人忠实地履行商品或劳务合同，按时、按质、按量地交运货物或完成所承包的工程。如果发生委托人违反合同的情况，银行将根据受益人的要求向受益人赔偿保函规定的金额。履约保函多用于供货或承包工程项下，即中标人与招标人、进出口双方签订供应货物或承包工程合同时所要提供的担保。

履约保函金额因基础交易性质的不同而有所不同。出口履约保函金额一般为合同金额的10%左右，而工程承包履约的保函金额则为基础合同金额的10%～25%。履约保函的有效期取决于交货期或施工期的长短：一般以合同生效日为保函生效日，但有时出口商为了保护自己的利益，可以规定在收到进口商开立的合格信用证时保函才生效；失效日一般为合同履行之日或其后的若干天。

3. 预付款保函

预付款保函(advance payment guarantee)也称为还款保函(repayment guarantee)，在买卖合同下还可以称为定金保函(down payment guarantee)，是指银行应卖方或承包方的委托向买方或业主开立的，旨在保证若委托人未能按合同规定发货或提供劳务时，由银行退还受益人预付的全部或部分款项的书面保证文件。

在大额交易中，买主或业主方经常需要在合约签订后的一定时间内向供货方或劳务承包方支付一笔相当于合同价款一定比例的预付款(通常为10%～25%)，以供卖方或承包商备货或购买有关物资之用，同时也可以确保买方或业主购买已签约的商品或劳务，避免卖方或承包商垫付前期的有关费用；但这一预付款会因对方违约而受损。为避免这种情况发生，买方与业主要求对方提供银行保函。

保函的有效期也取决于交货期或施工期的长短。在交货或施工完毕时，预付款全部转化为委托人的营业收入，保函项下已无款可还，这时预付保函就自动失效，而一般不会像履约保函那样延长到把质量或维修的担保期也包括在内。但是预付款保函的生效一般不是自开立之日起，而是待委托人收到受益人应支付的足额预付款项时才生效，这也避免了受益人未付定金却可凭预付款保函进行索赔的情况发生，保障了委托人的权益。一般预付款保函都规定要有减额条款，即规定随交货情况或工程进度的进展而“自动地、按比例地”进行扣减，直至款额为零，保函则告自动失效。

4. 质量/维修保函

质量/维修保函(quality guarantee)基本上是一样的，不同的是，质量保函多用于商品买卖交易，而维修保函多用于劳务承包工程。

在商品买卖，比如机械设备交易中，买方为了确保商品的质量，常会要求卖方提供质量保函，保证如果出口的货物质量不符合合同规定，又不更换或维修时，担保银行负责赔偿。在劳务承包工程中，工程业主为了保证工程质量，常会要求承包方提供银行担保，保证在质量不符合合同规定，承包方又不维修时，担保行负责向工程业主赔付。

质量/维修保函的金额一般规定为合同金额的5%～10%，有效期从开出到合同规定的维修期满再加3～15天的索偿期。

(二)进口类保函

进口类保函是指银行应贸易进口方或工程业主的申请，向出口方或工程承包方开立的，保证后者将履行合同的义务，否则银行将向前者赔付的信用保函或结算保函，进口类保函主要有以下四种。

1. 付款保函

付款保函(payment guarantee)又称进口保函。在大型资本货物交易中，进口方委托银行向出口方开出一份书面保证文件，保证在出口方交货后，并经买方检验与合同相符后，进口方一定付款，否则，就由担保行在付款保函项下代为支付。付款保函与其他信用担保的不同之处在于它是对合同价款的支付保证，而不是一般的违约赔偿金的支付承诺。

一般情况下，买方或业主申请开立付款保函时，不需要提前将款项存入担保银行，只有当受益人索赔时，才向担保银行拨付资金对外支付，但在有些情况下，委托人可能提前将足额合同款项交担保银行封存，指定出口商或承包商为账户受益人，可以凭有关单据从该账户支款。这种特殊的付款保函成为封存货款银行保付书(blocked funds attestation)。

付款保函的保函金额即合同金额，若委托人已经支付了一定比例的定金，则应为扣除定金后的未付金额。付款保函规定有减额条款，保函金额随着委托人的每次支付而自动扣减，待金额扣减到零时，即委托人履行了付款责任，付款保函也告失效。保函有效期按合同规定的付清价款日期再加 15 天。

2. 延期付款保函

进口方在进口大型成套设备中，多采用延期付款方式。根据买卖双方签订的合同，进口方预付出口方一定比例(如货款的 5%)的定金，出口方交来货运单据时再支付一小部分(如货款的 10%)，其余部分通过出口方开出的以进口方为付款人的远期汇票若干张，由进口方在合同规定的期限内分次等额付款。如果进口方不能付款，担保行要代为付款，这种保函，称为延期付款保函(deferred payment guarantee)。进口大型成套设备之所以要采取这种保函方式，是因为出口方不仅要负责供货，还应负责安装调试，并有一段保修期，而这些责任在信用证下是无法反映的，进口方为了使出口方更好地履行职责，多采用延期付款保函方式。

延期付款保函的金额为定金外的全部货款(如上述 95%的货款金额)，保函有效期是按保函规定的最后一期付清货款及利息的日期再加 15 天。

3. 租赁保函

租赁是指出租人根据租赁合同，将租赁财产出租给承租人使用，承租人以支付租金为代价得以在租赁期间使用租赁财产的一种交易方式。租赁保函(leasing guarantee)是指银行应承租人的请求，向出租人开具的书面担保，保证承租人一定按租赁合同规定交付租金，否则，担保行代为支付的书面保证文件。

保函金额为承租人应付租金加上相应利息，保函有效期通常按租赁合同规定之全部租金付清日再加 15 天。租赁保函的担保人的责任将随每笔租金的支付而等额递减。

4. 保留金保函

保留金保函也称滞留金保函。在大型设备进出口业务以及国际承包工程中，买方在支付贷款或工程款时，一般要保留一定比例的款项，待进口设备安装调试验收合格或工程完工交验后，再支付给出口方或工程承包方，这部分金额称为保留金或滞留金。承包方或供货方为减少资金积压和避免资金风险，通常会要求买主或业主提供保留金保函(retention money guarantee)，保证在规定时间内不会出现设备或工程质量问题或保证一旦在发生那些可以使委托人向受益人索赔的事由时，自己将如数退还该笔留置金，否则卖方或承包商可以向担保银行索赔。

保留金保函的金额一般为合同总价的 5%～10%，有效期是合同规定的索赔期满再加 3～15 天索偿期。

(三)其他类保函

银行保函除以上几种外，根据实际业务的多样化，保函还有许多种，比较常见的有以下几种。

1. 借款保函

在国际借贷业务中，贷款方在向借款人提供一定金额的贷款前，往往会要求借款人提供一份由银行出具的书面保证文件，即借款保函(loan guarantee)，保证如借款人未按借贷协议规定按时偿还借款并付给利息，将由担保行来负责履行还本付息的义务。

保函有效期为借贷协议规定的还清借款并付给利息之日再加 15 天。借款保函的金额为借款金额加利息；但保函应规定随着借款人的每次还本付息，或随着担保行的每次赔付，保函金额应自动地予以扣减；当扣减至零时，保函即告失效。

2. 透支保函

透支保函(overdraft guarantee)是借款保函的外延，是以账户透支形式来达到融资目的的资金借贷方式。一般来说，承包公司在外国施工，为了得到当地银行资金融通，常会申请开立透支账户，由当地银行在一定期限提供一定的透支限度。在开立透支账户时，须提供本国银行担保，向当地账户行保证，如果该公司未按透支合约规定及时向该行补足所欠透支金额，担保行代其补足。保函金额为透支合约规定的透支限额，保函有效期一般为结束透支账户日再加 15 天，

3. 关税保函

在国际承包工程或国际展览、展销等活动中，须将施工机械或展品搬运至工程所在国或举办展览国，所在国的海关要对机械或展品征收一笔关税作为押金，待工程完工或展览会结束将施工机械或展品撤出所在国时，海关再将这笔税金退还。承包商或展览团为了避

免垫付这笔税金，一般会要求本国银行向工程或展览会所在国海关出具担保，即关税保函(customs guarantee)，保证承包方在工程完毕后或展览活动结束后，一定将施工机械或参展商品运回本国；否则，担保行将支付这笔税金。

担保金额即外国海关规定的税金金额，保函有效期为合同规定施工机械或展品等撤离该国之日再加 15 天。

4. 保释金保函

装运货物的运输工具，由于运输公司责任造成货物短缺、残损，使货主遭受损失，或因碰撞事故造成货主或他人损失，在确定赔偿责任前，被出事当地法院扣留，须交纳保释金才予以放行时，可由运输公司向当地法庭提供银行担保，保证如运输公司不按法庭判决赔偿货主或受损方所受损失，担保行就代其赔偿，当地法庭即以此银行担保代替保释金，放行所扣留之运输工具，这种担保函即为保释金保函(bail bond)。保函金额视可能赔偿金额大小，由当地法庭决定，保函有效期一般至法庭裁决日后若干天。

5. 提单保函

在国际贸易中，有时会发生货物早于单据到达进口地或单据在邮寄过程中遗失等情况，进口商为能及时提货，以避免货物压仓变质，减少港口仓储费用以及不误销售时机，而向承运人或其代理人提供的保函即为提单保函(B/L guarantee)。它是银行担保当承运人不凭提单而向进口商发货后，进口商一旦收到或找到提单，将立即交给承运人赎回保函；如果进口商违约及/或因此而给承运人造成损失，则由担保行给予承运人保函规定金额内赔偿的一种信用保函。

第二节 银行保函当事人及其权责关系

一、主要关系人及其权责关系

银行保函有三个主要当事人：申请人、受益人、担保人。

(一)申请人

申请人(Applicant)又称委托人，是向担保行申请开立保函的人，即被担保人。申请人的具体名称不一：(1)在投标保函项下为投标人。(2)在履约保函项下，如出口保函，是货物或劳务的提供者。(3)如进口保函，则为价款的付款人；在还款保函项下，一般为预付款或借贷款的受款人。

申请人的主要职责、权利如下：

(1)国外受益人按保函规定提出索偿时，申请人如存在未按期或按质交货等违反合同要求的行为，应立即以金钱来偿付。

(2)在担保行按保函规定向受益人赔偿后，申请人应立即偿还担保行垫付款。

(3)支付担保行项下的一切费用及利息。

(4)实务中，担保行为减少风险，往往要求申请人提交反担保或财产抵押，在此情况下，还必须按规定提供担保行认可的反担保或财产抵押。

(二)受益人

受益人(Beneficiary)是指收到保函并有权按保函规定的条款凭以向银行提出索赔的一方，受益人的具体名称不一：在投标保函项下为招标人；在承包工程的履约保函和预付保函项下，通常为工程的业主。

受益人的主要职责、权利如下：

(1)履行合同，按规定提供货物或劳务或其他行为。

(2)在保函规定的索偿条件具备时，有权提出索赔。

(3)在索偿时应按要求提供相应单据及证明材料。

(三)担保行

担保行(Guarantor)亦指保证行，是指接受申请人委托向受益人开立保函，并承担申请人违约时赔偿责任的银行或金融机构。

担保行的主要责任、权利如下：

(1)如果接受申请，应按申请书要求开立保函；

(2)可根据情况向申请人收取押金、抵押品；

(3)若受益人提供了符合保函规定的索赔书(如单据或声明)，就必须对受益人进行赔偿。

(4)如果申请人不能立即偿还垫付的款项，担保行有权处置押金、抵押品和担保品。如处置后仍不能抵偿其垫款，剩余部分仍可向申请人追索。

(5)担保人对受益人的偿付责任，以保函规定的金额为限，并不因合约部分履行而减少，除非另有说明。

二、其他当事人及其权责关系

一般情况下，保函实务中常常还有反担保人、保兑行、通知行、转开行和指示行等。

(一)反担保人

反担保人(counter guarantor)即为申请人向担保行开出书面反担保函(counter guarantee)的人。反担保人通常为申请人的上级主管单位、出口信贷保险公司或其他银行/金融机构等。反担保人的责任是：保证申请人履行合同义务，同时，向担保人承诺，即当担保人在保函项下付款后，担保人可以从反担保人处得到及时、足额的补偿。

(二)保兑行

保兑行(confirming bank)又称第二担保人，即根据担保人的要求在保函上加以保兑的银行。保兑行通常为受益人所在地信誉良好的银行，对这样的银行，受益人比较熟悉和信任；但是，只有在担保行的资信较差或属外汇紧缺国家的银行时，受益人才要求在担保人的保函上由一家国际公认的资信良好的大银行加具保兑。

(三)通知行

通知行(advising bank)又称转递行(transmitting bank)，即根据开立保函的银行的要求和委托，将保函通知或转递给受益人的银行。通知行通常为受益人所在地银行。通知行只负责保函表面的真实性，如代受益人核对担保人的印鉴、密押是否真实、正确等。若因种种原因不能通知受益人时，通知行应及时告知担保人，以便担保人及时采取其他措施。通知行对保函内容正确与否不负责任，对保函在邮递过程中可能出现的延误、遗失等也不负责任。通知行在将保函转递给受益人后，可按规定向担保人或受益人收取通知费用。

(四)转开行

转开行(reissuing bank)即根据担保人的要求，凭担保人的反担保向受益人开出保函的银行。转开行通常是受益人所在地的银行。转开行有权拒绝担保人要求其转开保函的要求，但在这种情况下，它必须及时通知担保人，以便担保人选择其他转开行。转开行一旦接受转开请求，就必须按照担保人的要求及时开出保函。保函一经开出，转开行就变成了担保人，承担担保人的责任义务，而原担保人就变成了反担保人，此时，担保人如遇受益人索偿，就必须在其开出的保函项下履行付款责任。付款后，担保人有权凭反担保向反担保人索偿。

(五)指示行

指示行(Instruction Bank)是指示担保行开立保函的银行，一般只存在间接保函中。如果受益人要求保函由自己所在国家的银行出具，而申请人又与这家银行没有往来，申请人只能委托自己的往来银行(往往是受益人所在地银行)安排一家受益人所在地的银行出具保函，申请人与某往来银行签订赔偿担保合同后，申请人的往来银行向受益人所在地银行发出反担保函，请求其根据反担保函开立保函给受益人。申请人的这个往来银行就是指示行，受益人所在地的、接受反担保函并开出保函的银行就是担保行。

三、银行保函各当事人之间关系

银行保函中各当事人之间的关系可用图 7-1 来表示。

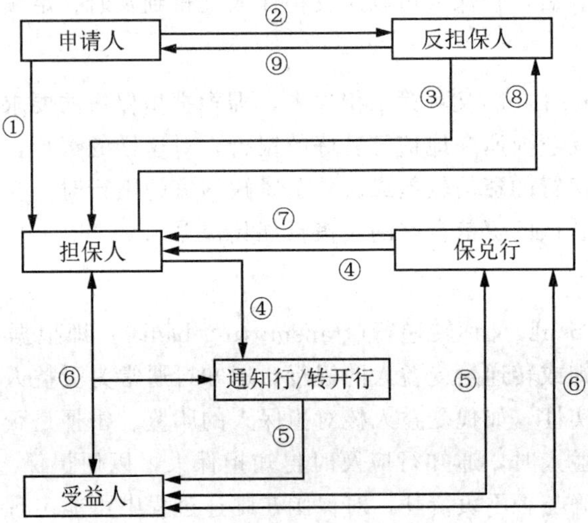

图 7-1　保函各当事人之间的关系

图 7-1 的各项流程简介如下：

①申请人向担保人提出开立保函的申请。

②申请人寻找反担保人，提供银行可以接受的反担保。

③反担保人向担保人出具不可撤销的反担保。

④担保人将其保函寄给通知行，请其通知受益人。有时，担保人根据受益人的要求，须找一家国际公认的大银行对其出具的保函加具保兑；或担保人将其保函寄给转开行，请其重新开立以受益人为抬头人的保函。

⑤通知行/保兑行/转开行将保函通知/转开给受益人。

⑥受益人在发现保函申请人违约时，向担保人/保兑行或转开行(担保人)索偿，担保人/保兑行赔付。

⑦保兑行赔付后向担保人索赔，担保人赔付。

⑧担保人赔付后，向反担保人索偿，反担保人赔付。

⑨反担保人赔付后向申请人索偿，申请人索付。

这一图解包括了担保业务中各种可能的当事人，但除了主要当事人外，其他当事人一般不会同时存在。因为有些当事人的作用在一定程度上是重复的，比如，对受益人来说，转开行是其信任的本国银行，因而没有必要再要求保兑，也不需要本国其他银行通知，因而就不会有保兑行，也不会有通知行，因为银行转开、保兑、通知都要收取手续费，有些国家还要征收印花税等。

第三节　银行保函的基本业务流程

一、对外开出银行保函

(一)申请人向银行申请开立保函

申请人与受益人签订合同或协议后，申请人应根据合同或协议规定的条件和期限向银行申请开立保函。

(1)递交保函申请书。保函申请书是申请人表示请求银行为其开立保函意愿的文件，是银行(担保行)对外开出保函的法律依据。其内容一般包括以下14项：

①担保行的名称；

②申请人的名称、地址；

③受益人的名称、地址；

④合同、标书或协议的名称、号码和日期；

⑤合同或协议项下的商品或项目的名称、数量；

⑥保函的金额及币种；

⑦保函的种类；

⑧保函的有效期，包括生效日期和失效日期；

⑨保函的开立方式及有关事项(比如，是否自行选择通知行，是否加具保兑等)；

⑩保函的发送方式，即是电开还是信开；

⑪申请人的保证，即保证偿付担保人履行担保责任而对受益人所做出的任何支付，且付款后无追索权；

⑫担保行免责事项的声明，即担保行对保函所涉及的合同标的不负责任，对保函所涉及的单据、文件或证明的真伪及其在邮递过程中可能出现的遗失和延误不负责任，对所发出的要求通知或转开或保兑的指示未被执行而造成的损失不负责任；

⑬申请人的开户银行名称、账号及联系电话；

⑭申请人的法人代表签字并盖章、申请日期等。

(2)提交交易合同、标书或协议的副本。虽然担保行不必牵涉到基础合同的交易中，但为了稳妥，还是要尽可能了解合同的有关内容。如果合同或协议了保函的格式，则申请人就提供该保函的格式。

(3)提交担保行要求的其他材料，如出口许可证、项目可行性研究报告、财务报表等。

(4)提交反担保文件，落实反担保；或缴存保证金，提供抵押物。

(二)担保银行审查有关内容

银行保函是银行承担或有负债责任的信用文件，所以银行对是否应申请人要求出具保函十分审慎，出于风险防范和维护自身利益的需要，银行在决定开立保函之前，须进行严格的审核、评估工作，并依据评估结果决定是否开立保函。银行审核、评估的内容包括：申请人资信状况、财务状况、抵押和反担保措施，基础交易内容或项目的可行性和效益状况，保函申请书及委托担保协议的内容，保函开立方式、保函格式等。

(三)开立保函

1. *直接开给受益人*

担保银行应申请人的要求直接将保函开给受益人，这是保函开立方式中最简单、最直接的一种。

(1)流程图(图 7-2)

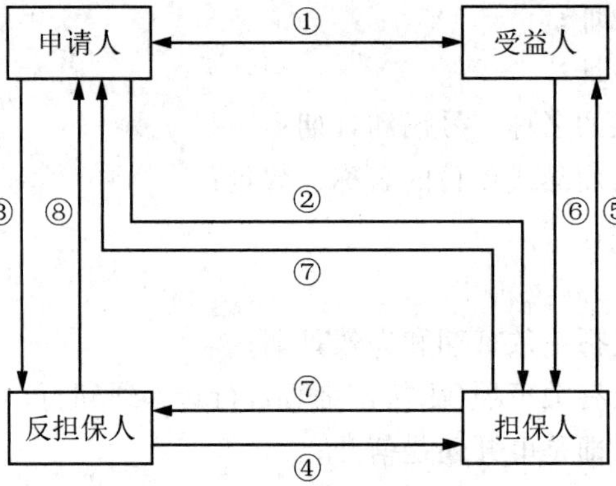

图 7-2　直开式保函业务流程

①申请人与受益人签订合同；

②申请人向担保人提出开立保函的申请；

③申请人向反担保人申请开立反担保保函；

④反担保人向担保人开出反担保保函；

⑤担保人直接向受益人开出保函；

⑥申请人违约后，受益人向担保人提出索赔；

⑦担保人赔付后，向申请人或反担保人索赔；

⑧反担保人赔付后，向申请人索赔。

(2)特点

①涉及当事人少，关系简单。

②受益人接到担保行开来的保函后，无法辨别保函真伪，因此无法保障自身权利。

③索偿不方便。即使申请人违约，受益人具备索偿条件，要求国外担保行进行赔偿也有诸多不便，如文本的起草与翻译、依据的标准和法律规定、赔款的支付等都有一定困难。

由于这种开立方式受益人权利不能得到有效保障，实际业务中很少为受益人所接受。

2. 通过通知行通知

(1)流程图(图 7-3)

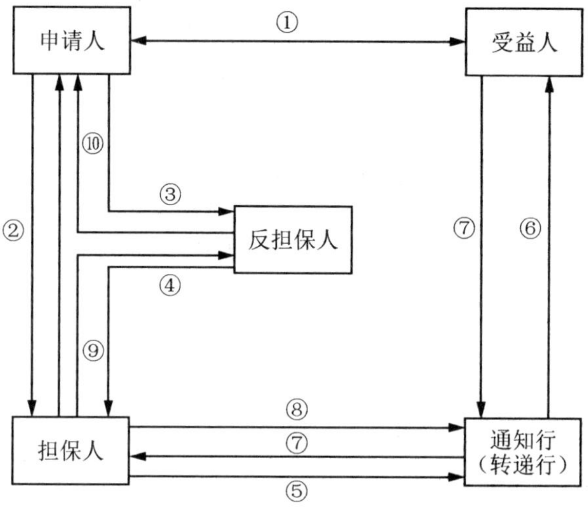

图 7-3　通知(转递)行开立保函业务流程

①申请人与受益人签订合同；
②申请人向担保人提出开立保函的申请；
③申请人向反担保人申请开立反担保函；
④反担保人向担保人开出反担保函；
⑤担保人开出保函到通知行；
⑥通知行向受益人通知保函；
⑦申请人违约后，受益人向担保人索偿；
⑧担保人赔付；
⑨担保人赔付后，向反担保人索偿；
⑩反担保人赔付后，向申请人向申请人索赔。

(2)特点

①真假易辨。因为受益人接到保函是经过通知行或转递行验明真伪后的保函，不必担心保函是伪造的，这种开立方式较为普遍。

②索赔不便。受益人只能通过通知行或转递行向担保行索赔，而通知行或转递行只有

转递义务，它们本身不承担任何责任，因此，实际上还是受益人向国外担保行索赔。

3. 通过转开行转开

当受益人只接受本地银行为担保人时，原担保人要求受益人所在地的一家银行作为转开行，转开保函给受益人，这样，原担保人就变成了反担保人，而转开行则变成了担保人。

(1)流程图(图 7-4)

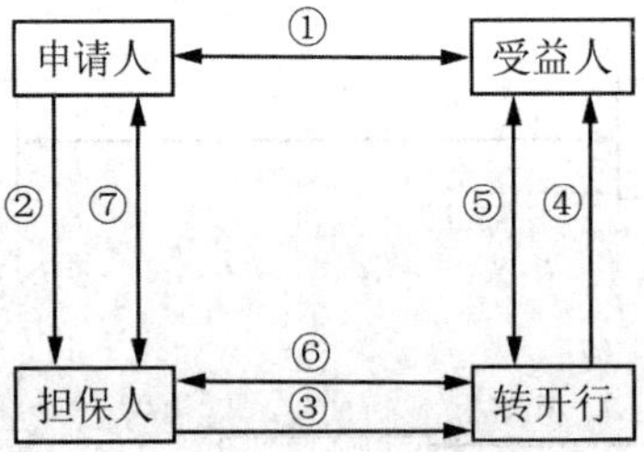

图 7-4　转开式开立保函业务流程

①申请人与受益人签订合同；

②申请人申请开立保函；

③担保人开立反担保函，要求转开行转开；

④转开行转开保函给受益人；

⑤申请人违约后，受益人向转开行索偿，转开行赔付；

⑥转开行向担保行索偿，担保行赔付；

⑦担保人向申请人索赔，申请人赔付。

(2)特点

①转开行是受益人所在地的银行，受益人比较了解和信任，从而解决了受益人对国外担保行不了解和不信任的问题。

②真伪易辨。受益人接到的保函是经过转开行验明真伪后的保函。

③索赔方便。受益人与转开行同处一个国家或地区，不存在语言、风俗习惯、制度和法律方面的差异。以这种方式开立的保函，对受益人最为有利。

(四)保函的修改

银行保函可以在有效期内修改。导致修改的原因有多种，如交易货物或工程项目所需机器设备价格变动，引起保函金额的变动，从而要求修改保函。不可撤销的修改必须经有关当事人一致同意后方可进行，任何一方单独对保函条款进行修改都视为无效。通常情况是，在申请人与受益人就修改内容取得一致意见后，由申请人向担保行提出修改的书面申请并加盖公章。申请书中应注明拟修改的保函的编号、开立日期、金额等内容以及要求修改的详细条款和由此产生的责任条款，同时应出具受益人要求修改或同意修改的书面材料。担保行根据申请人的修改内容判别给银行带来的风险情况，经审查认为修改申请可以接受后，方可向受益人发出修改函或修改电。修改函仍须有权签字人签字，修改电应加密押或简电加寄证实书。

保函展期或增额时，担保行应按费率加收费用；保函减额时，担保责任和担保费也相应递减；保函条款修改时，银行可就修改项目单收费。

(五)保函的索偿与赔付

如果申请人违约，只要受益人提交符合保函要求的全套单据或文件，担保人即可以认定索偿有效，应立即予以赔付，不得以任何理由拖延付款。

(六)保函的撤销

保函在到期后或在担保人赔付保函项下全部款项后失效。如果保函中列有归还保函条款，则在保函到期后，可向受益人发出函电，要求退还保函正本，并将保函留底从档案卷中调出，用红笔注明"注销"字样，连同退回的保函正本一同归于清讫备查。如果保函中没有归还保函条款，或者没有明确的到期日，而是制定了一些类似申请人付完最后一笔合同款之日即失效或业主出具验收证明一年后即失效等条款，则可按照这些规定来推定到期日，在到期之时，应及时向受益人发出撤销保函，要求退还保函正本通知。如果是以电文形式开出的保函，应联系受益人，委托当地银行或其转开行，用加密押电文证实并通知担保行办理撤销手续。

二、接收外来银行保函

银行除了开出保函之外，也可能收到国外银行开来要求处理的保函，外来银行保函根据对方的要求可分为要求通知函和要求转开函。

(一)收到要求通知函

收到此函，银行只是作为通知行(转递行)起中介作用，因此，它只需核对保函的印鉴和密押与担保函是否相符，相符则将保函转呈受益人，并收取0.1%的手续费，此时银行对受益人的索偿不负任何责任。

(二)收到要求转开函

收到此函，银行作为转开行，要开立一份以原担保函为反担保函、以真实受益人为抬头的新保函，此时银行对受益人的索偿负有经济责任，因而要对反担保函进行审查和登记，然后才能开函。

1. 对反担保函进行审查

(1)审查原担保人的国籍或所在地区是否属于我国不与之往来的国家或地区。若是，则应退回保函，拒绝受函。

(2)审查保函的印鉴和密押与原担保行是否相符。若不符，则应退回保函，并告之受益人。

(3)审查原担保银行的资信状况和偿债能力。若发现对方银行资信不好，担保金额与其实力不相适应或该银行属于实行外汇管制的国家，转开行应考虑请原担保行在保函结算地寻找一家知名的大银行。

(4)保函的内容是否完整。包括：保函的内容是否合法，是否违背我国有关政策和公平贸易原则；反担保函与要求开给受益人的保函内容是否矛盾，保函的要素是否齐全，书写是否正确。

(5)反担保函的生效日期和失效日期。反担保函的生效日期应早于转开函的生效日期。其失效日期应晚于转开函的失效日期。

2. 登记

审查无误以后，转开行应逐笔对保函进行登记，并注明保函的主要内容、反担保行、金额、期限、保函编号等情况以及收到保函的日期。

3. 开函

在审查、登记工作完成以后，转开行可根据反担保函提供的保函格式和内容向受益人开函，其程序与前述对外开出保函相似。转开保函后，转开行应及时向原担保行收取转开手续费。

4. 保函的管理、赔付与撤销

转开保函后，转开行承担了第一担保行的一切责任，故它须对保函进行管理，在遇到索偿时赔付，直至最终撤销保函。

第四节 备用信用证

备用信用证(Standby Letter of Credit)是一种特殊的信用担保形式，在国际信用担保业务中广泛应用。

一、备用信用证的定义

美国联邦储备银行管理委员会给备用信用证下的定义是：不论其名称或描述如何，备用信用证是一种信用证或类似单据，代表开证行对受益人的一项义务：

(1)偿还开证申请人的借款或预付款；

(2)支付由申请人所承担的债务；

(3)因申请人未履行其义务而付款。

国际商会第590出版物《国际备用信用证惯例》(International Standby Practices 1998，简称《ISP98》，1998年1月1日期实施)认为，“备用信用证被用于支持贷款或预付款在到期或债务不履行或某一不确定事件发生或不发生时产生的义务的履行”。

通常我们认为备用信用证是指开证行根据开证申请人的请求对受益人开立的承诺承担某项义务的凭证，即开证行保证在开证申请人未能履行其应履行的义务时，受益人只要凭备用信用证的规定向开证行开具汇票(或不开汇票)，并提交开证申请人未履行义务的声明或证明文件，即可取得开证行的偿付。

备用信用证是一种银行信用，开证行对受益人保证，在开证申请人未履行其义务时，即由开证行付款，因此，备用信用证对于受益人来说是备用于开证申请人发生违约时，取得补偿的一种方式。如果开证申请人按期履行合同义务，受益人就无须要求开证行在备用信用证项下支付货款或赔款，因此它具有“备用”性质，这也正是其名称的由来。

备用信用证原创于美国，历史上，美国法律曾经禁止商业银行为客户办理信用担保业务，一些商业银行即以信用证的派生形式——备用信用证，作为提供信用担保的工具。其后，备用信用证的适用范围逐步扩大，并演化为一种国际性的金融工具。

就其性质而言，备用信用证在应用上属于信用证范畴，适用于现行的《跟单信用证统一惯例》，即《UCP600》，但备用信用证在应用上又有别于跟单信用证，它既可用于支付和款项结算，又可用于信用担保，故在美国，备用信用证也被称为“担保信用证(Guarantee Credit)”。备用信用证的开证人对受益人承担第一性付款责任，其担保性质等同于独立性银行保函或见索即付保函，在国际经贸活动中的应用相当广泛。

二、备用信用证的当事人

备用信用证的当事人主要包括开证申请人、开证行、受益人、保兑行、转开行和通知行。

(一)开证申请人

开证申请人是指申请开立或代理他人申请开立备用信用证的一方当事人。具体来讲，包括以自身名义为自己申请开证之人和代他人以自身名义申请开证之人。有时实际申请开立备用信用证的当事人并不是备用信用证表面注明的开证申请人。当这两个当事人不同时，国际商会制定的《国际备用信用证惯例》所定义的“申请人”不仅包括在备用信用证表面列出的当事人——表面申请人，而且也包括实际申请人。

(二)开证行

开证行是指开立备用证的银行。开证行承担向受益人兑付表面上符合备用信用证条款的单据的义务。

(三)受益人

受益人是在备用信用证下有权支款的指名当事人，包括可转让备用信用证下的“受让受益人”。

交单人是指作为或代表受益人或其指定人提交单据的人。具体来讲，交单人主要包括两种：一是为自己向开证行或被指定银行提交单据要求付款的受益人；二是代表受益人提交单据要求付款的机构。

(四)保兑行

保兑行是指经开证行指定在开证行的承诺上加上其自身保证承付备用信用证的银行。一般来讲，保兑信用证是指由开证行以外的银行接受开证行的授权或要求，对其开出的不可缴销信用证加具保兑责任的双重担保信用证。保兑行的责任与开证行的责任是分离的、相互独立的。

《ISP98》为了强调备用信用证的保兑行负有与开证行相同的责任和义务，提供相同意义上的担保，特别规定：开证行的概念包括保兑行，保兑行视同一个独立的开证行，其保兑相当于代表开证行开立独立的备用信用证。也就是说，对于指定保兑行而言，开证行实际扮演了申请人的角色。

《ISP98》进一步明确规定，当备用信用证存在保兑行的情况下，在未明确规定将单据应提交给开证行还是保兑行时，交单人可任意选择。此时，保兑行对备用信用证下付款责任的担保与审核单据的权力并没有必然的联系，也就是说，在保兑行未明确要求向其提交单据的情况下可视为自动放弃审单权。此时，如开证行没有在合理时间内拒付，即使单据有不符点，且保兑行未审单，保兑行仍应承担付款责任。同样，如果备用信用证允许将单据提交给保兑行，则开证行也同样担保在保兑行无理拒付时履行付款义务，其行为如同单据已提交开证行。

(五)转开行

转开行是指接受反担保行的要求，向受益人开出备用信用证的银行。转开备用信用证通常是根据外国法律或外国政府的规定和受益人要求而进行的，其目的是使海外担保变为国内担保，一旦产生争议和纠纷，不仅索赔迅速，而且还可以利用本国法律来进行仲裁。转开行转开备用信用证后，如发生申请人(债务人)不履行基础合约，受益人凭备用信用证只能向转开行索偿，而不能不向反担保行(或指示行)索偿。由于转开行在发生赔付后可凭反担保行(或指示行)开具的反担保备用信用证向反担保行索偿，因此，转开行不承担实际风险，只是名义上的担保人，而真正的担保人仍是反担保行(或指示行)。转开行通常是受益人所在地的银行。对反担保行要求转开备用信用证的要求，转开行有权拒绝，但在这种情况下，它必须及时通知担保行，以便担保行选择其他银行为转开行。如转开行接受转开请求和担保行的反担保函或反担保备用信用证，则应按照反担保行的要求向受益人开出备用信用证，并及时通知受益人。

(六)通知行

通知行，即向收益人通知备用信用证之银行。按照《ISP98》第5款的规定：

(1)除非通知书中另有声明，它表示：①通知按照标准信用证惯例已经检查了所通知信息的表面真实性；②该通知正确地反映了其收到的内容。

(2)被要求通知备用信用证的银行决定不通知时，应通知作出要求的乙方。可见，通知行被指定去通知开证行的备用信用证，仅被允许通知备用信用证而不允许改变备用信用证内容，如果通支行错误地通知了备用信用证，开证行将因此不受被错误通知的条款的约束，而由通知行承担责任。如果被指定通知备用信用证或其修改的通知行选择通知备用信用证，那么它有责任对备用信用证的真实性加以证实。如果通知书中未注“印押待核”等字样，则意味着通知行已经核实了备用信用证或其修改通知书的表面真实性。

三、备用信用证各当事人之间的关系

备用信用证各当事人之间的关系可以用图7-5来表示。

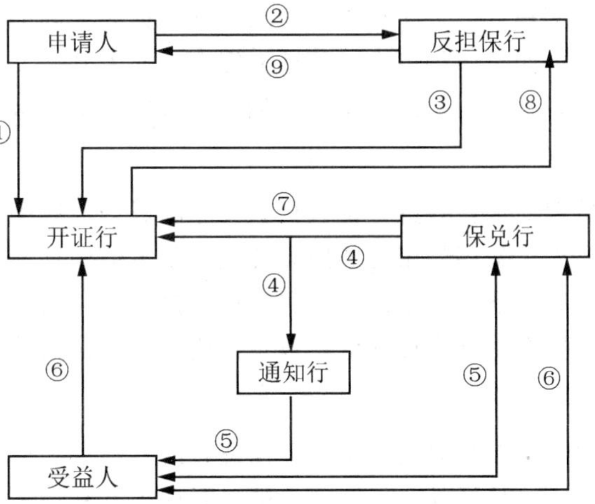

图7-5　备用信用证各当事人之间的关系

①申请人向开证行提出开立备用信用证的申请。

②申请人寻找反担保行，供开证行可以接受的反担保备用信用证。

③反担保行向开证行出具不可撤销的反担保备用信用证。

④有时，开证行根据受益人的要求，须找一家国际公认的大银行对其出具的备用信用证加具保兑。

开证行将其备用信用证寄给通知行/保兑行，请其通知受益人。

⑤通知行/保兑行将备用信用证通知给受益人。

⑥受益人在发现备用信用证申请人违约时，向开证行/保兑行索偿，开证行/保兑行赔付。

⑦保兑行赔付后，向开证行索偿，开证行赔付。

⑧开证行赔付后向反担保行索偿，反担保行赔付。

⑨反担保行赔付后向申请人索偿，申请人赔付。

四、备用信用证的性质

根据《ISP98》所界定的"备用信用证在开立后即一项不可撤销的(Irrevocable)、独立的(Independent)、要求单据的(Documentary)、具有约束力的(Binding)承诺"，备用信用证具有如下性质：

(一)不可撤销性

备用信用证一经开立，除非有关当事人同意或备用信用证内另有规定，开证行不得撤销或修改其在该备用信用证项下的义务。

(二)独立性

备用信用证一经开立，即作为一种自足文件而独立存在。其既独立于赖以开立的申请人与受益人之间的基础交易合约，又独立于申请人和开证人之间的开证契约关系；基础交易合约对备用信用证无任何法律约束力，开证人完全不介入基础交易的履约状况，其义务完全取决于备用信用证条款和受益人提交的单据是否表面上符合这些条款的规定。

(三)单据性

备用信用证也有单据要求，并且开证人付款义务的履行，取决于受益人提交的单据是否符合备用信用证的要求。备用信用证的跟单性质和跟单信用证并无二致，但后者主要用于国际贸易货款结算，其项下的单据以汇票和货运单据为主；而备用信用证则更普遍用于国际商务担保，通常只要求受益人提交汇票以及声明申请人违约的证明文件等。

(四)强制性

不论开证人有否向申请人收取或收足开证保证金或其他形式的某种担保，也不论受益人是否收到该备用信用证，只要其一经开立，即对开证人具有强制性的约束力。

五、备用信用证的主要内容

备用信用证虽然种类很多，但其内容基本相同，归纳起来主要有以下几点：

(1)备用信用证申请人的名称和详细地址。

(2)备用信用证受益人的名称和详细地址。

(3)开证行的名称和详细地址。

(4)备用信用证的通知行或转开行(如有的话)的名称和详细地址。

(5)备用信用证的编号和开立的日期。

(6)备用信用证所依据的合同或标书等协议的号码、日期及事由等。

(7)备用信用证项下开证行承担偿付责任的金额(包括大写和小写)。

(8)备用信用证的性质，即备用信用证的种类，如投标备用信用证或履约备用信用证等。

(9)备用信用证的有效期，包括备用信用证的生效日期和失效日期。

(10)开证行的责任及申请人、受益人的权利和义务。

(11)备用信用证的索赔文件，即受益人根据备用信用证条款向开证行提出索赔时应随附的文件。

(12)备用信用证的仲裁条款和适用法律，即在备用信用证项下发生纠纷时，应由哪个仲裁机构仲裁及其适用法律等。

第五节　银行保函与相关信用证的关系

一、银行保函与跟单信用证的关系

(一)相同点

(1)都属于银行信用。可用来替代或补充商业信用，以使受益人减少或者避免因申请人不履约而遭受损失。

(2)都是银行应申请人的要求，向受益人开立的有条件的支付担保或承诺。

(3)独立性保函与跟单信用证一样，一经开立，就与作为其依据的基础合同相独立，即使其中引用了基础合同的有关内容，也不受基础合同条款的约束。

(4)两者是纯粹的单据业务，处理的对象是单据，而不是单据所涉及的货物、服务或其他行为。

(二)不同点

(1)使用范围及用途不同。跟单信用证主要用于进出口贸易货款和其他相关款项的结算。而银行保函的应用范围远大于跟单信用证：它不仅可用于国际贸易买卖，还广泛应用于国际工程承包、技术贸易、国际租赁、加工贸易等多种国际经济交易活动；它不仅可以作为合同价款支付的担保工具或结算方式，还可作为担保合同项下责任义务得以履行的手段。

(2)支付款项性质不同。跟单信用证项下所支付款项通常属于货物的价款；银行保函项下所支付的既可以是合同价款，也可以是某种履约赔款或退款。

(3)银行付款责任不同。跟单信用证项下开证行承担的是第一性付款责任，只要受益人提交符合信用证条款的单据，开证行或其指定行必须履行付款责任，而不管开证申请人是否履行付款义务。银行保函项下，担保行可能承担第一性的付款责任，也可能承担第二性付款责任，即只有申请人不付款或不履行基础合同规定的义务时，受益人才可凭保函向担保行要求付款。

(4)跟单信用证到期地点可在开证行所在地，也可在受益人、承兑行、付款行、议付行所在地；而银行保函到期地点一般在担保行所在地。

(5)单据要求不同。跟单信用证要求的单据为全套货运单据(包括主要单据和附属单据)；银行保函一般只要求受益人提交书面索款文件，可以不附其他单据，特殊情况下也要求受益人提交货运单据。

(6)银行承担风险不同。跟单信用证因开证行开证时事先要求申请人提交一定数额的押金，并凭受益人提交的合规货运单据付款，因此风险较小；而银行保函项下的担保行不掌握货运单据，且遭到受益人无理索赔的可能性较大，因而担保行可能承担的风险较大。

(7)在是否可转让方面，可转让跟单信用证项下，受益人使用信用证的权利可以转让；而银行保函项下，除非有特殊规定，一般情况下受益人的索赔权利是不可转让的。

(8)适用国际惯例不同。跟单信用证适用的是国际商会制定的《跟单信用证统一惯例》，而银行保函适用的是《见索即付保函统一规则》。

二、银行保函与备用信用证之间的关系

(一)相同点

(1)银行保函与备用信用证虽然在定义的具体表述上有所不同，但总的来说，它们都是由银行或其他实力雄厚的非银行金融机构，应某项交易合同项下的当事人(申请人)的指示，向受益人出立的书面文件，承诺对提交的在表面上符合其条款规定的书面索赔声明或其他单据予以付款。简单地说，银行保函与备用信用证都是银行信用对合同履行的担保凭证。

(2)银行保函与备用信用证的适用范围相同。都是国际结算和担保的重要形式，适用于各种经济活动中的履约担保。从备用信用证的产生来看，它正是作为保函的替代方式而产生的，它所达到的目的与银行保函有一致之处。

(3)银行保函与备用信用证都是适用于违约的，当交易正常进行、各有关方严格履行合同时，它们就不会使用；只有当申请人违约时，受益人才会凭银行保函或备用信用证向担保方索赔。

(4)在业务处理上，银行保函和备用信用证都具有凭单据付款的特点。

(二)不同点

(1)付款责任不同。备用信用证独立于申请人与受益人所签订的合同，开证行对受益人担负第一性的付款责任；银行保函分为独立性和从属性保函。两类不同性质保函，担保人所承担的付款责任的性质有所不同：前者承担第一性付款责任，后者承担第二性付款责任。

(2)付款的依据不同。开立保函的担保行在履行责任之前，通常要进行调查，在确保申请人没有付款或没有履行基础合同义务之后，才向受益人偿付，即在一般的银行保函业务中，银行的付款依据是申请人不履行基础合同的“事实”，而备用信用证的开证人则是凭单据付款，对基础合同的履行与否不负责任。只要受益人开出的汇票和提交的单据及申请人未能履约的证明文件符合备用信用证的规定，开证行即对受益人进行无追索权的付款。

(3)要求提交的单据不同。备用信用证要求受益人索赔时不仅要求提交开证申请人违约证明，还通常要求其提交汇票；银行保函一般不要求受益人提交汇票，但对于表明申请人违约的证明单据的要求比备用信用证下提交的单据要严格一些。

(4)银行保函与备用信用证的到期地点不同。保函的到期地点通常在担保行所在地，而备用信用证由于可以经第三者议付、承兑或付款，所以其到期地点可以在开证行所在地，也可以在受益人所在地或其他地点。

(5)二者适用的国际惯例或国际公约不同。备用信用证适用1999年《国际备用信用证惯例》，银行保函适用《见索即付保函统一规则》、《合约保函统一规则》等。

三、备用信用证与跟单信用证之间的关系

(一)相同点

(1)备用信用证和跟单信用证都属于信用证范畴，都适用于《UCP600》，这在《UCP600》中有明确的规定。两者同属于银行信用，开证行承担第一性的付款责任。

(2)都不依附于基础合同而存在的保证付款凭证，即使信用证中包含对基础合同的任何援引，信用证也不受合同条款的约束，开证行和受益人都只受信用证条款的约束。

(3)在业务处理上，备用信用证和跟单信用证都是以单据为准而不是以货物为准，即在索偿上，两者都只凭受益人提示的符合信用证规定的单据付款，而不过问货物的实际情况和合同条款如何解释，以及单据的真伪或受益人与开证申请人之间的争端和纠纷。

(二)不同点

(1)适用国际惯例不同。备用信用证适用于《UCP600》和《ISP98》；而跟单信用证适用于《UCP600》。

(2)适用范围不同。跟单信用证主要用于国际贸易货款结算及相关融资，而备用信用证广泛用于国际融资、国际工程承包、加工贸易、大型采购等国际经济活动。

(3)要求的单据不同。跟单信用证在用于国际贸易货款结算时，要求受益人必须提交符合信用证条款规定的包括代表货物所有权的货运单据在内的全套单据，故被称为“跟单信用证”；而备用信用证要求提交的单据一般是索偿书、违约证明书等证明文件及汇票。

(4)开立的目的不同。备用信用证的目的是以银行信用作为担保，通过促使申请人履约而促成交易的实现，其侧重点在于担保而不在于付款，因而，只有申请人违约或具备索偿条件的情况下才发生支付；而跟单信用证的主要目的则在于银行支付货款，而并非纯粹的信用保证，它在交易正常进行时发生支付。

四、银行保函、备用信用证和跟单信用证的比较

银行保函、备用信用证和跟单信用证的比较见表 7-2。

表 7-2　银行保函、备用信用证和跟单信用证的比较

	银行保函	备用信用证	跟单信用证
是否自足文件	从属性保函：否 独立性保函：是	是	是
银行处理的对象	单据，非不履约的事实	单据，非不履约的事实	单据，非货物
何时使用	委托人不履行义务的情况下付款	申请人不履行义务的情况下付款	受益人履行义务的情况下付款
银行的付款特性	或然性(备用性)	或然性(备用性)	必然性
银行的付款责任	从属性保函：第二性付款责任 独立性保函：第一性付款责任	第一性付款责任	第一性付款责任
遵循的国际惯例	从属性保函：URCG325 独立性保函：URDG458	《ISP98》	《UCP600》

【本章小结】

银行保函是指银行机构根据申请人的请求向受益人开立的，担保在申请人未能按双方协议履行其责任或义务时，担保人代其履行在一定金额，一定期限范围内的某种支付责任或经济赔偿责任。根据保函与基础业务合同的关系不同，通常有从属性保函与独立性保函两大类。

银行保函的特点：银行保函开立的目的是担保申请人履行合同。银行会因为保函性质不同而分别承担不同付款责任。银行保函下其付款的依据是单据及其他证明文件。银行保函具有广泛的使用范围。

银行保函使用范围日趋广泛，它不像普通的跟单信用证那样，只局限于国际结算的领

域，而是广泛出现在各类交易中，如投标保函、履约保函、预付款保函、质量/维修保函、付款保函、延期付款保函、租赁保函、保留金保函、借款保函、透支保函、关税保函、保释金保函、提单保函等，发挥了重要的保证作用。但各类银行保函的共同之处就是由开立保函的银行就委托人对某一基础合同的未尽义务承担赔偿责任。

银行保函当事人：申请人、受益人、担保人、反担保人、保兑行、通知行、转开行和指示行及其他权责关系人。

银行保函的基本业务流程是必须了解的。

备用信用证是指开证行根据开证申请人的请求对受益人开立的承诺承担某项义务的凭证，即开证行保证在开证申请人未能履行其应履行的义务时，受益人只要凭备用信用证的规定向开证行开具汇票(或不开汇票)，并提交开证申请人未履行义务的声明或证明文件，即可取得开证行的偿付。

备用信用证的当事人：开证申请人、开证行、受益人、保兑行、转开行和通知行。它们各自权责不同。

不可撤销性、独立性、单据性、强制性是备用信用证的性质。

备用信用证的主要内容是需要了解的。

备用信用证是具有保函功能的信用证，但备用信用证与银行保函、备用信用证与跟单信用证既有相同之处，又存在多方面不同。

【练习与思考】

一、重点名词

银行保函；从属性保函；独立性保函；投标保函；预付款保函；履约保函；借款保函；转开行；保兑行；备用信用证

二、单选题

1. 在(　　)下，担保人承担的付款责任是以合同条款的实际执行情况来判定是否对受益人的索赔给予支付。

A. 独立性保函　　B. 从属性保函　　C. 透支保函　　D. 预付性保函

2. 接受保函，并有权按保函条款向担保人索赔的当事人是(　　)。

A. 申请人　　B. 担保人　　C. 受益人　　D. 通知行

3. 独立性保函中，担保银行的责任是(　　)。

A. 第一性的　　B. 第二性的　　C. 第一性或第二性的

4. 备用信用证与其他信用证相比，描述错误的是(　　)。

A. 备用信用证业务关系中，开证行是第一付款人

B. 只有当借款人发生意外才会发生资金的垫付

C. 备用信用证的实质是银行对借款人的一种担保行为

D. 一般信用证业务中，银行都要承担对受益人的第一付款责任

5. 银行应申请人的要求，向受益人作出的书面付款承诺，受益人提交与保函条款相符书面索赔后，银行将履行担保支付或赔偿责任的是(　　)。

A. 银行保函　　B. 银行汇票　　C. 信用证　　D. 银行本票

6. 下列选项中是非融资类保函的是(　　)。

A. 借款保函　　B. 授信额度保函　　C. 履约保函　　D. 延期付款保函

7. 在银行保函业务当中，向担保行承诺申请人违约且无法付款时，负责赔偿担保行所做出的全部支付者，称为(　　)。

A. 担保行　　B. 反担保行　　C. 保兑行　　D. 通知行

8. 开立保函申请书是(　　)代表了一定的法律义务和责任划分的书面文件。

A. 申请人与担保行之间　　B. 申请人与通知行之间

C. 申请人与受益人之间　　D. 转递行与担保行之间

9. 投标保函的申请人是(　　)。

A. 招标国政府　　B. 招标人　　C. 投标人　　D. 中标人

10. 在(　　)中，担保人的偿付责任从属于或依附于申请人在交易合同项下的义务，这往往使银行容易卷入双方的贸易纠纷。

A. 从属性保函　　B. 独立性保函　　C. 付款保函　　D. 透支保函

三、多选题

1. 备用信用证(　　)。

A. 是以借款人作为信用证的受益人而开具的一种信用证

B. 是保函业务替代品

C. 主要分为可撤销备用信用证和不可撤销备用信用证

D. 是银行对放款人的一种担保行为

E. 属于银行的承诺业务

2. 备用信用证的当事人主要包括(　　)。

A. 开证申请人　　B. 受益人　　C. 保兑行　　D. 转开行

E. 通知行

3. 下列属于出口类保函的是(　　)。

A. 付款保函　　B. 投标保函　　C. 履约保函　　D. 质量保函

4. 银行保函的作用是(　　)。

A. 以银行信用代替或补充商业信用

B. 推动国际贸易等各种经济交往的发展

C. 可以促进交易顺利进行

D. 使交易一方可以避免因对方违约而遭受损失的风险

E. 有利于国际政治环境的稳定

5. 保函的基本内容中，保函有效期包括(　　)。

A. 保函生效期　B. 保函失效期　C. 最迟交单期　D. 最迟装运期

6. 进口类保函包括(　　)。

A. 付款保函　B. 承包保函　C. 延期付款保函　D. 租赁保函

7. 银行保函的当事人有(　　)。

A. 申请人　B. 受益人　C. 担保人　D. 保兑行

8. 备用信用证和跟单信用证的区别是(　　)。

A. 两者都承担第一性的付款责任

B. 前者没有单据，后者有单据

C. 付款的依据不同

D. 前者承担第二性的付款责任，后者承担第一性的付款责任

E. 前者适用履约担保，后者适用货物的买卖

9. 备用信用证可用于下列哪种履约方式(　　)。

A. 招标、投标　B. 拍卖　C. 还款担保　D. 补偿贸易

E. 出口履约保函

10. 下列属于保函基本内容的是(　　)。

A. 基础合约　B. 索偿条件　C. 特别条款　D. 减额条款

四、判断题(正确写 T，错误写 F)

(　　)1. 所有银行保函均应是不可撤销的。

(　　)2. 银行保函必须是不可转让的。

(　　)3. 银行保函的适用范围远大于跟单信用证。

(　　)4. 在银行保函中，加列单据化条款，有利于担保银行处理好保函业务，免于陷入商务纠纷。

(　　)5. 银行在为申请人开立银行保函时，通常都应要求受益人提供反担保。

(　　)6. 银行保函在担保期满后，应由担保银行收回。

(　　)7. 担保银行在保函中的责任可依申请人履约的进展而相应递减。

(　　)8. 目前，国际上通行担保银行负第一性的付款责任。

(　　)9. 银行保函业务中的反担保，是银行为了避免风险，要求申请人自身对担保的再担保。

(　　)10. 见索即付保函的保证人承担第一性的、直接的付款责任，而有条件保函的保证人则只承担有条件的、第二性的付款责任。

(　　)11. 无论是预付货款还是货到付款，都可以使用银行保函来防止进出口方中的任何一方不严格履约。

五、案例分析题

某备用信用证表明受《备用信用证惯例》约束，并规定受益人提交下列单据：(1)以开证人为汇票付款人的汇票；(2)表明进口商未能在出口商交货后45天向出口商付款的声明。同时该信用证特别规定：Payment of draft drawn hereunder will be made only after the realization of the re-export proceeds program。由于进口商未能在出口商交货后45天内支付货款，于是出口商向备用信用证的开证人G银行提示了上述单据要求赔偿。G银行收到单据后拒绝赔付，理由是进口商未能从再出口获得款项，不符合备用信用证条款。试分析开证行拒付是否有理，受益人是否有失误。

六、简答题

1. 银行保函有何特点？其作用主要体现在哪些方面？
2. 独立性保函的主要特点是什么？
3. 简述我国银行保函业务的主要程序。
4. 银行保函与备用信用证有何区别和联系？
5. 备用信用证与银行保函的区别有哪些？

参考答案

一、重点名词

略。

二、单选题

1—5：BCAAA；6—10：CBACAB。

三、多选题

1. BC； 2. ABCDE； 3. BCD； 4. ABCD； 5. AB； 6. ACD； 7. ABCD； 8. ABCE； 9. ABCDE；10. ABD。

四、判断题

1. T；2. T；3. T；4. T；5. F；6. T；7. T；8. T；9. T；10. T；11. T。

五、案例分析题

分析：

开证行拒付是有道理的。该备用信用证的汇票是有条件的付款汇票，受益人不应该接受这种特别条款，其损失由出口商自负。由于备用信用证是一个自足的独立性文件，受益人在收到备用信用证后，一定要对备用信用证条款做细致审核，如果有不合理条款，应及时联系开证申请人修改。

六、简答题

略。

第八章

国际保理

【导入案例】

A公司是世界知名的自行车制造商之一，公司成立于1972年，产品出口遍布欧亚各地。由于目前自行车行业的技术已比较成熟，业内竞争激烈，厂商往往不得不满足客户赊账需求，但随即厂商担心赊账销售可能会导致坏账损失。A公司曾使用出口信用保险来解决坏账之忧，但坏账发生后，公司仍须承担至少20%的货款损失，且理赔手续相对烦琐。后来，A公司接触了国际保理商B公司，开始了解并使用国际保理服务。保理服务所提供的客户资信资料以及全套账户管理服务使A公司节约了大量人力、物力，最重要的是保理费用低于出口信用保险费用。

请问：从上述案例中可得到哪些启示？

分析：目前，国际上许多商品已成为买方市场，商品品质的传统出口竞争手段的作用逐渐变小。许多出口商转而通过向进口商提供优越的货款赊销便利提高产品竞争力，国际保理则可以有效减少赊销所导致的各种后顾之忧。

【教学目的】

明确国际保理的含义、服务项目及特征、国际保理种类，掌握单、双保理的业务程序，了解有关国际保理的国际惯例及办理保理业务应注意的问题。

【教学重点】

国际保理的含义，双保理业务的工作程序，保理业务与其他传统结算方式、融资方式、出口信用保险的比较，办理保理业务应注意的问题。

【教学难点】

双保理业务的工作程序，办理保理业务应注意的问题。

第一节 国际保理概述

近年来，国际保理业务发展迅速，国际保理成了一种应用日益广泛的金融方式。保理业务是集融资、结算、担保管理于一体的一揽子综合金融服务。传统的信用证方式虽然风险小，可靠性强，但在其项下进口商须支付较高的银行费用以及一定比率的开证押金或占压一定的信用额度，使得进口商的成本增加，故而，进口商一般更愿意接受非信用证方式。

然而，非信用证结算下的赊销交易和承兑交单交易中出口商能否如期收到款项又完全取决于进口商的信用，对出口商来说风险过大。如何平衡进、出口商所承担风险与所付成本之间的关系，国际保理商提供的国际保付代理服务是比较理想的方式之一。

一、国际保理的含义和主要内容

（一）国际保理的含义

国际保理(International Factoring)是指在国际贸易中出口商以赊销(O/A)、承兑交单(D/A)等信用方式向进口商销售非资本性货物时，由出口保理商和进口保理商共同提供的一项集出口贸易融资、销售账务处理、收取应收账款、买方信用调查与担保等内容为一体的综合性金融服务。在我国，也将这一业务称为保付代理、托收保理、承购应收账款等。

（二）国际保理的服务项目

1. 信用销售控制

信用销售控制是指通过对进口商的资信调查及评估核定信用额度，进而掌握进口商资信变化，并调整其信用额度。

保理商代出口商对进口商的资信情况及商品的市场情况进行调查。出口商有时和某些进口商建立了长期的贸易联系，有时是临时性的交易，但不论是对老客户还是新客户，出口商都要对它们的资信进行调查，因为情况总是在变化的。调查的内容包括进口商的注册资本、经营作风、资产负债比例、近期经营状况等。交易双方所在国的外汇管制、金融政策、国家政局等也是影响安全收汇的因素，因此也是调查的内容。如果没有广泛的信息网络，对一个出口商来说这些是难以做到的，但保理商却可以容易地解决这个问题。保理商和进口商同在异地，可通过多种渠道和手段获得最新的资料，一方面保理商可利用保理商联合会网络及民间的咨询机构、调查机构，另一方面可利用其母银行的广泛的分支机构和代理网络，以及自身的数据资料库，而且保理商都设有专门的调研部门。这些便利条件使保理商对进口商的资信能做出较为客观的评估，并根据资信情况，对进口商核定并随时修改一个合理的信用额度。资信越高，信用额度就越大。出口商可根据进口保理商核定的信用额度签订销售合同，从而将收汇风险降到最低。

一般来说，保理商在与出口商订立保理协议前，要对进口商进行资信调查，只有在进口商的资信被确认确实可靠的前提下，保理商才接受办理。

2. 代收账款

货款能否及时收回，直接影响到出口商的资金周转。如果大量资金积压在应收账款上，且长期得不到解决，则将对一个企业形成致命的打击。如果通过法律途径来解决，出口商也将会感到力不从心，因西方国家法律繁多复杂，一般人根本不清楚，加上高昂的律师费，旷日持久的诉讼程序，是一般企业难以承受的；而保理商设有专门的收债人员，拥有专门的收债技术和丰富的经验，并利用所属大银行的威慑力来收债，所以收债率极高。保理商一般都设有专门的部门处理法律事务，随时可提供一流的服务，其有关的费用也由保理商来负担。为维护出口商和进口商的商业关系，除非征得出口商的同意，一般不擅自采用法律手段来处理问题。因此，销售与收债两个环节的分离，既节约了出口商的运营资金，又免除了对跨国收债的困难。

3. 销售账务管理

销售账务管理是指出口商发出货物后，将有关的售后账务管理交给保理商。保理商一般均为大商业银行的附属机构，拥有完善的账务管理制度。当保理商收到出口商的发票后，即在电脑中设立有关的分账户，输入有关债务人、金额、支付方式、付款期限等的信息，以后就由电脑自动记账、催账、清算、计息、收费、打印报表等。这样就为出口商减少了账务管理人员和办公设备，并且由于保理商负债收款、寄送账单和查询、催收工作，还能节省大量的邮电费等开支。

4. 风险担保

风险担保又称坏账担保或买方信用担保。保理协议签订后，进口保理商要在协议生效前对进口商核定一个信用额度，如果进口商在付款到期日拒付或无力付款，出口保理商将在付款到期日后的第 90 天无条件地向出口商支付不超过其核定的信用额度的货款。信用额度核定后，保理商可根据进口商资信变化情况，随时调整或撤销进口商的信用额度。但在调整或撤销的通知未到达出口商之前，原核定的信用额度仍有效。对卖方在信用额度内的销售，保理商将提供百分之百的信用担保，也就是说，只要出口商对进口商的销售控制在信用额度之内，就可以完全消除因买方信用造成的坏账风险。但有一个前提，卖方出售给保理商的必须是正当的、无争议的债务请求权，如果因商品质量、服务水平、交货期限等引起进口商的拒付而造成的坏账，保理商将不负责赔偿。

5. *贸易融资*

贸易融资是保理业务最大的优点，保理商可以向出口商提供无追索权的融资，且简单易行，手续简便。卖方在发货后，将发票副本提交给保理商，就可以立即获得不超过80%发票金额的无追索权的预付款融资，不必像贷款那样需办理复杂的审批手续，也不像抵押贷款那样需办理抵押品的移交和过户手续；但此项融资的期限一般不超过180天，余下的20%于贷款收妥后结算。

二、国际保理的主要特征

(一)适用于赊销或承兑交单结算方式

国际贸易业务中，出口商可供选择的付款方式有信用证、付款交单、承兑交单和赊销等，出口商更青睐可靠性和安全性较好的信用证付款方式。而对进口商来说，由于信用证结算手续繁杂，费用偏高，进口商往往不愿采用信用证方式，而更倾向于采用承兑交单或赊销方式。但在这两种支付方式下，出口商承担的风险较大，需要一种服务提供风险担保，国际保理服务恰恰满足了进出口双方的需求。出口商将应收账款卖断给保理商后，一旦海外进口商拒付货款，全部风险将由保理商承担，即使支付货币与本国货币不一致，由此形成的外汇风险也由保理商单独承担。保理服务保障了手续简便、资金周转快的赊销方式在国际贸易中的发展，促进了国际贸易的增长。

(二)保理业务通常由出口商发起，进口商大多在发达国家或地区

保理业务是为赊销方式而设计的一种综合性业务，应收账款付款期限通常为90天，所以出口商可以通过提供最有吸引力的结算方式来增强市场竞争力，扩大销售。保理业务可为出口商提供综合性服务，是一种集融资、财务管理、信用担保于一体的贸易融资方式；有利于出口商加速资金周转，降低管理费用；可以避免信用证业务中经常发生的迟付款或因进口商倒闭、赖账而遭受的损失，降低风险，手续简便。

(三)保理商只承担进口商的信用风险，不承担商业风险和国家风险

保理商只承担进口商的信用风险，如进口商破产倒闭或应付而不支付货款，但不承担如货物质量、数量、交货期不符等违约行为导致进口商拒付或少付的商业风险，对于进口商国家发生动乱、实行外汇管制等国家风险，保理商同样不予承担。

(四)国际双保理大部分无追索权

第一，承担买方信用风险，是国际保理业务的起源，也是现实中卖方做保理的根本动因之一。第二，仅为了获得融资，卖方不可能承担如此高的手续费用。第三，由进口保理商承担买方信用风险，出口保理商基本无风险(商业纠纷除外)。

三、国际保理的种类

国际保理与国内保理的差异主要在于所服务的贸易范围不同，国际保理根据不同的标准可分为不同的种类：

(一)按是否应将债权转让通知给债务人分为公开型保理与隐蔽性保理

1. 公开型保理

公开型保理(Disclosed Factoring)也称明保理，是指出口商以书面形式将保理商的参与通知进口商，同时通知进口商应直接将货款付给保理商。目前的国际保理业务多是公开型的。

2. 隐蔽型保理

隐蔽型保理(Undisclosed Factoring)也称暗保理，是指虽然出口商与保理商签订了保理协议，将债权转让给保理商，但保理商的参与对外是保密的，进口商仍直接付款给出口商，至于融资与费用的清算，则在保理商和供应商之间直接进行。

(二)按是否提供融资分为到期保理和预付保理

1. 到期保理

在到期保理(Maturity Factoring)业务中，供应商发运货物并向保理商提交发票、提单等单据副本后，保理商不向出口商提供融资，而是在付款到期日向其支付发票金额。付款到期日通常是保理商根据出口商所给予进口商的付款期限计算出的平均到期日，即平均预计收款日，并于平均到期日将应收账款付给出口商。

2. 预付保理

预付保理也称融资保理(Financed Factoring)，即保理商在收到供应商提交的代表应收账款的票据后就立即支付一定额度的预付货款，剩余的于货款收妥后再进行清算。它是在到期保理业务的基础上发展起来的，在如今供应商经常不得不接受以商业信用方式销售的情况下，满足了供应商对资金的需求，因而更受欢迎，故又有标准保理之称。预付保理为出口商授予进口商商业信用奠定了金融基础。

(三)按保理商是否享有追索权分为无追索权保理和有追索权保理

1. 无追索权保理

在无追索权(Non-Recourse Factoring)的保理业务中，保理商根据出口商所提供的进口商名单进行资信调查，并为每个债务人核定相应的信用额度，然后在此信用额度内为出口商提供坏账担保。出口商在有关信用额度内的销售，因为已得到保理商的核准，所有保理商对这部分应收账款的收购没有追索权，即如保理商因债务人资信问题或清偿能力不足而无法收回应收账款时，不能再向出口商追回款项。这种保理银行承担的业务风险相对较大，所以银行收取的相关费用也较高。

2. 有追索权保理

在有追索权保理(Recourse Factoring)业务中，保理商不负责为债务人核定信用额度和提供坏账担保，仅提供包括融资在内的其他服务。无论债务人因何种原因不能支付而形成坏账、呆账，保理商都有权向出口商索回已付款项。

(四)根据运作机制的不同分为双保理和单保理

1. 双保理

双保理(Double Factoring)业务涉及两个保理商，即出口保理商和进口保理商。出口保理商受出口商的委托向出口商提供包括预付款融资在内的全部保理服务；进口保理商受出口保理商的委托，直接向债务人(进口商)收款，并在核准的信用额度内提供坏账担保。进口保理商不直接接受出口商的委托。进口保理商在提供服务时，应被认为是按照签订的代理协议代表出口保理商行事，并不对出口商承担任何责任。双保理业务中，出口商收款方便安全，融资便利，故在保理业务中，多采用这一方式；但相对于单保理，费用较高，资金划转的速度较慢。

2. 单保理

单保理(Single Factoring)业务一般只涉及一个保理商，即进口保理商。在单保理业务中，货物出运后，出口商将所有单据直接寄交进口商，而将发票副本寄送进口保理商，委托其向进口商收取货款，进口保理商将承担信用额度以内的收账风险。进口商须于发票到期日向进口保理商支付货款，后者将全部款项转付出口商。进口保理商也可应出口商的要求，于收到出口商的发票副本后对其预付80%的销售货款，其余部分于收回全部货款后结清。尽管单保理业务中收费较低，划款速度较快，但收款难度相对较大，实践中应用较少。它主要适用于进、出口方有经常性业务往来，收款不复杂，进口方资信较好的结算业务。

(五)按是否逐笔向出口商提供保理服务分为批量保理和逐笔保理

1. 批量保理

批量保理指根据保理合同，保理商向出口商提供关于全部销售或某一系列销售活动的保理服务。

2. 逐笔保理

逐笔保理是指出口商逐笔向保理商询价并要求提供保理服务。

(六)按一项销售活动中涉及的保理合同的数量分为单一保理和背对背保理

1. 单一保理

单一保理(Single Factoring)是指只有一个保理合同的普遍保理方式。

2. 背对背保理

背对背保理(Back-to-Back Factoring)是指一定销售活动中涉及两个保理合同，其中一个保理合同是根据另一个保理合同来考虑保理风险。一般在出口销售活动中存在中间商的情况下才会有此业务，如进口商是个中间商。在这种情形下：一方面，出口保理商与出口商之间存在保理合同(国际保理)；另一方面，进口保理商与进口商之间也存在保理合同(国内保理)。故较之单一保理，进口保理商取得了双重身份，如图 8-1 所示。

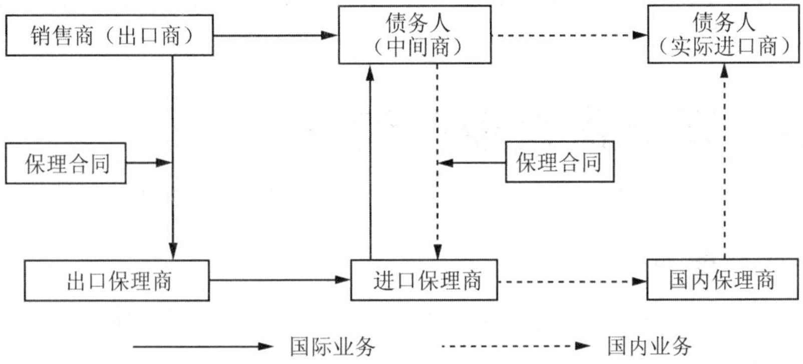

图 8-1　背对背保理

四、国际保理的作用

国际保理对国际贸易买卖双方的作用见表 8-1。

表 8-1　国际保理对国际贸易买卖双方的作用

作用	出口商	进口商
增加营业额	对新的或现有的客户提供更有竞争力的 D/A 或 O/A 付款条件，以便扩展海外市场，增加出口营业额	利用 D/A 或 O/A 优惠付款方式，以有限资本，购进更多货物，加快资金周转，扩大营业额
增加风险保障	在信用额度内的债权可获得 100%的保障，不必担心买方信用风险	纯因公司信誉、良好财务表现获得买方信贷，无须抵押
降低管理成本	买方资信调查、账务管理和催收都由保理公司处理，减轻业务负担，降低管理成本	节省申请开立信用证押金和处理繁杂文件等费用

续表

作用	出口商	进口商
简化程序提高效率	免除了单项交易的烦琐手续，出口保理商和销售商同在一国内，没有语言、法律障碍，提高工作效率	批准信用额度后，购买手续简化，进货迅捷，与进口保理商同在一国内，没有语言障碍
扩大利润	由于扩大出口额，降低业务成本，排除信用风险和坏账损失，利润随之增加	由于加快资金和货物流动，利润增加
提高资信	货物装船后，立即收回现金，改善资产负债率，有利于提高资信	由于自身资信良好获得信用额度，保理的使用进一步提高企业信用

第二节 国际保理业务运作

一、国际保理的当事人

双保理业务中，主要当事人有四方：出口商、进口商、出口保理商、进口保理商。

(一)出口商

出口商即供应商，其应与出口保理商签订保理业务协议，并委托其办理协议约定的保理事项。

(二)出口保理商

出口保理商根据与出口商签订的保理业务协议，通过进口保理商的协作，为出口商提供进口商资信调查、购入应收账款、款项催收、销售分户账管理、贸易融资、风险担保等服务。

(三)进口商

进口商应通过进口保理商办理款项结算，对出口商提供的货物或服务所产生的应收账款承担付款的义务。

(四)进口保理商

进口保理商同意向进口商代收以出口发票表示的、并已转让给出口保理商的应收账款。进口保理商负责核准进口商的信用额度、提供信用风险担保、向进口商催收货款。进口保理商应对其核准的信用额度内的坏账损失承担付款责任。

二、国际保理业务的运作

(一)国际单保理业务的具体做法

按照国际惯例，国际单保理的做法是：买卖双方经过谈判，决定采用保付代理结算方式时，由卖方向进口国的保理商申请资信调查，签订保付代理协议，并提交需要确定信用额度的进口商名单。进口保理商对进口商进行资信调查，确定有关信用额度。出口商在信用额度内发货，将有关发票和货运单据直接寄交进口商，并将发票副本送交进口保理商。进口保理商负责应收款项的管理和催收，并提供100%的买方信用风险担保。进口商于应收账款到期日对进口保理商付款，进口保理商按保付代理协议规定的日期将全部款项扣除费用后，转入出口商银行账户。如果卖方有融资需求，进口保理商也可于收到发票副本后以预付款方式提供不超过发票金额80%的无追索权的短期贸易融资，剩余20%的发票金额则在收到进口商(买方)付款之时，扣除有关费用及贴息后转入出口商的银行账户，具体操作如图8-2所示。

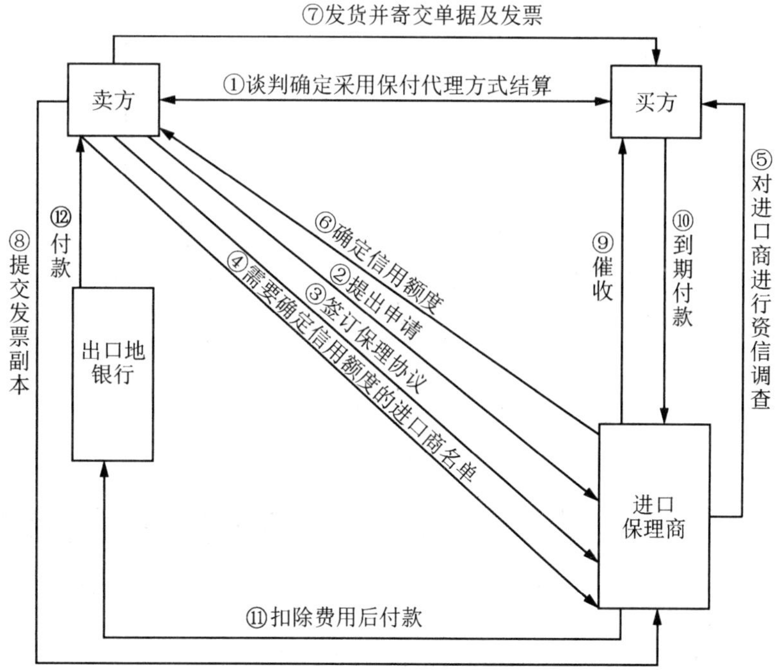

图8-2　国际单保理业务流程

(二)国际双保理业务的具体做法

国际双保理业务包括买卖双方所在地均有保付代理商的保付代理业务。欧洲各国一般都采取双保理方式。

双保理的具体做法基本与单保理相同，所不同的是，双保理多了一个出口保理商，进口保理商直接与出口保理商交易，而不是与买方交易。

国际双保理业务具体操作如图 8-3 所示。

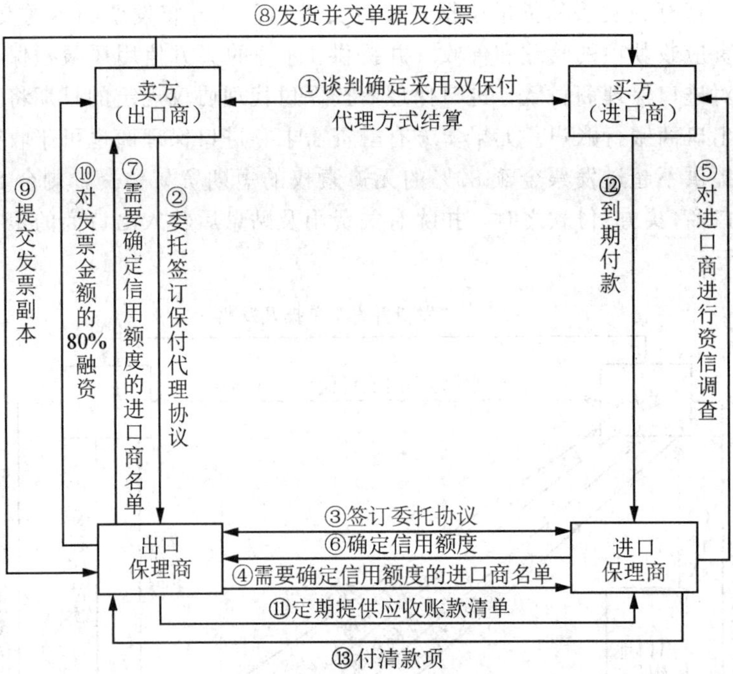

图 8-3　国际双保理业务流程

第三节　国际保理与其他结算方式的比较

一、国际保理业务与其他结算方式的比较

(一)国际保理业务与传统结算方式的比较

经保兑的不可撤销的信用证虽然有最大的收款保证，但是由于其较高的开证费用、管

理费用以及对进口商较高的资金占用率，削弱了出口商的竞争力；而且信用证业务遵循严格的单证相符、单单一致原则，如果信用证项下的有关单证出现些微不符，也可能使原先收汇相对安全的信用证业务变成风险重重的托收业务。而单独以承兑交单(D/A)、付款交单(D/P)方式成交虽然增强了出口商的竞争力，但收汇风险过大，因此将保理与D/A及D/P相结合是最佳的选择，如表8-2所示。

表 8-2　国际保理与传统结算方式的比较

比较对象 比较项目	国际保理	汇付	托收	信用证
债权风险保障	有	无	无	有
进口商费用	无	有	有时有	有
出口商费用	有	有	有	有
进口商银行抵押	无	无	无	有
提供给进口商的财务灵活性	较高	较高	一般	较低
出口商竞争力	较高	较高(发货后汇付)	一般	较低

(二)国际保理融资与其他出口融资方式的比较

表8-3显示，国际保理融资比其他出口融资方式有更多优点。

表 8-3　国际保理融资与其他出口融资方式的比较

融资方式	适用支付方式	融资期限	有无追索权	备注
贷款或透支	任何支付方式	一般不超过一年	有	
出口信用保险单抵押贷款	任何支付方式	一般不超过一年	有	优惠利率
打包贷款	信用证	一般不超过六个月	有	
出口押汇	信用证、托收(少量)	一般不超过六个月	通常有	
贴现	任何支付方式下的票据，以信用证方式下的票据最受欢迎	一般不超过一年	通常有	一般以银行为付款人的票据为主
国际保理融资	赊销和承兑交单	一般不超过一年	无	

(三)国际保理业务与出口信用保险的比较

国际保理与出口信用保险的比较见表8-4。

表 8-4 国际保理与出口信用保险的比较

比较项目	出口保理	出口信用保险
费用	1%～1.5%(发票金额)	4%(出口金额)
最高信誉保障(在核准的信用额度内)	100%	70%～90%
赔偿时间(从应收账款到期日起算)	90 天后	120～150 天后
索偿/索赔程序	简单	烦琐
进口商资信调查评估	详细	一般
财务账目管理	有	无
应收账款催收及管理	有	无
坏账担保	有	有
以预支方式提供融资	有	无
财务信用风险保障	全部	部分

二、办理保理业务应注意的问题

(一)对于出口商(供货商)

(1)了解进口商的信誉和进口国的政治、经济局势，谨慎选择保理商。

(2)选择合适的贸易方式。一般来说，信用证项下业务不需要再做保理业务。

(3)必须在额度内发货，保理商对超额度发货部分不负保理责任。

(4)是否有追索权。

(5)需承担较高的费用。

(6)纠纷自理。不管出口方是否同意进口方的观点，一旦发生贸易纠纷，保理商对核定的应收账款项下发生的贸易纠纷涉及金额，视为未核准的应收账款，不负责担保赔偿。

(7)付款有时较迟。进口商或进口保理商在应收账款到期后 90 天内的任何一天向出口保理商付款均属正常，如进口商恶意利用这一惯例，将给出口商造成利息损失。

(二)对于出口保理商

(1)了解出口商的情况(信誉、贸易背景、产品销售情况等)，以防风险。

(2)了解进口商的信誉情况，提高保理业务的成功率。

(3)加强保理项下的货款催收工作。

(4)正确对待贸易纠纷。

(三)贸易纠纷问题的处理

(1)保理商承担的是进口商的信用风险，而非基础交易风险。

(2)出口商应在销售合同中加入货物质量认证条款，以避免进口商借货物质量问题拒付。

(3)进口保理商对纠纷的处理是积极和谨慎的，不必过于担心纠纷问题。

三、有关国际保理的国际惯例

(一)《国际保理服务公约》

1.《国际保理服务公约》的产生

在20世纪70年代以前，国际保理服务尚未形成统一的国际法律制度和权威的国际规则，各国保理当事人都以本国法律来解释和运用保理服务，这就难免产生争议和矛盾。为了克服这些问题，促进国际保理服务的发展及其在国际结算中的运用，国际统一司法协会于1974年决定将普通债权转让及保理合同列入工作计划并成立研究小组。该小组起草了《国际保理服务公约》(以下简称《公约》)，之后经多次讨论修改，于1988年5月提交在加拿大渥太华召开的由55国代表参加的外交会议审议，会议对公约草案作了进一步修改后通过。我国也派代表参加了审议，并签署了最后文件。

2.《国际保理服务公约》的主要内容

《公约》共四章23条，主要内容简介如下：

(1)适用范围。《公约》规定：适用国际保理服务合同和应收账款的转让。保理服务合同是指一方当事人(供应商)与另一方当事人(保理商)之间达成的合同。

(2)保理商的职责。保理商至少须履行下述职责中的两项：

①“向供应商融资，包括贷款和预付款”。

②“保存与应收账款有关账户(分类账)”，即提供售后服务。

③“代收应收账款”，即收取债款。

④“防止债务人拖欠付款”，即提供坏账担保。

(3)应收账款的转让。根据规定，“供应商应将其与客户(债务人)订立的货物销售合同的应收账款转让给保理商”。只要在销售合同中订明采用D/A或O/A方式，并规定“发票日期后××天付款”，供应商在发货后，即可转让债权而不必通知客户，也不必征得其同意。但是，保理商应向债务人以书面形式通知应收账款的转让。

(4)债务人的权利和义务。《公约》规定：“债务人有义务向保理商付款”，但如果供应商不履行或不完全履行或延期履行合同，债务人有权从保理商那里收回已付货款。

3.《公约》的管辖

只有符合下列两项条件，保理业务才受公约的管辖：一是供应商和保理商的国家均为公约签字国；二是销售合同和保理合同均受公约签字国法律管辖。但是，公约不是强制性的法律文件，即使是公约签字国的供应商和保理商，只要双方同意，就可以用书面协议的形式排除公约管辖。不过，公约已成为国际保理业务中有广泛代表性和权威性的法律文件，为国际保理业务提供了统一的法律依据和业务标准。

(二)《国际保付代理惯例规则》

国际保理商联合会(Factor Chain Internation，简称 FCI)制定了《国际保付代理惯例规则》(以后简称《规则》)，目前通行的是 1994 年的修订本。《规则》主要用于调整进出口保理商在保理业务中的关系。

1. 适用范围

(1)当事人。进出口保理商为 FCI 会员，或其中一方是会员，另一方非会员，但同意采取此规则。

(2)业务范围。以商业信用方式销售货物的出口商，与出口保理商达成协议，且有进口地保理商参与提供的保理服务。

2. 法律效力

(1)FCI 根据《规则》作出的裁决，对有关的进出口保理商具有约束力，而且是终局性的。

(2)如果进出口保理商之间的协议另有约定，从其约定；没有约定的条款仍视作接受《规则》的约束。

(3)如果在申请仲裁时双方均为 FCI 会员，出口保理商和进口保理商之间发生的关于国际保理业务的一切争端应按照 FCI《仲裁规则》解决。

(4)如果在申请仲裁时仅一方为 FCI 会员，而另一方亦接受上述仲裁规则，一切争端也可如此解决。

3. 进口保理商的责任

(1)进口保理商必须在收到出口保理商的申请后 14 天内将其是否接受保理申请的情况通知出口保理商。

(2)进口保理商对所批准的信用额度内的应收账款承担风险责任，但进口保理商如在发货前获得不利的资信报告，有权撤销已批准的额度。

(3)如果所保理的应收账款于到期日后 90 天仍未由债务人偿付，进口保理商应于第 90 天向出口保理商付款。

(4)进口保理商在提供服务时，被认为是对出口保理商负责，而不是对供应商(出口商)负责。

(5)对所批准限额以外的应收账款，应采取托收方式，进口保理商虽然不承担风险责任，但应尽最大努力收取。

4. 出口保理商的责任

(1)出口保理商应将供应商出售给自己的所有应收账款提供给进口保理商。

(2)出口保理商应代表自己和供应商(出口商)，保证向进口保理商转让的每笔应收账款均代表一笔正常业务过程中产生的实际的合法销售和发货或提供的服务，该业务符合供应商(出口商)的经营范围和付款条件。

(3)出口保理商应尽其所能协助进口保理商收取款项，并提供进口保理商所要求的单据。

(4)出口保理商应负责向进口保理商支付有关费用。

【本章小结】

国际保理是指在国际贸易中出口商以赊销(O/A)、承兑交单(D/A)等信用方式向进口商销售非资本性货物时，由出口保理商和进口保理商共同提供的一项集出口贸易融资、销售账务处理、收取应收账款、买方信用调查与担保等内容为一体的综合性金融服务。

国际保理的服务项目包括信用销售控制、代收账款、销售账务管理、风险担保与贸易融资。贸易融资是保理业务最大的优点，保理商可以向出口商提供无追索权的融资，且简单易行，手续简便。

国际保理的主要特征：适用于赊销或承兑交单结算方式；保理业务通常由出口商发起，进口商大多在发达国家或地区；保理商只承担进口商的信用风险，不承担商业风险和国家风险；国际双保理大部分无追索权。

国际保理根据不同的标准可分为不同的种类：公开型保理与隐蔽性保理，到期保理和预付保理，无追索权保理和有追索权保理，双保理和单保理，批量保理和逐笔保理，单一保理和背对背保理。

国际保理较好地适应了买方市场的发展要求，对进出口商都能起到积极作用。对出口商而言，有利于增加出口销售额，能够有效地规避风险，获得快速融资服务，节省财务开支，增加出口商利润。对进口商而言，保证能够按照合同规定要求收到进口货物，简化进货手续，降低进口成本，增加营业额和营业利润。

国际保理的当事人有出口商、出口保理商、进口商、进口保理商。他们以保理合同、国际保理代理协议等为媒介相互整合，形成各种国际保理安排。目前有两种基本形式：单保理和双保理形式。双保理具有两个保理商和两次的应收账款债权让渡的特点，其运作程序是需要了解的内容。

国际保理与传统结算方式相比，最大优点是有债权风险保障。与其他融资方式相比，国际保理在适用支付方式、融资期限与有无追索权等方面存在差异。与出口信用保险比较，国际保理在性质、风险范围、风险保障程度、服务内容、结算方式、费用等方面存在差别。

【练习与思考】

一、重点名词

国际保理；公开性保理；隐蔽性保理；单保理；双保理

二、单选题

1. 以下各项除了(　　)以外，都属于保理服务的内容。

A. 贸易融资　B. 销售账务处理　C. 资信调查　D. 货币兑换

2. 目前的国际保理业务，较多采用(　　)。

A. 一揽子融资　B. 隐蔽保理　C. 双保理　D. 单保理

3. 把保理分为融资保理和到期保理是按照(　　)来划分的。

A. 根据保理商对出口商提供预付融资与否

B. 根据销售货款是否直接付给保理商

C. 根据保理商是否保留追索权

D. 根据保理商与进出口商之间的关系

4. 保付代理业务中，信贷风险的承担者是(　　)。

A. 出口商　B. 进口商　C. 保理商　D. 保险商

5. 在下列各项中，不属于保理业务功能的是(　　)。

A. 代收账款　B. 核定信用额度　C. 风险担保

D. 销售账户管理　E. 贸易融资　F. 开立担保函

6. 在国际保理服务中，保理商考察资信的重点是(　　)。

A. 出口商　B. 进口商

C. 进口国的法律制度　D. 每笔应收账款的质量

7. 在核定的信用额度内，保理商对出口商货款的最高保障金额是(　　)。

A. 70%　B. 80%　C. 90%　D. 100%

8. 根据《国际保付代理惯例规则》，进口保理商在提供服务时，被认为是(　　)。

A. 对供应商(出口商)负责　B. 对出口保理商负责

C. 对进口商负责　D. 根据与协议规定来确定负责对象

9. 在国际保理业务中，应付账款的转让通知必须交(　　)。

A. 债务人　B. 进口保理商　C. 供货商　D. 出口保理商

10. 国际保理业务是以(　　)签订的国际保理合同为核心的。

A. 出口商与保理商　B. 承运人与保理商

C. 进口商与保理商　D. 收货人与保理商

三、多选题

1. 出口商与保理商签订保理协议，该协议应满足(　　)的基本条件。

A. 贸易融资　　B. 信用风险担保

C. 代理保管货物　　D. 进口商资信调查和信用评估

E. 销售分户账管理和催收应收账款

2. 出口商要利用国际保理服务，须具备的条件是(　　)。

A. 出口商必须是合法经营　　B. 出口商具有一定的经验和资历

C. 债务人必须是出口商的老客户　　D. 出口商的经营必须具有较大的规模

E. 贸易商品为非资本性货物　　F. 出口商的客户发布相对较为分散

3. 保理业务的特点是(　　)。

A. 适用于大型设备贸易　　B. 能免除出口商的信贷风险

C. 适用于一般商品贸易　　D. 能加速出口商资金周转

E. 保理机构预付部分货款

4. 国际保理是集(　　)于一体的综合性金融服务。

A. 销售账务处理　　B. 收取应收账款　　C. 买方信用担保

D. 出口贸易融资　　E. 以上都不是

5. 保理服务对出口商的影响有(　　)。

A. 有利于出口商尽快收回资金，提高资金的使用效益

B. 有利于出口商转移风险

C. 能节省非生产性费用

D. 有利于出口商获取有关信息

E. 减少出口成本

6. 保理服务对进口商的影响有(　　)。

A. 避免积压和占用资金　　B. 简化进口手续

C. 扩大营业额　　D. 避免货物风险

E. 增加成本

7. 保付代理业务根据销售货款是否直接付给保理商分为(　　)。

A. 到期保付代理　　B. 融资保付代理

C. 公开型保付代理　　D. 隐蔽型保付代理

E. 无追索权保理

8. 保付代理业务根据提供融资与否分为(　　)。

A. 到期保付代理　　B. 融资保付代理

C. 公开型保付代理　　D. 隐蔽型保付代理

E. 无追索权保理

9. 国际单保理业务的当事人主要有(　　)。

A. 出口商　　B. 进口商　　C. 出口保理商　　D. 进口保理商

10. 国际双保理业务的当事人主要有(　　)。

A. 出口商　　B. 进口商　　C. 出口保理商　　D. 进口保理商

11. 保理与福费廷的相同点有(　　)。

A. 付款都可以是无追索权的　　B. 提供买方信用担保

C. 主要用于大型资本货物或大型项目交易　　D. 卖方可以获得出口融资

四、判断题(正确写T，错误写F)

(　　)1. 保理商根据对出口商的资信调查，给出信用额度，保理商对信用额度内的数额提供百分之百的坏账担保。

(　　)2. 国际保理是集结算、管理、担保和融资为一体的综合性售后服务业务。

(　　)3. 国际上使用最多的是单保理模式。

(　　)4. 有追索权保理中，保理商不负责审核买方资信，不确定信用额度，但提供坏账担保。

(　　)5. 保理协议自签字之日起生效，有效期一般为1年，到期若不续签转期，协议将自动失效。

(　　)6. 双保理业务中，进口保理商与出口保理商之间也签订有协议，分别调查本国进出口商的履约情况，促进交易的顺利完成和各自责任的履行。

(　　)7. 国际保理服务适用于O/A、D/A、D/P等支付结算方式。

(　　)8.《国际保理服务公约》已成为国际保理业务中有广泛代表性和强制性的法律文件。

(　　)9. 国际双保理大部分无追索权。

(　　)10. 在有追索权保理业务中，保理商负责为债务人核定信用额度和提供坏账担保。

五、案例分析题

某一中国出口商向美国一进口商出口一批价值12万美元的服装，装船后30天D/A方式付款。由于出口商仅仅是一家业务规模较小的贸易公司，它不想过多占用自己的流动资金，因此中国出口商希望采用国际保理业务融通资金。试问其业务流程是什么?

六、简答题

1. 什么是国际保理?

2. 归纳国际保理业务的优点，结合我国实际情况谈谈你对我国国际保理业务前景的看法。

3. 试以图示的方式描述国际保理结算一般业务流程。

4. 国际保理有哪些基本种类？

5. 比较国际保理与传统结算方式的利弊。

6. 简述国际保理业务对进口商和出口商的影响分别表现在哪些方面？

参考答案

一、重点名词

略。

二、单选题

1—5：DCACF；6—10：BDBBA。

三、多选题

1. ABD； 2. ABDEF； 3. BCDE； 4. ABCD； 5. ABCD； 6. ABCD； 7. CD； 8. AB； 9. ABD；10. ABCD；11. AD。

四、判断题

1. F；2. T；3. F；4. F；5. T；6. T；7. F；8. F；9. T；10. F。

五、案例分析题

中国出口商希望通过采用国际保理方式进行融资，其具体做法可以简要陈述如下：

(1)中国出口商首先选定一家出口地保理商 A 作为出口保理商，然后与其签订出口保理协议，同时提出 12 万美元的授信额度申请，并且提交出口保理商 A 要求提供的美国进口商的有关资料，请求审核。

(2)出口保理商 A 选定进口地的 B 作为进口保理商，然后将中国出口商的申请提交 B，进口保理商 B 审核申请，调查美国进口商的资信状况，通过综合分析，做出授信决定，其授信额度为 8 万美元，并通知出口保理商 A。

(3)出口保理商 A 将进口保理商 B 的授信决定通知出口商，出口商出运货物，连同正本提单一起通过代收行交给进口商，而副本提单则交给出口保理商 A。

(4)出口保理商收 A 到副本提单后很快将发票细节情况通知进口保理商 B，并按照保理协议预付出口商 80%的货款，即 6.4 万美元货款。

(5)货到目的地后，进口商凭承兑远期汇票取得提单提取货物，并承诺到期付款。

(6)进口保理商 B 将所有核准的货款付给出口保理商 A，当出口保理商 A 收到进口保理商 B 的所有货款，立即将其余货款支付给中国出口商，并扣除相应费用。

六、简答题

略。

第九章

福费廷

【导入案例】

美国一家从事农用设备生产公司同M国B公司经销商合作，B公司提出，由于资金不充裕，由M国当地银行做保证，付款期限两年。美国公司面临两大难题：首先，M国进口商显然无法通过当地银行融资解决资金问题，这样美国公司资金占压大，不利于设备出口；其次，M国现行法律体系及政治状况增加了进口商未来付款的不确定性。一家美国包买商主动提出方案：利用M国当地银行的担保，向美国公司提供无追索权的全额融资。具体操作如下：美国公司装运出货后，从B公司收到由M国银行担保的一系列本票，然后将本票卖给包买商，由其将面值100%扣除一定的利率和费用以后获得现金。而无追索意味着未来即使这一款项得不到支付，美国公司也将置身事外。美国公司由此顺利地解决了资金占压及风险问题。

分析：此案例就是典型福费廷业务。

【教学目的】

了解福费廷的产生与发展，福费廷的特点、作用，明确福费廷业务当事人及各当事人面临的风险与防范，熟悉福费廷业务的基本程序，熟练掌握福费廷与国际保理、商业银行贷款、一般票据贴现、出口信贷等其他融资方式的异同。

【教学重点】

福费廷业务的基本程序，福费廷与国际保理异同。

【教学难点】

福费廷业务的基本程序。

第一节 福费廷概述

一、福费廷的概念

福费廷(Forfaiting)，又被称为包买票据，源自法语“A FORFAITING”的“forfaiting”的音译，意为“让权力予他人”，或者“放弃权力”“放弃追索权”。具体地说，福费廷是票据持有者(通常是出口商)将其持有的并经进口商承兑和进口方银行担保的票据无追索权地转让给票据包买商(福费廷融资商)以提前获得现金，而福费廷融资商在票据到期时向承兑人提示要求付款。福费廷融资商通常是商业银行或其附属机构，所使用的票据通常是出口商开立的汇票，或者进口商开立的本票。如果使用的是汇票，就需要进口商承兑和进口地银行的担保；如果是本票，则只须进口地银行担保。

福费廷可单独使用或与其他融资产品联合使用，广泛用于建设项目融资，机器设备、大宗产品贸易的出口前融资、出口后融资，结构性贸易融资和项目融资。福费廷的融资期短则一个月，长可至 10 年；金额少则数万美元，多至数亿美元。

福费廷起源于瑞士。第二次世界大战以后，各国需要进口大量建设物资和日用品。如东欧各国向美国购买大量谷物，因为缺乏外汇资金而需要向银行贷款，但银行融资能力有限，于是瑞士苏黎世银行协会首先开创了福费廷融资业务。到了 20 世纪 50 年代后期，随着各国经济实力的恢复和发展，资本性货物贸易规模越来越大，出口竞争日益加剧，卖方市场逐步转变为买方市场，买方已不再满足于 90—180 天的付款期限，要求延长付款期限。由于不断延长的信贷期限大大超出了卖方所能承受的限度，因此卖方不得不向银行提出期限越来越长的融资需求，从而进一步推动了福费廷的活跃发展，有效地解决了进出口商双方的利益矛盾，买方达到了延期付款的目的，卖方获得了资金支持，因而在西方国家得到推广。进入 20 世纪 80 年代，发展中国家饱受债务危机的困扰，再加上国际局势动荡不安，银行信贷受到抑制，福费廷业务则持续增长，逐渐由欧洲发展至全球。福费廷二级市场也在这一时期逐渐形成，福费廷的交易方式日益灵活，交易金额快速增加，逐步形成了一个世界范围内的福费廷交易市场。

二、福费廷的特点

(一)无权追索

福费廷业务中，出口商在背书转让债权凭证的票据时均加注"无追索权"(Without Recourse)字样，从而把收取债款的权利、风险及责任一并转嫁给了包买商，包买商也同时放弃对出口商、背书人的追索权，因此它属于一种买断行为。当然，出口商要寻求"无追索权"的保障，必须保证满足正当交易、有效票据和有效担保等3个前提条件，否则包买商保留对出口商的追索权。

(二)主要提供中长期贸易融资且融资金额较大

福费廷业务中，融资期限一般较长。传统的福费廷业务中，票据期限一般在3～7年，以5年居多，但最短可以是6个月，最长可达10年，属于中期贸易融资。随着福费廷业务的发展，其融资期限与资本性物资交易的付款期限基本一致。

包买商购买的票据金额一般应在100万美元以上，金额越大越好。如果金额过小，不仅会增加客户的融资成本，而且会抵消福费廷业务的长处，使之失去竞争力和吸引力。反之，金额较大，就会降低客户的融资负担。为充分发挥福费廷业务的优势，大银行通常愿意做500万美元以上的交易，但当金额超过500万美元时，则需要由包买辛迪加(Syndicate)来联合融资。

(三)福费廷一般为资本性商品融资

福费廷起源于谷物贸易，但后来主要为成套设备、船舶、基建物资等资本货物交易及大型项目交易提供融资，主要由于期限原因。当然，从更广义的角度分析，任何出口贸易都可以通过福费廷进行融资，但一般不对以下商品提供融资：①军用产品；②市场价格剧烈波动的商品；③商品没有差异性，进口商能很容易地购买到同类替代品。

(四)利率固定不变

包买商向出口商提供融资时，根据国际票据市场行情确定利率，对远期利率市场的变化进行了预估，一旦签订包买合同，使用的利率是固定不变的。

(五)债权凭证可流通转让

包买商买下出口商的债权凭证后可以在二级市场流通转让，通过在二级市场上的交易，包买商可以将自身的风险转嫁给二级交易商，从而可以避免自身承担过重的资金负担，增加自身资金的流动性。

(六)手续比较简便

福费廷业务使用汇票或本票，手续比较简便。由于有真实的交易为依托，出口商得到融资商的融资要比申请银行贷款容易。

三、福费廷的融资成本

从表面上看，福费廷业务所涉及的费用只有一小部分由进口商直接承担，大部分是由出口商直接承担。

(一)进口商直接承担的费用

进口商直接承担的费用只有一项，即银行承兑费/担保费，但实际上，出口商在贸易报价中早已间接地将其承担的融资费用全部转嫁给了进口商。

(二)出口商直接承担的费用

1. 贴现息

指包买付款日至票据到期日之间的贴息费。其贴现率的构成通常是分为两部分：第一部分是基本利率(Basic Rate)，按与整套票据的平均寿命对应的同业拆借市场利率来计算；第二部分是增幅(Margin)，它包含包买票据业务蕴涵的特别风险费(进口国的外汇短缺风险、利率风险及汇率风险等)和手续费(包买商的资产管理费用和利润)。

另外，福费廷的贴现率还与承担期的长短有关，一般是承担期越长，贴现率越高。虽然客户对于承担期也需要支付承担费，但由于承担费远低于贴现率，因此包买商常用降低贴现率的办法来鼓励客户尽早贴现，以缩短资金的承担期(闲置期)，提高资金的营运效率。

2. 承诺期和承诺费

承诺期是指从包买商与出口商签订包买票据协议起至实际贴现付款日止的一段时间。包买商在此期间必须恪守其承诺，即到某一约定的日期按一个固定的贴现率对一定的票据融资，同时出口商应提交约定的单据。承诺期不是事先固定的，但一般不超过 6 个月。

承诺费是包买商在承诺期内根据远期票据贴现的面值及向出口商承诺的融资天数计算出来的费用。由于包买商从发盘起就得做好融资安排，承担了利率和汇价风险，因此要收取一定的费用也是合理的。承诺费率视个别交易而定，一般为年率 0.5%～2%，其计算公式为：票面值×承诺费率×承诺天数/360。

3. 选期费

出口商在商务谈判的初期，从先期得到包买商给予的报价到最终决定是否叙做该项业务之间有一个选择权期(通常不超过一个月)，为此要支付选期费，一般按票面额 1‰～1.5‰的费率一次性支付。

4. 宽限期贴息

由于不同国家或地区的外汇管制程度、银行办事效率等各不相同，以及时差因素的影响等原因，包买商实际收妥票款的时间往往不同程度地稍晚于票据的到期日。为避免因此而给自己造成利息损失，包买商往往会事先计收宽限期贴息，通常按 2～3 天计算此项贴息(但对于个别国家或地区也可能长达 10～20 天)。

5. 罚金

如果出口商不能正常交货或由于某种原因拒绝向包买商提交约定的单据，那么包买商为提供融资而发生的融资费用，以及为消除业务风险在金融市场上采取防范措施而发生的业务费用都应由出口商承担。如出现这种情况，出口商要么自动支付罚金，要么在承诺期一开始就先支付选择费。包买商一般都以宽容的态度收取象征性的费用。

6. 担保费

担保费是指进口商所在地银行因为向进口商出具银行保函或对票据加保而向进口商收取的风险费和手续费，这是银行的一种重要收费项目。现在国际上一些大的银行，这种中间业务的收入已经占其总收入中相当大的部分了。

前五种费用表面上都是由出口商承担的，但出口商早已将这些费用加入成本，记入货价从而转嫁给进口商，而第六种费用直接由进口商支付给担保银行，因此，实际上进口商承担了福费廷业务中的全部成本及费用。相对于其他的支付方式，福费廷业务的收费是相当贵的，所以一般多运用于资本性商品的出口，小额商品的出口采用这种支付方式很不合算。

四、福费廷业务在国际贸易中的作用

福费廷业务在国际贸易中的作用主要表现在该业务对有关贸易参与方(出口商、进口商和贴现银行)所产生的正面影响与负面影响等两方面。

(一)对出口商的影响

1. 正面影响

(1)加快了企业的资金周转速度。出口企业在支付一定的贴现费用后，可将延期付款变成现金交易，变远期票据为即期收汇，提高了资金使用效率，扩大了业务量，增强了企业活力。

(2)能够有效地转移相关风险。福费廷业务是无追索权方式的贴现，出口企业一旦将手中的远期票据卖断给银行，同时也就卖断了一切风险，包括国家政治风险、金融汇价与利率风险、商业风险和资金转移风险，免除了后顾之忧。

(3)融资手续相对简单，融资效率较高。福费廷融资操作简便，融资迅速，不需要办理复杂的手续和提供过多的文件，可以节省时间，提高融资效率。此外，福费廷融资不影响出口企业的债务状况，不受银行信贷规模和国家外债规模的影响。

(4)可以降低结算成本，提高产品竞争力。由于福费廷采用固定利率，出口企业可尽早核算出口成本，卖断以后的一切费用均由贴现银行承担，有关成本可明显降低。出口企业还通过采用福费廷方式在商务谈判中为国外买方提供了延期付款的信贷条件，从而提高了自身出口产品的竞争力。

(5)丰富了传统的国际贸易结算方式，适应了经济全球化发展的客观需要。

2. 负面影响

(1)出口商须进口商同意，并能找到具有高资信的担保人担保时，才能够叙做包买融资。

(2)出口商必须确保债权凭证的有效性和银行担保的有效性，才能真正免除包买商的追索权。

(二)对进口商的影响

1. 正面影响

(1)可获得贸易项下延期付款的便利。

(2)可得到利率固定的商业信贷，且无须占用进口商的融资额度。

(3)所需提交的债权单据等文件及担保手续简便易行。

2. 负面影响

(1)需要申请银行担保，因而长期占用银行对其授信额度的较大部分，并且要支付银行担保费用。

(2)融资成本高，不但须直接负担银行的承兑费或担保费，而且还须承担出口商转嫁的融资成本。

(3)进口商承兑的汇票或其签发的本票是一种独立的不可撤销的付款凭证。包买商无追索权地从出口商处买入票据，放弃了对出口商的追索权，但作为正当持票人的包买商可以凭票据强制进口商或担保人付款，进口商不能以贸易纠纷为由拒付或拖延付款。

(三)对包买商的影响

1. 正面影响

(1)可以获得较高的包买收益。福费廷业务多为中长期融资，即使贴现率较低，由于融资的时间较长，融资商仍可获得比较可观而稳定的收益。

(2)能够流通转让。在有可靠的银行保证和持有有效的票据的条件下，若市场利率水平有所变化，融资商可以通过票据的再贴现，在二级市场转让出原先买进的票据，以及时回收和周转资金。

2. 负面影响

(1)无追索权。在该业务中，包买商承担出口商转嫁的全部利率、汇率、信用和国家风险，拒付后丧失追索权，因此包买商应对进口国的有关票据、银行业务、外汇管理、进出口贸易管理等法律法规以及经济发展等多方面情况有足够了解；同时，根据对风险的分析和判断，应对票据的贴现率以及承担费等费用的收取方面有比较充分的考虑与计算。

(2)必须承担审核票据的有效性和担保有效性的责任，必须负责审核担保人的资信。

(3)不能采取“加速还款(Acceleration Payment)”法来减轻损失。在福费廷业务中，不能像分期还款的商业贷款那样，如有任何一期未能按期偿还，包买商无权要求借款人立即偿还全部欠款。

(四)对担保银行的影响

1. 正面影响

(1)文件简单，责任明确，易于受理；

(2)由于交易金额一般较大，担保费收入相当可观。

2. 负面影响

对到期票据负有绝对的无条件付款责任，任何与货物或服务有关的贸易纠纷都不能解除或延缓担保人的付款责任。当然，在履行付款责任后，担保行可向进口商，即票据的付款人进行追索，但追索能否成功，还取决于进口商的资信状况。在这一点上，担保行承担着一定风险。

第二节 福费廷业务的基本程序

一、福费廷业务的主要当事人和流程

(一)福费廷业务的主要当事人

1. 包买商

包买商也称融资商，多为出口商所在国的银行或金融公司。当包买商与出口商达成福费廷协议，并购入出口商转让的票据后，即成为该项延期付款交易的信贷机构，并承担了向进口商分期收回货款以及利率、汇率变动的风险。

2. 出口商

出口商是国际贸易中的供货方。当出口商以延期付款方式与进口商达成交易而需要资金支持时，可向包买商申请福费廷融资。当出口商将表明交易金额的若干张票据全部转售给包买商并向其支付贴现息后，即可取得贴现净款，提前收回货款。

3. 进口商

进口商为国际贸易中的进货方，福费廷交易的债务人，承担到期支付票据款项的主要责任。进口商与出口商达成协议，在交易项下从事包买票据融资，可以出口商提供的延期付款方式进口货物。进口商要按出口商和包买商的要求提供自己的资信证明，承兑出口商出具的远期汇票或找银行对自己开具的远期本票进行担保。当票据到期，包买商持票向进口商提出付款要求时，进口商应无条件地按期付款，不能因为任何有关货物和服务的贸易纠纷拒付或拖延付款。

4. 担保人

担保人是应进口商的要求为福费廷业务中贴现远期票据提供担保的机构，一般是进口商所在地的银行。担保人可以从进口商处获得担保费收入，担保人对到期的债权凭证负有绝对的无条件的付款责任。一旦进口商到期不能履行付款责任，担保人就要承担起无条件的还款。

(二)福费廷业务流程

福费廷业务的具体运作模式，根据结算方式的不同可分为两种：一种是信用证项下的福费廷业务，另一种是普通票据项下的福费廷业务。在普通票据业务中，包买商直接对出口商提供的经进口商银行担保的商业汇票或本票进行贴现，对出口商无追索权地融资付款。在信用证项下的福费廷业务中，包买商买的是开证行在单证相符的条件下承兑的汇票，并根据开证行的有效承兑电文向出口商无追索权地贴现付款，完成福费廷交易。目前，我国主要是信用证项下的福费廷业务，包买商通常为信用证的指定银行，与开证行之间签有代理协议，互有授信额度，熟悉信用证业务操作，较为容易控制风险。

福费廷业务流程如图 9-1 所示。

二、福费廷业务的风险与防范

在福费廷业务中，有关当事人存在着不同程度的风险，其中有些风险是可以采取有效措施进行防范的，而另一些风险则是无法预防和回避的。

(一)出口商面临的风险与防范

在出口商与包买商签订包买协议，但未进行债权凭证实际出售之前的这段时间内，出口商仍承担着债权的履约风险、币种风险或汇价风险。

1. 履约风险

履约风险是指在包买合同签订之后的承诺期内，由于种种主客观原因使得贸易合同无法履行，进而导致出口商无法向包买商提供有效债权凭证的风险，即由于贸易合同不能执行而使包买合同不能履行，从而给包买商造成损失，因此出口商必须弥补包买商的损失。

为了避免履约风险，在签订包买合同时可以制定相应的罚金条款，对由出口商给包买商造成的损失和费用，出口商应给予适当的补偿，但在实际业务中，出于维护与客户的长

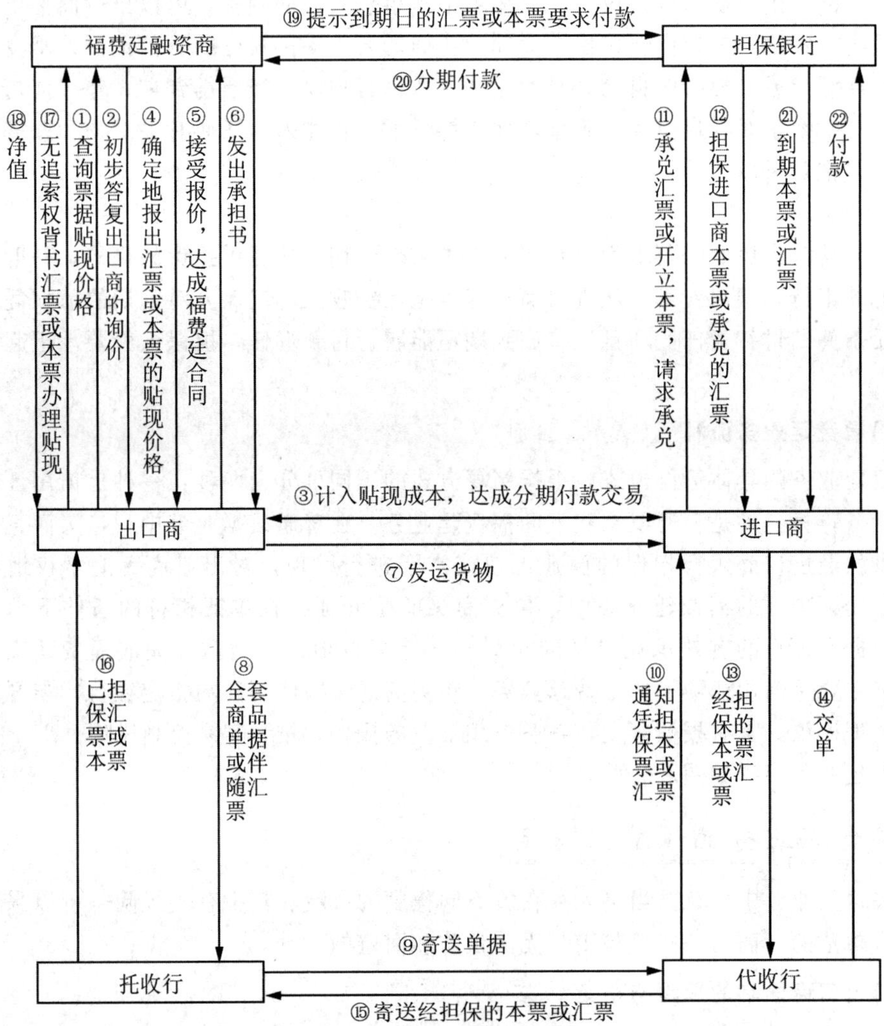

图 9-1　福费廷业务的工作程序

远关系，包买商一般都以宽容的态度对待此事，通常是象征性的收费或不收费。

2. 币种风险或汇价风险

币种风险是指出口商在承诺期内收到进口商交来票据的币种不是原来合同中规定的货币，出口商将面临由此而产生的汇价风险。

汇价风险可以通过在贸易合同中添加特殊条款来消除，如商品价格随有关货币的汇率变化而变化；必要时还可购买有关货币的远期买卖合同，这样也可以避免由于汇价变动给出口商带来的不可避免的风险。

3. 利率风险

利率风险是指出口商在签订包买合同至签订贸易合同这一期间内所面临的交易计价货币利率下调风险。利率下调将加大出口商的融资成本，而对进口商的报价又早已确定而无法更改。

利率风险较易防范，只要出口商在签订贸易合同前及时与包买商联系洽谈，并取得其报价和包买承诺，即可将融资成本打入商品价格，利率风险便可有效消除。

(二)进口商面临的风险与防范

进口商面临的主要是汇价风险，即如果贸易合同的计价货币是外币且升值，或计价货币为本币且贬值，那么，进口商都要多支付给出口商一定差额的货款，从而增加交易的成本。

这种风险通常可以通过远期外汇买卖合同加以消除。不过，如果进口商所在国的法定货币是不可自由兑换货币，这种汇价风险就无法消除。

(三)担保行面临的风险与防范

担保行的主要风险是进口商的违约、拒付或破产的风险。由于担保行对包买票据中的债权凭证所做的担保是独立、不可撤销的，因而包买商得不到进口商的偿付，必然会从担保行处要求清偿；同时，如进口商到时破产，担保行为进口商垫支的票款也得不到偿还。这种风险的有效控制办法是核定信用额度，要求进口商提供抵押品或反担保函。如果进口商与担保行不在一个国家，担保行还要承担国家风险，防范的办法是核定该国信用额度。

(四)包买商面临的风险与防范

由于包买商无追索权地买断出口商的债权凭证，因而在选择期和承诺期期间，包买商一直承担着各种风险，其主要包括以下几种：

1. 利率风险

利率风险主要指在选择期和承诺期内，由于利率上升导致包买商成本上升的风险。在福费廷协议项下的票据买卖，是包买商以固定利率买进票据并承担了利率变动的风险。当然，包买商可以通过运用适当的金融工具进行套期避险或者在福费廷的二级市场卖出票据以转移风险。

2. 担保行的信用风险

银行担保风险是指福费廷票据的担保行没有足够的清偿能力按期履行对外支付义务而引发的风险。几乎所有的福费廷票据都由进口国的商业银行担保，该银行的信用级别是构成信用风险的一个关键因素。如果该行信用级别低，清偿能力差，或发生票据到期前银行突然倒闭的意外事件，就会给包买商带来票据不能被偿付的风险。

3. 国家风险

福费廷融资期限内，进口国的经济、政治和社会环境可能发生变化，从而产生国家风险。鉴此，应动态监测评估进口国国家风险，分析进口国外汇储备水平和偿债记录，参考多方面数据信息，制定融资的国别政策。

4. 票据风险

在福费廷业务中，进口商可能拒付或无力支付票款而给包买商带来票据纠纷的风险。业务中，参与的进口商、出口商、包买商、担保人或开证行与议付行之间的程序都是经过票据完成的，由于涉及多方的债权债务关系、票据关系、法律关系，风险系数也最为复杂多样。不同的支付结算方式下，出口商提供的债权文件及单据是不同的，不同的债权文件及单据的操作风险集中点也不同。

(1)汇票风险

福费廷业务中使用的汇票是出口商向进口商签发的，经进口商承兑、担保行担保的远期汇票。出口商可以通过无追索权背书(即背书时加注“Without Recourse”字样)的方式，将这些远期汇票转让给善意持票人，也即转移了汇票风险。包买商向出口商出具书面担保，保证所购汇票遭拒付时，不对出口商行使追索权。

(2)本票风险

福费廷所用本票是进口商向出口商开具的经担保行担保的远期本票。对包买商而言，本票风险小于汇票风险，原因是：本票是请求权证据，本票持有人(包买商)不必提出其他证据证明其请求权；进口商对本票提出的抗辩有限，一般只能提出伪造本票、时效终止和已付款等；本票担保手续简单，只要保证人在本票上作担保签字，即可产生法律效力。

票据风险的防范对策主要有：

第一，保证票据的真实性。福费廷业务中的票据必须基于真实贸易背景，有合法齐备的基础交易合同。包买商应结合进出口商经营范围、生产能力、销售规模、技术水平、历史交易、商品类型和资金实力等情况审查交易合同是否真实；同时，出口商发货后会有一套单据能够证明其交易合同的履约情况，包括发票、装箱单、运输单据等。通过审查这些单据，包买商能够进一步确认买卖双方之间基础交易的真实性和合同履约的实际情况。

第二，要保证票据的完整性、有效性。重点审查票据是否真实、完整、符合规定；票据的出票人、承兑人、背书人、保证人/保付人的签章是否真实有效及背书是否连续；票据是否涂改，是否有非法操作等。

第三，应坚持每票必保原则。以银行保证为主，可选择国际著名银行或进口国一流银行，也可选择包买银行在进口国的海外分支或代理机构。

5. 托收与清偿风险

由于人为的疏忽和失误，致使票据未能于到期日前及时寄出收款而造成的迟收货款风险。该风险的防范措施是严格加强内部管理，由专人负责保管单据及寄单。

第三节 福费廷与其他融资方式的比较

一、福费廷与国际保理的比较

国际保理和福费廷都属于贸易融资和结算业务，即出口商都可以在贸易合同规定的收款期之前获得部分或全部的货款，而且出口商获得这些融资都可以是无追索权的，只要出口商提供的债权(无论是应收账款还是应收票据)是由正当交易引起的、不受争议的，而且符合保理商和包买商的其他规定，那么即使进口商违约或破产倒闭而产生信用风险，都由保理商和包买商承担。在融资担保和支付条件融为一体的今天，这两种新型的结算方式正越来越被广泛地应用。

由于其各自特点不同，这两种融资方式有着贸易领域和融资期限的互补性，风险承担方式也各不一样。

(1)保理业务主要适用于日常消费品或劳务的交易，每笔交易金额相对较小，交易一般是经常性持续进行的，出口商可能就自己的出口商品或服务与保理商签订一个保理协议，涉及的进口商却分布在多个国家或地区；福费廷业务主要针对资本性货物的进出口贸易，金额较大，且针对一次性交易、一次或多次分期付款。

(2)保理业务的融资期限取决于赊销期限，一般为发货后1～6个月，个别可长达1年，属于短期贸易融资；福费廷业务融资期限至少6个月以上，一般长达数年，属于中长期贸易融资。

(3)保理业务因金额小，融资期限短，保理商承担风险较小，所以以设定信用额度的办法来控制风险，无须另外提供担保；福费廷业务因金额大，融资期限长，包买商承担风险大，必须要有第三者提供担保。因此，保理业务适用于托收项下做短期贸易融资，而福费廷业务可在信用证项下或银行担保项下做中长期贸易融资。

(4)保理业务中，一般出口商最多只能得到发票金额90%的融资，这部分金额可以免除利率和汇率风险，但尚有部分余额需在赊销到期日支付，因此，出口商还要承担有关汇价和迟付方面的残余风险；在福费廷业务中，出口商可按票面金额获得扣减贴息后的融资，且不承担任何风险，因为出口商是以无追索权的形式将远期票据出售给包买商的。福费廷与国际保理不同点的比较见表9-1。

表 9-1　福费廷与国际保理不同点的比较

福费廷	国际保理
主要是可流通的票据债权凭证	主要是不可流通的应收账款凭证
可得到 100%的货款融资	可得到约 80%的货款融资
180 天以上的中长期融资	180 天以内的短期融资
可有选择性地叙做	须出售全部合格应收账款
通常在信用证结算方式下叙做	通常在 O/A 或托收结算方式下叙做
无追索权	有或无追索权

二、福费廷与商业银行贷款的比较

两者的主要不同点有：

(1)由于中长期贷款期限较长，为此承担的风险也相应加大，因此，商业银行对提供贸易中的中长期贷款都十分谨慎；在福费廷业务中，融资商为出口商提供中长期融资则是其本分业务，只要事先的各项工作做好了，融资商都乐于开展业务。

(2)商业银行在提供贸易中的中长期贷款时，一般都要求借款人提供第三方的担保或者财产抵押，手续较多；在福费廷业务中，融资商通常只要求进口商承兑汇票或出具本票，以及提供银行相应的保证(在有关的票据上保证或者提供银行保函)，手续相对简单。

(3)在商业银行提供中长期贷款中，贷款银行通常要求使用浮动利率，以利于其规避利率风险，而这一要求则可能增加借款人的利率风险，使其难以事先较为准确地核算成本；在福费廷业务中，融资商使用的是固定利率，这有利于出口商较好地把握其成本和向进口商的报价，也就使得进口商能相应地把握自己的进口成本。

三、福费廷与一般票据贴现的比较

福费廷业务与一般贴现业务都是以票据为业务的基础，以提供票据者承担贴息为条件，由融资商或者贴现人(商业银行或贴现公司)向提供票据者支付票据的余额，但在具体办理中，两者还是有以下主要区别：

(1)一般贴现业务中，如遇到承兑人因故而不能付款时，办理了贴现的商业银行对原持票人有追索权；而福费廷业务中，融资商对出口商没有追索权。

(2)一般贴现业务中所贴现的是一般的票据，未必都与特定的贸易有某种关系，即使是用贸易中所使用的票据办理贴现，也并不特定是某一类的商品；但福费廷业务中使用的票据只能是与资本密集型交易有关的票据。

(3)一般贴现业务中使用的票据期限可长可短，多为半年以内；福费廷业务中使用的票据大多是中长期的。

(4)一般贴现使用的票据只要受票人承兑就可以了；而福费廷业务中使用的票据则除了由受票人(进口商)承兑或者就是由进口商自己开立本票外，还需要资信良好的大银行为其作出保证。

(5)在一般贴现业务中，商业银行(或贴现公司)只向持票人收取贴现息；而在福费廷业务中，融资商除向出口商收取贴现息外，还要收取管理费，承担费等费用。

四、福费廷与出口信贷的比较

出口信贷和福费廷业务都能对本国资本密集型商品的出口贸易起一定的促进作用，但两者还是有一定的不同，具体如下：

(1)许多国家为了鼓励本国的出口贸易发展，都设立了专门的政策性银行，以国家财政支持为依托，提供出口信贷服务；而福费廷业务则不一定都由政策性银行办理，也不要求国家提供财政支持。

(2)出口信贷所支持的出口商品要根据国家的产业政策来确定，而福费廷业务所支持的出口商品则未必都是国家产业政策所规定的。

(3)由于出口卖方信贷有国家财政的支持，其贷款利率低于一般商业贷款利率，出口商在这一点上负担较轻；而福费廷方式没有国家财政支持，融资商还要将其承担的风险因素以多种费用等方式转嫁给出口商，因此，在福费廷方式下，出口商的费用成本较出口卖方信贷高。

(4)在出口卖方信贷条件下，出口商要承担进口商到期不付款的风险以及进口国的国家风险等，因此，银行通常都要求出口商要投保出口信贷保险，从而增加了出口商的费用；而在福费廷方式下，融资商向出口商购买的票据是没有追索权的，因此，也就不要求出口商投保出口信贷保险。

(5)出口信贷需要的文件资料较多，业务受理时间一般较长；而福费廷业务需要的文件资料少，办理时间通常较短。

(6)出口卖方信贷往往需要出口商提供担保或抵押，出口买方信贷则以进口方银行为进口商提供担保；在福费廷方式中，以进口国银行为进口商提供担保。

五、福费廷与其他融资方式的综合比较

福费廷与其他融资方式的比较见表9-2。

表 9-2　福费廷与其他融资方式的综合比较

项目＼种类	福费廷	国际商贷	出口信贷		保理	一般贴现
			卖方信贷	买方信贷		
融资对象	出口商	进口商/出口商	出口商	进口商/进口银行	出口商	出口商
融资范围	一般贸易	项目融资	机电产品、成套设备		消费品、一般商品	一般贸易
融资比例	100%票面额	注册资本以外资金缺口	85%合同金额		85%发票金额	扣贴现息及手续费付净额
利率	商业利率（固定）	商业利率（浮动）	政府补贴（固定）		商业利率（固定）	商业利率（浮动）
期限	中长期（180天以上）	短、中、长期（不限）	中长期（1～10年）		短期（180天以内）	短期
风险	无追索权	还本付息	还本付息		无追索权	有追索权
文件要求	简便	复杂多样	复杂多样		简便	齐全、高信誉
债权凭证	汇票、本票保函				托收单据	汇票、本票
出口商品国内制造部分			一般电机产品70%以上，船舶50%以上			
担保/抵押		银行担保/物业抵押	银行担保/财产抵押			
投保信用			不一定	需要		

【本章小结】

福费廷又被称为包买票据，是票据持有者（通常是出口商）将其持有的并经进口商承兑和进口方银行担保的票据，无追索权地转让给票据包买商（福费廷融资商）以提前获得现金，而福费廷融资商在票据到期时向承兑人提示要求付款。

福费廷的特点：无权追索，主要提供中长期贸易融资且融资金额较大，福费廷一般为资本性商品融资，利率固定不变，债权凭证可流通转让，手续比较简便。

福费廷的融资成本主要有：进口商直接承担银行承兑费/担保费，出口商直接承担贴现息、承诺费、选期费、宽限期贴息、罚金、担保费。但实际上，出口商在贸易报价中早已间接地将其承担的融资费用全部转嫁给了进口商。

福费廷业务在国际贸易中对有关贸易参与方(出口商、进口商和贴现银行)产生的正面影响与负面影响两方面。

福费廷业务的主要当事人：包买商、出口商、进口商、担保人。

福费廷业务流程必须了解。在福费廷业务中，有关当事人存在着不同程度的风险。出口商面临履约风险、币种风险或汇价风险、利率风险，进口商面临的主要是汇价风险；担保行面临的风险是进口商违约、拒付或破产的风险，包买商面临的风险有利率风险、担保行的信用风险、国家风险、票据风险、托收与清偿风险。

福费廷与国际保理具有很多相似之处：都基于真实的贸易背景；都是通过购买出口商的应收账款而为出口商提供贸易融资；都具有风险担保功能，能够转嫁出口商的收款风险；都是较好的贸易融资担保结算方式。但两者在业务本质、业务范围、业务费用、业务运作逻辑等方面区别还是明显的。此外，福费廷与商业银行贷款、一般票据贴现、出口信贷等其他融资方式都有联系与区别。

【练习与思考】

一、重点名词

福费廷；选期费；承诺期；承诺费

二、单选题

1. 福费廷业务的远期汇票应得到(　　)的担保。

A. 进口商　　B. 出口商　　C. 进口方银行　　D. 出口方银行

2.(　　)是福费廷业务风险的最后承担者。

A. 进口商　　B. 为票据办理担保的进口方银行

C. 出口商　　D. 为票据办理贴现的出口方银行

3.(　　)是福费廷业务的特点。

A. 进出口商双方不必事先协商

B. 出口商品价格要高于现汇购买的价格

C. 出口商应该出具汇票或者进口商应该出具本票

D. 汇票或本票不需要担保

4. 在(　　)形式下，对出口商开立的汇票没有追索权。

A. 买方信贷　　B. 卖方信贷　　C. 福费廷　　D. 混合信贷

5. 所谓福费廷业务，其实质是(　　)。

A. 一种以包买票据的方式，向出口商提供的中期对外贸易融资

B. 一种以远期票据贴现方式，向出口商提供的短期对外贸易融资

C. 一种特殊的远期票据贴现方式，向出口商提供的长期对外贸易融资

D. 一种特殊的远期票据贴现方式，向进口商提供的中长期对外贸易融资

6. 福费廷业务中提到的“承诺期”是指(　　)的一段时间。

A. 从签署贸易合同到货物交割之间

B. 从包买商提出报价到签署福费廷业务合同之间

C. 从签署福费廷业务合同到货物交割之间

D. 从签署贸易合同到签署福费廷业务合同之间

7. 福费廷业务中，如果出口商在票据上加注了“Without Recourse”字样，就表明了(　　)。

A. 已由出口商承兑

B. 已由出口方银行担保

C. 已将票据可能遭受拒付的风险转嫁给了包买商

D. 进口方银行已同意放弃追索权

8. 福费廷业务中的包买商通常是(　　)。

A. 金融公司　　B. 商业银行

C. 信托公司　　D. 政府设立的专门的出口信贷机构

9. 包买票据中使用最多的是(　　)。

A. 出口商开立的汇票　　B. 出口商开立的本票

C. 进口商开立的汇票　　D. 进口商开立的本票

10. 在福费廷业务中，需要进口方银行对进口商的付款做出保证，所采用最多的形式是(　　)。

A. 保证银行在出口商出具的汇票上加注保付签字

B. 保证银行出具银行保函

C. 保证银行在进口商出具的本票上加注保付签字

D. 保证银行出具备用信用证

三、多选题

1. 关于银行福费廷业务的特点，下列说法正确的有(　　)。

A. 福费廷是出口商卖断票据，放弃了对所出售票据的一切权益

B. 福费廷业务属于衍生产品业务

C. 出口商卖断票据，但保有对出售票据的部分权益

D. 银行(包买人)承担了票据拒付的所有风险，带有长期固定利率的融资性质

E. 银行(或包买人)对国际贸易延期付款方式中出口商持有的远期承兑汇票或本票无追索权的贴现

2. 福费廷业务中的远期汇票应得到(　　)。

A. 进口商担保　　B. 进口方银行担保　C. 出口方银行担保

D. 出口商担保　　E. 进口商所在地金融机构担保

3. 选用福费廷业务方式(　　)。

A. 进出口商须事先协商，取得一致　　B. 出口商品价格高于现汇结算的交易价格

C. 由出口商出具本票　　D. 由进口商承兑出口商出具的汇票

E. 所使用的票据须进口方银行担保　　F. 所使用的票据无须进口方银行担保

4. 包买票据商包买票据时买断的风险包括(　　)。

A. 欺诈风险　　B. 市场风险　　C. 商业风险　　D. 汇率风险

5. 福费廷业务中，(　　)都是担保被包买票据的可行方法。

A. 使用银行保函　　B. 使用备用信用证

C. 担保行在票据上做保付签字　　D. 由政府出面担保

6. (　　)是没有追索权的。

A. 信用证业务中，议付银行对受益人的议付

B. 信用证业务中，保兑银行对受益人的付款

C. 国际保理业务中，在保理的授信额度内，保理商对出口商的付款

D. 福费廷业务中，福费廷融资商对出口商办理的贴现

7. 福费廷主要用于延期付款的(　　)等贸易中。

A. 成套设备　　B. 飞机　　C. 船舶　　D. 纺织品

8. 下面关于包买票据的论述，正确的是(　　)。

A. 又称“福费廷”

B. 最早产生于瑞士

C. 是一种无追索权形式，为出口商贴现票据的金融服务

D. 一般是以国际正常贸易为背景的，不涉及军事产品

9. 福费廷业务不适用(　　)。

A. 资本货物　　B. 普通货物　　C. 农业产品　　D. 大宗货物

10. 保理与福费廷的相同点有(　　)。

A. 付款都可以是无追索权的　　B. 提供买方信用担保

C. 主要用于大型资本货物或大型项目　　D. 卖方可以获得出口融资

四、判断题(正确写 T，错误写 F)

(　　)1. 福费廷与贴现业务均是出口商向银行或者其他金融机构出卖汇票。

(　　)2. 包买商在福费廷业务中必须放弃对远期票据的追索权。

(　　)3. 福费廷业务不能用于国内贸易产生的票据。

(　　)4. 福费廷业务的票据通常是成套的，只能用于大型成套设备的出口。

(　　)5. 福费廷业务中的包买商不是一般票据贴现业务的贴现行。

(　　)6. 福费廷业务不需要一流的银行担保或者提供保函。

(　　)7. 福费廷业务的金额巨大，付款期往往较长，贸易双方都是大进出口商。

(　　)8. 福费廷业务相对于保付代理业务的内容来看，显得单一简便。

(　　)9. 福费廷业务中的进出口商双方必须事先协商，对采用福费廷方式取得一致意见。

(　　)10. 包买人对所买的票据没有追索权。

五、案例分析题

国内A公司和国外B公司签订了价值为600万美元、付款期限为3年的买卖合同。A公司找到其往来银行C，希望采用福费廷融资方式解决资金周转问题。C银行认为B公司如能提供一个可接受的银行保函，此业务便可以实际操作。B公司很快找到了愿意为汇票做担保的银行D。A公司将签发的每张金额为100万美元的6张半年期汇票寄给B公司进行承兑。B公司将承兑后的汇票连同D银行出具的保函寄给A公司。

C银行得知货已抵达进口商港口后，便在第一张汇票到期日时以9.5%的利率贴现了该汇票，并随后在福费廷二级市场进行了出售。

但恰在此时，发生了下列意想不到的事情。

首先，出口商A公司对合同产品的基础设计有问题，因此进口商B公司拒绝支付到期的第一张汇票。与此同时，A公司因经营不善倒闭，无法修理设备。

其次，D银行拒绝支付保函项下的所有索赔要求，理由是进口商所在国法律规定所有保函都是可撤销的，除非在保函上注明了“不可撤销”字样，而这张保函的签字人经确认是没有权利签署保函的。另外，这张保函未注明“不可撤销”字样，所以D银行可以撤销此保函。最后，进口商所在国法律规定支付所有外汇汇票，要有国家批准的文件。D银行没有得到中央银行向海外汇出外汇的批准。

该案对福费廷二级市场交易商以及C银行会产生何种影响？对C银行有何启示？

六、简答题

1. 福费廷业务中使用的债务工具主要有哪两种？其中最常用的是哪一种？其出票人是谁？该票据是否需要担保？如何担保？

2. 出口商要想免除被追索，应满足哪些条件？

3. 试分析福费廷与国际保理的异同。

4. 运用框架图，说明福费廷业务是如何运行的？

5. 试分析福费廷业务对各当事人的利弊。

参考答案

一、重点名词

略。

二、单选题

1—5：CDBCA；6—10：DCDDC。

三、多选题

1. ADE； 2. BE； 3. ABDE； 4. BCD； 5. ABC； 6. BCD； 7. ABC 8. ABCD； 9. BCD；10. AD。

四、判断题

1. F；2. T；3. T；4. T；5. T；6. F；7. T；8. T；9. T；10. T。

五、案例分析题

分析：

首先，C银行把汇票以无追索权方式卖给了二级市场交易商，交易商认为无论进口商出现什么问题都无妨，因为D银行出具了到期必须付款的银行保函。但事实上，本案恰恰是D银行不能付款。与此同时，即使进口商愿意付款，但由于进口商所在国法律的规定，D银行没有得到中央银行向海外汇出外汇的批准也无法付款。事实上，该案最终受损的并不是福费廷二级市场交易商，而是C银行。这是因为C银行不能以汇票出售"无追索权"的理由来保护自己，二级市场购买者没有责任审查其汇票或保函的有效性，只是"善意持票者"。

其次，C银行必须承担所有的损失。通过这次事件，C银行必须从中吸取足够教训，即在提供融资之前，一定要对进口商银行出具的保函提出法律意见书，尤其对一些不发达国家的法律、金融法规更要详细了解，谨慎处理承兑汇票和银行保兑等细节。

六、简答题

略。

附　录

附录一　中华人民共和国票据法

（1995 年 5 月 10 日第八届全国人民代表大会常务委员会第十三次会议通过，根据 2004 年 8 月 28 日第十届全国人民代表大会常务委员会第十一次会议《关于修改〈中华人民共和国票据法〉的决定》修正）

目　录

第七章　附则

第一章　总　　则

第一条　为了规范票据行为，保障票据活动中当事人的合法权益，维护社会经济秩序，促进社会主义市场经济的发展，制定本法。

第二条　在中华人民共和国境内的票据活动，适用本法。

本法所称票据，是指汇票、本票和支票。

第三条　票据活动应当遵守法律、行政法规，不得损害社会公共利益。

第四条　票据出票人制作票据，应当按照法定条件在票据上签章，并按照所记载的事项承担票据责任。

持票人行使票据权利，应当按照法定程序在票据上签章，并出示票据。

其他票据债务人在票据上签章的，按照票据所记载的事项承担票据责任。

本法所称票据权利，是指持票人向票据债务人请求支付票据金额的权利，包括付款请求权和追索权。

本法所称票据责任，是指票据债务人向持票人支付票据金额的义务。

第五条　票据当事人可以委托其代理人在票据上签章，并应当在票据上表明其代理关系。

没有代理权而以代理人名义在票据上签章的，应当由签章人承担票据责任；代理人超越代理权限的，应当就其超越权限的部分承担票据责任。

第六条　无民事行为能力人或者限制民事行为能力人在票据上签章的，其签章无效，但是不影响其他签章的效力。

第七条　票据上的签章，为签名、盖章或者签名加盖章。

法人和其他使用票据的单位在票据上的签章，为该法人或者该单位的盖章加其法定代表人或者其授权的代理人的签章。

在票据上的签名，应当为该当事人的本名。

第八条　票据金额以中文大写和数码同时记载，二者必须一致，二者不一致的，票据无效。

第九条　票据上的记载事项必须符合本法的规定。

票据金额、日期、收款人名称不得更改，更改的票据无效。

对票据上的其他记载事项，原记载人可以更改，更改时应当由原记载人签章证明。

第十条　票据的签发、取得和转让，应当遵循诚实信用的原则，具有真实的交易关系和债权债务关系。

票据的取得，必须给付对价，即应当给付票据双方当事人认可的相对应的代价。

第十一条　因税收、继承、赠予可以依法无偿取得票据的，不受给付对价的限制。但是，所享有的票据权利不得优于其前手的权利。

前手是指在票据签章人或者持票人之前签章的其他票据债务人。

第十二条 以欺诈、偷盗或者胁迫等手段取得票据的，或者明知有前列情形，出于恶意取得票据的，不得享有票据权利。

持票人因重大过失取得不符合本法规定的票据的，也不得享有票据权利。

第十三条 票据债务人不得以自己与出票人或者与持票人的前手之间的抗辩事由，对抗持票人。但是，持票人明知存在抗辩事由而取得票据的除外。

票据债务人可以对不履行约定义务的与自己有直接债权债务关系的持票人，进行抗辩。

本法所称抗辩，是指票据债务人根据本法规定对票据债权人拒绝履行义务的行为。

第十四条 票据上的记载事项应当真实，不得伪造、变造。伪造、变造票据上的签章和其他记载事项的，应当承担法律责任。

票据上有伪造、变造的签章的，不影响票据上其他真实签章的效力。

票据上其他记载事项被变造的，在变造之前签章的人，对原记载事项负责；在变造之后签章的人，对变造之后的记载事项负责；不能辨别是在票据被变造之前或者之后签章的，视同在变造之前签章。

第十五条 票据丧失，失票人可以及时通知票据的付款人挂失止付，但是，未记载付款人或者无法确定付款人及其代理付款人的票据除外。

收到挂失止付通知的付款人，应当暂停支付。

失票人应当在通知挂失止付后三日内，也可以在票据丧失后，依法向人民法院申请公示催告，或者向人民法院提起诉讼。

第十六条 持票人对票据债务人行使票据权利，或者保全票据权利，应当在票据当事人的营业场所和营业时间内进行，票据当事人无营业场所的，应当在其住所进行。

第十七条 票据权利在下列期限内不行使而消灭：

(一)持票人对票据的出票人和承兑人的权利，自票据到期日起二年。见票即付的汇票、本票，自出票日起二年；

(二)持票人对支票出票人的权利，自出票日起六个月；

(三)持票人对前手的追索权，自被拒绝承兑或者被拒绝付款之日起六个月；

(四)持票人对前手的再追索权，自清偿日或者被提起诉讼之日起三个月。

票据的出票日、到期日由票据当事人依法确定。

第十八条 持票人因超过票据权利时效或者因票据记载事项欠缺而丧失票据权利的，仍享有民事权利，可以请求出票人或者承兑人返还其与未支付的票据金额相当的利益。

第二章 汇 票

第一节 出 票

第十九条 汇票是出票人签发的，委托付款人在见票时或者在指定日期无条件支付确定的金额给收款人或者持票人的票据。

汇票分为银行汇票和商业汇票。

第二十条 出票是指出票人签发票据并将其交付给收款人的票据行为。

第二十一条 汇票的出票人必须与付款人具有真实的委托付款关系，并且具有支付汇票金额的可靠资金来源。

不得签发无对价的汇票用以骗取银行或者其他票据当事人的资金。

第二十二条 汇票必须记载下列事项：

（一）表明“汇票”的字样；

（二）无条件支付的委托；

（三）确定的金额；

（四）付款人名称；

（五）收款人名称；

（六）出票日期；

（七）出票人签章。

汇票上未记载前款规定事项之一的，汇票无效。

第二十三条 汇票上记载付款日期、付款地、出票地等事项的，应当清楚、明确。

汇票上未记载付款日期的，为见票即付。

汇票上未记载付款地的，付款人的营业场所、住所或者经常居住地为付款地。

汇票上未记载出票地的，出票人的营业场所、住所或者经常居住地为出票地。

第二十四条 汇票上可以记载本法规定事项以外的其他出票事项，但是该记载事项不具有汇票上的效力。

第二十五条 付款日期可以按照下列形式之一记载：

（一）见票即付；

（二）定日付款；

（三）出票后定期付款；

（四）见票后定期付款。

前款规定的付款日期为汇票到期日。

第二十六条 出票人签发汇票后，即承担保证该汇票承兑和付款的责任。出票人在汇票得不到承兑或者付款时，应当向持票人清偿本法第七十条、第七十一条规定的金额和费用。

第二节　背　　书

第二十七条　持票人可以将汇票权利转让给他人或者将一定的汇票权利授予他人行使。

出票人在汇票上记载"不得转让"字样的，汇票不得转让。

持票人行使第一款规定的权利时，应当背书并交付汇票。

背书是指在票据背面或者粘单上记载有关事项并签章的票据行为。

第二十八条　票据凭证不能满足背书人记载事项的需要，可以加附粘单，粘附于票据凭证上。

粘单上的第一记载人，应当在汇票和粘单的粘接处签章。

第二十九条　背书由背书人签章并记载背书日期。

背书未记载日期的，视为在汇票到期日前背书。

第三十条　汇票以背书转让或者以背书将一定的汇票权利授予他人行使时，必须记载被背书人名称。

第三十一条　以背书转让的汇票，背书应当连续。持票人以背书的连续，证明其汇票权利；非经背书转让，而以其他合法方式取得汇票的，依法举证，证明其汇票权利。

前款所称背书连续，是指在票据转让中，转让汇票的背书人与受让汇票的被背书人在汇票上的签章依次前后衔接。

第三十二条　以背书转让的汇票，后手应当对其直接前手背书的真实性负责。

后手是指在票据签章人之后签章的其他票据债务人。

第三十三条　背书不得附有条件。背书时附有条件的，所附条件不具有汇票上的效力。

将汇票金额的一部分转让的背书或者将汇票金额分别转让给二人以上的背书无效。

第三十四条　背书人在汇票上记载"不得转让"字样，其后手再背书转让的，原背书人对后手的被背书人不承担保证责任。

第三十五条　背书记载"委托收款"字样的，被背书人有权代背书人行使被委托的汇票权利。但是，被背书人不得再以背书转让汇票权利。

汇票可以设定质押；质押时应当以背书记载"质押"字样。被背书人依法实现其质权时，可以行使汇票权利。

第三十六条　汇票被拒绝承兑、被拒绝付款或者超过付款提示期限的，不得背书转让；背书转让的，背书人应当承担汇票责任。

第三十七条　背书人以背书转让汇票后，即承担保证其后手所持汇票承兑和付款的责任。背书人在汇票得不到承兑或者付款时，应当向持票人清偿本法第七十条、第七十一条规定的金额和费用。

第三节 承　　兑

第三十八条 承兑是指汇票付款人承诺在汇票到期日支付汇票金额的票据行为。

第三十九条 定日付款或者出票后定期付款的汇票，持票人应当在汇票到期日前向付款人提示承兑。

提示承兑是指持票人向付款人出示汇票，并要求付款人承诺付款的行为。

第四十条 见票后定期付款的汇票，持票人应当自出票日起一个月内向付款人提示承兑。

汇票未按照规定期限提示承兑的，持票人丧失对其前手的追索权。

见票即付的汇票无须提示承兑。

第四十一条 付款人对向其提示承兑的汇票，应当自收到提示承兑的汇票之日起三日内承兑或者拒绝承兑。

付款人收到持票人提示承兑的汇票时，应当向持票人签发收到汇票的回单。回单上应当记明汇票提示承兑日期并签章。

第四十二条 付款人承兑汇票的，应当在汇票正面记载“承兑”字样和承兑日期并签章；见票后定期付款的汇票，应当在承兑时记载付款日期。

汇票上未记载承兑日期的，以前条第一款规定期限的最后一日为承兑日期。

第四十三条 付款人承兑汇票，不得附有条件；承兑附有条件的，视为拒绝承兑。

第四十四条 付款人承兑汇票后，应当承担到期付款的责任。

第四节 保　　证

第四十五条 汇票的债务可以由保证人承担保证责任。

保证人由汇票债务人以外的他人担当。

第四十六条 保证人必须在汇票或者粘单上记载下列事项：

(一)表明“保证”的字样；

(二)保证人名称和住所；

(三)被保证人的名称；

(四)保证日期；

(五)保证人签章。

第四十七条 保证人在汇票或者粘单上未记载前条第(三)项的，已承兑的汇票，承兑人为被保证人；未承兑的汇票，出票人为被保证人。

保证人在汇票或者粘单上未记载前条第(四)项的，出票日期为保证日期。

第四十八条 保证不得附有条件；附有条件的，不影响对汇票的保证责任。

第四十九条 保证人对合法取得汇票的持票人所享有的汇票权利，承担保证责任。但是，被保证人的债务因汇票记载事项欠缺而无效的除外。

第五十条 被保证的汇票，保证人应当与被保证人对持票人承担连带责任。汇票到期后得不到付款的，持票人有权向保证人请求付款，保证人应当足额付款。

第五十一条 保证人为二人以上的，保证人之间承担连带责任。

第五十二条 保证人清偿汇票债务后，可以行使持票人对被保证人及其前手的追索权。

第五节 付 款

第五十三条 持票人应当按照下列期限提示付款：

(一)见票即付的汇票，自出票日起一个月内向付款人提示付款；

(二)定日付款、出票后定期付款或者见票后定期付款的汇票，自到期日起十日内向承兑人提示付款。

持票人未按照前款规定期限提示付款的，在作出说明后，承兑人或者付款人仍应当继续对持票人承担付款责任。

通过委托收款银行或者通过票据交换系统向付款人提示付款的，视同持票人提示付款。

第五十四条 持票人依照前条规定提示付款的，付款人必须在当日足额付款。

第五十五条 持票人获得付款的，应当在汇票上签收，并将汇票交给付款人。持票人委托银行收款的，受委托的银行将代收的汇票金额转账收入持票人账户，视同签收。

第五十六条 持票人委托的收款银行的责任，限于按照汇票上记载事项将汇票金额转入持票人账户。

付款人委托的付款银行的责任，限于按照汇票上记载事项从付款人账户支付汇票金额。

第五十七条 付款人及其代理付款人付款时，应当审查汇票背书的连续，并审查提示付款人的合法身份证明或者有效证件。

付款人及其代理付款人以恶意或者有重大过失付款的，应当自行承担责任。

第五十八条 对定日付款、出票后定期付款或者见票后定期付款的汇票，付款人在到期日前付款的，由付款人自行承担所产生的责任。

第五十九条 汇票金额为外币的，按照付款日的市场汇价，以人民币支付。

汇票当事人对汇票支付的货币种类另有约定的，从其约定。

第六十条 付款人依法足额付款后，全体汇票债务人的责任解除。

第六节 追 索 权

第六十一条 汇票到期被拒绝付款的，持票人可以对背书人、出票人以及汇票的其他债务人行使追索权。

汇票到期日前，有下列情形之一的，持票人也可以行使追索权：

(一)汇票被拒绝承兑的；

(二)承兑人或者付款人死亡、逃匿的；

(三)承兑人或者付款人被依法宣告破产的或者因违法被责令终止业务活动的。

第六十二条 持票人行使追索权时，应当提供被拒绝承兑或者被拒绝付款的有关证明。

持票人提示承兑或者提示付款被拒绝的，承兑人或者付款人必须出具拒绝证明，或者出具退票理由书。未出具拒绝证明或者退票理由书的，应当承担由此产生的民事责任。

第六十三条 持票人因承兑人或者付款人死亡、逃匿或者其他原因，不能取得拒绝证明的，可以依法取得其他有关证明。

第六十四条 承兑人或者付款人被人民法院依法宣告破产的，人民法院的有关司法文书具有拒绝证明的效力。

承兑人或者付款人因违法被责令终止业务活动的，有关行政主管部门的处罚决定具有拒绝证明的效力。

第六十五条 持票人不能出示拒绝证明、退票理由书或者未按照规定期限提供其他合法证明的，丧失对其前手的追索权。但是，承兑人或者付款人仍应当对持票人承担责任。

第六十六条 持票人应当自收到被拒绝承兑或者被拒绝付款的有关证明之日起三日内，将被拒绝事由书面通知其前手；其前手应当自收到通知之日起三日内书面通知其再前手。持票人也可以同时向各汇票债务人发出书面通知。

未按照前款规定期限通知的，持票人仍可以行使追索权。因延期通知给其前手或者出票人造成损失的，由没有按照规定期限通知的汇票当事人，承担对该损失的赔偿责任，但是所赔偿的金额以汇票金额为限。

在规定期限内将通知按照法定地址或者约定的地址邮寄的，视为已经发出通知。

第六十七条 依照前条第一款所作的书面通知，应当记明汇票的主要记载事项，并说明该汇票已被退票。

第六十八条 汇票的出票人、背书人、承兑人和保证人对持票人承担连带责任。

持票人可以不按照汇票债务人的先后顺序，对其中任何一人、数人或者全体行使追索权。

持票人对汇票债务人中的一人或者数人已经进行追索的，对其他汇票债务人仍可以行使追索权。被追索人清偿债务后，与持票人享有同一权利。

第六十九条 持票人为出票人的，对其前手无追索权。持票人为背书人的，对其后手无追索权。

第七十条 持票人行使追索权，可以请求被追索人支付下列金额和费用：

(一)被拒绝付款的汇票金额；

(二)汇票金额自到期日或者提示付款日起至清偿日止，按照中国人民银行规定的利率计算的利息；

(三)取得有关拒绝证明和发出通知书的费用。

被追索人清偿债务时，持票人应当交出汇票和有关拒绝证明，并出具所收到利息和费用的收据。

第七十一条 被追索人依照前条规定清偿后，可以向其他汇票债务人行使再追索权，请求其他汇票债务人支付下列金额和费用：

(一)已清偿的全部金额；

(二)前项金额自清偿日起至再追索清偿日止，按照中国人民银行规定的利率计算的利息；

(三)发出通知书的费用。

行使再追索权的被追索人获得清偿时，应当交出汇票和有关拒绝证明，并出具所收到利息和费用的收据。

第七十二条 被追索人依照前二条规定清偿债务后，其责任解除。

第三章 本 票

第七十三条 本票是出票人签发的，承诺自己在见票时无条件支付确定的金额给收款人或者持票人的票据。

本法所称本票，是指银行本票。

第七十四条 本票的出票人必须具有支付本票金额的可靠资金来源，并保证支付。

第七十五条 本票必须记载下列事项：

(一)表明“本票”的字样；

(二)无条件支付的承诺；

(三)确定的金额；

(四)收款人名称；

(五)出票日期；

(六)出票人签章。

本票上未记载前款规定事项之一的，本票无效。

第七十六条 本票上记载付款地、出票地等事项的，应当清楚、明确。

本票上未记载付款地的，出票人的营业场所为付款地。

本票上未记载出票地的，出票人的营业场所为出票地。

第七十七条 本票的出票人在持票人提示见票时，必须承担付款的责任。

第七十八条 本票自出票日起，付款期限最长不得超过二个月。

第七十九条　本票的持票人未按照规定期限提示见票的，丧失对出票人以外的前手的追索权。

第八十条　本票的背书、保证、付款行为和追索权的行使，除本章规定外，适用本法第二章有关汇票的规定。

本票的出票行为，除本章规定外，适用本法第二十四条关于汇票的规定。

第四章　支　　票

第八十一条　支票是出票人签发的，委托办理支票存款业务的银行或者其他金融机构在见票时无条件支付确定的金额给收款人或者持票人的票据。

第八十二条　开立支票存款账户，申请人必须使用其本名，并提交证明其身份的合法证件。

开立支票存款账户和领用支票，应当有可靠的资信，并存入一定的资金。

开立支票存款账户，申请人应当预留其本名的签名式样和印鉴。

第八十三条　支票可以支取现金，也可以转账，用于转账时，应当在支票正面注明。

支票中专门用于支取现金的，可以另行制作现金支票，现金支票只能用于支取现金。

支票中专门用于转账的，可以另行制作转账支票，转账支票只能用于转账，不得支取现金。

第八十四条　支票必须记载下列事项：

（一）表明“支票”的字样；

（二）无条件支付的委托；

（三）确定的金额；

（四）付款人名称；

（五）出票日期；

（六）出票人签章。

支票上未记载前款规定事项之一的，支票无效。

第八十五条　支票上的金额可以由出票人授权补记，未补记前的支票，不得使用。

第八十六条　支票上未记载收款人名称的，经出票人授权，可以补记。

支票上未记载付款地的，付款人的营业场所为付款地。

支票上未记载出票地的，出票人的营业场所、住所或者经常居住地为出票地。

出票人可以在支票上记载自己为收款人。

第八十七条　支票的出票人所签发的支票金额不得超过其付款时在付款人处实有的存款金额。

出票人签发的支票金额超过其付款时在付款人处实有的存款金额的，为空头支票。禁止签发空头支票。

第八十八条 支票的出票人不得签发与其预留本名的签名式样或者印鉴不符的支票。

第八十九条 出票人必须按照签发的支票金额承担保证向该持票人付款的责任。

出票人在付款人处的存款足以支付支票金额时，付款人应当在当日足额付款。

第九十条 支票限于见票即付，不得另行记载付款日期。另行记载付款日期的，该记载无效。

第九十一条 支票的持票人应当自出票日起十日内提示付款；异地使用的支票，其提示付款的期限由中国人民银行另行规定。

超过提示付款期限的，付款人可以不予付款；付款人不予付款的，出票人仍应当对持票人承担票据责任。

第九十二条 付款人依法支付支票金额的，对出票人不再承担受委托付款的责任，对持票人不再承担付款的责任。但是，付款人以恶意或者有重大过失付款的除外。

第九十三条 支票的背书、付款行为和追索权的行使，除本章规定外，适用本法第二章有关汇票的规定。

支票的出票行为，除本章规定外，适用本法第二十四条、第二十六条关于汇票的规定。

第五章 涉外票据的法律适用

第九十四条 涉外票据的法律适用，依照本章的规定确定。

前款所称涉外票据，是指出票、背书、承兑、保证、付款等行为中，既有发生在中华人民共和国境内又有发生在中华人民共和国境外的票据。

第九十五条 中华人民共和国缔结或者参加的国际条约同本法有不同规定的，适用国际条约的规定。但是，中华人民共和国声明保留的条款除外。

本法和中华人民共和国缔结或者参加的国际条约没有规定的，可以适用国际惯例。

第九十六条 票据债务人的民事行为能力，适用其本国法律。

票据债务人的民事行为能力，依照其本国法律为无民事行为能力或者为限制民事行为能力而依照行为地法律为完全民事行为能力的，适用行为地法律。

第九十七条 汇票、本票出票时的记载事项，适用出票地法律。

支票出票时的记载事项，适用出票地法律，经当事人协议，也可以适用付款地法律。

第九十八条 票据的背书、承兑、付款和保证行为，适用行为地法律。

第九十九条 票据追索权的行使期限，适用出票地法律。

第一百条 票据的提示期限、有关拒绝证明的方式、出具拒绝证明的期限，适用付款地法律。

第一百零一条 票据丧失时，失票人请求保全票据权利的程序，适用付款地法律。

第六章 法律责任

第一百零二条 有下列票据欺诈行为之一的，依法追究刑事责任：

(一)伪造、变造票据的；

(二)故意使用伪造、变造的票据的；

(三)签发空头支票或者故意签发与其预留的本名签名式样或者印鉴不符的支票，骗取财物的；

(四)签发无可靠资金来源的汇票、本票，骗取资金的；

(五)汇票、本票的出票人在出票时作虚假记载，骗取财物的；

(六)冒用他人的票据，或者故意使用过期或者作废的票据，骗取财物的；

(七)付款人同出票人、持票人恶意串通，实施前六项所列行为之一的。

第一百零三条 有前条所列行为之一，情节轻微，不构成犯罪的，依照国家有关规定给予行政处罚。

第一百零四条 金融机构工作人员在票据业务中玩忽职守，对违反本法规定的票据予以承兑、付款或者保证的，给予处分；造成重大损失，构成犯罪的，依法追究刑事责任。

由于金融机构工作人员因前款行为给当事人造成损失的，由该金融机构和直接责任人员依法承担赔偿责任。

第一百零五条 票据的付款人对见票即付或者到期的票据，故意压票，拖延支付的，由金融行政管理部门处以罚款，对直接责任人员给予处分。

票据的付款人故意压票，拖延支付，给持票人造成损失的，依法承担赔偿责任。

第一百零六条 依照本法规定承担赔偿责任以外的其他违反本法规定的行为，给他人造成损失的，应当依法承担民事责任。

第七章 附 则

第一百零七条 本法规定的各项期限的计算，适用民法通则关于计算期间的规定。

按月计算期限的，按到期月的对日计算；无对日的，月末日为到期日。

第一百零八条 汇票、本票、支票的格式应当统一。

票据凭证的格式和印制管理办法，由中国人民银行规定。

第一百零九条 票据管理的具体实施办法，由中国人民银行依照本法制定，报国务院批准后施行。

第一百一十条 本法自1996年1月1日起施行。

附录二 托收统一规则

一、总则和定义

第一款 《托收统一规则》第 522 号的应用

(1)国际商会第 522 号出版物《托收统一规则》1995 年修订本将适用于第二款所限定的、并在第四款托收指示中列明适用该项规则的所有托收项目。除非另有明确的约定，或与某一国家、某一政府，或与当地法律和尚在生效的条例有所抵触，本规则对所有的关系人均具有约束力。

(2)银行没有义务必须办理某一托收或任何托收指示或以后的相关指示。

(3)如果银行无论出于何种理由选择了不办理它所收到的托收或任何相关的托收指示，它必须毫不延误地采用电讯，或者如果电讯不可能时采用其他快捷的工具向他收到该项指示的当事人发出通知。

第二款 托收的定义

就本条款而言：

(1)托收是指银行依据所收到的指示处理下述(2)款所限定的单据，以便于：

a. 取得付款和/或承兑；或

b. 凭以付款或承兑交单；或

c. 按照其他条款和条件交单。

(2)单据是指金融单据和/或商业单据。

a. 金融单据是指汇票、本票、支票或其他类似的可用于取得款项支付的凭证；

b. 商业单据是指发票、运输单据、所有权文件或其他类似的文件，或者不属于金融单据的任何其他单据。

(3)光票托收是指不附有商业单据的金融单据项下的托收。

(4)跟单托收是指：

a. 附有商业单据的金融单据项下的托收；

b. 不附有金融单据的商业单据项下的托收。

第三款 托收的关系人

(1)就本条款而言，托收的关系人有：

a. 委托人即委托银行办理托收的有关人；

b. 寄单行即委托人委托办理托收的银行；

c. 代收行即除寄单行以外的任何参与处理托收业务的任何银行；

(2)付款人即根据托收指示向其提示单据的人。

二、托收的形式和结构

第四款 托收指示

(1)a. 所有送往托收的单据必须附有一项托收指示，注明该项托收将遵循《托收统一规则》第522号文件并且列出完整和明确的指示。银行只准许根据该托收指示中的命令和本规则行事；

b. 银行将不会为了取得指示而审核单据；

c. 除非托收指示中另有授权，银行将不理会来自除了他所收到托收的有关人/银行以外的任何有关人/银行的任何指令。

(2)托收指示应当包括下述适宜的各项内容：

a. 收到该项托收的银行详情，包括全称、邮政和SWIFT地址、电传、电话和传真号码和编号；

b. 委托人的详情包括全称、邮政地址或者办理提示的场所以及，如果有的话，电传、电话和传真号码；

c. 付款人的详情包括全称、邮政地址或者办理提示的场所以及，如果有的话，电传、电话和传真号码；

d. 提示银行(如有的话)的详情，包括全称、邮政地址以及，如果有的话，电传和传真号码；

e. 待托收的金额和货币；

f. 所附单据清单和每份单据的份数；

g. i. 凭以取得付款和/或承兑的条件和条款；

ii. 凭以交付单据的条件；

iii. 付款和/或承兑；

iv. 其他条件和条款；

h. 缮制托收指示的有关方应有责任清楚无误地说明，确保单据交付的条件，否则的话，银行对此所产生的任何后果将不承担责任；

待收取的手续费指明是否可以放弃；

i. 待收取的利息，如有的话，指明是否可以放弃，包括利率、计息期、适用的计算期基数(如一年按360天还是365天)；

j. 付款方法和付款通知的形式；

k. 发生不付款、不承兑和/或与其他批示不相符时的指示。

(3)a. 托收指示应载明付款人或将要办理提示场所的完整地址。如果地址不全或有错误，代收银行可尽力去查明恰当的地址，但其本身并无义务和责任。

b. 代收银行对因所提供地址不全或有误所造成的任何延误将不承担责任或对其负责。

三、提示的形式

第五款 提示

(1)就本条款而言，提示是表示银行按照指示行使单据对付款人发生效用的程序。

(2)托收指示应列明付款人将要采取行动的确切期限。

诸如首先、迅速、立即和类似的表述不应用于提示、或付款人赎单采取任何其他行动的任何期限。如果采用了该类术语，银行将不予理会。

(3)单据必须以银行收到时的形态向付款人提示，除非被授权贴附任何必需的印花，除非另有指示费用由向其发出托收的有关方支付以及被授权采取任何必要的背书或加盖橡皮戳记，或其他托收业务惯用的和必要的辨认记号或符号。

(4)为了使委托人的指示得以实现，寄单行将以委托人所指定的银行作为代收行。在未指定代收行时，寄单行将使用他自身的任何银行或者在付款或承兑的国家中，或在必须遵守其他条件的国家中选择另外的银行。

(5)单据和托收指示可以由寄单行直接或者通过另一银行作为中间银行寄送给代收行。

(6)如果寄单行未指定某一特定的提示行，代办行可自行选择提示行。

第六款 即期/承兑

如果是见单即付的单据，提示行必须立即办理提示付款不得延误；如果不是即期而是远期付款单据，提示行必须在不晚于到期日，如是要承兑立即办理提示承兑，如是付款立即办理提示付款。

第七款 商业单据的交单(承兑交单 D/A 和付款交单 D/P)

(1)附有商业单据必须在付款时交出的托收指示，不应包含远期付款的汇票。

(2)如果托收包含有远期付款的汇票，托收指示应列明商业单据是凭承兑不是凭付款交给付款人。如果未有说明，商业单据只能是付款交单，而代收行对由于交付单据的任何延误所产生的任何后果将不承担责任。

(3)如果托收包含有远期付款的汇票而且托收指示列明应凭付款交出商业单据时，则单据只能凭该项付款才能交付，而代收行对由于交单的任何延误所产生的任何结果将不承担责任。

第八款 代制单据

在寄单行指示或者是代收行或者是付款人应代制托收中未曾包括的单据(汇票、本票、信托收据、保证书或其他单据)时，这些单据的格式和词句应由寄单行提供，否则的话，代收行对由代收行和/或付款人所提供任何该种单据的格式和词句将不承担责任或对其负责。

四、义务和责任

第九款 善意和合理的谨慎

银行将以善意和合理的谨慎办理业务。

第十款 单据与货物/服务/行为

(1)未经银行事先同意，货物不得以银行的地址直接发送给该银行，或者以该行作为收货人或者以该行为抬头人。然而，如果未经银行事先同意而将货物以银行的地址直接发送给了该银行，或以该行作为收货人或抬头人，并请该行凭付款或承兑或凭其他条款将货物交付给付款人，该行将没有提取货物的义务，其风险和责任仍由发货方承担。

(2)银行对与跟单托收有关的货物即使接到特别指示也没有义务采取任何行动包括对货物的仓储和保险，银行只有在个案中如果同意这样做时才会采取该类行动。撇开前述第一款(3)的规定，即使对此没有任何特别的通知，代收银行也适用本条款。

(3)然而，无论银行是否收到指示，它们为保护货物而采取措施时，银行对有关货物的结局和/或状况和/或对受托保管和/或保护的任何第三方的行为和/或疏漏概不承担责任，但是，代收行必须毫不延误地将其所采取的措施通知对其发出托收指示的银行。

(4)银行对货物采取任何保护措施所发生的任何费用和/或花销将由向其发出托收的一方承担。

(5)a. 撇开第十款(1)条的规定，如果货物是以代收行作为收货人或抬头人，而且付款人已对该项托收办理了付款、承兑或承诺了其他条件和条款，代收行因此对货物的交付做了安排时，应认为寄单行已授权代收行如此办理。

b. 若代收行按照寄单行的指示按上述第十款(1)条的规定安排交付货物，寄单行应对该代收行所发行的全部损失和花销给予赔偿。

第十一款 对被指示的免责

(1)为使委托人的指示得以实现，银行使用另一银行或其他银行的服务是代该委托人办理的，因此，其风险由委托人承担；

(2)即使银行主动地选择了其他银行办理业务，如该行所转递的指示未被执行，该行不承担责任或对其负责；

(3)一方指示另一方去履行服务，指示方应受到被指示方的法律和惯例所加予的一切义务和责任的制约，并承担赔偿的责任。

第十二款 对收到单据的免责

(1)银行必须确定它所收到的单据应与托收批示中所列表面相符，如果发现任何单据有短缺或非托收指示所列，银行必须以电信方式，如电信不可能时，以其他快捷的方式通知从其收到指示的一方，不得延误；银行对此没有更多的责任。

(2)如果单据与所列表面不相符，寄单行对代收行收到的单据种类和数量应不得有争议；

(3)根据第五款(3)以及上述(2)，银行将按所收到的单据办理提示而无须做更多的审核。

第十三款 对单据有效性的免责

银行对任何单据的格式、完整性、准确性、真实性、虚假性或其法律效力，或对在单据中载明或在其上附加的一般性和/或特殊性的条款不承担责任或对其负责；银行也不对任何单据所表示的货物的描述、数量、重量、质量、状况、包装、交货、价值或存在，或对货物的发运人、承运人、运输行、收货人和保险人或其他任何人的诚信或行为和/或疏忽、清偿力、业绩或信誉承担责任或对其负责。

第十四款 对单据在传送中的延误和损坏以及对翻译的免责

(1)银行对任何信息、信件或单据在传送中所发生的延误和/或损坏，或对任何电信在传递中所发生的延误、残损或其他错误，或对技术条款的翻译和/或解释的错误不承担责任或对其负责；

(2)银行对由于收到的任何指示需要澄清而引起的延误将不承担责任或对其负责。

第十五款 不可抗力

银行对由于天灾、暴动、骚乱、战争或银行本身不能控制的任何其他原因、任何罢工或停工而使银行营业中断所产生的后果不承担责任或对其负责。

五、付款

第十六款 立即汇付

(1)收妥的款项(扣除手续费和/或支出和/或可能的花销)必须按照托收指示中规定的条件和条款不延误地付给从其收到托收指示的一方，不得延误；

(2)撇开第一款(3)的规定和除非另有指示，代收行仅向寄单行汇付收妥的款项。

第十七款 以当地货币支付

如果单据是以付款地国家的货币(当地货币)付款，除托收指示另有规定外，提示行必须凭当地货币的付款，交单给付款人，只要该种货币按托收指示规定的方式能够随时处理。

第十八款 用外汇付款

如果单据是以付款地国家以外的货币(外汇)付款，除托收指示中另用规定外，提示行必须凭指定的外汇的付款，交单给付款人，只要该外汇是按托收指示规定能够立即汇出。

第十九款 分期付款

(1)在光票托收中可以接受分期付款，前提是分批的金额和条件是付款当地的现行法律所允许的。只有在全部货款已收妥的情况下，才能将金融单据交付给付款人。

(2)在跟单托收中，只有在托收指示有特别授权的情况下，才能接受分期付款。然而，除非另有指示，提示行只能在全部货款已收妥后才能将单据交付给付款人。

(3)在任何情况下，分期付款只有在符合第十七款或第十八款中的相应规定时才会被接受。

如果接受分期付款将按照第十六款的规定办理。

六、利息、手续费和费用

第二十款 利息

(1)如果托收指示中规定必须收取利息，但付款人拒付该项利息时，提示行可根据具体情况在不收取利息的情况下凭付款或承兑或其他条款和条件交单，除非适用第二十款(3)条。

(2)如果要求收取利息，托收指示中应明确规定利率、计息期和计息方法。

(3)如托收指示中明确地指明利息不得放弃而付款人已拒付该利息，提示行将不交单，并对由此所引起的延迟交单所产生的后果将不承担责任。当利息已被拒付时，提示行必须以电信，当不可能时可用其他便捷的方式通知曾向其发出托收指示的银行，不得延误。

第二十一款 手续费和费用

(1)如果托收指示中规定必须收取手续费和/或费用须由付款人承担，而后者拒付时，提示行可以根据具体情况在不收取手续费和/或费用的情况下凭付款或承兑或其他条款和条件交单，除非适用第二十一款(2)条。

每当托收手续费和/或费用被这样放弃时，该项费用应由发出托收的一方承担，并可从货款中扣减。

(2)如果托收指示中明确指明手续费和/或费用不得放弃而付款人又拒付该项费用时，提示行将不交单，并对由此所引起的延误所产生的后果将不承担责任。当该项费用已被拒付时，提示行必须以电信，当不可能时可用其他便捷的方式通知曾向其发出托收指示的银行，不得延误。

(3)在任何情况下，若托收指示中清楚地规定或根据本〈规则〉，支付款项和/或费用和/或托收手续费应由委托人承担，代收行应有权从向其发出托收指示的银行立即收回所支出的有关支付款、费用和手续费，而寄单行不管该托收结果如何应有权向委托人立即收回它所付出的任何金额连同它自己的支付款、费用和手续费。

(4)银行对向其发出托收指示的一方保留要求事先支付手续费和/或费用用以补偿其拟

执行任何指示的费用支出的权利，在未收到该项款项期间有保留不执行该项指示的权利。

七、其他条款

第二十二款 承兑

提示行有责任注意汇票承兑形式看来是完整和正确的，但是，对任何签字的真实性或签署承兑的任何签字人的权限不负责任。

第二十三款 本票和其他凭证

提示行对在本票、收据或其他凭证上的任何签字的真实性或签字人的权限不负责任。

第二十四款 拒绝证书

托收指示对当发生不付款或不承兑时的有关拒绝证书应有具体的指示(或代之以其他法律程序)。

银行由于办理拒绝证书或其他法律程序所发生的手续费和/或费用将由向其发出托收指示的一方承担。

第二十五款 预备人(Case-of-need)

如果委托人指定一名代表作为在发生不付款和(或)不承兑时的预备人，托收指示中应清楚地、详尽地指明该预备人的权限。在无该项指示时，银行将不接受来自预备人的任何指示。

第二十六款 通知

代收行应按下列规则通知托收状况：

(1)通知格式

代收行对向其发出托收指示的银行给予所有通知和信息必须要有相应的详情，在任何情况下都应包括后者在托收指示中列明的银行业务编号。

(2)通知的方法

寄单行有责任就通知的方法向代收行给予指示，详见本款(3)a、(3)b和(3)c的内容。在无该项指示时，代收行将自行选择通知方法寄送有关的通知，而其费用应由向其发出托收指示的银行承担。

(3)通知的种类

a. 付款通知

代收行必须无延误地对向其发出托收指示的银行寄送付款通知，列明金额或收妥金额、扣减的手续费和/或支付款和/或费用额以及资金的处理方式。

b. 承兑通知

代收行必须无延误地对向其发出托收指示的银行寄送承兑通知。

c. 不付款或不承兑的通知

提示行应尽力查明不付款或不承兑的原因，并据以向对其发出托收指示的银行无延误地寄送通知。

提示行应无延误地对向其发出托收指示的银行寄送不付款通知和/或不承兑通知后 60 天内未收到该项指示，代收行或提示行可将单据退回给向其发出指示的银行，而提示行方面不承担更多的责任。

1995 年修订本，自 1996 年 1 月 1 日生效。

附录三 跟单信用证统一惯例

第一条 UCP 的适用范围

《跟单信用证统一惯例——2007 年修订本，国际商会第 600 号出版物》(简称“UCP”)乃一套规则，适用于所有的其文本中明确表明受本惯例约束的跟单信用证(下称信用证，在其可适用的范围内，包括备用信用证)。除非信用证明确修改或排除，本惯例各条文对信用证所有当事人均具有约束力。

第二条 定义

就本惯例而言：

通知行 指应开证行的要求通知信用证的银行。

申请人 指要求开立信用证的一方。

银行工作日 指银行在其履行受本惯例约束的行为的地点通常开业的一天。

受益人 指接受信用证并享受其利益的一方。

相符交单 指与信用证条款、本惯例的相关适用条款以及国际标准银行实务一致的交单。

保兑 指保兑行在开证行承诺之外做出的承付或议付相符交单的确定承诺。

保兑行 指根据开证行的授权或要求对信用证加具保兑的银行。

信用证 指一项不可撤销的安排，无论其名称或描述如何，该项安排构成开证行对相符交单予以交付的确定承诺。

承付指：

a. 如果信用证为即期付款信用证，则即期付款。

b. 如果信用证为延期付款信用证，则承诺延期付款并在承诺到期日付款。

c. 如果信用证为承兑信用证，则承兑受益人开出的汇票并在汇票到期日付款。

开证行 指应申请人要求或者代表自己开出信用证的银行。

议付 指指定银行在相符交单下，在其应获偿付的银行工作日当天或之前向受益人预付或者同意预付款项，从而购买汇票(其付款人为指定银行以外的其他银行)及/或单据的行为。

指定银行　指信用证可在其处兑用的银行，如信用证可在任一银行兑用，则任何银行均为指定银行。

交单　指向开证行或指定银行提交信用证项下单据的行为，或指按此方式提交的单据。

交单人　指实施交单行为的受益人、银行或其他人。

第三条　解释

就本惯例而言：

如情形适用，单数词形包含复数含义，复数词形包含单数含义。

信用证是不可撤销的，即使未如此表明。

单据签字可用手签、摹样签字、穿孔签字、印戳、符合或任何其他机械或电子的证实方法为之。

诸如单据须履行法定手续、签证、证明等类似要求，可由单据上任何看似满足该要求的签字、标记、戳或标签来满足。

一家银行在不同国家的分支机构被视为不同的银行。

用诸如“第一流的”“著名的”“合格的”“独立的”“正式的”“有资格的”或“本地的”等词语描述单据的出单人时，允许除受益人之外的任何人出具该单据。

除非要求在单据中使用，否则诸如“迅速地”“立刻地”或“尽快地”等词语将被不予理会。

“在或大概在(on or about)”或类似用语将被视为规定事件发生在指定日期的前后五个日历日之间，起讫日期计算在内。“至(to)”“直至(until，till)”“从……开始(from)”及“在……之间(between)”等词用于确定发运日期时包含提及的日期，使用“在……之前(before)”及“在……之后(after)”时则不包含提及的日期。

“从……开始(from)”及“在……之后(after)”等词用于确定到期日期时不包含提及的日期。

“前半月”及“后半月”分别指一个月的第一日到第十五日及第十六日到该月的最后一日，起讫日期计算在内。

一个月的“开始(beginning)”“中间(middle)”及“末尾(end)”分别指第一到第十日、第十一日到第二十日及第二十一日到该月的最后一日，起讫日期计算在内。

第四条　信用证与合同

a. 就其性质而言，信用证与可能作为其开立基础的销售合同或其他合同是相互独立的交易，即使信用证中含有对此类合同的任何援引，银行也与该合同无关，且不受其约束。

因此，银行关于承付、议付或履行信用证项下其他义务的承诺，不受申请人基于与开证行或与受益人之间的关系而产生的任何请求或抗辩的影响。

受益人在任何情况下不得利用银行之间或申请人与开证行之间的合同关系。

b. 开证行应劝阻申请人试图将基础合同、形式发票等文件作为信用证组成部分的做法。

第五条　单据与货物、服务或履约行为

银行处理的是单据，而不是单据可能涉及的货物、服务或履约行为。

第六条　兑用方式、截止日和交单地点

a. 信用证必须规定可在其处兑用的银行，或是否可在任一银行兑用。规定在指定银行兑用的信用证同时也可以在开证行兑用。

b. 信用证必须规定其是以即期付款、延期付款，承兑还是议付的方式兑用。

c. 信用证不得开成凭以申请人为付款人的汇票兑用。

d. i. 信用证必须定一个交单的截止日。规定的承付或议付的截止日将被视为交单的截止日。

ii. 可在其处兑用信用证的银行所在地即为交单地点。可在任一银行兑用的信用证其交单地点为任一银行所在地。除规定的交单地点外，开证行所在地也是交单地点。

e. 除非如第二十九条 a 款规定的情形，否则受益人或者代表受益人的交单应在截止日当天或之前完成。

第七条　开证行责任

a. 只要规定的单据提交给指定银行或开证行，并且构成相符交单，则开证行必须承付，如果信用证为以下情形之一：

i. 信用证规定由开证行即期付款，延期付款或承兑；

ii. 信用证规定由指定银行即期付款但其未付款；

iii. 信用证规定由指定银行延期付款但其未承诺延期付款，或虽已承诺延期付款，但未在到期日付款；

iv. 信用证规定由指定银行承兑，但其未承兑以其为付款人的汇票，或虽然承兑了汇票，但未在到期日付款。

v. 信用证规定由指定银行议付但其未议付。

b. 开证行自开立信用证之时起即不可撤销地承担承付责任。

c. 指定银行承付或议付相符交单并将单据转给开证行之后，开证行即承担偿付该指定银行的责任。对承兑或延期付款信用证下相符交单金额的偿付应在到期日办理，无论指定银行是否在到期日之前预付或购买了单据，开证行偿付指定银行的责任独立于开证行对受益人的责任。

第八条 保兑行责任

a. 只要规定的单据提交给保兑行，或提交给其他任何指定银行，并且构成相符交单，保兑行必须：

i. 承付，如果信用证为以下情形之一：

a)信用证规定由保兑行即期付款、延期付款或承兑；

b)信用证规定由另一指定银行延期付款，但其未付款；

c)信用证规定由另一指定银行延期付款，但其未承诺延期付款，或虽已承诺延期付款但未在到期日付款；

d)信用证规定由另一指定银行承兑，但其未承兑以其为付款人的汇票，或虽已承兑汇票但未在到期日付款；

e)信用证规定由另一指定银行议付，但其未议付。

ii. 无追索权地议付，如果信用证规定由保兑行议付。

b. 保兑行自对信用证加具保兑之时起既不可撤销地承担承付或议付的责任。

c. 其他指定银行承付或议付相符交单并将单据转往保兑行之后，保兑行即承担偿付该指定银行的责任。对承兑或延期付款信用证下相符交单金额的偿付应在到期日办理，无论指定银行是否在到期日之前预付或购买了单据。保兑行偿付指定银行的责任独立于保兑行对受益人的责任。

d. 如果开证行授权或要求一银行对信用证加具保兑，而其并不准备照办，则其必须毫不延误地通知开证行，并可通知此信用证而不加保兑。

第九条 信用证及其修改的通知

a. 信用证及其任何修改可以经由通知行通知给受益人。非保兑行的通知行通知信用证及修改时不承担承付或议付的责任。

b. 通知行通知信用证或修改的行为表示其已确信信用证或修改的表面真实性，而且其通知准确地反映了其收到的信用证或修改的条款。

c. 通知行可以通过另一银行(“第二通知行”)向受益人通知信用证及修改。第二通知行通知信用证或修改的行为表明其已确信收到的通知的表面真实性，并且其通知准确地反映了收到的信用证或修改的条款。

d. 经由通知行或第二通知行通知信用证的银行必须经由同一银行通知其后的任何修改。

e. 如一银行被要求通知信用证或修改但其决定不予通知，则应毫不延误地告知自其处收到信用证、修改或通知的银行。

f. 如一银行被要求通知信用证或修改但其不能确信信用证、修改或通知的表面真实性，则应毫不延误地通知看似从其处收到指示的银行。如果通知行或第二通知行决定仍然通知信用证或修改，则应告知受益人或第二通知行其不能确信信用证、修改或通知的表面真实性。

第十条　修改

a. 除第三十八条另有规定者外，未经开证行、保兑行(如有的话)及受益人同意，信用证即不得修改，也不得撤销。

b. 开证行自发出修改之时起，即不可撤销地受其约束。保兑行可将其保兑扩展至修改，并自通知该修改时，即不可撤销地受其约束。但是，保兑行可以选择将修改通知受益人而不对其加具保兑。若然如此，其必须毫不延误地将此告知开证行，并在其给受益人的通知中告知受益人。

c. 在受益人告知通知修改的银行其接受该修改之前，原信用证(或含有先前被接受的修改的信用证)的条款对受益人仍然有效。受益人应提供接受或拒绝修改的通知。如果受益人未能给予通知，当交单与信用证以及尚未表示接受的修改的要求一致时，即视为受益人已作出接受修改的通知，并且从此时起，该信用证被修改。

d. 通知修改的银行应将任何接受或拒绝的通知转告发出修改的银行。

e. 对同一修改的内容不允许部分接受，部分接受将被视为拒绝修改的通知。

f. 修改中关于除非受益人在某一时间内拒绝修改否则修改生效的规定应被不予理会。

第十一条　电信传输的和预先通知的信用证和修改

a. 以经证实的电信方式发出的信用证或信用证修改即被视为有效的用证或修改文据，任何后续的邮寄确认书应被不予理会。

如电信声明“详情后告”(或类似用语)或声明以邮寄确认书为有效信用证或修改，则该电信不被视为有效信用证或修改。开证行必须随即不迟延地开立有效信用证或修改，其条款不得与该电信矛盾。

b. 开证行只有在准备开立有效信用证或作出有效修改时，才可以发出关于开立或修改信用证的初步通知(预先通知)。开证行作出该预先通知，即不可撤销地保证不迟延地开立或修改信用证，且其条款不能与预先通知相矛盾。

第十二条　指定

a. 除非指定银行为保兑行，对于承付或议付的授权并不赋予指定银行承付或议付的义务，除非该指定银行明确表示同意并且告知受益人。

b. 开证行指定一银行承兑汇票或做出延期付款承诺，即为授权该指定银行预付或购买其已承兑的汇票或已做出的延期付款承诺。

c. 非保兑行的指定银行收到或审核并转递单据的行为并不使其承担承付或议付的责任，也不构成其承付或议付的行为。

第十三条　银行之间的偿付安排

a. 如果信用证规定指定银行(“索偿行”)向另一方(“偿付行”)获取偿付时，必须同时规定该偿付是否按信用证开立时有效的ICC银行间偿付规则进行。

b. 如果信用证没有规定偿付遵守ICC银行间偿付规则，则按照以下规定：

i. 开证行必须给予偿付行有关偿付的援权，授权应符合信用证关于兑用方式的规定，且不应设定截止日。

ii. 开证行不应要求索偿行向偿付行提供与信用证条款相符的证明。

iii. 如果偿付行未按信用证条款见索即偿，开证行将承担利息损失以及产生的任何其他费用。

iv. 偿付行的费用应由开证行承担。然而，如果此项费用由受益人承担，开证行有责任在信用证及偿付授权中注明。如果偿付行的费用由受益人承担，该费用应在偿付时从付给索偿行的金额中扣取。如果偿付未发生，偿付行的费用仍由开证行负担。

c. 如果偿付行未能见索即偿，开证行不能免除偿付责任。

第十四条　单据审核标准

a. 按指定行事的指定银行、保兑行(如果有的话)及开证行须审核交单，并仅基于单据本身确定其是否在表面上构成相符交单。

b. 按指定行事的指定银行、保兑行(如有的话)及开证行各有从交单次日起至多五个银行工作日用以确定交单是否相符。这一期限不因在交单日当天或之后信用证截止日或最迟交单日截止而受到缩减或影响。

c. 如果单据中包含一份或多份受第十九、二十、二十一、二十二、二十三、二十四或二十五条出具的正本运输单据，则须由受益人或其代表在不迟于本惯例所指的发运日之后的二十一个日历日内交单，但是在任何情况下都不得迟于信用证的截止日。

d. 单据中的数据，在与信用证、单据本身以及国际标准银行实务参照解读时，无须与该单据本身中的数据，其他要求的单据或信用证中的数据等同一致，但不得矛盾。

e. 除商业发票外，其他单据中的货物、服务或履约行为的描述，如果有的话，可使用与信用证中的描述不矛盾的概括性用语。

f. 如果信用证要求提交运输单据、保险单据或者商业发票之外的单据，却未规定出单人或其数据内容，则只要提交的单据内容看似满足所要求单据的功能，且其他方面符合第十四条d款，银行将接受该单据。

g. 提交的非信用证所要求的单据将被不予理会，并可被退还给交单人。

h. 如果信用证含有一项条件，但未规定用以表明该条件得到满足的单据，银行将视为未作规定并不予理会。

i. 单据日期可以早于信用证的开立日期，但不得晚于交单日期。

j. 当受益人和申请人的地址出现在任何规定的单据中时，无须与信用证或其他规定单据中所载相同，但必须与信用证中规定的相应地址同在一国。联络细节(传真、电话、电子邮件及类似细节)作为受益人和申请人地址的一部分时将被不予理会。然而，如果申请人的地址和联络细节为第十九、二十、二十一、二十二、二十三、二十四或二十五条规定的运输单据上的收货人或通知方细节的一部分时，应与信用证规定的相同。

k. 在任何单据中注明的托运人或发货人无须为信用证的受益人。

l. 运输单据可以由任何人出具，无须为承运人、船东、船长或租船人，只要其符合第十九、二十、二十一、二十二、二十三或二十四条的要求。

第十五条　相符交单

a. 当开证行确定交单相符时，必须承付。

b. 当保兑行确定交单相符时，必须承付或者议付并将单据转递给开证行。

c. 当指定银行确定交单相符并承付或议付时，必须将单据转递给保兑行或开证行。

第十六条　不符单据、放弃及通知

a. 当按照指定行事的指定银行、保兑行(如有的话)或者开证行确定交单不符时，可以拒绝承付或议付。

b. 当开证行确定交单不符时，可以自行决定联系申请人放弃不符点。然而这并不能延长第十四条 b 款所指的期限。

c. 当按照指定行事的指定银行、保兑行(如有的话)或开证行决定拒绝承付或议付时，必须给予交单人一份单独的拒付通知。

该通知必须声明：

i. 银行拒绝承付或议付：及

ii. 银行拒绝承付或者议付所依据的每一个不符点：及

iii. a)银行留存单据听候交单人的进一步指示：或者

b)开证行留存单据直到其从申请人处接到放弃不符点的通知并同意接受该放弃，或者在其同意接受对不符点的放弃之前从交单人处收到其进一步指示：或者

c)银行将退回单据：或者

d)银行将按之前从交单人处获得的指示处理。

d. 第十六条 c 款要求的通知必须以电信方式，如不可能，则以其他快捷方式，在不迟于自交单之翌日起第五个银行工作日结束前发出。

e. 按照指定行事的指定银行、保兑行(如有的话)或开证行在按照第十六条 c 款 iii 项 a)发出了通知后，可以在任何时候单据退还交单人。

f. 如果开证行或保兑行未能按照本条行事，则无权宣称交单不符。

g. 当开证行拒绝承付或保兑行拒绝承付或者议付，并且按照本条发出了拒付通知后，有权要求返还已偿付的款项及利息。

第十七条 正本单据及副本

a. 信用证规定的每一种单据须至少提交一份正本。

b. 银行应将任何带有看似出单人的原始签名、标记、印戳或标签的单据视为正本单据，除非单据本身表明其非正本。

c. 除非单据本身另有说明，在以下情况下，银行也将其视为正本单据：

i. 单据看似由出单人手写、打字、穿孔或盖章：或者

ii. 单据看似使用出单人的原始信纸出具：或者

iii. 单据声明其为正本单据，除非该声明看似不适用于提交的单据。

d. 如果信用证使用诸如“一式两份(in duplicate)”“两份(in two fold)”“两套(in two copies)”等用语要求提交多份单据，则提交至少一份正本，其余使用副本即可满足要求，除非单据本身另有说明。

第十八条 商业发票

a. 商业发票：

i. 必须看似由受益人出具(第三十八条规定的情形除外)：

ii. 必须出具成以申请人为抬头(第三十八条 g 款规定的情形除外)：

iii. 必须与信用证的货币相同：且

iv. 无须签名

b. 按指定行事的指定银行、保兑行(如有的话)或开证行可以接受金额大于信用证允许金额的商业发票，其决定对有关各方均有约束力，只要该银行对超过信用证允许金额的部分未作承付或者议付。

c. 商业发票上的货物、服务或履约行为的描述应该与信用证中的描述一致。

第十九条 涵盖至少两种不同运输方式的运输单据

a. 涵盖至少两种不同运输方式的运输单据(多式或联合运输单据)，无论名称如何，必须看似：

i. 表明承运人名称并由以下人员签署：

* 承运人或其具名代理人，或

* 船长或其具名代理人。

承运人、船长或代理人的任何签字，必须标明其承运人、船长或代理人的身份。

代理人签字必须表明其系代表承运人还是船长签字。

ii. 通过以下方式表明货物已经在信用证规定的地点发送，接管或已装船。

* 事先印就在文字，或者

* 表明货物已经被发送、接管或装船日期的印戳或批注。

运输单据的出具日期将被视为发送，接管或装船的日期，也即发运的日期。然而如单

据以印戳或批注的方式表明了发送、接管或装船日期，该日期将被视为发运日期。

iii. 表明信用证规定的发送、接管或发运地点，以及最终目的地、即使：

a)该运输单据另外还载明了一个不同的发送、接管或发运地点或最终目的地，或者：

b)该运输单据载有“预期的”或类似的关于船只、装货港或卸货港的限定语。

iv. 为唯一的正本运输单据，或者，如果出具为多份正本，则为运输单据中表明的全套单据。

v. 载有承运条款和条件，或提示承运条款和条件参见别处(简式/背面空白的运输单据)。银行将不审核承运条款和条件的内容。

vi. 未表明受租船合同约束。

b. 就本条而言，转运指在从信用证规定的发送，接管或者发运地点最终目的地的运输过程中从某一运输工具上卸下货物并装上另一运输工具的行为(无论其是否为不同的运输方式)。

c. i. 运输单据可以表明货物将要或可能被转运，只要全程运输由同一运输单据涵盖。

ii. 即使信用证禁止转运，注明将要或者可能发生转运的运输单据仍可接受。

第二十条　提单

a. 提单，无论名称如何，必须看似：

i. 表明承运人名称，并由下列人员签署：

* 承运人或其具名代理人，或者

* 船长或其具名代理人。

承运人、船长或代理人的任何签字必须标明其承运人、船长或代理人的身份。

代理人的任何签字必须标明其系代表承运人还是船长签字。

ii. 通过以下方式表明货物已在信用证规定的装货港装上具名船只：

* 预先印就的文字，或

* 已装船批注注明货物的装运日期。

提单的出具日期将被视为发运日期，除非提单载有表明发运日期的已装船批注，此时已装船批注中显示的日期将被视为发运日期。

如果提单载有“预期船只”或类似的关于船名的限定语，则需以已装船批注明确发运日期以及实际船名。

iii. 表明货物从信用证规定的装货港发运至卸货港。

如果提单没有表明信用证规定的装货港为装货港，或者其载有“预期的”或类似的关于装货港的限定语，则需以已装船批注表明信用证规定的装货港、发运日期以及实际船名。即使提单以事先印就的文字表明了货物已装载或装运于具名船只，本规定仍适用。

iv. 为唯一的正本提单，或如果以多份正本出具，为提单中表明的全套正本。

v. 载有承运条款和条件，或提示承运条款和条件参见别处(简式/背面空白的提单)。银行将不审核承运条款和条件的内容。

vi. 未表明受租船合同约束。

b. 就本条而言，转运系指在信用证规定的装货港到卸货港之间的运输过程中，将货物从船卸下并再装上另一船的行为。

c. i. 提单可以表明货物将要或可能被转运，只要全程运输由同一提单涵盖。

ii. 即使信用证禁止转运，注明将要或可能发生转运的提单仍可接受，只要其表明货物由集装箱、拖车或子船运输。

d. 提单中声明承运人保留转运权利的条款将被不予理会。

第二十一条 不可转让的海运单

a. 不可转让的海运单，无论名称如何，必须看似：

i. 表明承运人名称并由下列人员签署：

* 承运人或其具名代理人，或者

* 船长或其具名代理人。

承运人、船长或代理人的任何签字必须标明其承运人、船长或代理人的身份。

代理签字必须标明其系代表承运人还是船长签字。

ii. 通过以下方式表明货物已在信用证规定的装货港装上具名船只：

* 预先印就的文字，或者

* 已装船批注表明货物的装运日期。

不可转让海运单的出具日期将被视为发运日期，除非其上带有已装船批注注明发运日期，此已装船批注注明的日期将被视为发运日期。

如果不可转让海运单载有“预期船只”或类似的关于船名的限定语，则需要以已装船批注表明发运日期和实际船只。

iii. 表明货物从信用证规定的装货港发运至卸货港。

如果不可转让海运单未以信用证规定的装货港为装货港，或者如果其载有“预期的”或类似的关于装货港的限定语，则需要以已装船批注表明信用证规定的装货港、发运日期和船只。即使不可转让海运单以预先印就的文字表明货物已由具名船只装载或装运，本规定也适用。

iv. 为唯一的正本不可转让海运单，或如果以多份正本出具，为海运单上注明的全套正本。

v. 载有承运条款的条件，或提示承运条款和条件参见别处(简式/背面空白的海运单)。银行将不审核承运条款和条件的内容。

vi. 未注明受租船合同约束。

b. 就本条而言，转运系指在信用证规定的装货港到卸货港之间的运输过程中，将货物从船卸下并装上另一船的行为。

c. i. 不可转让海运单可以注明货物将要或可能被转运，只要全程运输由同一海运单涵盖。

ii. 即使信用证禁止转运，注明转运将要或可能发生的不可转让的海运单仍可接受，只要其表明货物装于集装箱，拖船或子船中运输。

d. 不可转让的海运单中声明承运人保留转运权利条款将被不予理会。

第二十二条 租船合同提单

a. 表明其受租船合同约束的提单(租船合同提单)，无论名称如何，必须看似：

i. 由以下人员签署：

* 船长或其具名代理人，或
* 船东或其具名代理人，或
* 租船人或其具名代理人。

船长、船东、租船人或代理人的任何签字必须标明其船长、船东、租船人或代理人的身份。

代理人签字必须表明其系代表船长、船东或是租船人签字。

代理人代表船东或租船人签字时必须注明船东或租船人的名称。

ii. 通过以下方式表明货物已在信用证规定的装货港装上具名船只：

* 预先印就的文字，或者
* 已装船批注注明货物的装运日期

租船合同提单的出具日期将被视为发运日期，除非租船合同提单载有已装船批注注明发运日期，此时已装船批注上注明的日期将被视为发运日期。

iii. 表明货物从信用证规定的装货港发运至卸货港。卸货港也可显示为信用证规定的港口范围或地理区域。

iv. 为唯一的正本租船合同提单，或如以多份正本出具，为租船合同提单注明的全套正本。

b. 银行将不审核租船合同，即使信用证要求提交租船合同。

第二十三条 空运单据

a. 空运单据，无论名称如何，必须看似：

i. 表明承运人名称，并由以下人员签署；

* 承运人，或
* 承运人的具名代理人。

承运人或其代理人的任何签字必须标明其承运人或代理人的身份。

代理人签字必须表明其系代表承运人签字。

ii. 表明货物已被收妥待运。

iii. 表明出具日期。该日期将被视为发运日期，除非空运单据载有专门批注注明实际发运日期，此时批注中的日期将被视为发运日期。

空运单据中其他与航班号和航班日期相关的信息将不被用来确定发运日期。

iv. 表明信用证规定的起飞机场和目的地机场。

v. 为开给发货人或托运人正本，即使信用证规定提交全套正本。

vi. 载有承运条款和条件，或提示条款和条件参见别处。银行将不审核承运条款和条件的内容。

b. 就本条而言，转运是指在信用证规定的起飞机场到目的地机场的运输过程中，将货物从一飞机卸下再装上另一飞机的行为。

c. i. 空运单据可以注明货物将要或可能转运，只要全程运输由同一空运单据涵盖。

ii. 即使信用证禁止转运，注明将要或可能发生转运的空运单据仍可接受。

第二十四条　公路、铁路或内陆水运单据

a. 公路、铁路或内陆水运单据，无论名称如何，必须看似：

i. 表明承运人名称：并且

* 由承运人或其具名代理人签署，或者
* 由承运人或其具名代理人以签字、印戳或批注表明货物收讫。

承运人或其具名代理人的收货签字、印戳或批注必须标明其承运人或代理人的身份。

代理人的收货签字，印戳或批注必须标明代理人系代理承运人签字或行事。

如果铁路运输单据没有指明承运人，可以接受铁路运输公司的任何签字或印戳作为承运人签署单据的证据。

ii. 表明货物在信用规定地点的发运日期，或者收讫待运或待发送的日期。运输单据的出具日期将被视为发运日期，除非运输单据上盖有带日期的收货印戳，或注明了收货日期或发运日期。

iii. 表明信用证规定的发运地及目的地。

b. i. 公路运输单据必须看似为开给发货人或托运人的正本，或没有任何标记表明单据开给何人。

ii. 注明“第二联”的铁路运输单据将被作为正本接受。

iii. 无论是否注明正本字样，铁路或内陆水运单据都被作为正本接受。

c. 如运输单据上未注明出具的正本数量，提交的份数即视为全套正本。

d. 就本条而言，转运是指在信用证规定的发运、发送或运送的地点到目的地之间的运输过程中，在同一运输方式中从一运输工具卸下再装上另一运输工具的行为。

e. i. 只要全程运输由同一运输单据涵盖，公路、铁路或内陆水运单据可以注明货物将要或可能被转运。

ii. 即使信用证禁止转运，注明将要或可能发生转运的公路、铁路或内陆水运单据仍可接受。

第二十五条　快递收据、邮政收据或投邮证明

a. 证明货物收讫待运的快递收据，无论名称如何，必须看似：

i. 表明快递机构的名称，并在信用证规定的货物发运地点由该具名快递机构盖章或签字，并且

ii. 表明取件或收件的日期或类似词语，该日期将被视为发运日期。

b. 如果要求显示快递费用付讫或预付，快递机构出具的表明快递费由收货人以外的一方支付的运输单据可以满足该项要求。

c. 证明货物收讫待运的邮政收据或投邮证明，无论名称如何，必须看似在信用证规定的货物发运地点盖章或签署并注明日期。该日期将被视为发运日期。

第二十六条　“货装舱面”“托运人装载和计数”“内容据托运人报称”及运费之外的费用。

a. 运输单据不得表明货物装于或者将装于舱面。声明可能被装于舱面的运输单据条款可以接受。

b. 载有诸如“托运人装载和计数”或“内容据托运人报称”条款的运输单据可以接受。

c. 运输单据上可以以印戳或其他方法提及运费之外的费用。

第二十七条　清洁运输单据

银行只接受清洁运输单据，清洁运输单据指未载有明确宣称货物或包装有缺陷的条款或批注的运输单据。“清洁”一词并不需要在运输单据上出现，即使信用证要求运输单据为“清洁已装船”的。

第二十八条　保险单据及保险范围

a. 保险单据，例如保险单或预约保险项下的保险证明书或者声明书，必须看似由保险公司或承保人或其代理人或代表出具并签署。

b. 如果保险单据表明其以多份正本出具，所有正本均须提交。

c. 暂保单将不被接受。

d. 可以接受保险单代预约保险项下的保险证明书或声明书。

e. 保险单据日期不得晚于发运日期，除非保险单据表明保险责任不迟于发运日生效。

f. i. 保险单据必须表明投保金额并以与信用证相同的货币表示。

ii. 信用证对于投保金额为货物价值，发票金额或类似金额的某一比例的要求，将被视为对最低保额的要求。

如果信用证对投保金额未做规定，投保金额或类似金额的某一比例的要求，将被视为对最低保额要求。

如果信用证对投保金额未做规定，投保金额须至少为货物的 CIF 或 CIP 价格的 110%。

如果从单据中不能确定 CIF 或者 CIP 价格，投保金额必须基于要求承付或议付的金额，或者基于发票上显示的货物总值来计算，两者之中取金额较高者。

iii. 保险单据须表明承保的风险区间至少涵盖从信用证规定的货物接管地或发运地开始到卸货地或最终目的地为止。

g. 信用证应规定所需投保的险别及附加险(如有的话)。如果信用证使用诸如“通常风险”或“惯常风险”等含义不确切的用语，则无论是否有漏保之风险，保险单据将被照样接受。

h. 当信用证规定投保“一切险”时，如保险单据载有任何“一切险”批注或条款，无论是否有“一切险”标题，均将被接受，即使其声明任何风险除外。

i. 保险单据可以援引任何除外条款。

j. 保险单据可以注明受免赔率或免赔额(减除额)约束。

第二十九条　截止日或最迟交单日的顺延

a. 如果信用证的截止日或最迟交单日适逢接受交单的银行非因第三十六条所述原因而歇业，则截止日或最迟交单日，视何者适用，将顺延至其重新开业的第一个银行工作日。

b. 如果在顺延后的第一个银行工作日交单，指定银行必须在其致开证行或保兑行的面函中声明交单是在根据第二十九条 a 款顺延的期限内提交的。

c. 最迟发运日不因第二十九条 a 款规定的原因而顺延。

第三十条　信用证金额、数量与单价的伸缩度

a. “约”或“大约”用于信用证金额或信用证规定的数量或单价时，应解释为允许有关金额或数量或单价有不超过 10%的增减幅度。

b. 在信用证未以包装单位件数或货物自身件数的方式规定货物数量时，货物数量允许有 5%的增减幅度，只要总支取金额不超过信用证金额。

c. 如果信用证规定了货物数量，而该数量已全部发运，及如果信用证规定了单价，而该单价又未降低，或当第三十条 b 款不适用时，则即使不允许部分装运，也允许支取的金额有 5%的减幅。若信用证规定有特定的增减幅度或使用第三十条 a 款提到的用语限定数量，则该减幅不适用。

第三十一条　部分支款或部分发运

a. 允许部分支款或部分发运。

b. 表明使用同一运输工具并经由同次航程运输的数套运输单据在同一次提交时，只

要显示相同目的地，将不视为部分发运，即使运输单据上表明的发运日期不同或装货港、接管地或发运地点不同。如果交单由数套运输单据构成，其中最晚的一个发运日将被视为发运日。

含有一套或数套运输单据的交单，如果表明在同一种运输方式下经由数件运输工具运输，即使运输工具在同一天出发运往同一目的地，仍将被视为部分发运。

c. 含有一份以上快递收据、邮政收据或投邮证明的交单，如果单据看似由同一快递或邮政机构在同一地点和日期加盖印戳或签字并且表明同一目的地，将不视为部分发运。

第三十二条 分期支款或分期发运

如信用证规定在指定的时间段内分期支款或分期发运，任何一期未按信用证规定期限支取或发运时，信用证对该期及以后各期均告失效。

第三十三条 交单时间

银行在其营业时间外无接受交单的义务。

第三十四条 关于单据有效性的免责

银行对任何单据的形式、充分性、准确性、内容真实性，虚假性或法律效力，或对单据中规定或添加的一般或特殊条件，概不负责；银行对任何单据所代表的货物，服务或其他履约行为的描述、数量、重量、品质、状况、包装、交付、价值或其存在与否、或对发货人、承运人、货运代理人、收货人、货物的保险人或其他任何人的诚信与否、作为或不作为，清偿能力、履约或资信状况，也概不负责。

第三十五条 关于信息传递和翻译的免责

当报文、信件或单据按照信用证的要求传输或发送时，或当信用证未作指示，银行自行选择传送服务时，银行对报文传输或信件或单据的递送过程中发生的延误、中途遗失、残缺或其他错误产生的后果，概不负责。

如果指定银行确定交单相符并将单据发往开证行或保兑行，无论指定银行是否已经承付或议付，开证行或保兑行必须承付或议付，或偿付指定银行，即使单据在指定银行送往开证行或保兑行的途中，或保兑行送往开证行的途中丢失。

银行对技术语的翻译或解释上的错误，不负责任，并可不加翻译地传送信用证条款。

第三十六条 不可抗力

银行对由于天灾、暴动、骚乱、叛乱、战争、恐怖主义行为或任何罢工、停工或其无法控制的任何其他原因导致的营业中断的后果，概不负责。

银行恢复营业时，对于在营业中断期间已逾期的信用证，不再进行承付或议付。

第三十七条 关于被指示方行为的免责

a. 为了执行申请人的指示，银行利用其他银行的服务，其费用和风险由申请人承担。

b. 即使银行自行选择了其他银行，如果发出的指示未被执行，开证行或通知行对此亦不负责。

c. 指示另一银行提供服务的银行有责任负担被指示方因执行指示而发生的任何佣金、手续费、成本或开支（“费用”）。

如果信用证规定费用由受益人负担，而该费用未能收取或从信用证款项中扣除，开证行依然承担支付此费用的责任。

信用证或其修改不应规定向受益人的通知以通知行或第二通知行收到其费用为条件。

d. 外国法律和惯例加诸于银行的一切义务和责任，申请人应受其约束，并就此对银行负补偿之责。

第三十八条　可转让信用证

a. 银行无办理信用证转让的义务，除非其明确同意。

b. 就本条而言：

可转让信用证系指特别注明“可转让(transferable)”字样的信用证。可转让信用证可应受益人(第一受益人)的要求转为全部或部分由另一受益人(第二受益人)兑用。

转让行系指办理信用证转让的指定银行，或当信用证规定可在任何银行兑用时，指开证行特别如此授权并实际办理转让的银行。开证行也可担任转让行。

已转让信用证指已由转让行转为可由第二受益人兑用的信用证。

c. 除非转让时另有约定，有关转让的所有费用(诸如佣金、手续费、成本或开支)须由第一受益人支付。

d. 只要信用证允许部分支款或部分发运，信用证可以分部分转让给数名第二受益人。

已转让信用证不得应第二受益人的要求转让给任何其后受益人。第一受益人不视为其后受益人。

e. 任何转让要求须说明是否允许及在何条件下允许将修改通知第二受益人。已转让信用证须明确说明该项条件。

f. 如果信用证转让给数名第二受益人，其中一名或多名第二受益人对信用证修改并不影响其他第二受益人接受修改。对接受者而言该已转让信用证即被相应修改，而对拒绝修改的第二受益人而言，该信用证未被修改。

g. 已转让信用证须准确转载原证条款，包括保兑(如果有的话)，但下列项目除外：

信用证金额

规定的任何单价

截止日

交单期限，或

最迟发运日或发运期间

以上任何一项或全部均可减少或缩短。

必须投保的保险比例可以增加，以达到原信用证或本惯例规定的保险金额。

可用第一受益人的名称替换原证中的开证申请人名称。

如果原证特别要求开证申请人名称应在除发票以外的任何单据出现时，已转让信用证必须反映该项要求。

h. 第一受益人有权以自己的发票和汇票（如有的话）替换第二受益人的发票和汇票，其金额不得超过原信用证的金额。经过替换后，第一受益人可在原信用证项下支取自己发票与第二受益人发票间的差价（如有的话）。

i. 如果第一受益人应提交其自己的发票和汇票（如有的话），但未能在第一次要求时照办，或第一受益人提交的发票导致了第二受益人的交单中本不存在的不符点，而其未能在第一次要求时修正，转让行有权将从第二受益人处收到的单据照交开证行，并不再对第一受益人承担责任。

j. 在要求转让时，第一受益人可以要求在信用证转让后的兑用地点，在原信用证的截止日之前（包括截止日），对第二受益人承付或议付。该规定并不得损害第一受益人在第三十八条 h 款下的权利。

k. 第二受益人或代表第二受益人的交单必须交给转让行。

第三十九条　款项让渡

信用证未注明可转让，并不影响受益人根据所适用的法律规定，将该信用证项下其可能有权或可能将成为有权获得的款项让渡给他人的权利。本条只涉及款项的让渡，而不涉及在信用证项下进行履行行为的权利让渡。

附录四　见索即付保函统一规则

第一条

保函注明适用本规则时，本规则即对保函所有当事人均具有约束力。

第二条

A. 在本规则中，见索即付保函（下称“保函”）系指由银行、保险公司或其他机构或个人（下称“担保人”）以书面形式出具的凭提交与承诺条件相符的书面索款通知和保函可能规定的任何类似单据（如建筑师或工程师出具的证书、判断书或仲裁裁决书）即行付款的任何保函、付款保证书或无论如何命名或叙述的其他任何付款承诺。这类承诺系：

i. 应一方（下称“委托人”）要求或指示并由其承担责任；或

ii. 按照依委托人指示行事的银行、保险公司或任何其他机构或个人（下称“指示方”）

的要求或指示并由其承担责任开给另一方(下称“受益人”)。

B. 保函从性质上是独立于其可能基于之合同或投标条件的交易，即使保函中包含对合同或投标条件的援引，担保人与这类合同或投标条件亦无任何关系，也不受其约束。担保人在保函项下的责任是在提交了在表面上与保函条款一致的书面索款通知和保函规定的其他单据时，支付保函中所述的金额。

C. 在本规则中，无论如何命名或叙述，“反担保”系指指示方以书面形式开立的凭担保人提交了与承诺条件一致的书面索偿，及反担保所规定的，且表面与反担保条件相符的其他单据时向担保人付款的保函、付款保证书或其他付款承诺。反担保在性质上是和与之相关的保函及背景合同或投标条件不同的交易，即便反担保中包含对它们的援引，指示方与这类保函、合同或投标条件毫无关系，亦不受其约束。

D.“书写”和“书面”等词句应包括经证实的电信传递或与之相当的加押电子数据交换(EDI)信息。

第三条

开立保函及其修改书的所有指示和保函及修改书本身都应清晰、准确，并避免过多的细节，因此，所有保函必须规定：

A. 委托人；

B. 受益人；

C. 担保人；

D. 需要开立保函的背景交易；

E. 应付最高金额及币种；

F. 保函失效日期及/或失效事件；

G. 索赔条款；

H. 保函金额递减的任何规定。

第四条

除非在保函或其修改书中另有明确规定，保函项下受益人索赔的权力不可转让。

但这一条文并不影响受益人让渡其在保函项下可能有权拥有或将可能有权拥有之款项的权力。

第五条

除非另有指示，所有保函和反担保均不可撤消。

第六条

保函自开立之日起生效，除非其条款中明确规定其后某一日期生效，或其生效应依据保函中规定的条件，由担保人以保函中规定的任何单据为基础做出决定。

第七条

A. 当担保人接到开立保函的指示，如按这类指示办理，担保人由于开立保函所在国家法律和条例将无法履行保函中的条款，该指示将得不到执行，担保人应立即以电信，如不可能则以其他快捷的方式将此类不能办理的理由通知向担保人发出指示的一方，并从该方征求适当的指示。

B. 如担保人未同意开立保函，本条并不能约束其必须开立。

第八条

保函可包含明确的减额规定，在规定的某个或数个日期，或向担保人提交了保函中为此目的而规定的单据时，即递减规定的或可确定的金额。

第九条

担保人应合理审慎地审核保函项下规定和提交的包括索赔书在内的所有单据，以确定其在表面上与保函条款是否一致。如这些单据在表面上与保函不符或相互间表面上不一致，则将被拒绝。

第十条

A. 担保人应享有合理的时间审核保函项下的索赔并决定付款或拒绝该索赔。

B. 担保人如决定拒绝索赔，应立即就此以电信，如不能则以其他快捷的方式通知受益人。该保函项下提交的任何单据应代为保管等候受益人处理。

第十一条

担保人和指示方对所提交任何文件的格式、充分性、准确性、真实性、伪造或法律效力，或对文件中加注的一般及/或特别声明，或其他任何人之善意或作为或不作为均不负任何义务或责任。

第十二条

担保人和指示方对任何信息、信件、索赔书或单据在传送中因延误及/或丢失所造成的后果，或对电信传递中所产生的延误、残缺或其他错误不负任何义务或责任。担保人和指示方对技术术语翻译或诠释之错误不负责任，并保留将保函全文或其任何部分不予翻译径行传送的权利。

第十三条

担保人和指示方对因天灾、暴乱、战争或其他无法控制的原因，或罢工、关闭，或任何性质的工业行动导致其营业中断而产生的后果不承担任何义务或责任。

第十四条

A. 担保人和指示方为完成委托人的指示而使用另一方的服务时，系代委托人为之，其风险由委托人承担。

B. 担保人和指示方对其所传送的指示未被执行时，即便另一方系由他们自行选定，亦不负任何义务和责任。

C. 委托人须对因外国法律和惯例所造成的担保人或指示方(视具体情况而定)的一切义务和责任承担补偿之责。

第十五条

担保人和指示方不能因未能以善意和合理的审慎行事而免除在前述第十一、十二和十四条中的义务和责任。

第十六条

担保人仅根据保函及其任何修改书和本规则所规定的条款对受益人负责，其负责之金额不超过保函及其任何修改书中注明的金额。

第十七条

在不损及第十条有关规定的前提下，如有索赔，担保人须毫不延迟地照样通知委托人或适当通知其指示方。在后一种情形下，指示方须照样通知委托人。

第十八条

保函项下应付金额应随担保人根据保函为满足索赔所支付的任何金额而递减。当保函项下应付最高金额已经通过支付及/或递减而得到清偿，不管保函及其修改书是否被退回，该保函均告终止。

第十九条

索赔应依据保函条款在到期之前，即在到期之日或之前，且在第二十二条定义的任何失效事件之前进行。特别是保函规定的索赔所需之所有单据及第二十二条要求的任何声明须在到期之前在保函开立地提交给担保人，否则担保人将拒绝该索赔。

第二十条

A. 保函项下的任何索赔须采用书面形式，并须(在保函可能规定的其他单据之外)附一书面声明(不论含在索赔书中或含在随付索赔书的一份或数份在索赔书中提及的独立单据中)，说明：

i. 委托人在相关合同项下不履行其责任，或，如为投标保函，违反投标条件；及

ii. 委托人有何种违约。

B. 反担保项下的任何索赔应附有担保人已收到保函项下符合其条款及本条规定之索赔书的书面声明。

C. 除非保函条款明确规定将本条A款排除在外，本条i款即适用。除非反担保条款明确规定将本条B款排除在外，本条B款即适用。

D. 本条不影响第二条B和C款、第九条、第十一条的适用。

第二十一条

担保人须毫不延迟地将受益人的索赔书和任何相关的文件转交给委托人或根据情况转

交指示方以便传递给委托人。

第二十二条

保函规定的提交索赔书的失效时间应为某一规定日期(失效日期)，或向担保人提交为失效之日的所规定的单据(失效事件)之时。如保函对失效日期和失效事件均有规定，无论保函或其任何修改书交回与否，保函将于失效日期或失效事件中为先者之日失效。

第二十三条

不管保函中有何失效规定，在向担保人提交了保函本身或受益人已解除保函项下义务的书面声明，保函即作废，在后一种情况下无论保函或其任何修改书交回与否，保函均应作废。

第二十四条

若保函因付款、失效、作废或其他原因而终止，以及展期或修改，则原保函项下受益人权利即告终止。

第二十五条

若保函因付款、失效、作废或其他原因业已终止或其应付总金额已递减，担保人须毫不延迟地照样通知委托人或适当时通知指示方，指示方则应照样通知委托人。

第二十六条

如受益人要求展延保函的有效期以代替按照保函的条件及本规则所要求赔付，担保人应毫不延迟地通知向其发出过指示的一方。此时，担保人应暂停对索赔的支付，以便允许委托人与受益人有合理的时间达成核准这类展期的协议，并使委托人安排这类展期文件的开立。

除非展期在上节规定的时间内被核准，担保人有义务即行支付受益人要求的索赔，而毋庸受益人采取任何其他行动。担保人对因上述程序造成的对受益人付款的任何延误(对利息或其他)不承担任何责任。

即便委托人同意或要求这类展期，如未经担保人和指示方同意，展期不能成立。

第二十七条

除非担保或反担保另有规定，应以担保人或指示方(视具体情况而定)的营业地点之法律，或如担保人或指示方有一处以上营业地点，应以开立保函或反担保的分支机构的营业地点之法律为准据法。

第二十八条

除非担保或反担保中另有规定，担保人与受益人之间就保函或指示方之间就反担保所产生的任何纠纷只能在担保人或指示方(视具体情况而定)营业地所在国家的权威性法院，或如担保人或指示方有一处以上营业地点，应在开立保函或反担保的分支机构所在国家的权威性法院解决。

附录五 国际保理惯例规则

第一条

参与国际保理业务的各当事人：

销售商：对所提供的货物或劳务出具发票，其应收账款由出口保理商叙做保理的当事人。

债务人：对由提供货物或劳务所产生的应收账款负有付款责任的当事人。

出口保理商：在类似意图的协议下对销售商的应收账款叙做保理业务的当事人。

进口保理商：同意代收由销售商出具发票表示的并转让给出口保理商的应收账款并依照本规则对已承担信用风险的受让应收账款有义务支付的当事人。

第二条

1. 倘若在申请仲裁时双方均为国际保理商联合会成员，出口保理商和进口保理商之间发生的关于国际保理业务的一切争端均应按照国际保理商联合会《仲裁规则》解决。

2. 倘若在申请仲裁时仅一方为国际保理商联合会成员，而另一方亦接受上述仲裁规则，一切争端也可如此解决。

3. 仲裁裁决将是终局性的和具有约束力的。

第三条

出口保理商同意尽最大努力保证销售商就其所涉及的业务方面协助履行本惯例规则。

第四条

本规则所约束的业务仅限于与出口保理商签有协议的销售商以信用方式向由所在国进口保理商提供保理服务的债务人销售货物或提供劳务所产生的应收账款。以信用证(除了备用信用证)、付款交单或任何种类现金交易为基础的销售除外。

第五条

出口保理商与进口保理商之间的书面协议与本规则的条款发生抵触、不符或超出范围时将优先并取代本规则中任何不同或相反的有关条件、条款或规定，但在所有其他方面，仍应遵循本规则并按本规则的其他部分规定进行处理。

第六条

包含能使进口保理商评估信用风险的信息的信用额度申请，可以涉及单笔交易或经常交易周转的限额。进口保理商必须于收到申请后的 14 天内毫无延误地将其决定通知出口保理商。如进口保理商不能在上述期限内做出决定，则必须在期限内尽早通知出口保理商，并尽可能进一步说明依据的事实和可以做出决定的时间。

第七条

进口保理商对受让的应收账款的信用风险的承担取决于他对该应收账款的核准。

每笔此类信用核准均应以电报或电话(两种形式均应随后以书面确认)或电传或信函通知。

除非另有约定，此类信用核准应适用于(在核准限额内)债务人所欠的下列应收账款：

1. 在核准之日进口保理商已有记录的应收账款。

2. 于申请核准日或以后由销售货物所产生的应收账款。

并在上述任一情况下，以进口保理商及时和在任何情况下于应收账款的到期日前收到副本发票和第十条规定的其他单据为条件。

第八条

1. 倘若货物于核准申请中声明的装期之前已由职业承运人或销售商自己的运输工具(“装运”)运往债务人或其指定人，对单笔交易的全部或部分核准将约束进口保理商承担已核准部分的信用风险。

经常交易周转信用额度的核准将约束进口保理商承担应收账款在核准额度内的信用风险，直到依据本条款取消该额度为止。

2. 如果在货物装运前获得不利的资信报告，进口保理商将有权撤销单笔交易的信用核准或经常交易的周转信用额度的核准。该撤销必须以电报或电话(两种形式均应随后以书面确认)或电传方式施行。

当收到进口保理商的撤销通知时，出口保理商应立即通知销售商，该撤销对销售商收到通知后的所有发货有效。

向出口保理商发送该撤消通知之时或之后，进口保理商应有直接向销售商发送该通知的选择权，但他应将这一行动告知出口保理商。

进口保理商有权获得销售商协助停运任何在途货物，以使进口保理商的损失降至最低。

出口保理商保证向进口保理商提供在该种情况下一切可能的帮助。

3. 根据出口保理商可能接受的类似条款，进口保理商可因不利资信以外的其他理由撤销信用限额。

第九条

在遵守本条最后一段规定的条件下，出口保理商必须将销售商售予他的应收账款全部提供给进口保理商，尤其在已获进口保理商核准时，所有随后产生的该销售商对该债务人的应收账款必须转让给进口保理商，即使在这些应收账款仅获部分核准或根本未获核准的情况下也是如此。当进口保理商不准备对其他单笔交易核准信用风险时，或当进口保理商决定取消信用限额时，出口保理商的有关责任继续存在直至所有已核准应收账款全部结清为止，或另有其他规定，换句话说，直至进口保理商“脱离风险”为止。

在出口保理商与销售商之间的合同取消之后，便无法再向进口保理商转让应收账款。

对进口保理商不准备承担实质部分的信用风险或仅在收取令出口保理商不能接受的保理佣金时才承担信用风险情况下的债务人(不同于上段中所提及的债务人)，出口保理商可以对进口保理商保留有关应收账款。

第十条

进口保理商必须收妥一份向债务人出具的正确的发票副本及进口保理商要求的下列全部或部分单据，作为受让应收账款的证明：

1. 发货证明。譬如不可转让的提单副本或其他不可转让的表明货物已实际发运的可接受的运输单据副本；

2. 适用的销售和/或劳务合同的履约证明；

3. 货物装运前所要求的任何其他单据。

进口保理商在任何时候都可以要求将证明权利的包括可转让运输单据和/或保险单的正本单据通过他来转递。

第十一条

对核准限额以外的和与核准的交易无关的应收账款或其部分仅应采用托收方式，但进口保理商应尽最大的努力迅速、全部地收取这些应收账款，倘若：

1. 在发生关于代收应收账款的费用和/或开支(进口保理商自身的管理费用除外)之前，他能获得出口保理商的同意；

2. 这些费用和/或开支应由出口保理商承担；并且

3. 对由于出口保理商迟表同意所造成的损失和/或费用，他可不负责任。

第十二条

假如销售商给予债务人的赊销金额超过了进口保理商核准的信用限额，进口保理商在第十三条项下的责任应从在任何时间最先到期的款项金额起计直至核准金额.

在信用限额保持有效期间，超出限额的应收账款(或其部分)将在限额内替代已被债务人偿还的或贷记债务人的金额。这些应收账款(或其部分)的替代将按它们付款到期日的顺序进行并将始终仅限于当时已偿还的或已贷记的金额。

当信用限额被撤销时，该替代权即被停止。此后的任何付款或贷记可由进口保理商优先满足已核准的应收账款，其次才是未核准的应收账款。但是，如果贷记涉及未核准应收账款并且出口保理商令进口保理商善意地证实该贷记纯属销售商的失误并诚实无欺，该贷记即可用来冲销未核准的应收账款。

第十三条

1. 除本规则第十四条规定之外：

a. 进口保理商应承担由于债务人未能按照有关销售货物或劳务合同的条款按期全额支付已核准的应收账款而造成损失的风险；并且

b. 任何此类应收账款在到期日后第 90 天仍未由债务人或以债务人名义支付，进口保理商应于第 90 天向出口保理商付款(“担保下的付款”)。

c. 第 1 款 a 段和 b 段中，债务人的付款应指对进口保理商、出口保理商、销售商和销售商的代理中任何一方的付款。

2. 除非另有约定，当债务人对进口保理商就任何应收账款(或其部分)进行任何付款时，进口保理商应于收妥后不迟于下一个银行工作日将等值价款付给出口保理商，但根据第 1 款 b 段已做出的任何先期付款除外。此外，进口保理商还应对每笔付款提供一份报单，表明其属项。

3. 第 2 款以外的特殊责任，必须在进口保理商和出口保理商之间以书面约定，并适用于进口保理商所有的付款。

4. 除第 5 款的有关规定外，如若进口保理商没有按照上述要求向出口保理商付款，进口保理商应：

a. 负责向出口保理商支付利息。按应付日当天伦敦同业拆放有关货币 90 天期利率牌价的两倍，自应付日至实际付款日按天计息；并且

b. 等值补偿出口保理商由于迟付款而遭受的任何汇价损失。

如果没有伦敦同业拆放有关货币利率的牌价，则应按出口保理商可获得的该种货币在应付日当天的最低放款利率的两倍计息。

5. 如果由于他所不能控制的情况的原因，进口保理商不能按期付款时：

a. 他应立即通知出口保理商这一事实；

b. 他应向出口保理商支付利息。按出口保理商可获得的该种货币的最低放款利率自应付日至实际付款日按天计息。

第十四条

1. 如果债务人提出抗辩、反索或抵销(争端)并且出口保理商于发生争端的应收账款所涉及发票的到期日后 270 天内收到该争端通知，进口保理商不应被要求对由于这种争端而被债务人拒付的金额进行付款。

2. 当获悉争端时，进口保理商应立即向出口保理商发出包括他所得知的有关该应收账款和争端性质的所有细节和信息的争端通知。

3. 当收到这样的争端通知时，无论争端是否核准信用限额，该项应收账款应被视为未经核准。如果该争端是在担保下的付款之后提出的，进口保理商应有权获得由于争端债

务人拒付金额的偿还。

4. 如果在出口保理商收到争端通知后365天内该争端得到有利于销售商的解决，进口保理商应重新承认这种发生过争端的应收账款为经核准的应收账款，只要：

a. 出口保理商和销售商已采取的行动确使争端得到了尽快地解决，并且

b. 进口保理商被定期通报谈判或诉讼的进展情况。

然而，在这365天期限内，如果债务人正式破产或做出破产的一般声明或承认破产，进口保理商将仍面临风险直至争端解决为止。

5. 假如有利于销售商的调解结果产生时超过了有关发票原到期日后75天，进口保理商将有14天的时间向债务人收款。如果未能收到款项，进口保理商亦必须向出口保理商付款，正如通常的担保项下付款一样。

假如调解结果于发票原到期日后75天之内产生，进口保理商的责任将如同第十三条的规定。

在上述两种情况下，进口保理商对其迟付均应按照本规则第十三条承担责任。

6. 进口保理商应配合和协助出口保理商解决任何争端。

7. 如果出口保理商和/或销售商没有按照本条第4行事，进口保理商将有权将发生争端的应收账款反转让给出口保理商。

如果出口保理商于收到争端通知后60天未与进口保理商联系，这种反转让将被认为是正当的。

8a. 如果出口保理商实质性地违犯了本规则的任何条款，违犯程度致使进口保理商在评估信用风险时受到了不利的影响和/或在向债务人或其代理收款时受到了阻碍，进口保理商就不应被要求履行担保付款。对上述情况提供证据的责任在于进口保理商。

如果进口保理商已经履行了担保下的付款，他应有权索回已付的金额。

b. 单纯由争端引起的对第十五条第1和2款的实质性违犯不属本款规定的范畴，而应受本条第1至7款有关规定的管辖。

C. 本新规定不影响进口保理商关于在本规则其他条款规定下承担信用风险和担保付款的权利。

d. 实质性违约必须于有关发票的到期日后365天内宣布。

9. 出口保理商应在本条第3和8款下立即偿还进口保理商，该付款应包括根据第十三条第5款b段计算出的从担保付款日至偿付日的利息。

第十五条

出口保理商代表自己及其销售商保证：

1. 每笔应收账款代表一笔在正常业务过程中产生的并符合销售商经营范围和付款条件(允许100%或45天的偶发性变量，以期限短者为准)实际正当销售和发货或提供服务，

该付款条件已包括在凭以核准应收账款的有关信息报表中；

2. 债务人负责根据付款条件对每笔发票所列金额无抗辩、无索偿地进行付款；

3. 正本发票所载通知表明：与该发票有关的应收账款已经转让并应仅付给作为所有人的进口保理商或类似通知已于发票到期日前以其他形式书面通知，任何类似转让通知必须采用进口保理商规定的格式；

4. 二者均有绝对权利向进口保理商转让和转移每笔应收账款的全部所有权，包括与该应收账款有关并可向债务人收回的利息和其他费用；

5. 他将向进口保理商通报由他自己或销售商收到的间接付款；并且

6. 他将对所有的，如第四条所规定的，由任一销售商对任一债务人的销售所产生的并已获得进口保理商核准的应收账款办理保理，并且只要进口保理商未脱离风险，他将承认自己有责任概括地或应要求详细地通知进口保理商第四条已规定除外的交易状况。

如果违犯了这一保证，进口保理商应有权从出口保理商那里得到；

a. 按照有关该销售商的协议费率对所隐瞒应收账款计收的佣金和/或费用，及

b. 对其他损失的补偿。

第十六条

1. 由于每笔应收账款的全部所有权已转让给进口保理商，进口保理商将有权以自己的名义或与出口保理商和/或销售商联名采取诉讼和其他方式强行收款并有权以出口保理商或有关销售商的名义对债务人的汇付背书托收。进口保理商还享有留置权、停运权和未收到货款的销售商对债务人拒付或退货时所拥有的所有其他权利。

2. 如果出口保理商或其销售商收到了用于支付任何已转让给进口保理商的应收账款的任何现金、支票、汇票、本票或其他支付工具，出口保理商必须立刻通知进口保理商。所收之物由出口保理商或其销售商以信托方式为进口保理商代管，若进口保理商索要，则应正确背书并迅速转交进口保理商。

3. 如果销售合同中含有禁止转让的条款，进口保理商作为出口保理商和/或销售商的代理仍应拥有本条第 1 款所规定的同样的权利。

第十七条

无论何时债务人未能按照第十三条向进口保理商偿付其债务，并且该债务含有未核准金额时：

1. 进口保理商应有权向出口保理商索回其后出口保理商提供的关于债务人所欠未核准应收账款的任何预付款；和

2. 进口保理商随后从债务人资产清理分配中获得的关于出口保理商或有关销售商转让的应收账款的款项，应在进口保理商和出口保理商之间根据双方对债务的权利按比例分配。

第十八条

1. 如果进口保理商在核准应收账款前已通知出口保理商提交有关转让该应收账款的某种单据以强制将款项支付进口保理商，出口保理商应进口保理商的要求将负责获得该单据。

2. 如果出口保理商于收到进口保理商要求后14天内未能提交有关该应收账款的这种单据，进口保理商可将他已核准的该应收账款再转让并可向出口保理商索回根据第十三条第1款规定所付的任何款项，或

3. 如果仅由于产生应收账款的销售商与债务人之间的销售合同中有关司法管辖权条款的原因，进口保理商被阻止获得在债务人所在国法院做出的有关该应收账款的判决，进口保理商可以同样再转让该应收账款并向出口保理商索回根据第十三条第1款规定所付的任何款项。

第十九条

出口保理商应尽最大能力协助进口保理商获得任何以前不曾要求过的，能够帮助进口保理商收回那些在其责任下已付款项的有关单据。

第二十条

进口保理商和出口保理商互相保证，一方将立即通知另一方他所注意到的可能对收取应收账款或债务人资信产生不利影响的任何事实或情况。

第二十一条

出口保理商和进口保理商特此同意，适用于对进口保理商转让的法律应是进口保理商所在国的法律。

因此，进口保理商有责任将转让通知文句和转让程序通知出口保理商。

如果出口保理商要求对第三方进行强制性转让，进口保理商有责任在适用法律许可的范围内尽力而为，其费用由出口保理商负担。

第二十二条

在进、出口保理商之间，出口保理商应支付所有的税款、集货费、仓储费、运输费以及依据销售合同应由销售商支付的其他费用。出口保理商还应负责支付所有的托收费用、委托代理费用以及有关强制执行、清算或其他除第十三条第1款所述情况外、进口保理商受让应收账款未获支付，而引起的索偿处理费用。未经出口保理商事前同意，进口保理商不应采取任何可能产生额外费用的行动。

第二十三条

1. 进口保理商在提供其服务时，应被认为是代表出口保理商行事，并不对出口保理商的销售商承担任何责任。

2. 出口保理商应补偿进口保理商并使其免受下列各方可能对进口保理商进行或提出

的所有诉讼、索赔、损失或其他要求的伤害：

a. 由于进口保理商可能采取的或未能采取的任何行动而被任何销售商和

b. 与货物和/或劳务、发票或该销售商的合同有关的任何债务人。

倘若在上述任一情况下，进口保理商在其行事或未能行事中的行为是合理的和诚意的。

3. 出口保理商应补偿进口保理商由于第二款补偿范围内的任何情况而使进口保理商遭受或发生的所有费用。

第二十四条

对已转让给进口保理商的应收账款的预付款，可根据出口保理商的要求和进口保理商的决定按照双方同意的有关条款支付。

第二十五条

本规则所讲的期限应理解为日历天数。当到期日是星期天或任何其他公共假日或有关进、出口保理商的非工作日时，该期限应顺延到有关保理商的下一个工作日。

第二十六条

1. 进口保理商应就所有的交易至少每月一次向出口保理商报告账务，除非出口保理商在合理时间内以书面提出异议，该月报账即被视为由出口保理商接受和认可。

2. 出口保理商有权信赖进口保理商提供的所有资料和报告，只要这种信赖是合理的和善意的。

3. 以国际保理商联合会理事会经常公布的费率结构为基础，进口保理商有权就其服务收取佣金和/或费用。这些佣金和/或费用必须立刻支付，任何情况下均不得迟于收到“佣金清单”后10天支付。迟付应按第十三条计算利息。

参考文献

[1] 苏宗祥，徐捷．国际结算[M]．7版．北京：中国金融出版社，2020.

[2] 庞红，尹继红，沈瑞年．国际结算[M]．6版．北京：中国人民大学出版社，2019.

[3] 王利华．国际结算[M]．上海，上海财经大学出版社，2016.

[4] 赵明霄．国际结算[M]．北京：高等教育出版社，2016.

[5] 徐莉芳，李月娥．国际结算与贸易融资[M]．2版．上海：立信会计出版社，2018.

[6] 赵佳燕，肖慈方．国际结算[M]．北京：对外经济与贸易大学出版社，2017.

[7] 傅龙海．国际结算[M]．北京：对外经济与贸易大学出版社，2018.

[8] 徐进亮．李俊．国际结算[M]．北京：机械工业出版社，2016.

[9] 杨巧，蒋勇．国际结算[M]．2版．南京：南京大学出版社，2019.

[10] 刘铁敏．国际结算[M]．2版．北京：清华大学出版社，2019.

[11] 梁琦．国际结算[M]．4版．北京：高等教育出版社，2019.

[12] 许南．国际结算案例与分析[M]．北京：中国人民大学出版社，2015.

[13] 陈跃雪．国际结算[M]．3版．南京：东南大学出版社，2020.

[14] 许南，李建军，张雅．国际结算[M]．2版．北京：中国人民大学出版社，2021.